袁中郎禅学要解

《珊瑚林》《金屑编》與禅诗解讀

翁心诚 著

南京大学出版社

图书在版编目(CIP)数据

袁中郎禅学要解:《珊瑚林》《金屑编》与禅诗解读 / 翁心诚著. —南京:南京大学出版社,2021.5
ISBN 978 - 7 - 305 - 24378 - 3

Ⅰ.①袁… Ⅱ.①翁… Ⅲ.①佛学—研究②禅宗—研究 Ⅳ.①B94

中国版本图书馆 CIP 数据核字(2021)第 075326 号

出版发行 南京大学出版社
社　　址 南京市汉口路 22 号　　　　邮　编 210093
出 版 人 金鑫荣
书　　名 袁中郎禅学要解——《珊瑚林》《金屑编》与禅诗解读
著　　者 翁心诚
责任编辑 荣卫红　　　　　　　　编辑热线 025 - 83685720
照　　排 南京紫藤制版印务中心
印　　刷 徐州绪权印刷有限公司
开　　本 880×1230　1/32 印张 14 字数 390 千
版　　次 2021 年 5 月第 1 版 2021 年 5 月第 1 次印刷
ISBN 978 - 7 - 305 - 24378 - 3
定　　价 78.00 元

网址:http://www.njupco.com
官方微博:http://weibo.com/njupco
官方微信号:njupress
销售咨询热线:(025)83594756

袁中郎德山暑（麈）谭图

甲辰（1604）秋，余偕僧寒灰、冷云、雪照、诸生张明教，入桃花源。余暑尚炽，遂憩德山之塔院。院后岭有古樟树，婆娑偃盖，梁山青色，与水光相荡，苍翠茂密，骄馪如洗。栉沐未毕，则诸公已先坐其下，既绝糅杂，缺号呶，闲言冷语，皆归第一。

（《袁宏道集笺校》第1283页）

袁中郎庵居柳浪湖影像图

庵居柳浪湖，长杨万株，柏千本，湖百余亩，荷叶田田，与荇藻相乱；树下为团瓢，茶瓜莲藕，取给有余。

（《袁宏道集笺校》第1240页）

袁中郎佛学法脉

逆评

翁公心诚缘结公安参究佛法定慧等持，泉涌神思心田笔耕禅行道传袁宏道。先生新作《袁中郎禅学要解——〈珊瑚林〉〈金屑编〉与禅诗解读》付梓刊行在即，晚生忝为再序以续前缘。

石公中郎早期禅学心得著说《金屑编》，禅定诗行空宗中观演绎佛家哲理，中郎自叙言道："作《金屑》七十二则，其间意兴到处，亦有纯写古词者，皆呈百千诸佛故传之髓。"[①]烦恼菩提于相离相诸法空相，现象世界语言思绪编织而成，语言形式诗词韵律创生意义。石公禅诗韵旨语言圆转机锋迅利，顺入逆出变相幻现色空世界。

《珊瑚林》空宗中观有宗唯识合璧之作。依据佛家法相唯识理论整合分解儒释道三家思想，通篇辩证分析皆以佛家空宗中观有宗唯识理论为指南。纵观佛家思想发展历史，空宗中观方法论瓶颈难以突破，故此，有宗法相唯识认识论随缘化育应运而生。参学《珊瑚林》空有两宗不可偏废，空有两宗方便通经方可通晓作者初衷，了悟空有不二法门。

佛家空宗单纯否定方便法门缺陷何处？法国佛学家史蒂芬·阿莱尔（Stéphane Arguillère）辩证分析如是：空宗中观单纯否定法门或有自

---

① 袁宏道：《金屑编》，载《续修四库全书》，上海古籍出版社 2002 年版，第 1131 册，第 56 页。

废武功之虞,月称菩萨(Candrakīrti)将此种"否定自许绝对"喻为"智者火灾燃尽智识燃料,蒸沙成饭一无所悟!"空宗中观单纯否定法门犹如催吐呕剂,饮食或有中毒危险,清洗肠胃继而绝食而亡。空宗若是一律依照为否而否定律,则如泼洒洗澡之水顺带盆中婴儿一起扔掉,殊不知晓此婴幼儿却是缘起色空所化生命。因此,了悟缘起色空之理,当是般若证道逆向而行! 首先,运用佛家唯识哲理分析意识流变结构,回溯再现我执法执唯识幻有形成过程;其次,依据空宗中观否定法门有效破除人我法我执念。[①]

佛家空有两宗有史以来彼此借鉴,取长补短,相得益彰,显明佛家真空妙有之理,一如法藏《入楞伽心玄义》所言:"初学菩萨闻诸大乘经所说深义,未能决了生三种疑。一闻毕竟空执无因果。二闻如来藏具足功德,疑同外道神我。三闻说能所心境,执无唯识。今明(空宗)真空其必不坏(有宗)幻有,性德举体不碍真空,虚妄之境皆从心现。……初者于缘起性,此土南北诸师各执空有,不足为会。但西域清辨论主依般若等经习龙猛等宗,造般若灯及掌珍等论,确立比量辨依他空。护法等论师依深密等经习无著等宗,造唯识等论,亦立比量显依他不空。后代学人智光戒贤继其宗致,传芳不绝,今谓不尔。前龙树中观无著亲释,提婆百论世亲注解;以龙树所辨明有不异空,无著所说明空不异有,是以二士相契冥合为一。"[②]

唯识有宗之有何意? 金克木先生撰文《试论梵语中的"有-存在"》系统探讨佛家"有-存在"概念,撷英咀华化简如是:梵语中常用以表示"存在"的词根,除了√as(有)和√bhū(有)以外,还有√vid(见),√vṛt(转)……[√as(有)和√bhū(有)]这两个词根的含义的主要区别是:√as指单纯的、抽象意义的存在,或静的、绝对的存在。√bhū指变动的、

---

① Stéphane Arguillère. Selon le bouddhisme indien tardif et au Tibet, *Les Cahiers bouddhiques n°2*, Paris, Université Bouddhique européenne, 2005, p. 78.

② 法藏:《入楞伽心玄义》,载《大正新修大藏经》,东京,1924—1934 年版,第 39 册,第 425、430 页。

具体意义的存在,或动的、相对的存在……《中论》第二十七品《观邪见品》中,作者龙树要论证永恒不变的"我",肉体的以至精神的个体魂灵不存在,开头便问:"我"在过去存在吗?"我"在未来存在吗?问的是这个"我"是否存在于过去及未来。因此,动词当然要用"出现"即√bhū(有),以表示是指在不同时空中的出现而不是指无时空限制的绝对的存在。龙树论证的目的正是为了否定这个绝对存在物……√bhū(有)是与佛教的根本教义"刹那生灭"、"无常"、"无我"、"缘起"密切相关的……不但主张"空"的空宗龙树菩萨是这样,主张"有"的有宗弥勒菩萨也是这样……作为抽象概念,bhava也是"有"。这在佛教基本理论的十二"缘生"中是一个环节。十二个"缘生"环节是"无明—行—识—名色—六入(六处)—触—受—爱—取—有—生—老死"。前面九个环节都是溯生物存在以前,到"有"出现了存在,然后是由肉体的生以至于死。这里的"有"显然是变动不居的、有限的、处于时空中的存在过程。这种"有"(bhava)只能是√bhū(有),决不能是√as(有)……bhava(有)加aṅga(分、支)成为bhavaṅga,汉译为"有分",即,存在的一部分;作为术语,称为"有分识",指意识方面,类似我们现在所说的潜意识或下意识;这是后来发展成为著名的所谓"阿赖耶识"(ālayavijñāna)的源泉。①

　　佛家思想由空宗中观发展演变到有宗唯识,至此思想体系完善,自成一家,独立世界哲学之巅。明末佛家思想发展轨迹契合佛家思想发展历史。明末佛家法相唯识复兴为学界忽视由来已久,民国初始佛家法相唯识二次复兴之际,佛学大家章太炎如是言道:"明代气节之士,非能研精佛典,其所得者,无过语录简单之说,是岂今人所不能行乎?然仆所以独尊法相者,则自有说。盖近代学术,渐趋实事求是之途,自汉学诸公分条析理,远非明儒所能企及。逮科学萌芽,而用心益复缜密矣。是故法相之学,于明代则不宜,于近代则甚适,由学术所趋

---

① 金克木:《梵佛探》,江西教育出版社1999年版,第93—108页。

然也。"①

　　直至 20 世纪 60 年代,明末佛家法相唯识初次复兴方才引起学界重视。史学大家陈垣在其《明季滇黔佛教考》一书中指明:"明季心学盛而考证兴,宗门(禅宗)昌而义学(唯识)起。人皆知空言面壁,不立语文,不足以相慑也。故儒释之学,同时丕变。"②

　　圣严法师《明末佛教研究》缘合陈垣卓见:"单从人数而言,明末的唯识风潮,远盛于唐代。此一风气的形成,可能与禅宗的式微及其自觉有关,自唐宋以下的禅宗,多以不立文字、轻忽义学为风尚,以致形成没有指标也没有规式的盲修瞎炼,甚至徒逞口舌之能,模拟祖师的作略,自心一团漆黑。"③

　　正如袁中郎针砭明末狂禅所言:"夫滞相迷心,有为过出;著空破有,莽荡祸生。达摩为救执相之者,说罪福之皆虚;永明为破狂慧之徒,言万善之总是。……五叶以来,(六祖)单传斯盛;迫于今日,狂滥遂极。谬引唯心(以为神我),同无为之外道;执言皆是。"④

　　袁中郎反思狂禅做派:"近代之禅,所以有此流弊者,始则阳明以儒而滥禅,既则豁渠诸人以禅而滥儒。禅者见诸儒汩没世情之中,以为不碍,而禅遂为拨因果之禅;儒者借禅家一切圆融之见,以为发前贤所未发,而儒遂为无忌惮之儒。不惟禅不成禅,而儒亦不成儒矣。"⑤

　　石公中郎顺应明末佛家唯识复兴潮流,潜心相宗法相圆融唯识对治狂禅。中郎为其师度门正海唯识上品《八识略说》作《八识略说叙》言道:"性一而已,相惟百千。离百求一,一亦不成。……夫识之相,亦玄

----

　　① 章太炎:《答铁铮》,载《章太炎全集》,上海人民出版社 1985 年版,第四卷,第 370 页。

　　② 陈垣:《明季滇黔佛教考》,中华书局 1962 年版,第 86 页。

　　③ 圣严法师:《明末佛教研究》,宗教文化出版社 2006 年版,第 159 页。

　　④ 袁宏道:《西方合论》,载《大正新修大藏经》,东京,1924—1934 年版,第 47 册,第 388 页。

　　⑤ 袁宏道:《答陶石篑》,载《瓶花斋集》,载《袁宏道集笺校》,钱伯城笺校,上海古籍出版社 1981 年版,第 790—791 页。

矣，奥矣。前六易竟，二细难推。……相宗之不明久矣。无迹大师，法中之虎，竟一心之差别，洞八相之微芒。略而非略，见千月于指端；言显无言，总万流于智海。"①

妙悟缘得机境偶触，20 世纪 30 年代袁中郎小品文学重放异彩。彼时恰逢佛家法相唯识现象学二次复兴，西方胡塞尔现象学亦是方兴正艾。故此，研究袁中郎融汇佛家空有两宗思想具有时代意义，心得助力，东西方现象学彼此借鉴互通有无。正如现象学家倪梁康所言："一方面，当唯识学文献所展示的说法繁杂变换，使人无所适从时，现象学所倡导的自身思义便可以提供一种具有原创性的可能审视。此外，如果现象学的苦思冥想无法在意识分析的复杂进程中完成突破——这也是对许多现象学研究者来说并不陌生的经历——那么唯识学的厚重传统常常可以起到指点迷津的作用。现象学与唯识学在一定程度上体现着'思'与'学'的两个基本方向。"②

现代思想家梁启超则将法相唯识视为真正佛学法脉："听欧阳竟无讲唯识，方知有真佛学。"③

佛学大家南怀瑾先生肺腑感言，参禅证道融汇有宗唯识空宗中观两家思想尤为重要，先生《唯识与中观》道出个中原委："首先跟大家讲我们这一次参学动机，为什么要研究唯识法相与中观？唯识是唯识，中观是中观。换句话说唯识法相是世亲菩萨、无著菩萨、弥勒菩萨这个系统；中观般若是龙树菩萨这个系统。这两个综合起来才可谈及佛法修持、修证。"④

---

① 袁宏道：《瓶花斋集》，载《袁宏道集笺校》，上海古籍出版社 1981 年版，第702 页。

② 倪梁康：《唯识学与现象学中的"自身意识"与"自我意识"问题》，载《中国学术》(第三期)，商务印书馆 2002 年版，第 65 页。

③ 梁启超：《梁启超全集》，北京出版社 1999 年版，第 6041 页。梁启超参学法相唯识勤勉精进，通信林宰平言道："弟顷读唯识，日籀正文两三页，冀以半年内卒业。"同上，第6042 页。

④ 南怀瑾：《唯识与中观》，电子版，第 25 页。

　　南怀瑾先生《南禅七日》言道行禅贵在修习法相唯识学："学术思想上，东西方文化几千年来，重大的问题，先倒转来介绍一下佛家唯识学。世界上哲学观点，就是人类文化整理过的思想指导。站在西方哲学的立场，大家都知道有唯物论唯心论的争辩，如果以学术立场讲，唯物、唯心以外，很重要的有个唯识论……要对未来二十一世纪学术有所贡献，将佛法推行出去，你还非研究唯识法相不可。不懂唯识法相，在未来这个时代，你谈都不要谈，你佛法站不住脚。只有对唯识法相深刻研究，才会对未来人类文明有所贡献。"①

　　南怀瑾先生真知卓见力排众议，佛家唯识哲理与西方主观唯心理论有所不同。依照佛家唯识哲理，经验习性俗见所谓客观外物纯属幻念，此类观点以为所谓客观外物具有独立内在固有不变实体，佛家唯识否定此等习性俗见。外物现象缘起性空，实乃依心识习性缘起关系所现相关面相之空性。佛家唯识正见根境识和合缘起外物现象显现诸种意识表象，八识流变主观意识习性我执犹如万花筒镜转换视角幻化大千世界现象百态。

　　佛家唯识哲理与现代物理量子力学理论异曲同工。依据量子理论，物质或光原子单元并非抽象独立实体，具有波粒两象性，依照人们观察所取方式不同，它们时而类似粒子，时而相似磁波。"主观"经验习性意识观察方式实乃世俗所谓客观原子缘起条件之一，"主观"意识由此缘起"客观"原子所现面相，故此，心物现象世界主客交融一体两面无有分离。

　　然而，唯识主观心识亦非实有内在固有本质，心识并非独立恒常不变实体。正如《成唯识论》所言："为遣妄执心心所外实有境故，说唯有识。若执唯识真实有者，如执外境亦是法执。"②

　　唯识实乃俗谛方便法门，借此了知色空如是现象世界。《成唯识

① 南怀瑾：《南禅七日》，电子版，第 287，299—300 页。
② 玄奘：《成唯识论》，载《大正新修大藏经》，东京，1924—1934 年版，第 31 册，第 6 页。

论》诠释如是："为入法空复说唯识。令知外法亦非有故。此唯识性岂不亦空。不尔。如何？非所执故。谓依识变妄执实法,理不可得说为法空。非无离言正智所证唯识性故说为法空。此识若无便无俗谛。俗谛无故真谛亦无。真俗相依而建立故。"①

诸行无常,诸法无我！德国哲学家尼采名著《偶像的黄昏》分析解构内外执念简明扼要："举目所见,皆为行为者和行为。它相信作为原因的意志,相信'我',相信作为存在的我,相信作为实体的我,它把对于我——实体的信仰投射到所有事物上去——它就是这样第一次创造了'物'的概念……存在处处被思考为、调换为原因。从'我'的概念中才产生出、派生出'存在'的概念。"②

一如佛家法相唯识学说所言,六识所执法执外境实有源于心识七识习性内在我执。故此,不破经验习性七识内在我执难于真正破解六识法执外境。法相宗师玄奘巨著《成唯识论》破解法执极微原子独立实体溯源心识我执,结论如是："然识变时随量大小顿现一相,非别变作众多极微合成一物。为执粗色有实体者。佛说极微令其除析。非谓诸色实有极微。诸瑜伽师以假想慧,于粗色相渐次除析,至不可析假说极微。虽此极微犹有方分而不可析。若更析之便似空现不名为色,故说极微是色边际。由此应知,诸有对色皆识变现,非极微成。"③

极微原子缘起色空！极微原子,所谓构成物质实在性基本粒子,并无最终独立实体。极微原子实乃人类经验意识观察物色边际极限而已,心识经验习性境界所限井蛙之天,绝非构成万物之独立内在固有实体。"三界唯心万法唯识"对应形而上学本体执念。佛经梵文汉译"三界唯心"对应"十住经"言:"三界虚妄,但是心作！"④《大乘起信论》道:

---

①　玄奘:《成唯识论》,载《大正新修大藏经》,东京,1924—1934 年版,第 31 册,第 39 页。

②　尼采:《偶像的黄昏》,李超杰译,商务印书馆 2013 年版,第 22 页。

③　玄奘:《成唯识论》,载《大正新修大藏经》,东京,1924—1934 年版,第 31 册,第 4 页。

④　《十住经》,载《大正新修大藏经》,东京,1924—1934 年版,第 10 册,第 514 页。

"三界虚伪唯心所作。离心则无六尘境界。"①

《珊瑚林》心识流变结构分析如是："三界唯心,万法唯识,于八种识内何属？答:心是八识,意是七识,识是六识。三界唯心者,以前七识不能造世界,惟第八能造。前七(习性染识)不认(了知)执持故(幻觉执取八识经验记忆藏识),万法唯识者,法属意家之尘故,意识起分别,则种种法起。……第六识审而不恒,如平时能分别,至熟睡时则忘,中毒、中风时则忘。第八识恒而不审,虽持种子,而自体蒈昧。惟第七识亦恒亦审,是为自然。老氏之学,极玄妙处,唯止于七识。儒家所云格致诚正,皆是第六识(法执外境实有)也。所云(道家)道生天地,亦是以第七识我执第八识为道(以为内识神我)也。……七识谓之传送者,以七识无体,外依前五(根尘),内依第八,其实只执我一念耳。"②

中郎唯识哲理创见抑或启迪明末高僧大德藕益智旭,后者如是言道："'老子'言道'不如守中'似曰第七识体。"③

唐代大德神会破解道家思想如是："道士家因缘者,道得称自然者,道生一,一生二,二生三,三生万物。(道家)从道以下,(方才)并属因缘。若其无道。一从何生？今言一者,因道而立。若其无道,万物不生。今言万物者,为有道故,始有万物。若其无道,亦无万物。(佛家)今言万物者,并属因缘(缘起性空)。"④

心物现象缘起性空！佛家所言"八识藏识"空性并非"道家之道"所谓万物本源,任何神道创生万物本源纯属梦幻泡影！"八识藏识"空性显现心物现象刹那迁流变化过程,旨在破解心物内外固有实体执念。佛家"八识阿赖耶藏识"含藏经验记忆文化沉淀,这些心理底层习性积累倾向,日积月累过去未来逐渐沉积于意识河床之上。记忆种子熏习

---

①　《大乘起信论》,载《大正新修大藏经》,东京,1924—1934年版,第32册,第577页。

②　袁宏道:《珊瑚林》,载《续修四库全书》,上海古籍出版社2002年版,第1131册,第17—18页。

③　智旭:《周易四书禅解》,团结出版社1996年版,第465页。

④　杨曾文:《神会和尚禅话录》,中华书局1996年版,第91页。

随缘显现现象生起。诸法空性！生命际遇条件缘起变化无常,八识生命记忆隐显文化传习沉淀吐故纳新周而复始,大千世界物随心转风景即心境。

明末并及 20 世纪初佛家相宗法相唯识学说两次复兴隔代数以百年,学术传承却似无有间断,古今中外现象学说哲人智者反观现象心有灵犀,法相唯识现象学问创见相得无间。

傅新毅佳作《玄奘评传》真知灼见别开生面,先生认为 20 世纪初佛家相宗法相唯识学二次复兴旨在兴利除弊传承法脉,《玄奘评传》直言不讳言道:"中华文化再次表现出其惊人的同化力。伴随着玄奘九死一生而求得的印度佛法的隐退,是华严乃至禅宗等'中国化'佛教的全面昌盛……异质文化的不可通约性最终被敉平于'三教合一'的论调之中,中华文化开始沿着这一既有的轨道滑行,直至滑向近代的严重危机。也正是在危机四伏、充满悖论的近代,玄奘的学术与精神才第一次,也是最后一次真正得到了回应。如果说谭嗣同、章太炎等还只是借助唯识学来作为倡导社会变革或接纳西学的理论工具,那么,以欧阳竟无、吕澂为代表的内学院集团,则以其求真、求道的热忱,校勘佛典、批判传统的相似教法,力图将佛教带出笼统颟顸的中古形态。欲'截伪续真'则必然是'别调孤弹',这是自玄奘以来就已注定的宿命。一个认为'万物皆备于我'、对外来文化仅是实用主义地'拿来'的民族只是一个自大、惰性的民族,而不能开启纯学术的自主性空间并潜心其中,仅仅只是浮光掠影、玩弄光景若时下流行者,也无法真正切入一种文化的内在本质。"[1]

傅新毅旨归唯识顺带抨击孟子"万物皆备于我"性善思想绝非偶然,袁中郎《珊瑚林》早已运用法相唯识理论解构孟子"万物皆备于我"性善我执妄念。傅新毅唯识绍介谭嗣同章太炎等唯识大家,无意间佐证佛家两次法相唯识复兴法脉传承。

---

① 　傅新毅:《玄奘评传》,南京大学出版社 2006 年版,第 3—4 页。

　　梁启超《清代学术概论》论及王夫之谭嗣同学术传承关系:"谭嗣同好王夫之之学,喜谈名理。自交梁启超后,其学一变。自从杨文会闻佛法,其学又一变……治佛教之'唯识宗'、'华严宗',用以为思想之基础,而通之以科学。"①王船山实乃明末集儒家佛学于大成者,晚年著述《相宗络索》光大佛家法相唯识学,梁启超《清代学术概论》言道:"其乡后学谭嗣同之思想,受其影响最多……尤可注意者,(船山)《遗书》目录中有《相宗络索》及《三藏法师八识规矩论赞》二书。在彼时以儒者而治'唯识学',可不谓豪杰之士耶!"②

　　王夫之袁宏道灵感觉悟源于佛家法相唯识学,彼此心有灵犀所见略同! 故此,王夫之于中郎诗学尤为推崇,船山《明诗评选》言道:"中郎诗以己才学白、苏,非从白苏入也,李、何、王、李,俱有从入,舍其从入即无自位……中郎若不夭,伯敬终不敢自矜,看破底里,只资其一噱而已。三百年来以诗登坛者,皆不能做句,中郎之病,病不能谋篇,至于做句,固其所长;洒落出卸,如白鸥浴水,才一振羽,即丝毫不挂。李、何、王、李、钟、谭皆所不能也。谋篇天人合用,作句以用天为主。"③

　　江盈科序袁中郎《敝箧集》言道:"世之称诗者,必曰唐,称唐诗者,必曰初曰盛。唯中郎不然,曰:'诗何必唐? 又何必初与盛? 要以出自性灵者为真诗尔。夫性灵窍于心,寓于境。境所偶触,心能摄之;心所欲吐,腕能运之……以心摄境,以腕运心,则性灵无不毕达,是之谓真诗。'"……中郎尝与予方舟泛蠡泽,适案上有唐诗一帙,指谓予曰:"唐人之诗,无论工不工,第取而读之,其色鲜妍,如旦晚脱笔研者。今人之诗即工乎,然句句字字拾人饤饾,才离笔研,已似旧诗矣。夫唐人千岁而新,今人脱手而旧,岂非流自性灵与出自模拟者所从来异乎!"④一如

①　梁启超:《清代学术概论》,上海古籍出版社 2000 年版,第 91—92 页。
②　梁启超:《清代学术概论》,上海古籍出版社 2000 年版,第 20 页。
③　王夫之评选,陈新校点:《明诗评选》,文化艺术出版社 1997 年版,第 318—319 页。
④　《袁宏道集笺校》,上海古籍出版社 1981 年版,第 1685 页。

唐代诗人高适所言："性灵出万象，风骨超常伦"[1]

中郎诗话唐诗"以心摄境"，性灵感知遥相呼应唐人唯识大德窥基《成唯识论述记》："摄境从心，一切唯识，如经中说三界唯心……自识所变。"[2]

中郎诗文山水空性灵觉，人我法我所执心物实体皆为空幻无常，三界唯心，万法唯识！主客合一呈现现象世界缘起色空境界。

明人王士禛《香祖笔记》言道："舍筏登岸，禅家以为悟境，诗家以为化境，诗禅一致，等无差别。"佛家禅诗公案机境偶合随缘化育，后世领悟各得其所。中郎禅诗神韵明人无出其右。《佛说宝雨经》言诗歌韵律实乃菩萨十八不共法相之一："言音善巧，能随世俗文同义异，对偶反转音文玄妙。"（Yamaka-vyatyasta-āhāra）[3]诗词形式韵律生发意义内容，中郎针砭单纯内容模拟文风，斥其故步僵化刻舟求剑！然而，汉语诗歌独特形式何妨旧瓶新酒，创生意义高远境界，山沓水匝妙有真空。

明代陈继儒赞颂《题石头募册》诗句"幻笔玄解"，翁公心诚解要言道："《题石头募册》，这是石头和尚为庄严诸佛而募捐的名册，启请中郎题写。中郎有意舍和尚二字，'石头'二字一语三义，指石头和尚，也指石头，也指慷慨布施之举之坚固。'布施'，也有二义，一指财施善举，二指法施般若。"

般若布施一如《金刚经》言："不应住色生心，不应住声、香、味、触、法生心，应生无所住心。若心有住，则为非住。是故，佛说菩萨心不应住色布施。须菩提，菩萨为利益一切众生，应如是布施。"

---

① 高适：《答侯少府》，载《全唐诗》，中华书局1962年版，第6册，第2197页。

② 窥基：《成唯识论述记》，载《大正新修大藏经》，东京，1924—1934年版，第43册，第230页。

③ 法国佛学大家拉莫特（Etienne Lamotte）心得悟解菩萨法相玄妙韵式《yamaka-vyatyasta-āhāra》，参见 Étienne Lamotte，*Yamaka-vyatyasta-āhāra*，Artibus Asiae，Vol. 24，No. 3/4（1961），pp. 307-310.菩萨法相韵式缘起亦可参照萧振豪论文《从音韵学窥探六朝隋唐诗律理论之起源》，http://hdl.handle.net/2433/199007。

石公诗无达诂,泥瓶蛇足一二。《石公之石》常以韵律谐音隐喻象征"心识之识",意识流变幻化大千世界。《题石头募册》首联佳作"如石/不识"谐音隐喻"如是布施",韵脚如是诠释菩萨法相玄妙韵式"能随世俗文同义异,对偶反转音文玄妙"。

《题石头募册》:"石头/和尚/头如石　石头/路上/人不识……"

此联宽对,出句与对句音步停顿节奏二/二/三,步点同时押韵:"石头-石头"平押侯韵,"和尚-路上"仄押漾韵,"头如石-人不识"韵脚职韵、昔韵。石与识谐音同时隐喻象征食、施、是意,故此,"不识"一柄多端隐喻象征布施与不食等意。二/二/三音步停顿既是节奏单位,亦为意义单元,音义相摄无间隐喻象征,意义流转不居组句变化出奇:

　　1. 石头/和尚/头如食　石头/路上/人不食

　　2. 石头/和尚/头如识　石头/路上/人布施

　　3. 石头/路上/头如石　石头/和尚/人不识

　　4. 石头/路上/头如是　石头/和尚/人布施……

不拘格套,独抒性灵!中郎诗兴自在有无之间,虚实色空皆在神韵,韵律幻化意义创新不逊唐人,一如清代冒春荣《葚原诗说》所言:"唐人多以句法就声律,不以声律就句法,故语意多曲,耐人寻味。……如老杜'清旭楚宫南,霜空万里含',顺之当云'万里楚宫南,霜空清旭含'也。"①

东西方诗歌殊途同归,法国哲学巨匠现象学家保罗·利科《言语力量:科学与诗歌》一文深入探讨诗歌韵律创造力:"有限工具无限运用,此乃言语力量真谛所在。……韵律声音形式再现更新意义,相同声音形式周期重现使得词汇之间产生语义交感应合。例如,如果同一诗歌中'孤寂'(solitude)与'抛弃'(désuétude)韵律共鸣意义交感,'孤寂'似乎将被'抛弃'。宽泛地说,声音相同形式周期重现引起意义交感吐

---

① 冒春荣:《葚原诗说》,载郭绍虞编选《清诗话续编》,上海古籍出版社 1983 年版,第1851 页。

故纳新,此类韵律意义交感可称之为'隐喻'。因为意义已经'被置换'、'被转移'。诗歌中词语意指对象与散文中词语所指对象完全不同,一种意义光环萦绕在词语周围,韵律响亮声音形式再现使得声音意义相互融合推陈出新。从韵律节奏形式上溯到意义来仔细观察隐喻象征一般语义功能,人们会发现每个隐喻均为一首微型迷你诗歌,一首诗歌则无异于一系列隐喻象征,博大精深连续持久意蕴无穷。"①

高宣扬中文著书《李克尔的解释学》绍介保罗·利科(李克尔),保罗·利科为该书作序,序中探求东西方诗歌韵律隐喻象征共通性问题:"诗歌语言由隐喻象征所主导,但并未因此丧失逻辑实证主义所论证的'指称参照体系'。诗歌语言同样可以言说世界,因为通过诗歌语言韵律象征隐喻所运作的,正是意义的迁移流变……当我谈及这种迁移变化'隐喻参照体系'时,是否是在自己语言文化以及哲学传统之外,谈论着某种可理解之事?"②

诗歌韵律往复回环生发意义,此等诗歌创造功能实乃心物现象影像记忆隐喻表现形式,诗歌韵律回环与记忆往复更新相摄无间。意大利哲学家阿甘本曾经深刻探讨韵律记忆辩证关系。

阿甘本《差异与重复:论居依·德波的电影》一文娓娓道来:"蒙太奇实现条件有二:重复与中止……重复并非复原回归同一者;它与回归同一之物是两码事。重复力量之美带来新意,回归重现过去曾是之物之潜在可能性。重复旨在恢复过去曾是之物潜在可能性,使之在现实中变得可能,它差不多是一个悖论。重复某物,也就是使之再次可能变化重生。'重复'接近'记忆'。'记忆'不能给我们过去曾是那种东西本身:如果那样的话,记忆将变成地狱。相反,记忆把潜在可能性归还给过去。记忆将未完成变成完成,并使完成变成未完成。记忆,可以说,

① Paul Ricœur, «Puissance de la parole: science et poésie», *La philosophie et les savoirs*, Montréal, Ed. Bellarmin, 1975, p. 170.

② 高宣扬:《李克尔的解释学》,香港天地图书有限公司1991年版,序言,第7页。

是现实模态化器官;它把真实转化为可能,把可能转化为真实……蒙太奇第二个特点,是中止……中止向我们表明,与散文相比,电影更接近于诗……诗可以用声音和韵律节奏音步限制来和语法限制相抗衡,这种限制不仅是一种暂停中止;它是一种不一致,一种声音与意义相脱节。这就是保尔·瓦莱里在他对诗定义中美妙意味之所在:'诗,就是自声音与意义之间徘徊回旋。'这也就是为什么荷尔德林可以说通过中止词与再现/表征韵律,韵律节奏停顿会使词与再现/表征本身显现再生。"①

阿甘本所谈诗歌韵律记忆蒙太奇:"重复与终止",保罗·利科诠释诗歌韵律隐喻世界:"意义迁移流变更新",西方贤哲真知灼见与佛家唯识法相思想相得益彰。"世为迁流,界为方位。"佛家唯识法相现象学认为现象世界变动不居,刹那迁流,诸行无常!八识阿赖耶识潜意识感觉记忆藏识即是人类文化记忆经验反复积淀,心物机境缘合,记忆经验返还往复吐故纳新。意识流变生生不息幻化色空大千世界。

袁中郎解行相应知行合一,诗学创见唯识哲理互为表里:"石头/和尚/头如石　石头/路上/人不识"不识、捕食、不食、布施,如石、如食、如是、如识……谐音隐喻韵律回环意识流变,因陀珠网交响辉映相摄无间,一如法国符号学家罗兰·巴特《符号帝国》诠释俳句诗体:"俳句时间没有主体,阅读除了俳句整体,没有另一自我,所谓自我经过无限折射,只是阅读场所而已,依据华严宗义所言意象,俳句共同体犹如因陀罗网珠,一多相即,重叠辉映,缘起色空,相继无限,绝无辉映中心本源可言。"②

罗兰·巴特言诗意合法藏"因陀罗帝网"唯识论说。法藏《华严经探玄记》十重唯识之十言道:"帝网无碍故说唯识!谓一中有一切,彼一

①　Giorgio Agamben. *Image et mémoire*,Paris,Desclée de Brouwer,2004,pp. 90 - 93.

②　罗兰·巴特:《符号帝国》,汤明洁译,中国人民大学出版社 2018 年版,第 88 页。

切中复有一切。既一门中如是重重不可穷尽。余一一门皆各如是,思准可知。如因陀罗网重重影现,皆是心识如来藏法性圆融故,令彼事相如是无碍。"①

　　石公"石头和尚头如石　石头路上人不识"文同义异音文反转意识流变,隐喻象征石头和尚"如食不食""如石不识""如是布施",机境缘合后续诗句"朝食无米供沙"等语。

题石头募册

石头和尚头如石　石头路上人不识……

东弗于逮始欠伸　北郁单越会朝食……

为语石头国里人　无米可供沙亦得……

　

充筐盈箱贮赤仄　鸣金鼓众驱悭贼

……　　　　　　左执黄钺右苍帜

悭神清野坚军壁　忉宫震怒麈霹雳

磔却悭王走悭伯　石头饱卧北窗席

　　诗歌隐喻旨在形象思维映射抽象思维,诗歌语言本质特点在于意义融合化育系列意象,由此构成意义图像象征。西方诗学历来关注表音语言声音能指功能而忽视中文表意文字视觉能指功能。中文诗歌象形会意,具有听觉视觉双重能指功能。借助于中国语言表意文字特性,中文诗歌韵律可以同时表现听觉视觉双重能指灵动功效:音韵空谷回响与视觉形象生动相辅相成互摄无间。中文诗歌视觉听觉能指相似特性,均可体现为意义相似与相异象征表意。汉诗实乃听觉视觉间性

---

　　① 法藏:《华严经探玄记》,载《大正新修大藏经》,东京,1924—1934 年版,第 35 册,第346 页。

结晶。

　　法国心理符号学家克里斯蒂娃曾在《一个欧洲女人在中国》一文中深入探讨中国语言文字象征功能:"中文作为声调语言,它先赋义于声调,后赋义于句法,它通过语言交流社会契约保留母子联系最初痕迹,因为所有人类儿童都是先习得韵律,再学会语法,中国儿童使这些古老韵律承载起社会化意义。因此,声调优势使汉语保留了前句法、前象征(符号句法相伴而生)和前俄狄浦斯情结痕迹(即使声调系统只有在句法结构中才能完全得以实现)。中国文字本身,最初被形象化,然后逐渐风格化,抽象表意化,并保留其启发性、视觉性及动态性特征(书写汉字不仅需要记忆字义,还需记忆书写动作)。这些因素唤起一种心理层面,先于意义—句法—逻辑,使得中文思考主体从未被割断。汉字可被视为潜意识感觉仓库,演变创新复活意识最佳实验室。"①

　　克里斯蒂娃所言汉字"潜意识感觉仓库"实为佛家八识流变藏识。石公中郎解行相应,创作诗歌常用汉字象形表意象征,《题石头募册》一诗束结独具匠心,运用汉字"拆字格"修辞编织文意隐喻象征:

　　　　充筐盈箱贮赤仄　　鸣金鼓众驱悭贼
　　　　……　　　　　　　左执黄钺右苍帜
　　　　悭神清野坚军壁　　忉宫震怒麾霹雳
　　　　磔却悭王走悭伯　　石头饱卧北窗席

　　首先,"悭"字合拆字格修辞象征表意拆为"坚"字与竖心旁"忄"合入"忉"字。"悭"神自体"坚"字隐喻象征一柄多端,"坚"字"坚固坚守"本意意指"悭神清野坚军壁",其次,"坚"字"坚尖"谐音隐喻尖锐刀刃,意指自心(忄)之忉,隐喻欲界忉利天宫"忉宫震怒麾霹雳"。"忉宫"象

────────────

① 克里斯蒂娃:《一个欧洲女人在中国》,载《法兰西思想评论》,第四卷,同济大学出版社2009年版,第57页。

征石头和尚石头自心性灵觉悟于相离相色即是空,一如《坛经》颂说:"佛法在世间　不离世间觉　离世觅菩提　恰如求兔角。"故此"忉宫震怒麾霹雳"剑指"悭神清野坚军壁",反省破解自身贪痴吝啬人我法我执念,石头和尚般若布施终成正果立地成佛:"磔却悭王走悭伯　石头饱卧北窗席"。

翁公心诚解要如是:"佛祖说:以苦为师,以戒为师。戒具有广义,指佛的告诫。又说行道不离'四念处',即观身不净,观受是苦,观心无常,观法无我。其中最重要的是断除贪悭。正是这种正法观作指导,中郎才对诗僧好友石头和尚作了募册题辞,也是对所有僧人开导:'显而非显,见千月于指端;言显无言,总万流于智海'(袁中郎《八识略说叙》)。"

翁公所引中郎《八识略说叙》言道:"夫识之相亦玄矣!奥矣!前六易竟,二细难推……相宗之不明久矣。无迹大师,法中之虎,竟一心之差别,洞八相之微芒。略而非略,见千月于指端;言显无言,总万流于智海。"①

石头/和尚/头如石　石头/路上/人不识……

"识"与"石"谐音同时隐喻象征食、施、是等字。"是、食、施、石"皆是中郎《八识略说叙》所言"识之相",所谓客体现象即是"识之相分"。

袁中郎《珊瑚林》解析:"问:第八识别有体性耶?答:前六识即第八见分,前五根尘即第八相分,色声等疏相分也,眼耳等亲相分也。问:云何又有七识?答:七识无体,即前六中之执我一念,如大海水,波涛万状,湿体则一。"②

正如法藏《入楞伽心玄义》所言:"诸识本末者,有二义。一据二分,

---

①　袁宏道:《瓶花斋集》,载《袁宏道集笺校》,上海古籍出版社1981年版,第702页。
②　袁宏道:《珊瑚林》,载《续修四库全书》,上海古籍出版社2002年版,第1131册,第18页。

二就八识。初者论师或说相见二分各别种生,但相由而起,俱不离识故说唯心。有说相分皆是见分所现,无别种性,云前说识所缘唯识所现故,如三摩地所行影像。又经云从心相生与心作相,是故随见分行解带彼相分,故说唯识。"①

玄奘弟子圆测《解深密经疏》解析如是:"见分名识(所谓内识),相分为相(所谓外境)。故成唯识云:'或复内识转似外境'若依此释,相分名相。相不离见,说名唯识。总说意云:'名句文身及以音声,识之相故,名为识也。'"②

窥基《成唯识论述记》见相两分比喻形象:"八识自体皆似二分,如依手巾变似于兔幻生二耳。二耳体无,依手巾起。"③

中郎游记《天目》方便通经手巾兔之两耳:"临行,诸僧进曰:'荒山僻小,不足当巨目,奈何?'余曰:'天目山某等亦有些子分(缘分),山僧不劳过谦,某亦不敢面誉。'因大笑而别。"④

中郎"天目巨目"或可隐喻"识之见分","天目山"则为"识之相分"。

"心识见分相分"一如石头和尚般若布施,心识头与石:"石头和尚头如石 石头路上人不识"不识布施施布破袈裟。《金屑编》诗颂禅偈:

破袈裟 破袈裟 年深代古欲开华
拈来搭在刹竿上 引得乌鸦乱似麻⑤

① 法藏:《入愣伽心玄义》,载《大正新修大藏经》,东京,1924—1934 年版,第 39 册,第 431 页。
② 圆测:《解深密经疏》,载《大日本续藏经》,台北,1968—1970 年版,第 21 册,第 172 页。
③ 窥基:《成唯识论述记》,载《大正新修大藏经》,东京,1924—1934 年版,第 43 册,第 241 页。
④ 袁宏道:《天目》,载《袁宏道集笺校》,上海古籍出版社 1981 年版,第 454 页。
⑤ 袁宏道:《金屑编》,载《续修四库全书》,上海古籍出版社 2002 年版,第 1131 册,第 59 页。

心乱如麻或如唐人李季兰所作蔷薇诗句："经时未架却　心绪乱纵横"。其父评道："此女慧黠非常,恐为失行妇人。"中郎有诗言道："艳女逢僧拜,游人缓骑归。"①艳女何妨隐喻李季兰花,李季兰诗作《结素鱼贻友人》慕名结缘僧家皎然:

尺素如残雪　结为双鲤鱼
欲知心里事　看取腹中书

皎然禅思缘和一首:

天女来相试　将花欲染衣
禅心竟不起　还捧旧花归

雪花素心何染之有?中郎《出郭》诗句"稻香鱼肥红尘白浪沙洗颠倒袈裟"与皎然李季兰"鲤鱼红籽尺素雪白花衣"相得无间。

出郭②

袁宏道

稻熟村村酒　鱼肥处处家
轻刀粘水去　独鸟会风斜
落日流红浪　长江徙白沙
山僧迎客喜　颠倒着袈裟

---

①　袁宏道:《灵隐路上》,载《袁宏道集笺校》,上海古籍出版社1981年版,第357页。
②　袁宏道:《出郭》,载《袁宏道集笺校》,上海古籍出版社1981年版,第88页。

嫁纱
——缘和袁中郎/逆评李季兰

经时未架却出家　心绪乱纵横河沙

沙水少米迷浪谷　可人何必披袈裟

未嫁却出家　乱纵横河沙

少米迷浪谷　何必披袈裟

却出家　横河沙

迷浪谷　披嫁纱

家　沙

谷　纱

横出嫁　却河沙

劈浪谷　迷袈裟

乱纵横出嫁　未嫁却河沙

何必披浪谷　少米迷嫁纱

心绪乱纵横出家　经时未嫁却河沙

可人何必披浪谷　沙水少米迷嫁纱①

　　法国佳冠诗人梵乐希（Paul Valéry）如是界定中国诗歌："涉及诗歌，音乐是绝对的条件；要是作者不重视音乐，不在上面花心思，要是发现他的耳朵迟钝，要是在诗的韵律结构中，节奏、音调、音色没有占重要的地位，不跟意义平起平坐，那就不要对这个人抱希望。他想唱歌而无

---

　　①　拙诗"正反金字塔漩涡流变"意识韵式灵感源于法国哲学家伯格森《物质与记忆》《感

觉-运动》圆锥模式：。

唱歌的迫切感。"①

梵乐希并将诗歌韵律等同于生命生理机制,将其象征为生命《珊瑚林》:"诗歌韵律中,音节数量对称、音步停顿往复以及韵脚旋律回响,仿佛在模仿生命生理运动机制,抑或说是,诗歌规律正是源于生命基本功能运行机制,由此诗歌韵律重新演绎生命行为,为生活元素注入生命活力,在万物之中编织生命时光,犹如海底升起珊瑚森林。"②

《珊瑚林》及其简本《德山麈谭》中相同意象旨趣往复回响前后呼应,犹如诗歌韵律音文往复相符相成象征表意。

中郎自序《德山麈谭》言道:"明教因次而编之,既还,以示余,余曰:'此风痕水文也,公乃为之谱耶? 然公胸中有活水者,不作印板文也。'遂拣其近醇者一卷,付之梓。"③

《德山麈谭》前后段落主旨衔接有条不紊丝丝入扣,中郎如是起始解构孟子性善我执:"孟子说性善,亦只说得情一边,性安得有善之可名? 且如以恻隐为仁之端,而举乍见孺子入井以验之。然今人乍见美色而心荡,乍见金银而心动,此亦非出于矫强,可俱谓之真心邪? 问:何谓如是我闻? 答:心境合一曰如,超于是非两端曰是,不落眼耳鼻舌身意曰我,不从语言文字入曰闻。"④

中郎分析解构孟子性善理论与明末"集儒学及佛家相宗于大成者"王夫之观点异曲同工:"若乍见孺子入井而怵惕恻隐,乃梏亡之余仅见于情耳。其存不常,其门不启;或用不逮乎体,或体随用而流;乃孟子之

---

①　伯格森诠释如是:"如果我用圆锥体 SAB 代表我记忆中所有积累的回忆,那么位于过去的底部 AB[生命文化沉淀意识河床表面上看来]仍然是不动的,而顶部 S 则代表着我的当前,他不停地向前移动并且不断地与移动平面 P 接触,它代表着我对宇宙的实际看法[现象世界]。"伯格森:《物质与记忆》,姚晶晶译,北京时代华文书局 2013 年版,第 166 页。梵乐希:《序言》,载《法译陶潜诗选》,梁宗岱译,外语教学与研究出版社 2003 年版,第 18 页。

②　Paul Valéry, *Œuvres*, Paris, Gallimard, 1960, vol. 2, p.567.

③　袁宏道:《德山麈谭》,载《袁宏道集笺校》,上海古籍出版社 1981 年版,第1283 页。

④　袁宏道:《德山麈谭》,载《袁宏道集笺校》,上海古籍出版社 1981 年版,第1284 页。

权辞,非所以征性善也。"①

　　云栖袾宏批判王阳明《良知》理论及孟子性善论鞭辟入里:"新建创良知之说。是其识见学力深造所至,非强立标帜以张大其门庭者也。然好同儒释者,谓即是佛说之真知,则未可。……今以三支格之。良知为宗。(孟子)不虑而知为因。孩提之童无不知爱亲敬长为喻。则知良者美也,自然知之,而非造作者也。而所知爱敬(经验习性)涉妄已久。岂真常寂照之谓哉? 真之与良,固当有辨。"②

　　"孩提之童所知爱敬"实乃生命经历经验习性人情使然,一如王安石《原性》所言:"性生乎情,有情然后善恶形焉,而性不可以善恶言也。……孟子以恻隐之心人皆有之,因以谓人之性无不仁。就所谓性者如其说,必也怨毒忿戾之心人皆无之,然后可以言人之性无不善,而人果皆无之乎? 孟子以恻隐之心为性者,以其在内也。夫恻隐之心与怨毒忿戾之心,其有感于外而后出乎中者,有不同乎? ……诸子之所言,皆吾所谓情也、习也,非性也。"

　　孟子所谓"恻隐之心"实乃人类"移情"同情作用。法国现象学家德普慈(Natalie Depraz)关于胡塞尔"移情概念"与佛家慈悲哲理比较研究别开生面,她在《移情与慈悲:现象学分析与佛教教义》一文中言道:胡塞尔"交互主体性分析"以移情同感为基础,涉及生命时空融合,自我心理状态想象化为他人心理状态。这可与大乘佛教传统教义关于慈悲情怀经验描述作一比较。佛家慈悲情怀在生活空间、时间和想象等诸多方面均与胡塞尔现象学同感经验相对应。在大乘佛教传统中,同情慈悲为其核心。印度佛教高僧寂天(Shantideva,7—8世纪)在《菩提行经》中对菩提慈悲心描述精确而独特。《菩提行经》如是言道:

　　　　先当如是观　重自他不二

---

①　王夫之,《思问录》,《船山遗书全集》,自由出版社1972年版,第17册,第401页。

②　云栖袾宏:《竹窗随笔》,北京图书馆出版社2005年版,第23—24页。

　　我自一切行　苦乐亦平等

　　藏传佛教上师格贡堪布·衮桑华丹(1862—1943)诠释如下:"菩萨菩提心中,首先,禅定了悟自身与他人平等性,其次,禅定冥想自身与他人转换性。如无前者,后者无从谈起。故此,惟有禅行了悟自身他人平等,方会惠行利他布施。自身他人平等无我之境界在于觉悟到执着自我之虚妄,主客分以及执着占有事物拥有身体,均为幻觉而已。心物主客无常,均无实在性,心物现象恒常本质实乃执我偏执幻化,如此境界方可悟解'无我之空性'……胡塞尔移情同感(Einf Uehlung)概念保存着一种认知性交互主体行为,此种行为依赖感性被动综合中介以及换位思考;而菩提心行始终都是以苦难,藏语中所谓'dukka'苦来成就。同情慈悲心怀生发于此种基本普遍苦难情感,承受自我与他人苦难。此种悲天悯人情怀在众生平等与利他转化过程中所起作用至关重要。在这方面,德国现象学家舍勒《情感直觉主义》似乎更有助于了解移情'悲悯认同他人苦难'之情怀。"①

　　舍勒《同情感与他者》书中言道:"一切移情同感都包含着感受另一个人悲伤和欢乐的感觉意向。"②此书载文《受苦的意义》专门介绍佛家移情慈悲情怀:"佛陀得出了一个域等式:欲求＝实在＝苦＝个体性。让苦和欲求对象化,让苦、欲求和实在的这种牢不可破的因缘,纯粹化为幻象,才可望获得解脱。通过智慧将欲望和痛苦逐出心灵。在佛陀看来慈悲之爱即心灵的解脱……佛陀对受苦很少持单纯忍耐承受态度,这与极富主动的西方英雄主义完全相同……印度佛教的英雄思想则注重对本能和烦恼的内在主动驱除性。在佛陀看来,烦恼的炽热烈

　　①　Natalie Depraz, «Empathie et compassion», *L'Empathie*, Editions Odile Jacob, 2004, pp. 183-199.

　　②　舍勒:《同情感与他者》,刘小枫编,朱雁冰等译,北京师范大学出版社2014年版,第13页。

焰代表着贪欲本能及我执之集。"①

《德山麈谭》《珊瑚林》唯识哲理解构孟子性善我执,主题韵律往复回环绕梁三日余音未了:"问:第八识别有体性耶？答:前六识即第八见分,前五根尘即第八相分,色声等疏相分也,眼耳等亲相分也。问:云何又有七识？答:七识无体,即前六中之执我一念,如大海水,波涛万状,湿体则一。儒家说'万物皆备于我',不如释迦说见相二分亲切,故见分相分该括无尽妙义也。"②

"万物皆备于我"语出孟子《尽心上》:"万物皆备于我矣！反身而诚,乐莫大焉。"③

孟子所谓"万物皆备于我(之性善)"实乃形而上学预设万物绝对本源——我之性善。"我之性善"实为佛家唯识所斥"我执痴念",佛家唯识见相二分之说旨在破解法执我执,"三界唯心",《十住经》言:"三界虚妄,但是心作！"④故此,中郎言道:"儒家说'万物皆备于我',(自然)不如释迦说见相二分亲切,故见分相分该括无尽妙义也。"⑤

《德山麈谭》韵律旨归再现八识意识流变破解儒家我执:"问:《妙喜语录》云:'将八识一刀两断'。八识如何断得？答:杲公以种种文字记忆为第八识也。记忆是第六识,八识乃持种,非记忆也。八识如断,则目前山河大地一时俱毁矣。儒者但知我是我,不知事事物物皆我,若我非事事物物,则我安在哉？如因色方有眼见,若无日月灯山河大地等,则无眼见矣。因声方有耳闻,若无大小音响,则无耳闻矣。因记忆一切

---

①　舍勒:《同情感与他者》,刘小枫编,朱雁冰等译,北京师范大学出版社 2014 年版,第 179—184 页。

②　袁宏道:《珊瑚林》,载《续修四库全书》,上海古籍出版社 2002 年版,第 1131 册,第 18 页。

③　朱熹:《四书章句集注》,中华书局 2014 年版,第 328 页。

④　《十住经》,载《大正新修大藏经》,东京,1924—1934 年版,第 10 册,第 514 页。

⑤　袁宏道:《珊瑚林》,载《续修四库全书》,上海古籍出版社 2002 年版,第 1131 册,第 18 页。

方有心知,若将从前所记忆者一时抛弃,则无心知矣。"①

　　中郎此段论述启示源于玄奘《成唯识论》:"达无离识(唯识八识流变)所缘境者,则说相分是所缘,见分名行相。相见所依自体名事,即自证分。此若无者应不自忆心心所法,如不曾更境(经历)必不能忆故。"②

　　东学西渐,洋为中用! 佛家法相唯识现象学名相与西方现象学概念缘合意同殊途同归,佛家名相"心识自证分见分相分"与胡塞尔现象学"自我意识、意向行为(noèse)与意向相关项(noèma)"一一对应,"自证分"对应"自我意识","见分"对应"意向行为","见分"对应"意向相关项"。德国现象学家耿宁先生佳作《试论玄奘唯识学的意识结构》③于此曾有详细探讨。

　　保罗·利科名著《记忆、历史与遗忘》解析意识记忆现象学如是:"记忆现象学围绕两个问题构建:记忆什么? 记忆是谁? 这两个问题在胡塞尔现象学知道下提出……记得某件事,就是直接回忆自身经历……在现象学完善体系中,自我学问题—自我意味什么—必须来自意向性(对应佛家执藏七识之态)问题之后,而后者必须是有关意向行为(noèse)与意向相关项(noèma)相互关系问题。"④

　　文化沉淀记忆缘起,主旨韵律往复回环,唯识意识流变见相分主客合一,佛家空宗中观法相唯识空有两宗诠释中郎佛学境界当为正解,另一例举中郎禅参《黄鹤楼》公案。袁中郎《金屑编》数次探讨崔颢诗《黄鹤楼》公案如是例:"举:岑大虫因秀才看《千佛名经》,问:'百千诸佛,但

　　① 袁宏道:《德山麈谭》,载《袁宏道集笺校》,上海古籍出版社 1981 年版,第 1288—1289 页。

　　② 玄奘:《成唯识论》,载《大正新修大藏经》,东京,1924—1934 年版,第 31 册,第 10 页。

　　③ 耿宁:《试论玄奘唯识学的意识结构》,载《禅学研究》,江苏古籍出版社 1998 年版,第 124—135 页。

　　④ 保罗·利科:《记忆、历史、遗忘》,李彦岑、陈颖译,华东师范大学出版社 2017 年版,第 3—4 页。

见其名,未审居何国土?'师曰:'黄鹤楼崔颢题后,先辈曾题否?'曰:'未曾。'师曰:'无事题取一篇好。'借婆衫子拜婆年。"

　　黄鹤楼　黄鹤楼　芳草凄凄鹦鹉洲
　　眼前有景道不得　崔颢题诗在上头①

　　翁公解要如是:"拈古说:借婆衫子拜婆年。意即不识本来真面目。颂词借用李白诗句:眼前有景道不得,崔颢题诗在上头。现代修持者诸佛国土境界是:'晴川历历汉阳树,荒草萋萋鹦鹉洲。日暮乡关何处是,烟波江上使人愁。'这是一个形象化的修持境界,有无限想象的空间。"乡关何处是? 南北春秋人!

春秋渡
——逆评翁公心诚

　　心田思处春秋渡　劫力去时山水游
　　一浪飞白花上客　三川落魄雨中舟
　　　思处春秋渡　去时山水游
　　　飞白花上客　落魄雨中舟
　　　　春秋渡　山水游
　　　　花上客　雨中舟
　　　　　渡　游
　　　　　客　舟
　　　　春秋渡　山水游
　　　　花上客　雨中舟
　　去时春秋渡　思处山水游

---

　　①　袁宏道:《金屑编》,载《续修四库全书》,上海古籍出版社 2002 年版,第 1131 册,第 65 页。

落魄花上客　飞白雨中舟
劫力去时春秋渡　心田思处山水游
三川落魄花上客　一浪飞白雨中舟

李白浪漫褒贬参半崔颢诗作《黄鹤楼》，《江夏赠韦南陵冰》针砭如是：

……头陀云月多僧气　山水何曾称人意
不然鸣笳按鼓戏沧流　呼取江南女儿歌棹讴
我且为君槌碎黄鹤楼　君亦为吾倒却鹦鹉洲
赤壁争雄如梦里　且须歌舞宽离忧①

禅宗则是集中解构批判崔颢《黄鹤楼》愁思本源人我法我执念，《五灯会元》诗偈言道：

一拳拳倒黄鹤楼　一踢踢翻鹦鹉洲
有意气时添意气　不风流处也风流②

中郎《金屑编》禅参《黄鹤楼》公案多年之后诗作黄鹤楼系列三首，其一《登晴川阁望武昌》登汉阳县东大别山晴川阁，远眺黄鹤楼缘和崔颢诗。

登晴川阁望武昌③

霜崖突出藓纹斑　铁笛临风去不还

---

① 李白：《江夏赠韦南陵冰》，载《全唐诗》，中华书局1962年版，第5册，第1754页。
② 普济：《五灯会元》，中华书局1984年版，第1188页。
③ 袁宏道：《破研斋集》，载《袁宏道集笺校》，上海古籍出版社1981年版，第1376页。

百里帆樯千里水　一层城郭几层山

遥知郁郁葱葱地　只在熙熙攘攘间

沙鸟窥鱼鸥觅渚　试看何物是清闲

　　中郎此诗运用法相唯识八识流变化解解构崔颢闲愁我执,拙作《袁宏道：文经哲纬——佛家唯识现象学》①以及论文《袁宏道山水流变观——以佛家唯识现象学为视角》②详细探讨此诗唯识哲理,序言篇幅所限终须一结束尾,故此此诗意识流变结构分析来日另文探讨,聊胜于无拙句一首缘和中郎。

黄鹤楼
——缘和袁中郎

逆旅平愁黄鹤楼　楚天飞雨白沙鸥

沤浮沙起春秋渡　泉涌江流鹦鹉洲

舟泛青萍白雪浪　波香红藕黄泥悠

悠悠我心鱼垂柳　青青子衿风解愁

平愁黄鹤楼　飞雨白沙鸥

沙起春秋渡　江流鹦鹉洲

青萍白雪浪　红藕黄泥悠

我心鱼垂柳　子衿风解愁

黄鹤楼　白沙鸥

春秋渡　鹦鹉洲

---

① Ni Ping, *Mise en œuvre de la phénoménologie bouddhique* Vijñaptimātra *chez Yuan Hongdao* 袁宏道：《文经哲纬——佛家唯识现象学》, Editions You Feng, 2019, pp. 1122 - 1135.

② Ni Ping, Le paysage en mouvement chez Yuan Hongdao 袁宏道（1568 - 1610）：une vision inspirée par la phénoménologie bouddhique de l'école Rien-que-Conscience (Vijñaptimātra), *Etudes Chinoises*, 2015, pp. 133 - 171.

白雪浪　黄泥悠

鱼垂柳　风解愁

楼　鸥

渡　洲

浪　悠

柳　愁

黄鹤楼　白沙鸥

春秋渡　鹦鹉洲

白雪浪　黄泥悠

鱼垂柳　风解愁

江流黄鹤楼　沙起白沙鸥

飞雨春秋渡　平愁鹦鹉洲

红藕白雪浪　青萍黄泥悠

子衿鱼垂柳　我心风解愁

泉涌江流黄鹤楼　沤浮沙起白沙鸥

楚天飞雨春秋渡　逆旅平愁鹦鹉洲

波香红藕白雪浪　舟泛青萍黄泥悠

青青子衿鱼垂柳　悠悠我心风解愁

　　《诗经·郑风·子衿》:"青青子衿　悠悠我心　纵我不往　子宁不嗣音"曹操《短歌行》道:"对酒当歌　人生几何　譬如朝露　去日苦多慨当以慷　忧思难忘　何以解忧　唯有杜康　青青子衿　悠悠我心但为君故　沉吟至今"圆钵方丈空怜酒,黄卷青灯色解忧。拙序献丑就此撂笔反观打坐,禅学中郎展卷翁公要解是盼!

　　　　　　　　　　　　　　　　　辛丑孟夏谨识于法国雷恩

　　(序者先后任教于巴黎国立东方语言文化学院与巴黎十二大学,法国哲学博士,现为法国法汉研究学会主席。)

目录

第一章 《珊瑚林》要解

一、前言

袁中郎的《珊瑚林》，是一本奇著、宝著、智慧之著、独具特色之著。

此著之奇在于奇趣，举三个事例。

例一：中郎娶妾。他说："余昔年欲娶一妾，闻其美，旦暮思之不辍。一日亲见，此女貌丑，此心当时顿息。悟道者亦如是。"（袁宏道《珊瑚林》《金屑编》，清响斋藏板影印第 44 页，以下简称《影印》）

例二："罗近溪有一门人，与诸友言我有好色之病，请诸公一言之下，除我此病。时诸友有讲好色之从心不从境者，有讲作不净观者，如此种种，俱不得破除。最后问近溪，近溪厉声曰：穷秀才家只有个丑婆娘，有什么色可好？其友羞惭无地，自云色病除矣。"（《影印》第 38 页）

例三："先生尝问：杯中天与瓶中天孰大？有谓瓶中大杯中小者，有谓瓶中杯中虽不同，其所照之天是一般者。先生笑曰：瓶中杯中何曾有天来？"（《影印》第 35 页）

三个事例都有趣，但趣与趣不同。中郎娶妾，趣在耳闻不如亲见，喻息心悟道；罗近溪破除门人好色，趣在跳出色外，喻色空不二；瓶、杯比天，趣在天何曾来，喻万有如梦幻泡影。

此著之宝在于发表了许多弥足珍贵的见解，禅净圆融，三教圆融，理事圆融。也举三个例子。

例一："大慧所说,用功总不出四句,谓不可以有心求,不可以无心得,不可以言语造,不可以寂默通。这四句乃圣贤学脉精髓,凡有丝毫工夫有丝毫依倚,皆非真学问。"(《影印》第 43 页)[谈话中所说大慧(1089—1163),号妙喜,又号云门,宋代临济宗杨岐派僧人,著有《大慧普觉禅师语录》传于世。]中郎对大慧所言四句作了精准评点,是"圣贤学脉精髓",照此修持是真学问,不照此修持则不是学问,而世上求学人,大都在那四句里奔波,或"有心求",或"无心得",或"言语造",或"寂默通"。

例二："过了信关人,只当休去歇去,便是真功夫。"(《影印》第 43 页)这个信关,指的是抛弃了见思烦恼而开了初悟的修行者。休歇是真功指的是无功用道,即不刻意用功,在"无心恰恰用,用心恰恰无"的无念境界,是一个不可思议的境界。欲达此境,须绝偷心。有一次,道友问:何以谓偷心断绝? 中郎指着和尚说:你今年生孩子。答:岂有此理。中郎答:这叫偷心断绝。

例三："问:悟明人作何工夫? 答:做工夫须不落阴界,不堕区宇,方为真工夫。"(《影印》第 43 页)

上述关于真学问、真工夫、求真如本体的意见是精光独耀的。这正是中郎的大智慧所在。《六祖坛经·般若品》说:"般若无形相,智慧心即是。"

此著之难得在于其独抒己见,信手挥洒,自从胸臆流出。也举三例。

例一："五家纲宗,只一逆字,足以尽之。不特五宗,三教圣人都是逆。"(《影印》第 43 页)

所说五家五宗,指通常讲的"一花开五叶,结果自然成"。禅门兴起后,分五个宗派:临济宗、曹洞宗、沩仰宗、法眼宗、云门宗,称五宗,也称五家。中郎用一个逆字概述其纲宗的特点,这是言人所未言,又推而广之,说三教圣人的思维取向也是一个逆字。这是石破天惊之语,须要聪明与胆气的结合,发挥开来含义无量。

例二：先生云："一切人皆具三教，饥则餐，倦则眠，炎则风，寒则衣，此仙之摄生也；小民往复，亦有揖让，尊尊亲亲，截然不紊，此儒之礼教也；唤着即应，引着即行，此禅之无住也。触类而通，三教之学，尽在我矣，奚必远有所慕哉？"（《影印》第 36 页）

中郎将神圣的、深奥的三教理论生活化，给我们以豁然开朗的感觉，又指出三教之理在于触类旁通，尽在于我。这就指出了运用儒道佛原理教化民众的捷径。

例三：中郎说："凡人脾胃好者，不论饮食粗细，食之皆甘；脾胃薄者，遇好物则甘，粗物则厌；至害病人，则凡味皆拣择矣。今人见一切人无过者，是自己脾胃好；检讨一切人者，是自己有病，与人无干。"（《影印》第 49 页）中郎用形象的比喻，说明人们修持心态平和、常处欢喜的重要。与此同时，他提出了世人必须具备的人生价值观："常欲立人达人""打倒自家身子""做个英灵汉"等（《影印》第 53 页）。

上述均可算作此著之特点，尚有独具的特色。就在于因缘和合，千载难逢。中郎一生有四次集中的游历，这四次均有贵人、高人、名人、道友的陪同，分别为浙徽游、京郊游、湘地游、陕豫游，在游览中及游览后所写记与诗中，可看出同道友提问、中郎解答、高人旁议、中道（小修）附议等，他们的话题涉及三教典籍、古今历史、名人逸事、文化掌故、社会风俗，内容浩瀚，谈吐活泼，中郎发表了许多震古烁今的见解，然而却只有湘地山水游期间，留下了风痕水纹，这便是《珊瑚林》及拣择本《德山暑谭》（又名《德山麈谭》），这要归功于记录下来的张明教居士（又名张五教）。张明教居士是一个有心有识之人，他意识到中郎的答问极有学术价值，对于修持佛法者有开示意义，在当时没有录音设备的情况下，全凭记忆复原。白天他们跋山涉水，疲劳已极，晚上张先生挑灯夜战记录。张先生的辛劳为我们留下来这部宝贵著作。

在中郎的禅佛之著中，他一共有六次会集性作品。其按年代顺序为：万历八、九年（1590—1591），二十三、四岁，写了《金屑编》；万历二十六年（1598），三十一岁，著述了《广庄》（佛道圆融）；万历二十七年

(1599)，三十二岁，撰写了《西方合论》；万历三十一年（1603），三十六岁，撰写了《宗镜摄录》；万年三十二年（1604），三十七岁，著《珊瑚林》（《德山暑谭》为其节本）；万历三十四年（1606），三十九岁，著《〈坛经〉节录》。从中可见，《珊瑚林》是唯一由他人记录、自己审读的一部著作。在表述方式上，属语录对答体，参与答问的有袁小修、寒灰、雪照、冷云、张明教。时间在入桃花源途中，因"余暑正炽，遂憩德山塔院"，古樟树下。所谓"闲言冷语，皆归第一"，是一种无拘无束的禅佛自由谈。这次谈话最能体现袁中郎学养深厚、读书广博、远见卓识的特点，再次证明灵峰大师所评正确："横扫千军之儒英，跳梁井干之禅擘。"（《西方合论·引》）正如丽水学院教授王闰吉在《袁宏道〈珊瑚林〉〈金屑编〉校释》（以下简称《校释》）前言所说：此著对研究袁中郎的"文学观念、宗教思想具有十分重要的意义。对研究袁宏道生平事迹、创作特色，甚至对研究李贽的文学思想以及明代文学史也有弥足珍贵资料价值"。

这个评价是从俗世来议论的。中国社会科学院文学研究所尹恭弘先生在《公安派的文化精神》（第 159 页）说："《珊瑚林》曾大量评述佛教经论，其中有《华严经》《法华经》《楞严经》《金刚经》等，但这些评述十分注意文字的局限性，更提倡透过文字，超越文字，丢弃文字的禅悟思想。"南京大学教授周群先生认为：袁宏道的佛学特点是"悟禅修净为主""以圆融为尚"，在多次引用《珊瑚林》原文后说："儒佛互诠互补是袁宏道一生的基本学术取向。"（见周群《袁宏道评传》第 173 页）实际上《珊瑚林》是三教合一、侧重禅悟、以净摄禅的融通之著，有很强的综合性、前瞻性。法籍袁中郎研究专家倪平博士在其著作中说：袁宏道著作有文经哲纬、法相唯识学特点。他给予袁中郎是人类思想解放的最早的启蒙家的评价。

对于袁中郎这部要著，惜乎研究的人太少，认识也没上应有的台阶。因此，解读此著，十分必要。

余作为在中郎故里生活了一个甲子的后学，此前已由南京大学出版社出版了《袁中郎佛学与〈西方合论〉初探》及《袁中郎小品思想探究》，现又不揣冒昧，对此著进行解读并提其要点，以期引起学术界重视。余做这项工作，以清响斋珍藏《珊瑚林》《金屑编》影印本为据，并参照了《校释》，对其文本在转换横排、标点过程中出现的与影印本相矛盾的乃至漏了、错了的地方，余根据影印版，予以订正并随文说明。对其中标点少数值得商量之处，余根据文义改变断句不作说明。此著是问答式记录，有反复提问，有中郎答问及反问，有小修补充答问。为便于读者了解，余按原文顺序将其分解为一百九十个问与答，分为原文（注明清响斋影印版页码）与解读两部分行文，解读中有原文白话意译，又凭个人理解，作些义理上的提要，目的在于帮助理解。中郎著作，涵盖古今，无所不包，深胜微妙，法义无量。余之提要，难免出现错讹之处，敬请读者指正。

二〇二〇年二月十八日

二、《珊瑚林》序

袁先生《珊瑚林》，不拈椎，不竖拂，亦不私通车马。至今快读一过，犹可想见其婆娑古槐下，鸟声竹韵，无非祖意。顷梓《德山暑谭》，政从此拣出而若刻，若不尽刻，何也？盖予不恨当日不见其全，而恨今日始见其全。当日机缘未熟，或甘饱蠹鱼之腹，今日鱼玑满市，谁识明珠，焉知不作管幼安，园中金一例抛掷耶？此余所以愤然恨行之不早也。先生家有元方，而不能季方；先生家有季方，而不能元方。先生大地茫茫，谁与鼎足？今文长脉望之尘既洗，卓老性命之旨已明，定可以与先生鼎足。而两先生艺林中，生不得封侯，死犹能庙食，伊谁之力？先生且轻重两先生哉！虽然于阎浮提中现三先生，于三先生诸集中乃有《珊瑚林》，世人哪得知三先生？尽则终日在三先生白毫光中，人自不识耳，顾予何人，妄生许优劣？

华亭陈继儒题

（《影印》第1—2页）

解读

一、词语注释

1. 拈椎、竖拂：佛门僧人接引众生、引发禅悟的常见动作。"椎"指木槌，敲鼓所用；"拂"指拂尘，掸尘所用。后面的公案中，将有涉及。

2. 私通车马：源于"官不容针，私通车马"。意为官事有很强的原则性，但也有机动灵活之时，喻指禅师弘法，随众生心，应所知量。契理契机，法门善巧。

3. 蠹鱼：俗称书虫、衣虫。

4. 鱼玑：鱼目与珍珠。

5. 管幼安：即管宁，东汉末年的士大夫。管宁与华歆同在园中锄草，华歆见一块金，拾起想藏，见管宁鄙夷之色，只得甩掉。两人曾同坐一席读书，忽然有富贵堂皇人物通过，锣鼓喧天，华歆坐不住了，起身观看，管宁则一心不乱。从此管宁割席分开，并说华歆不是他的朋友。

6. 元方、季方：汉代官员陈寔的两个儿子，均有贤名。

7. 文长：即徐文长（1521—1591），又名徐渭，浙江绍兴人，明代著名文学家、戏剧家。袁中郎作有《徐文长传》，入选《古文观止》倒数第二篇。

8. 脉望：传说中书虫。

9. 卓老：即李贽（1527—1602），又名李卓吾、李宏甫，人称温陵居士，福建泉州人，明代著名思想家、文学家，袁小修著有《李温陵传》。

10. 阎浮提：佛家名词，即南瞻部洲，指人世间。

11. 陈继儒（1558—1639）：字仲醇，号眉公、糜公，松江府华亭（今上海松江）人，明代文学家、书法家、画家、书评家。

二、序文释义

陈继儒为《珊瑚林》所写的序，不到四百字，有丰富的含义。

序前他介绍了袁中郎《珊瑚林》写作过程、特点及他的阅读感受。

他的描述是："娑婆古槐下,鸟声竹韵,无非祖意。"当年,中郎与好友寒灰、雪照、冷云、张明教(即张五教)、小修等作湘地风景游,因暑气炽盛,便在常德德山古寺塔院的樟树下歇凉。这几位道友似乎有备而来,他们提出平日参禅所遇之纠结与疑难问题,向中郎讨教,问者谆谆,答者滔滔。张明教是个有心人,他后来便将其整理成篇,请中郎审读,以便刻印流传。中郎认为,这类自由谈不过风过水纹,不准备流布。但张明教劳神劳时,既已记录在案,推脱则不恭,于是增删补缀,这便是《珊瑚林》(五万余言)写作缘起。后来刻印之《德山暑谭》(又名《德山麈谭》)是从《珊瑚林》里拣择而出,故称未尽印。陈继儒写序给中郎下了"三不"的写作心理的揣度,即"不拈椎,不竖拂,亦不私通车马",意为不拘泥法器演示,也不执着自己臆断,以祖意为据,以受法者根基为由。陈继儒愉快地读了一遍。说他先读《德山暑谭》,后读了《珊瑚林》,当初不全读而不遗憾,而后读其全却很遗憾。这是因为当日初读简本机缘未熟,现在读全本见社会上鱼目混珠日盛,谁能识《珊瑚林》珍珠宝玉? 哪里知道我不效法管宁和友人园中锄地见金不顾抛弃之事呢?

序文后部分,以历史上元方、季方两兄弟皆贤作类比,说了中郎三兄弟均贤明关系,中郎居中,做元方,上有元方;做季方,下有季方。然后从文坛角度看中郎地位:"大地茫茫,谁与鼎足?"这是设问,然后自答:徐文长以文胆诗气出名,李贽因性命奥旨称世,中郎依禅佛学理满誉。此三者形成鼎足之势。而徐与李皆依中郎之"玄笔妙解"而举足轻重。两先生在士林中显名,生未能封侯,死后享庙之祭祀,实乃得力于中郎雄笔之伟。虽然人世间有三先生,而三先生(明代有人编《三先生逸书》)的才华集中表现在此《珊瑚林》里,世人从哪里去了知三先生之智慧? 要彻知遍晓,只有在三先生的佛光(白毫光)闪耀、惠风和煦中,予以沐浴。可惜世人不识。余是何人? 岂敢妄议优劣。此后面是客套谦辞。

高度评价袁中郎及其著作《珊瑚林》是此序文主旨。以"白毫光"喻中郎,以"金""珠"喻其著,以徐、李、袁鼎立衬托袁中郎。

这里附说一下，王闰吉先生对《珊瑚林》与《金屑编》进行校释是一项开创性研究工作，极有价值。但在《〈校释〉前言》中说："《珊瑚林》是在《德山暑谭》基础上增订而成。"这个提法值得讨论。这涉及一个问题，到底是先有《德山暑谭》还是先有《珊瑚林》？我们看袁中郎在《德山暑谭·小引》中的说法："明教依次而编之，既还以示余，余曰：'此风痕水文也，公乃为之谱耶？然公胸中有活水者，不作印板文也，遂拣其近醇者一卷，付之梓。'"（《校释》第 68 页）再看原始版本署名无咎居士冯贲的《跋〈珊瑚林〉》："石公先生《珊瑚林》，楚中张明教所录。先生自择其可与世语者，为《德山暑谭》，梓行矣，兹其全也。"（《校释》第 67 页）这是讲的《德山麈谭》不过是从张明教所记全文中拣择而成。

《珊瑚林》上卷

古郢门人张五教　编　钱唐后学冯贲　校

明公安袁宏道中郎　著

三、小引

中郎所著《珊瑚林》是他自万历二十七年（1599）写作《西方合论》后的一部重要著作，是三袁著作中最具特色的著作之一。全著以问答形式，融通儒道佛三家经典，以佛家统摄，论述宇宙、万物、人我的本源及其规律，有非常宝贵的认识价值。余以《影印》为据，并参照《校释》，对于《校释》中出现的明显误点，在经过古籍影印版核实后随文予以纠正，不加说明。比如《校释》第 8 页中，"有智仁无勇，此是儒人"，"儒"应是"懦"。对于《校释》中的标点，无大碍者，随录原文予以变更，也不加说明。《校释》文本尊重原本，使用繁体，余为便于读者，转成简体，如有误，则笔者承担其责。余将《珊瑚林》按顺序分为一百九十个问与答，分别尝试性地进行讨论，以期引起学术界及热爱三袁文化的人们的重视。

余在解读《珊瑚林》中，再一次感受到袁中郎慈悲情怀与智慧头脑及表达艺术的高超，不得不对这位四百年前的荆楚英杰油然而生敬意。解读过程是一次极妙的学习过程，也是一个自我修炼的无与伦比的精神享乐过程。

四、开篇语（原文）

《大学》所谓格物，乃彻上彻下语。紫阳谓穷至事物之理，此彻下语也。殊不知天下事物，都是知识到不得者，如眉何以竖，眼何以横，发何以长，须何以短，男女精血何以成人？此等可穷至乎？此彻上语也。求知物理，如蛾趋明，转为明烧。日下孤灯，亦复何益？（《影印》第3页，《校释》第3页）

解读

这是《珊瑚林》开篇语。

珊瑚本指生长于海底的由珊瑚虫分泌的石灰质骨骼聚集而成的海洋物质，状如树枝，多呈红色，古代采集很难，被列为佛家七宝（金、银、琉璃、砗磲、玛瑙、红珊瑚、琥珀）之一。中郎故里处，当年柞林潭附近，有一片自然长成的枫叶林，每到秋天，枫红如珊瑚，中郎戏喻为珊瑚林。中郎故居长安里附近，有一小寺，名珊瑚寺。这在袁小修著作中有介绍。中郎将其德山麈谭的著作，定名为《珊瑚林》，一语三关：一表对故土家乡美境之热爱；二表佛经之宝贵；三喻他所广谈博义之内容，你说普通即普通得如一片枫林，你说宝贵即宝贵得如佛教之七宝，与金银等并列。

开篇指出宗旨：《大学》讲"格物"，即探究事物之理，另有"格除物欲"的非分之念含义，这是一种彻上彻下之论。朱熹（紫阳）认为"穷至事物之理"，中郎认为是彻下语也。既"穷至"又为何是"彻下"呢？中郎认为"理不可穷至",殊不知天下事物都是知识所到不得的。如眉竖眼横,发长须短,男女精血化育成人,此等可以穷至吗? 此彻上语也。求知物相之理,如飞蛾求明扑火,转而明烧杀身。在日光下点灯,又有何益?

　　中郎在《珊瑚林》开篇中,讲了三种穷理表现形态。彻下语、彻上语、彻上彻下语。关键词为"彻",彻者贯通、通达、彻照。以认知一棵槐树为喻,只了知并谈论地上树,可称之为彻下语;只了知并谈论地下树根(植物学家将一棵树的地下根构造体系还原,发现地下地上十分对称,树根系绕所占地下空间几乎与地上系列等同),可称之为彻上语。只有从地上地下整体了知这棵树,不仅看到已知而且能揣测未知,才是彻上彻下语。中郎举《大学》"格物"一词,肯定其为"彻上彻下语",而批评了朱熹的"穷至事物之理"不过"彻下语"而已,为什么呢? 因为已知之理不是终极,只有超越已知才是彻上语,而将已知与未知联合起来思考、了知穷尽未知的不可穷尽性才是真正的彻上彻下语,如眉竖眼横、发长须短、父精母血化育成人乃至飞蛾趋明被火烧死等,你能说出一个道理吗? 事物总有不可穷知的一面。中郎引古然后联系常见现象,发表了他的宇宙与万物的"彻上彻下"的观念,他的"彻上彻下"与"大学"之"彻上彻下"是否一致呢? 曰:涵盖了"大学"之意,但又提升了"大学",他以佛法的透彻视角看待贯通古今,通达上下,审视圣人圣言,其智宏深,譬如巨海;菩提高广,犹如须弥。提示人们,他在后文中所谈,不过以手指月、以期"彻上彻下"而已。

五、第一至第十问与答解读

第一问与答

问:妙喜言:"诸公但知格物,不知物格。"意旨何如?

答:格物物格,犹谚云:"我要打他,反被他打也。"今人尽一生心思,欲穷他而反被他穷倒。岂非物格耶？故杲公引斩图落头之事。

下学功夫只在格物。格者，穷究也。物即意念也。意不能空起，必有所寄托。故意之所在即物也。穷究这意念（《校释》横排版将"念"误为"年"），从何起？从何灭？是因缘生，是自然生，是真的，是假的，是主人，是奴仆。如此穷究，便名格物。此格物，即禅家之参禅也。到得悟了时，便名致知。物即是知，叫作诚意。知即是物，叫作正心。故一格物，而大学之工夫尽矣。

一日克己复礼，天下归仁。盖无己则无人，无人则无天下，浑然万物一体，故曰归仁。颜渊思想，吾身只靠着视听言动，今克去了己，是无视听言动，却如何做工夫？故请问其目。夫子答云："汝勿以目视，唯以天则之目视；勿以耳听，唯以天则之耳听。"耳目即己也，己即非礼也，此正约之以礼处。颜子思来，此事却难，我今且做。看到了，既竭吾才，纤毫意见心思都捐弃了，然后所立卓尔，虽欲从之，末由也已。此不是未达一间。盖道体自是如此，着力不得。《金刚经》问："应云何住？云何降伏其心？"即颜渊问仁。"应如是住，如是降伏其心。"即克己复礼为仁。"不住色布施，不住声、香、味等布施。"即非礼勿视听言动也。（《影印》第3页，《校释》第4页）

解读

袁中郎谈论儒学与道学，阐述物、人我关系，有一个总原则："一以文字为佛事。"（袁小修《解脱集序》）用他本人的话是："以儒为佛事，借孔续瞿昙。"（《笺校》第1404页）明白了他的"儒佛互诠互补"（《袁宏道评传》第173页）思维取向特点，并具备相关的三教经典基础，解读他的《珊瑚林》就不是很难了。

他在第一问题与解答中，引用了"斩图落头"典故（《校释》第4页注5），大意是唐代安史之乱中，有个阃守（地方高级长官）与安禄山为虎作伥，唐明皇幸入蜀中避乱。一日，有侍从出示此叛逆画像，明皇怒而以剑斩图，远在陕西的阃官人头落地。意在说明心念的力量，即佛经常言

"一切法从心想生"。现代的"蝴蝶效应"理论,可帮助理解。中郎此答,阐明了两个有关联的意旨:一是"格物"与"物格";二是"克己复礼为仁,天下归仁"。

先看"格物"与"物格":"格物"是主观作用于客观(探究);"物格"是客观反作用于主观(反馈)。两者不可分离。以荷花为喻,根扎污泥,茎长水中,花开水上,结果空中。人们在污泥中,挖出白藕,知晓出淤泥而不染的益处,营养自身;在浩浩水中,见"小荷才露尖尖角,更有蜻蜓立上头"的诗意;亲眼所见"映日荷花别样红";尔后便可采摘莲米,亲口品尝,知其甜美。不久,便见"荷残已无擎雨盖""欲见繁华待来年"的景象了。这是一个"格物"过程。儒家以《爱莲说》为代表,写出了人格化的莲。而在佛家眼里,污泥好比六道法界,属于内凡,是严重污染的刹土;水中好比四圣法界,是声闻、缘觉、菩萨及相似佛所居;而水上空中好比一真法界,是法身大士所居,他们与佛有同样的相好、德能、智慧。这种认知就是"物格"的境界,是不可思议解脱的境界。

主观与客观,知与物,"格物"与"物格",从整体观察,是一致的,谁也不能离开谁。儒学经典《大学》所言,格物致知,诚意正心,不过从格物与物格两个视角观察、循环往复而已。用马克思理论,"物格"是在由具体到抽象化基础上的第二级、第三级的"具体化";用毛泽东的《实践论》观点,"物格"即"再认识"基础上的"再认识"。

关于"克己复礼,天下归仁"有两个词须弄明白:"礼"与"仁"。"礼"不单一指礼仪、礼节、礼貌,它是一个大范畴,指规矩,一种维护社会秩序与正常生活的制度、规矩、规范。孔子主张"约之以礼",即以"礼制"约束、调控思、言、行。"仁"是大爱之意,是思想的慈悲、怜悯、同情境界,是佛家倡导的"有情无情,同圆种智"思想。即道家所倡导"天地与我一体,万物与我同根"思想。一个"仁"字,既是道德理念,又是哲学思想。

什么叫"克己"呢? 要守规矩,要归于"仁",就必须克制自己的私心与妄念。人生来就我爱,执著肉身,我贪、我嗔、我痴、我慢、我疑、我妒,称之"六毒",障碍自己灵明,阻碍"仁"境。"六根"(眼耳鼻舌身意)生六尘(色声香味触法),派生六境,于是见色起念,念念相续,我执我贪,连连造业(孽)受报,与六道相应。就入世言,孔子主张以天则之眼观,以天则之耳听,何为天则,性灵叫天则,如同明镜,虽有映照,并无污染。照过就照过了。镜在前,人笑镜笑,人哭镜哭,留痕迹污染没有?没有。"视听言动"以天为则,"天则"即道,道可道,又不可道。道是说不清楚的,勉强说一下,是为了帮助思考。以"礼"为标志,合乎礼,则可视听言动;不合于"礼",则不"视听言动",这是儒家的"修身齐家治国平天下"的人生基础。即道家所言"以身观身,以家观家,以乡观乡,以邦观邦,以天下观天下"(《道德经》第五十四章)。现代心理学认为:有刺激就有反应。那么对客观对象的刺激(如色声香味等)如何反应呢?佛理认为:视而不视,听而非听,见色而见色性,听声而听声性,"反闻闻自性,性成无上道"。妙就妙在这里。儒与佛两家修养高境同在这里。

中郎认为,颜渊(孔子弟子之杰出者,贤人典型)问仁,孔子作答。如同《金刚经》中,须菩提(大觉者,释迦大弟子)问佛祖:"应云何住,云何降伏其心?"意为如何安住上求佛道下化众生的菩提心,"安住"即恒常久住,不退转,不间断,不怀疑。"如何降伏其心"指的是伏住妄想与执着,克服贪嗔痴慢、自私自利、名闻利养、五欲六尘。佛祖回答:"如是安住,如是降伏其心。"《金刚经》五千言,全部内容围绕这一中心问题展开。开示修行者破我执与破法执,在生活中修行,在修行中生活,诸恶莫作,众善奉行,心地清净,谓之佛教。奉行什么呢?奉行"六度",即布施、忍辱、持戒、禅定、精进、般若。"度"者度化,超越,度己度人。其中第一为"布施",布施含财布施、法布施与无畏布施。最根本最重要的布施,是榜样布施,即学为人师,行为世范。布施之心与行是有层次的,佛祖提的是:"不住色布施,不住声、香、味等布施。"意思是虽有布施,却不放心上,谁布施,布施了什么,谁接受布施,均不挂碍于心,这是合乎法性的布施,是真布施。反之,虽有布施,如有施主去寺庙布施了钱财,布施前希得丰厚回报,布施中念念有词,布施后耿耿于怀,我怎么还没有得到回报呢?这就不合于佛祖所说的不住于色、声、香、味的布施。这种布施尽管也有福报,但并无功德可言,这是达摩祖师批评梁武帝修建四百八十寺、供养天下十万僧人而无功德的原因所在。袁中郎对于《金刚经》法要理解十分透彻,他专拣其中最重要的一问一答,用来解说颜渊问仁、孔子回答问题,不仅透彻地观照了、提升了孔学思想,而且激活了佛学的运用。正好体现了周群先生论述袁中郎佛学的"儒佛互诠互补"及"以圆融为尚"的学术取向特点。

第二问与答

问:《中庸》首章与禅家宗旨合否?

答:了此一章,别无禅宗可学。盖天者对人而言。凡属见闻思虑,皆人也。情识不到,不知其然而然,是谓天命也。即此谓之性。能随顺这不落见闻思虑的,便谓之道。修此不落见闻思虑的,便谓之教。何也?见闻思虑,皆有离时,如眼有时不见色,乃至意有时不思法,唯见闻不落,始得言须臾不离。是谓不睹不闻。毕竟不在见闻上作工夫,是谓戒慎恐惧。夫此不睹不闻,乃独立无对待者。人以为极隐极微,不知是最见最显的。盖人只知见闻之为见闻,而不知见本非见,闻本非闻,此独也。试观喜怒哀乐未发时,岂是见闻揽入得的。是即天命之性,谓之中也。发而皆中节,斯即见无见,即闻无闻。是则率性之道,谓之和也。尽先天、后天机括,未有出这中和外者,故曰大本,曰达道。致即到也。人能到中和时,则天地自位,万物自育。此则修道之极功,是之谓教。盖圣人以裁成天地、辅相万物为教也。(《影印》第4页,《校释》第5页)

解读

[释词]

1. 戒慎恐惧:指君子在看不见、听不到的地方和时间里,常怀敬畏之心与警觉之情,亦即儒家所主张的"慎独"。

2. 机括:本指弓弩上的机件,后喻指事物的关键。

《中庸》是儒家论述古代道德哲学的代表作,原本出自战国时期《礼记》第三十一章,由宋代大儒朱熹单独拣出,与《论语》《大学》《孟子》合称"四书"。"中庸"之意为修身者以天人合一为准则,对人处事以不偏不倚、中正平和为指导,至诚尽心,慎独自修,达圣贤之境。其中"天命之谓性,率性之谓道,修道之谓教"是其开篇语。

中郎在不到四百字的答问里,对《中庸》首篇有极高的评价与精准的论断,超越了古代学者朱熹、程颐等人的注解水平。

中郎的答问开头语为:"了此一章,别无禅宗可学。"即透彻理解《中庸》首章,也就等于了知了禅宗宗旨。禅宗之宗旨是什么呢? 用六祖慧能之语为:"无念为宗,无相为体,无住为本。"即在"外不着相、内不动心"的禅定中获取宇宙人生的明心见性境界。禅佛之理认为:"言语道断,心行处灭。"即心处无念、不言不语状态时,才能达妙合"天则"之境。中郎是从禅宗的角度对《中庸》首章进行论述的,他简单地解释了"天""人""天命""道""教""中和""大本""达道""极功"等概念。《中庸》说:"喜怒哀乐未发,谓之中。"中郎说:"试观喜怒哀乐未发时,岂是见闻搀入得的。是即天命之性,谓之中也。"即见无见(见性)、即闻无闻(闻性),"率性之道,谓之和也"。中和境界即禅定境界,"大本"与"达道"境界,这是修道之"极功",达此境界,即圣人境界,可"裁成天地"(通天达地,与天地合一),"辅相万物"(了知万物之真谛,顺随万物之自然),引导人们修道到此境,这就是"教"(教化)。故中郎说,彻知遍解了《中庸》首篇,禅宗还须参究吗? 不必了。这是因"中和"妙境与禅宗宗旨是同一个境,只是语言表述上有些差异而已。

中郎的中和理念在《和者乐之所由生》(《笺校》第 1522 页)一文中阐述过;他所说的可知与不可知(知,指见闻觉知)在《题宝公册》(《笺校》第 1578 页)等文中也表述过。

第三问与答

问：尼父乃致中和者，何春秋之天地万物不位育？

答：今人愁苦，则晴日和风皆成隐忧；今人快乐，则疾风暴雨皆成畅适。何关他天地万物事。（《影印》第 4 页，《校释》第 6 页）

解读

孔子的原话是："致中和，天地位焉，万物育焉。"提问的意思是：孔子是春秋时代提倡并致力于"致中和"的圣人，为何那个时代礼崩乐坏、战乱频繁、天地不和、万物不育呢？

袁中郎解答是从新的视角论述天地万物与人我之心与境关系的。佛理认为"相随心转，境随识变"。相与境也可以影响心，但毕竟心是主宰。今人之心愁苦，则晴日和风也变成隐忧；今人之心快乐，则疾风暴雨皆成畅适。人之心境与晴日和风、疾风暴雨（天地的自然现象）有何关系呢？中郎的意思是：我心中和，则天地万物皆中和。我心烦乱，则天地万物皆颠倒。这是心净土净、我心净土、自性弥陀的活用。即孔子生于乱世，仍保持圣人致中和境界。至于那个时代的天地与万物，不仅没有干扰，反而促进了圣人的修炼。

第四问与答

问：禅宗谓一人发真归元，十方消殒，果若斯言，自迦文成佛后，无天地久矣。

答：在孔子分上实位，在迦文分上实殒。但非粗浮者所能知见耳。夫不位则不殒，不殒即不位。前所谓无见闻思虑，即殒之谓也。（《影印》第 4 页，《校释》第 6 页）

解读

[释词]

1. 发真归元：明心见性，万法归一（"一"指不可思议解脱境）。

2. 十方消殒：即"大地陆沉，万物粉碎"，是一个比喻透彻通脱的境界的形象化说法，指对物质现象、精神现象及自然现象的超越，对时间与空间的超越。即无际禅师所言："移尘沙劫于食顷，布华藏海于毛端。三千世界顿现于目前，百亿法身直证乎当下。"（《八识规矩略说序》）

3. 迦文：释迦牟尼的别称。

4. 实位：位，对天地言，指安守本位及秩序。实，从实质上言。

5. 实殒："殒"的本意为殒落、消失。比喻丢掉"见闻思虑"。

先看提问：禅宗认为，只要有一个人明心见性、发真归元，三界十方便消失不见。何以释迦牟尼成佛三千年以来，而十方世界还是存在着？提问者执着语言、术语相，对"消殒"一词产生误解，殊不知"大地陆沉、万物粉碎"（消殒）只是一个比喻，故有此疑。我们在历代佛学文献中也经常看到类似提问，有人甚至发问：仅唐代以来，发真归元者有几千人，那么地球与万物之毁灭也应几千次了，为什么十方世界依然存在？中郎对这一普遍疑问的解答并没有正面批评，只是从破除语词的执着来切入。

他首先说在孔子眼里，天地是各守本位的，万物是自然化育的，这就是"位"，人们只须知天命、尽人事。而在佛祖心中，一切法，无所有，毕竟空，不可得。这就是"殒"。孔子的"位"与佛祖的"殒"是相辅相成的。"位"属有，"殒"属无。有无相生，有无转化，有无同一，它们是对立而统一的关系。没有"位"，哪来"殒"；没有"殒"，哪来"位"？成败、得失、取舍、利害、善恶、美丑等，亦复如是。佛祖所言"殒"指抛开"见闻思虑"，达"无念"状态，真相就在现前了。这个境界很玄妙，要心净秽灭，排除烦恼，要有精细的觉观，"岂是粗见浮思、结心尘口所能超越？"（《西方合论》第九卷引言）

关于"位"与"殒",中郎在《明教说》(《笺校》第1227页)一文中亦有论述,余在《袁中郎小品思想探究》一著中亦有专文探讨。

第五问与答

问:子思说:"天命之谓性。"则性超于见闻思虑之外,非形色可伦。孟子乃说:"形色天性也。"此如何会?

答:子思所说与孟子所说无二。孟子自说"形色天性",却不许可"食色性也"之说,思之自见。(《影印》第4页,《校释》第7页)

解读

提问之要害在于如何理解孟子的"形色天性"之论。问前引用《中庸》开篇语:"天命之谓性,率性之谓道,修道之谓教。"提问者将"性"与"形色"、子思之论与孟子之论割裂开来,故有此疑。这只能看作演义设问,代读者提问。

中郎的解答以佛学"性相不二"理论为据。佛家将万物以"性与相、因与果、事与理"六字来解释。"性"即天性,永不消失,看不见,摸不着,它能现相,属本能。"相"即形形色色表相,千变万化,是所现相,可感知,具有短暂、易逝、易变特点。子思所言"性"与孟子所言"形色天性也"是一个意思,因为离开"性",哪来的"相"(形色)?反之,离开"相",何以知"性"?故言性相不二、能所不二。历代祖师为了帮助学人理解,有个比喻,叫以金作器,器器皆金。以金喻"性",以器喻"相"(形色)。中郎说子思论"性"与孟子论"形色性也"是一个宗旨。却又补充了一句,即不完全赞同"食色性也"的观点,这是因为此中之性为人性,范畴比天性小,"食色"也不同于"形色",范畴也要小。"思之自见"指的是同中有异,异中有同。思维比较缜密。

第六问与答

问：思孟之造诣同否？

答：子思之学即孔子亲传。孟子"知言""养气"与无声无臭犹有丝毫许隔。他如曾子之学亦与子思异。子思说天命之性究竟至位育，曾子说格物致知，其功止齐治均平矣，故今人学术正曾子流派也。（《影印》第4页,《校释》第7页）

解读

[释词]

1. 思孟：指孔子孙子子思学派与私淑（没拜过师却靠钻研其专著而发扬光大其思想）弟子孟子学派。后人将两学派结合起来称"思孟"。

2. 造诣：本意指学问与艺术所达到的高水平和高境界。

提问单刀直入,问子思与孟子两人所代表的学派的造诣是否相同。

中郎答问说根本一致,不过尚有极微细的区别（丝毫许隔）。侧重谈了孟子的"知言养气"。何为"知言"？孟子认为有四种语词有害于政与事。诐词（偏颇）、淫词（过度、秽乱）、邪词（邪僻）、遁词（巧辩、躲闪）,可以蒙蔽真相、诬陷好人、诱发邪行、干扰正道。用现代语讲,就是不讲妄语、诳语、恶语、绮语。孟子主张善养吾浩然之气。何为浩气？至刚至大,天地灵气。这个理念是天人合一理念,被历代圣贤推崇与发挥。中郎引申,说曾子之学问与子思不同,子思说"天命之性究竟至位育"（《中庸》理论）,曾子说"格物致知"（《大学》理论）,"其功止齐治均平矣"。意为"修身、齐家、治国、平天下",这是曾子学派的重要思想,现今仍很流行,即常言之"入世"思想。而子思之"中庸"道德哲学不仅仅"入世",它的"止于至善"的提倡已接近佛学的"出世"。

第七问与答

问:尧兢兢,舜业业,何义?

答:尧舜兢业,乃身为天子,恐一念有差,贻万姓之忧也。若论本体工夫,则戒慎不睹,恐惧不闻,是真兢业。大抵世人只在睹闻上戒惧,如要做好事、做门面皆是也。试细思之,吾人那一事不在要人睹闻? 求其用功于不睹不闻者鲜矣。(《影印》第 5 页,《校释》第 7 页)

解读

提的问题是远古时期尧舜两位先王兢兢业业思与行,有什么含义呢?

中郎答问,先从两位先王的身份与地位说起,他们担负万民的使命与责任,恐因一念之差而形成天下民众的忧患,谨言慎行,不让人看到;防于恐惧之危,使其不被传闻。这是真正彻底的兢兢业业。而世人大抵上在可见可闻上大张旗鼓,做好事,装门面,唯恐人们不知。思考仔细一点,如果在不须人们知晓的内心世界上下功夫,求真善,那就是圣人之境,因为"至人无己,神人无功,圣人无名"。可惜这类人少之又少。从这里看出中郎看重内在与实质,批评了只做表面文章的政事行为与思想倾向,很有现实意义。

第八问与答

问:圣人率性,凡夫亦率性,何为有圣凡之分?

答:凡夫率情,非率性也,曰凡夫亦是不学不虑之良。何谓率情? 曰能见性,虽千思万动,皆不学不虑;未见性,虽百不思,百不为,亦是学虑。(《影印》第 5 页,《校释》第 8 页)

解读

提问者说:凡夫与圣人都率性,为何有凡圣之分。

中郎解答指出:凡夫与圣人一个率情,一个率性。率情即被情执所控,处不明幽冥中,必成凡夫。率性即明心见性,智光普照,理智指导,必成圣人。这是一语破的之见。没明心见性与明心见性有天壤之别。学与虑是人们的心理活动,不学不虑是在学虑基础上对心理活动的超越。这个超越就是参悟。故中郎说,明心见性了,虽有学有虑(有为),亦是无学无虑(无为)。没有明心见性,即使不学不虑(无为),也还是学虑(有为)。为什么呢? 未达智慧之境。这是非常辩证的认识。作一个比喻,胃口好、消化强的人,粗茶淡饭也是天厨妙品,美味佳肴;而胃口差、消化差的人,即便山珍海味、甘露琼浆,也觉是粗糙食物,索然寡味。原因呢? 内部环境。明心见性者具有灵明的内心环境,故虽有学虑,也是无为的"无学无虑",而凡夫则相反。

第九问与答

问:中庸如何不可能?

答:此正是圣人亦有不能处。盖中庸原不可能,非云不易能也。君子之中庸只一"时"字,非要去能中庸也。孔子可以仕则仕,可以处则处,可以久则久,可以速则速,正是他时中。小人则无忌惮,只为他不能时中。圣凡之分,正在于此。

孔子是实证,孟氏便有过头语。如孔子说子臣弟友未能,自是实话。

学道人须智仁勇兼备。有仁勇无智,此是愚人。有智勇无仁,此是恶人。有仁智无勇,此是懦(《校释》将"懦"误为"儒",现据影印版订正——笔者)人。(《影印》第5页,《校释》第8页)

解读

提问在于中庸为什么不可能。

中郎的解答是中庸的实现有难度，但并不是完全不能。君子践行中庸在于一个"时"字，并非硬要去中庸。所谓时，即现代语所言，因人因时因地因事而制宜，做到恰如其分、恰到好处。不偏不倚，公正平和，本是最佳处己处人处事之道，但脱离了时间、地点、人事等因缘，则刻意求中庸反不能中庸，势必形成本本主义、教条主义，就要走上列宁所告诫的：真理超越限度向前跨越了一步，即使是一小步，也会变成谬误。中郎以孔子为例，该做官就做官，该赋闲则赋闲，做官能久则久，该短暂则短暂，这正是他"时中"（合乎时节因缘，中正而行，适可而止）的表现，而小人则无所顾忌，不管时节因缘，圣人与凡人之别，就在这里。

孔子之学是从实情出发，身体力行而综合提炼得出的结论，孟子之学继承孔学而予发扬光大，故常有过分之语。比如孟子说一个女人掉到井里，一个男人在乎"男女授受不亲"之名教，不去救那个女人，这种人连禽兽也不如。这个男人不救可能有多种因素，他有没有能力救，他去救落水者，有反被水溺死之可能等。这是不能笼统而论的。孔子说子臣弟友（五伦本分）各守其位，各行其道，总有些阻碍，这说的是实话。

中郎认为：君子之道在智仁勇兼备。有仁有勇而无智，是愚人；有智有勇而无仁，是恶人；有仁有智而无勇，则是懦夫。孔子有"六蔽"之论："好仁不好学，其蔽也愚；好知不好学，其蔽也荡；好信不好学，其蔽也贼；好直不好学，其蔽也绞；好刚不好学，其蔽也乱；好勇不好学，其蔽也狂。"这里不仅讲了仁智勇关系，而且讲了克服六种弊病的共同方法，只在"好学"，这个"学"字并不是单一学知识理论，而是学而时习，学以致用。"习"含有践习、实习、实践等意义。

从上述可知，中郎的中庸之论，并不墨守成规、僵化教条，从综合孔孟之道并提升孔孟之道的高度，要求学人理会并超越前人中庸思想，在实践中反思提高。

第十问与答

先生问:如何是道心唯微?

答:无思、无为、无声、无臭。曰汝日用间,有种种念虑,言语行事不净等,安得无思、无为、无声、无臭? 曰不可离了思为别有一个无思为者,如水中盐味分明有盐,但析不开耳。曰若是,则世间水与盐是一件矣。谓水离不得盐则可,谓盐离不得水则不可。

"小人行险以侥幸。"非趋利也。只是所行不平易,好奇过高,故谓之险,谓之幸。

孟子说性善,亦只说得情一边,性安得有善之可名? 且如以恻隐为仁之端,而举乍见孺子入井以验之。而今人乍见美色而心荡,乍见金银而心动,此亦非出于矫强,可俱谓之真心耶?(《影印》第 5 页,《校释》第 8 页)

解读

[释词]

1. 道心:自然大道的要核、精髓。

2. 唯微:致广大、极精微,且玄妙难言。

此为先生设问而答。借用《尚书》中的一段话:"人心惟危,道心惟微。惟精惟一,允执厥中。"这段话被称为"中华道统十六字心经"。中郎设问是从"道心惟微"何意提出的。

中郎解答"无思、无为、无声、无臭"即其特点,"无思、无为"讲的是心不动,"无声、无臭"讲的是不可感知。人们的种种思想、言语行事如果含有私欲(不净),如何能做到"道心惟微"呢?"思为"的心理活动与"思为者"的关系,如同盐在水中,不可分离。盐可以离开水单独存在,在有盐味的水里,水是离不开盐的。

小人行险事恶事,存侥幸成功心态。孟子论人性本来是善的,这是从情执一边讲的，"性"，从根性上言，无善无恶，无大无小，无赤白黑黄，无长短高下，即没对立，始终平正。"善"不是指与"恶"对立的"善"，它是妙好之意。孟子说："无恻隐之心，非人也；无羞恶之心，非人也；无辞让之心，非人也；无是非之心，非人也。恻隐之心，仁之端也；羞恶之心，义之端也；辞让之心，礼之端也；是非之心，智之端也。"一个人是否有恻隐之心，从日常生活中的对人态度可看出来，比如有小孩掉到井里，你并不与其父母有什么亲戚朋友关系，但你出于恻隐之心去救助，这就是起码的"仁"，否则，就连做人的资格也没有。

现在的人们，见美艳之女色心旌神摇，见贵重之金银动心图取，这并非矫强，而俱是真实心态在起作用。

中郎这一问与答，是强调修行人要明达道心，必须克服"不净"私欲贪求，有纯净的自心。

六、第十一至第二十问与答解读

第十一问与答

问：行不著，习不察，如何方得著察？

答：说个如何便不著察，阳明、龙溪谓儒释有毫厘之辨，亦指其施设处异耳，非根源有殊也。（《影印》第 6 页，《校释》第 9 页）

解读

［释词］

1. 著：显现，张扬。"不著"即做事不追求炫耀，即低调谦恭处事对人。

2. 察：至察，严厉苛刻之意。如老子言"众人察察，我独闷闷"（《道德经》第二十章），俗言"水至清则无鱼，人至察则无徒"，"不察"即宽容仁厚。

3. 阳明：王守仁（1472—1529），字伯安，别号阳明。著有《王文成公全书》，明代著名思想家。

4. 龙溪：王畿（1498—1583），字汝中，号龙溪，明代思想家。

提问者，以"著察"二字代替"行不著，习不察"。

中郎解答，要做到"行不著，习不察"并不难，阳明、龙溪两先生尽管以不同语言，设身处地地对儒佛的思想的微小差异作了论述，但是就其根本源流并没有什么特别之分。儒家以孝悌忠信为本，强调礼义廉耻，主张"大学之道，在明明德，在亲民，在止于至善"（《大学》）；佛家强调"孝敬父母，事奉师长，慈心不杀，修十善业"作为修行基础（"净业"三福之第一福）。故其根源是相同的。修行习道者把握了根本，就会内心清净，不执着于名；就会自然做到对己严、对人宽和，做到孟子所说"行有不得，反求诸己"。达圣人与佛的境界。

第十二问与答

问：儒与老庄同异？

答：儒家之学顺人情，老庄之学逆人情。然逆人情，正是顺处。故老庄常曰因，曰自然。如"不尚贤，使民不争"。此语似逆而实因，思之可见。儒者顺人情，然有是非，有进退，却似革。革者，革其不同，以归大同也。是亦因也。但俗儒不知以因为革，故所之必务张皇。即如耕田凿井，渴饮饥食，岂不甚好？设有讲学者，便要聚众讲乡约，或逞精明者，便行访行革，生出种种事端，恶人未必治而良，民已不胜其扰，此等似顺而实革，不可不知。曰：儒者亦尚自然乎？曰：然。孔子所言絜矩，正是因，正是自然。后儒将矩字看作理字，便不因，不自然矣。夫民之所好，好之；民之所恶，恶之。是以民之情为矩，安得不平？今人只从理上絜去，或以己之所有者，责人上以必无；或以己之所无者，责百姓以必有，内欺己心，外拂人情，如何得平？夫非理之为害也，不知理在情内，而欲拂情以为理，故去治弥远耳。(《影印》第6页，《校释》第9—10页)

解读

[释词]

1. 因：原因或沿袭或因缘。

2. 革：本意指去毛加工兽皮，引申为改变与革除。

提问涉及儒学与老庄之学的同与异。

中郎的解答，以佛学理论指导，融通儒、道之本旨，有思想独特之处。

从入世角度言，儒学顺应人情，道家逆向人情。比如：道家主张绝圣弃智、绝仁弃义、绝巧弃利(《道德经》第二十章)，语言上似乎逆人情，而实际上是更顺应人情，目的是为了民利百倍、民复孝慈、盗贼无有。老子、庄子常讲因缘和合而生之条件，常讲自然之理。老子说："不尚贤，使民不争。"如果提倡贤能之名，老百姓便千方百计去争夺。不崇尚贤能，以无为而处之，则百姓就少了虚伪做作。儒家顺人情，有进退之表现，有是非之分别，似乎是改变那些不同的方面，以归大同。实质上是由因缘和合主宰，并不以人们意志而改变或革新。但是俗儒之流，不知"以因为革"，所行所到必张皇，生怕人所不知。耕田凿井、渴饮饥食本是自然之事，岂有不好之理。但好事者聚众讲乡约，显精明者行访行革，爱讲形式，狡诈之恶人并不能变善，而老百姓不胜其扰，此等做派似乎是顺而实际上是刻意之"革"，这个不可不知。有人问：儒家是否崇尚自然呢？曰：是。孔子主张契合规矩，正是赞成因缘和合而生，正是赞成自然之道。后来的儒者，将守"矩"之事看成理，混淆了规矩与道理的区别，就落入了不"因"也不自然的泥淖。执政者若以民之好恶为己之好恶，以民情为"矩"，哪里会不公平呢？今人只从理上去寻找规矩，不从黎民实情出发，主观地以自己所有(德性)责百姓无有，以自己所无责百姓之有，内欺己心，外拂人情，这正是偏理所形成的危害，殊不知理在情中，将理与情割裂开来，愈求治则离治愈远。

中郎以出世之目光，观照入世之学问，将儒道之学的事、矩、理关系谈得很透彻，其立脚点是从民众之实情与利益出发。

第十三问与答

问：二氏之学清净无为，出世可矣，似不可治世？

答：世出世法，岂是两事？如今做官的，奚必不打人、不罚人才叫无为？谓百姓有犯者，来则治之；不犯者，听其自然，勿生事扰民。此即是清净无为，岂不能致太平？（《影印》第 6 页，《校释》第 10 页）

解读

提问：道家与释家（"二氏"）的学问主张清净无为，从出世或超世言，可以；但从入世治世言，则似乎不可以，是这样吗？

中郎解答，须将入世与出世当成一回事，即六祖言："佛法在世间，不离世间觉。离世学菩提，恰如觅兔角。"如今做官的，百姓犯法的来了，则处治一下；没有犯法的，则听其自然，也不横生事端，这些就是清净无为，岂不能使天下太平？言外之意是，有些当官的总要巧立名目，或大兴土木，或横征暴敛，或重徭重赋，生事扰民，造成天下大乱。

第十四问与答

问：道家有言，人有三魂七魄，有守家者，有守冢者，是否？

答：有之。昔黄鲁直尝患腰痛，夜梦一女子云："我是公前身，葬某寺后，今腰间被伤，公宜为别迁，可已公疾。"鲁直如言起之，果见一女子面色如生，而腰间为水所浸，因改瘗他所，自是腰患顿除。又如倩女离魂，事亦类此。曰此事非人所习见，颇难生信；曰人之不见者亦多。如

汝之心，汝不见，其为方为圆，亦将不信有心乎？（《影印》第6页，《校释》第10—11页）

解读

[释词]

1. 三魂七魄：道家语，魂指能离开人体而存在的精神，对于迷糊者，有魂不守舍之形容。魄，指依附形体而显现的精神。可见魂与魄同属精神，魂主命，魄主性。或云：魂为附气之神；魄为附形之神。三魂与七魄各有具体名目，如三魂，有胎光、爽灵、幽精三种。胎光相当于元神，指太清阳合之气，是主神，胎光丢了，命不久矣；爽灵相当于元气，指阴气之变，代表智力、感知、判断、逻辑性等能力，所谓智障等与此相关；幽精相当于元精，指阴气之杂。若阴气制阳，人心不清净，决定男性或女性的取向与生育能力，男性阳痿女性冷淡与此相关，一个人喜欢高大威猛还是温和阴柔，由幽精决定。它是阴杂之气，可使人心昏暗，神气缺欠，肾气不续，脾胃五脉不通，四病系体，百病所制，大限将到。如果常得清阳之气，三魂安守，则神气清爽，五行不拘，百邪不侵，疾病不缠，长生可学。七魄：一魄，名吞贼，即现代医学讲的免疫力，它在晚上可消灭虚邪贼风，消除体内有害物质。二魄，名尸狗，尸狗灵敏，使人在睡眠中有警觉能力。三魄，名除秽，能除去体内新陈代谢产生的废物，促使排出体外。四魄，名臭肺，夜晚休息。"休"指肉身躺倒，"息"指一呼一吸，"息"愈长，肺活量愈好，吐纳功能好，命愈长。寿命与呼吸总数相关，人若死亡，则说"气数已尽"。五魄，名雀阴，即爱情鸟飞来的影像，它控制生殖功能恢复，例如男性晨勃、女性阴润。故人们戏称男根为雀雀。如果雀阴不正常，男性不勃，女性白带不正常，且阴道干涩。六魄，名非毒，毒气凝聚而不除，对人体有害。非毒可凝结神气，将凝毒排除、驱散。睡眠质量不好，则非毒之魄作用没发挥。七魄，名伏矢，是命之魂，管七魄，主意识。可见三魂七魄是一体而用别，也可见道家对此有独到的研究，完全合乎现代医学与生理学观念。在古代文学典籍中，也有与三魂七魄相关故事,现举袁枚《随园琐记·续子不语》载:杭州风俗,新娘过嫁,须手执宝瓶,内盛五谷,入男方门交换,放在米柜中。某日,一梁氏新娘执宝瓶过城门,因守门人索要金钱吵闹而受惊,精神恍惚,后喝了符水,稍定魂神,到男家后,对人说:我有三魂,一失城门,一失宝瓶,一在身上。须向两处招之。家人依言施行,一会儿,新娘子说:失城门魂已归了,宝瓶魂为米柜所压,不能出,怎么办? 家人去揭了柜盖,新娘病马上就好了。此为惊吓丢魂生病、后招魂病好的故事。

　　2. 瘗:埋葬。

　　袁中郎对三魂七魄是否存在的问题回答很干脆:有。他讲了两个小故事:第一个故事是有个叫黄鲁直(即黄庭坚,又名山谷道人,诗人,北宋四大书法家之一)的人患腰痛,夜晚一女子托梦给他,自称是他前身,死亡后埋于一座寺庙附近,今腰间被水浸伤,只要他迁坟,他的腰就好了。黄鲁直照办了,果然腰痛消失。关于黄庭坚,宋代《春渚纪闻》记载,有类似故事。他被贬川东涪陵后,患腋下病,痛苦不堪。一女子梦告说,我是你前身,因诵《法华经》功德而复男子身,有大智慧,为一时名士。近来你患之病,缘于我所葬之棺朽,蚁穴居于两腋之下,你只须移棺另葬,病自然好。黄庭坚依所言而行,后果然病愈。袁中郎所讲前故事,可能是后故事另一版本。第二个故事:倩女离魂。据《太平广记》载,清河县张镒欲以幼女倩娘许配外甥王宙,后悔约另许。致使倩娘抑郁成病。一日,王宙乘船离去,夜半倩娘忽到船上,二人相偕而去,生活五年,生了两个儿子,后同返乡。张镒大惊,以其女在闺中,未曾外出。病女得讯外出,与宙妻合为一妇。张镒才明白,宙妻乃是倩娘精魂所化。尔后,此事成为一个典故。中郎在《西方合论》卷六中用寥寥数语讲了这个故事:如倩女离魂,逐所欢去,乃至生子,而身常在父母前。他解释道,此类事人们见之甚少所以不信。他利用佛经常用比喻,不能因不见就不信,人们自见其心之大小方圆没有? 没有,但你的心确实存在。由此推之,三魂七魄确实是有。

第十五问与答

问：如何是不见可欲，使心不乱？

答：人心不（《校释》漏了此字——笔者）能强制之使不乱。唯尽世间可欲者，我皆不见其可欲，则心自不乱矣。不见有贤之可欲，自不为贤所乱；不见有货之可欲，自不为货所乱。斯老氏无为自然之道也。

客有好玄学者，先生示之曰：一切常人，三教俱备。遇饥吃饭，遇倦打眠，遇热举扇，遇冷加衣，此玄（《校释》误加"学"字——笔者）也；逢人作揖打躬，分宾主，序长幼，此儒也；叫着即应，打着即痛，此禅也。何必远有所求哉？

自然而然，此老庄所证的，乃第七识事；若夫竖穷三际，横亘十方，空空洞洞，连自然也没有，此则第八识事；今参（《校释》误为"恭"——笔者）学人所执自然的，所执空洞遍十方的，又非七、八二识，乃第六识。缘想个自然空洞的光景耳。

《华严》一经，总是一个毗卢遮那佛之全体（《校释》漏了"之全体"——笔者），文殊为眼，普贤为足，弥勒为身，合成一个毗卢遮那佛，善财五十三参至弥勒而止，独不参释迦佛，何耶？ 以释迦即毗卢遮那故。

《华严经》热闹到底，他经便都有冷淡寂寞处。（《影印》第 7 页，《校释》第 11 页）

解读

[释词]

1. 可欲：诱发贪欲、爱情或渴望等邪念的外物，如金银、美色、名声等。

2. 不见：视而不见，听而不闻。见色只见色性，闻声只闻声性，香味触法，亦复如是。

3. 不乱：指心如古井，心净如水。乱，指胡思乱想，意念染污。

提问的实质性是如何做到内心清净,从反向角度提就是如何"不见可欲,使心不乱"。

中郎回答意味深长。他首先肯定心念的力量无比强大,即《西方合论》卷八中言"当知念力是一切法中之王",它有本事使心不乱。如何做到心不乱?只有透彻遍观世间引起邪念的客体(财、色、名、食等),我虽见闻而不见闻,则心不乱。以金钱言,"看破世间皆空相,首障道心是钱财"。金钱、贤名、地位看破看透了,也就起不到诱惑心乱的作用。这就是老子清净无为的思想。

友人中有一位喜谈玄学之士,中郎开示道:玄学不玄,一切常人,三教俱备。饥饿时吃饭,困倦时睡觉,炎热时摇扇,寒冷时加衣,这就是玄学表现。逢人作揖打躬,分宾主而坐,论长幼排序,这就是儒学表现。有人喊你,你答应;有人打你,你感到疼痛。这就是禅学表现。玄学(道)、儒学、禅(佛)学都在生活现实中,何必舍近求远呢?

自然而然,是老、庄实证而得,从八识角度言,是第七识(末那识),是思量的意思,是我执(爱、贪、嗔、痴等)的集散地。如果竖穷三际(过去、现在、未来)、横亘十方(东、西、南、北加东南、西南、东北、西北加上、下),空空洞洞,连自然也没有,此则为第八识事(又称阿赖耶识、藏识,是世界和众生的本源,含藏一切事物的种子,是轮回与解脱的依据)。现今学人所说的自然与空洞遍十方,还不是七、八二识,而是第六识(意识,前五识为眼、耳、鼻、舌、身等识),不过心缘所想自然空洞的光景而已。

《华严》一经,总是讲毗卢遮那(遍一切时、一切处之意)佛,这是一个整体,文殊是智光之眼,普贤为基础之行,弥勒好比身子,由多方面优势才组合成一个毗卢遮那佛。善财童子(文殊得法弟子)五十三参,到最后参弥勒佛,不见参拜释迦牟尼(释迦表仁慈,牟尼表清净),其实释迦牟尼与毗卢遮那佛乃至阿弥陀(无量寿、无量光之意)佛是一体之佛(法性身),当其示现娑婆世界时,名释迦牟尼佛;示现华藏世界时,是毗卢遮那佛;示现极乐世界时,名阿弥陀佛。

《华严经》从头至尾热闹得很，主张事事相融无碍、理事相融无碍，故事内容精彩纷呈；其他经都有冷落寂寞之处，理论冷峻，启人心扉。

从这次答问中，可见袁中郎对《华严经》与其他佛经熟读且读活了，极善于用最平常的方式表达最深奥的道理。

第十六问与答

问：《华严》云："一身入定，多身起；男身入定，女身起。"何谓也？

答：有分段识，则一多不能互融，男女不能互用。唯分段识尽者有之。（《影印》第7页，《校释》第12页）

解读

[释词]

1. 定：妄心除尽，身心入净定境界，即六祖言"何期自性，本无动摇"，苏东坡所言："稽首天中天，豪光照大千。八风吹不动，端坐紫金莲。"

2. 多身：即十身，即声闻身、缘觉身、福德身、相好庄严身、智身、化身、报身、菩萨身、如来身、法身等，"十"不是数字，代表圆满究竟。

3. 分段识：关于分段生死、六道轮回的认识。相对于变易生死、不生不死（涅槃）。佛门认为：六道法界众生属分段生死，无论胎生、卵生、化生、湿生都是有时间段的死亡，有形有体有色。而四圣法界众身处变易生死中，脱离三界六道。而一真法界众生处不生不死境界中。分段生死者被我执缠缚，业因所感受报而成。变易生死者破我执但存法执无明。不生不死者没有我执、法执但尚有无明习气在，分四十一级，处一真法界，无功用道，破一品无明，证一分法身，最后成为等觉菩萨，再进一级，是妙觉，究竟成佛。"分段生死与变易生死"通称"二死"，与是否断"惑"相关。被三惑（见思惑、尘沙惑、无明惑）缠缚而造业受报，在六道里轮回；破了见思惑，断了分段生死，成就阿罗汉果。再攀升辟支佛(缘觉)乃至菩萨与相似佛,破了尘沙惑、无明惑,都属变易生死。

提问者从《华严经》中拣出:"一身入定,多身起;男人入定,女人起。"这是什么意思?

袁中郎解答单刀直入:处分段生死境界中,就不能理解。只有断了分段生死,才能领会。其意为六道凡夫,我执烦恼缠缚,障碍甚重,就不能准确认识到一多相即、男女相融。

按净空老法师意见,"一身入定,多身起"只需在"起"后加一个"定"字,就可理解了。袁中郎说:"菩萨自身入定,他身起定;一身入定,多身起定;从有情身入定,从无情身起定。"(《西方合论》卷六)这个一身,指自性身、法性身,真心一念不起,一定没有不定,正报定了,依报也定了。这和太极拳经典拳论所言"一静没有不静,一动没有不动"类似。《华严经》(第42卷)还说:"同境入定,异境起;异境入定,同境起。""男身入定,女身起,女身入定,男身起。"讲的是一多、男女互融互用的观念。净空老法师在讲十种无碍时,将这类问题讲得透彻明白(参看《修华严奥旨　妄尽还原观》第587—645页)。

第十七问与答

问:何谓入定?

答:即今我与诸人,原同在定中,不必闭目静坐,方为定也。(《影印》第7页,《校释》第12页)

解读

袁中郎答问,是因病施药,不同的病以不同药救治。提问者是僧或居士,岂有不知"何为定"(禅定),知而偏提问,说明他们虽修禅定而未达禅定,已达禅定,不会提此问。或许他们已修定,不过在小定中,而未达大定。中郎在《徐同卿》(《笺校》第500页)的解释是:有出有入非定也。"那伽常在定,无有不定时。"即出即入,亦定也。故曰:"恰恰用心时,恰恰无心用。"然定有大小,小定却疾;中定却老;若大定,则即疾是定,即老亦定,艳舞娇歌,无处非定。《华严经》曰:"一身入定多身起,多身入定一身起。"是此定也。

　　中郎在这段文字后说了自己的体会,得高人指点,知入大定门户,始以自在度日,逢场作戏。告诫友人欲求定应求大定。中郎在回答道友提问中,说我与诸君本在定中,不必另外求闭目静坐之形式。可见中郎所主张的大定,是行止坐卧,一心不乱,入定即在其中。只有明心见性、大开圆解者,才达此大定境界。

第十八问与答

　　问:菩萨跏趺,入定多年,又何义?

　　曰:此以定为定者也。《华严》所论入定,则以慧为定者也。盖所谓定者,以中心明了,不生二念为定。若不明了,心生疑怖,则名不定矣。譬如我今认得某村路,随步行去,此即是定;若路头不明,出门便疑,是谓不定。又如我在此坐,闻墙外金鼓声,我已习知,便定;若从来不曾闻,未免有疑,是谓不定。

　　《华严》云:劫由心生。过去、现在、未来之心不可得,则过现未三时劫不可得,时劫不可得,则授记不可得,表毗卢遮那之无生也。主昼神,主夜神,主空神,主海神,表毗卢遮那之无所不在也。外道不学佛,然善财五十三参中,有外道登菩萨地者,表毗卢遮那之不择人也。但华严境界虽大,总只说得格内事,至格外事不存焉,盖为不离言语,斗凑成个大道圣耳。格外事言思路绝矣。

　　经云:"心不妄取过去法,亦不贪着未来事,不于现在有所住。"然吾人日用间,于过去事有即今要接续做者,难道不去做?明日要为某事,今日当预备者,难道不预备?过去事续之,未来事预备之,即是现在矣。要知此中有活机,不是执定死本的。(《影印》第7—8页,《校释》第12页)

解读

[释词]

1. 跏趺：僧人修行的一种坐姿，有严格的规定。统称"狮子坐"，双目似闭非闭，双脚互盘于腿上，脚心向上，立身正直，百会穴虚领，头悬颈竖，会阴穴外露，臀部垫于一二寸坐垫，双手结手印，有菩萨、观音、如来等手印，心定神凝，气息细缓等，跏趺有金盘、银盘、散盘等形式。《大智度论》有偈子说："若结跏趺坐，身安入三昧。威德皆敬仰，毫光照大千。除睡懒覆心，身心不疲懈，觉悟亦轻便，安坐如龙蟠。"此种坐姿是僧人身心双修的一种优良方式，有令魔惊怖、降服其邪的作用。

2. 劫：佛经里所讲的较大的时间单位。佛比喻道，有四十里见方的一块巨大石头，天上仙人一百年下凡一次，穿着薄如蝉翼的飘飘仙衣，在巨石上拂拭一次，巨石拂得消失了，一劫还没完。还有另一种说法，娑婆世界的成、住、坏、空，谓大劫。可见劫是一个漫长的时间单位。有人计数大劫约五百一十二亿万年。一个大劫含八十个中劫；一个中劫由四十个小劫组成。一个中劫的时间约六亿四千万年，一个小劫是一千六百万年。佛经里还有另外表述。

3. 菩萨地：依《华严经》解释，在一真法界的四十一位次里，有十住十行十回向十地四十级次，十地之后可登等觉果位，十地是最后一级的十个果位。

4. 格外：文中指言语与思想断绝后的不可思议的境界。

5. 斗凑：将别人精华语言，以本末次第、总合拼凑成篇，有缜密之感。

袁中郎回答跏趺坐的问题谈到以定为定，意为以外定促进内定，从而内外皆定，这是菩萨的修炼方式。他说《华严经》里讲的定，与智慧伴随，即定慧双修，止观双修，这个境界才是菩提心、清净觉境界。即妄想不生、心净明彻。首先是内心安稳，不生疑怖，他举了两个事例，一为某人出门至某地，地熟路熟，则心是定的，反之则生疑虑，心则不定。另一例子是，人坐此室内，墙外锣鼓响起，习以为常，则心定。反之，从来没有听见此热闹喧腾，必动心动身，欲知究竟。

中郎接着根据《华严经》介绍了毗卢遮那佛的三大功德：一无生；二无处不在；三教不择人。无生是讲"能生万法"，自性、法性；无处不在是讲所生万法（主昼神夜神河神海神等，神即主宰）；不择人是讲度化伟力，外道也可以度化。根据是"相由心生，境随识变"。时劫（不仅仅是时节）相也是心生，凡所有相，皆是虚妄，既是虚妄就不可得。过去、现在、未来都不可得，过去心、未来心、现在心也不可得。《华严经》所讲是可讲与可思的格局内的事，至于格局之外的事就不可讲了、不可思了。可见语言文字有很大的局限性，但没有语言文字又不行，所以，大圣人主张离开并超越语言文字，才可悟达不可思议解脱境。袁中郎说："一念之中，三世诸佛净土摄入无余，是谓菩萨庄严净土之行，以无思智照之可见，非是情量所能揣度，何以故？以自性超一切量故。"（《西方合论》卷六）

袁中郎引《华严经》卷二八曰："心不妄取过去法，亦不贪著未来事，不于现在有所住。"其意为心不执著，心无挂碍。即："佛法不著有，不著无，有无亦不著，非有无亦不著，不著亦不著。"（《西方合论》卷八）但是人们在日常生活中，昨天未做完的事，今天继续做，不能不做；明天要做的事，今天要预备做，不能不管。此中是活活有生机，不能死板对待。中郎所言，一方面心要放得下，一方面事要拿得起，即做而不做，不做而做，这叫妙，这叫智慧。

第十九问与答

问：何谓如是我闻？

答：心境合一，曰如；超于是非两端，曰是；不落眼耳鼻舌身意为我；不从语言文字入，曰闻。（《影印》第8页，《校释》第14页）

解读

"如是我闻",是所有佛经的开头语。当年佛祖将离世,随侍弟子阿难请教了四个问题(即:集结佛经如何开头? 修行方法依靠什么? 佛祖走后,以何人为师? 恶行比丘犯戒怎办?)佛祖一一解答。其中解答第一个问题是以"如是我闻"开头(另三个问题是:修行观身不净、受是苦、心无常与法无我;以戒为师;不理待他生愧心)。

净空老法师认为,"如是我闻"即我亲耳听到,以表示佛经之结集真实可信、严肃实在,没有虚诳妄语,没有加油添醋。这样可以止争、断疑。长者李通玄也有解释:"如"是如佛所说;"是"是是佛所说。"我闻"是亲自听到,不是传闻。袁中郎对"如是我闻"一字一字解释,有无限义趣。

他说:"心境合一,曰如。"如,即如如不动,即真如,即无障碍法界。《金刚经》说:"如来者,无所从来,亦无所去,故名如来。"指的是心净心定。境,指外境。合一,指的是融通与合会。比如明镜照物,合二而一不可分,物移而镜不留痕迹。这讲的是心与境关系,心主宰境。心佛众生,三无差别,从佛性上言。故说,中郎以心境合一解释"如",非常恰当。

"超于是非两端,曰是。"

对待是非人我问题,是凡夫与圣人差别的表现之一。凡夫总是斤斤计较我是人非,寸步不让,若有诽谤诬蔑,则生嗔恨。圣人并非没有是非善恶之观念,他心知肚明,却谨言慎行,不得其时、其人、其事而不言。对于诽谤、诬蔑,他淡而化之,始终保持清净的心灵。这是对于是非两端的超越。《坛经》说:"明与无明,凡夫见二,智者了达。"又说:"不二之法,谓之佛法。"如何做到"不二",中郎提的办法是:超越。

"不落眼耳鼻舌身意为我。"

这个我是大我,是自灵、自性之我,不是小我,也不是简单的肉身之我。小我,总是被眼耳鼻舌身意缠缚,六根不净,六尘染污,六境纠结。如果落入眼耳等六根六尘里,小我就会在见思、尘沙、无明三大烦恼中转来转去，作业受报，永远不能脱离轮回苦海。中郎说："我之为我，其伏甚细，其害甚大。聪明，我之伏于诸根者也；道理，我之伏于见闻者也；知解见觉，我之伏于识种者也。古之圣人，能出世者，方能住世。我见不尽，而欲住世，辟（譬）如有人自缚其手，欲解彼缚，终不能得。"（《笺校·人间世》第 805 页）中郎主张"不落眼耳鼻舌身意"，是转换小我为大我的良方。那么，眼耳鼻舌身意还能见闻觉知吗？能。不过照见五蕴皆空而已，不落染污。这便是大我。大我即自性、自灵之我，是明心见性、大开圆解、清净平等觉之我。

"不从语言文字入，曰闻。"

"入"，指开、示、悟、入。即开佛与示佛知见，是佛经功德；悟佛与入佛知见，是修行人功德。关键在"入"，信解行证也好，闻思修行也好，落脚点在"入"。何为入？契入，与佛义相应合。入哪里？入自性中，入一真法界，脱离了九法界。"不从语言文字入"，从什么地方入？用什么方式入？从音声入。音声与语言文字区别何在？音声入在直接用耳根，语言文字入在间接通眼根。音声可含语言文字，语言文字含不了音声。尽管音声与语言文字可互相转换，但音声比语言文字迅捷、便利。文殊言：此方真净土，清净在音闻。阎浮提众生耳根最利，与观音菩萨缘最深，故"反闻闻自性，性成无上道"。闻不是一般意义上的听，是返观视听，舍识用根，一闻千悟。一般地听，只能闻一知二，不能闻一知万，一即一切，一切即一。语言文字有局限性，而"反闻"观照，开悟要便捷得多，可彻上彻下，亘古亘今，与自性相应。

综合中郎对"如是我闻"的解释，可见佛经开头语，就让修行者修"信"，就把"显一体"摆在面前，即信自性清净圆明体。这是诵读与闻法的初衷或初心。谷子成实，不离初种。巨竹参天，在于竹笋。信为道元功德母。中郎的佛学境界极高，说他与佛齐位，具有佛之德能与光明，并不为过，从此四字之解，就可看出。

第二十问与答

问:《法华经》大旨?

答:一光东照已尽了《法华经》矣。其后种种方便譬喻因缘,皆不过《法华经》之注解耳。光中见诸天地狱众生,诸佛涅槃修行,过去未来亿千万载事。建立如彼其广,时世如此其久,凡圣如彼其多。此正李长者所谓:"无边刹海,自他不隔于毫端;十世古今,始终不离于当念。"此四句,不唯尽《杂华》之旨,即《法华》全部,亦越此宗旨不得。

经云:"一称南无佛,皆已成佛道。"又云:"大通智胜佛,十劫坐道场。佛法不见前,不得成佛道。"何相矛盾也?盖时劫本无定,故"一称"与十劫,同是一样,非分久暂也。如二人同在此睡,睡着之时同,醒时亦同,而一人梦经历数日,一人梦止似俄顷,此二人可分久暂耶?(《影印》第8页,《校释》第14页)

解读

[释词]

1.《法华经》:《妙法莲花经》简称。按天台智者五时判教说法,佛祖讲经分五个时期。简称二七时、阿含时、方等时、般若时、法华时。首先讲《华严》(又名《杂华》),在大定中所讲,二十七天;接着讲阿含类,相当于小学,用了十二年;再讲方等类,用了八年,相当于中学;再接着讲般若类,用了二十二年,相当于大学;再讲《法华经》,用了八年,相当于研究所,讲成佛之道;最后讲遗教经,属临终嘱咐,用了一天。可见《法华经》在佛经中的地位,它与开头首讲《华严经》是呼应的。故说其大旨相同。

2. 一光东照:比喻《法华经》智光普照,广大无边。

3. 李长者:即李通玄(635—730),唐代华严学者,著有《合论》及《新华严经论》等。关于李通玄注《华严经》有不少美丽的传说。

4. 南无:有礼敬、皈依之意。

　　中郎在回答《法华经》与《华严经》大旨是否相同时，先引用了古语"一光东照已尽了《法华经》矣"，语中一个"照"字涵盖了此经之妙用。照什么？照众生之解脱幽冥、昏暗而引导成佛。种种方便比喻不过是大旨之注解。从天堂到地狱，从诸佛修行到涅槃，从过去、现在到未来，从凡人到圣人，均在佛光中历历可见。李长者言："无边刹海，自他不隔于毫端；十世古今，始终不离于当念。"意为自他不二与延促同时。中郎说李长者上述四句，说尽了《法华经》与《华严经》全部。中郎曾说："当自自时，不妨为一切人之他；当他他时，不妨为一切人之自。以是义故，自他不成。自他不成，即自遍一切处，他亦遍一切处。"(《西方合论》卷一)中郎还说："虽历亿劫，不离一念。"(同上，卷二)即度门禅师在《八识规矩略说序》里言："非内非外而内外十虚；无促无延而促延一念。""三千世界顿起乎目前，百亿法身直证乎当下。"

　　中郎说：两个人同处一室，所做之梦不同，一个梦事经历数日，一个梦事仅一会儿，但他们做梦时间相同，同时睡，同时醒，你能分别其梦之长短吗？用这个做梦的同与异，来类比"一称南无佛"成佛道与"十劫坐道场"反不成佛。笔者认为："一称"是普说名号功德不可思议；而"十劫"是特说，虽有"十劫坐道场"或讲法或闻法，但心有不清净者，或口若悬河，说得天花乱坠但不能落实于行，或邪师说法，如恒河沙，妄语谤佛，或不持净戒，或口念弥陀心散乱，喊破喉咙亦枉然等，这些人均不能成佛道。

　　六祖对法达禅师诵三千遍《法华经》而仍迷惑有开示宗旨："心迷法华转，心悟转法华。"《法华经》主旨与《华严经》的主旨相同："如来为一大事出现于世"，即救人出于苦海，教人成佛之道。亦即中郎语："烛三界之长夜，揭亿生之覆盆。"(《西方合论》卷二)中郎的回答提问，可称之为切中肯綮，一语破的。

七、第二一至第三十问与答解读

第二一问与答

问:诸佛"两足尊"六句,当如何解?

答:"知法常无性",即慧足;"佛种从缘起",即福足。知法无性,所以不断一切法,是谓从缘起也。二乘遗缘,故析色明空。一乘却不然,盖一切法,各住在空位,世间相即是常住,无缘非法,安用遗缘?此大慈所以诃焦种也。(《影印》第 8 页,《校释》第 15 页)

解读

[释词]

1. 六句:指皈依佛,两足尊;皈依法,离欲尊;皈依僧,众中尊。尊,殊胜的意思。佛是三宝之首,两足指福德与智慧都究竟圆满。皈依指依止为师,不再另求。法指法宝,离欲尊,欲指烦恼障与所知障,凡是与无明挂钩使众生心不寂静、不自在、不调柔且与解脱不相应的杂染,统称为欲。离欲指拔除根本烦恼,断了诱惑烦恼的一切欲望,除去了一切苦厄。僧人出家,将佛宝法宝僧宝聚于一身,僧人团体以"六和敬"(见和同解,戒和同修,身和同住,口和无净,意和同悦,利和同均)为纲领,身语意清净,团结互助,持戒苦行,信解行证,示范人世,理应受到天上人间的护卫、供养、礼敬、赞叹、学习。

2. 法常无性:来源于《法华经・方便品二》,原文为:"无数诸法门,其实为一乘。诸佛两足尊,知法常无性,佛种从缘起,是故说一乘。是法住法位,世间相常住。"要懂得"法常无性",须了解"法常",指法遍一切时、一切处、一切事。"无性"指没有实体,因为缘聚缘散。它的真心找不到,又不离开真心,即性相一如,空有不二。

3. 法住法位:前一个法字,指法相;后一个法字,指法性,即真如本性。即一切法相依真如而起。因真如无生无灭，所以是常住。告诉人们，法相千变万化，法性如如不动。

4. 一乘：乘是比喻，本指运载工具。国王所坐高档马车，迅疾安稳，称为大乘。后引申为佛法度人于彼岸之舟。乘也表智慧。佛法分大、小乘，一、二、三乘。大乘，是引导众生成佛的教法，小乘佛法求自身解脱，度己不度人，不是究竟佛法。通常把声闻、缘觉境界叫二乘，加菩萨乘，谓三乘。还有中乘（指位于声闻与菩萨之间）之说。

5. 析色明空：认为只有分解物越细，才能明确万物皆空。是二乘人的色空观。有比喻说，在法堂里，将栋梁椽柱一一分析开来。一乘人的色空不二观是：色不异空，空不异色；色即是空，空即是色。

中郎解答"六句"，简捷明白，把握要害。因"二足"既指智慧足，故说"知法常无性"，即一切法，无所有，毕竟空，不可得。又指福德足，故说"佛种从缘起"，没有条件，种子不发芽。佛的种子也靠缘，有因，只是可能性；有缘，才成现实性。佛种生发，是人生之福德，佛之慧德具足。

何谓缘起性空呢？佛偈说："因缘所生法，我说即是空，亦名为假名，亦名中道义。"不空缘不能起，因空故一切法不断。二乘者有缘也不随缘，故析色明空，将色空割裂。一乘则不同，认为一切，各处空位，世间法相常住，无缘无故不能成法相，怎么攀缘不随缘呢？二乘人的修持在于没有究竟圆满之目标与方法，这是佛祖所诃责为焦谷败种（即不能生根发芽）的原因。

第二二问与答

问：经云："若人诵《法华经》者，其父母所生肉眼，能见三千大千世界，下至地狱，上至有顶。"今人诵《法华》者多矣，何以都不能见耶？

答：今之诵读者果多宝如来所听之经乎？释迦佛言，生生世世，在在处处，演说《法华》，则今日亦现在说，汝能闻否？既未能闻，则汝所读,定非多宝如来所听之经。则肉眼不见宜矣。必欲远见世界天地,当离眼根与色尘及日月灯光方能远见。汝今黑夜连自己手足亦不见,何以见三千世界耶? 则知汝之肉眼原不能见,皆藉光藉色乃有见耳。(《影印》第9页,《校释》第15—16页)

解读

[释词]

1. 多宝如来:即大宝佛、宝胜佛、多宝佛,是《法华经》中的佛名。此佛为东方宝净世界教主。往昔成菩萨道时,立誓在成佛灭度之后,凡十方世界有宣说《法华经》之处,必从地涌现于前,以证明此经的真义。故释迦佛说《法华经》时,果有七宝塔从地中涌出,耸立于空中,即有多宝如来坐狮子座,全身姿态如入大禅定状。并赞叹曰:善哉! 善哉!

提问以经书为据:若人诵《法华经》者,其父母所生肉眼能见三千大千世界,下至地狱,上至三十三天之顶。可是今人诵《法华经》者多,怎么没有这种本事?

中郎回答从《法华经》由多宝如来证实出发。当年世尊演说此经,多宝如来从地涌出,证实赞叹。释迦佛说:生生世世,在在处处,《法华》演说,不曾停止。今日现说,你们能听到吗? 既然听不到,你们所诵之《法华》就不是多宝如来所证实之《法华》,肉眼不能见三千大千世界就是理所当然的了。然后,中郎解释道,如果要使肉眼有那种特异本事,必须离眼根、色尘及日月灯光,你们在黑暗中,连自己手足也不能见,何能见三千大千世界? 意思是,你连天眼通也没能做到,如何达五眼(肉眼、天眼、慧眼、法眼、佛眼)六通(天眼、天耳、他心、宿命、神足、漏尽)之境界呢? 只有明心见性的人,才有这种本事。这种本事就是一念三千,一念万年。常人之肉眼,凭眼根借光借色,才能见,无光无色则不能见。中郎在《广庄》中表达了同样的观点。那么,如何才能不凭眼根、不借光借色却能见三千大千世界呢? 典籍多有记载,《易经》言:"寂而不动,感而遂通。"佛门讲此理最丰富,《金刚经》说:"无我相、人相、众生相、寿者相。"又说:"无我见、人见、众生见、寿者见。"这是什么境界? 深胜禅定境界,佛祖菩提树下开悟境界,在此境界里,超越自我感官,用的是"第三眼",或曰"千瓣金莲"之脑,或曰五眼六通,三千大千世界现于当下一念。典籍上载,开创佛教天台宗祖师智者靠念《法华经》开悟。一天,他在天台山国清寺中打坐,入深禅定。打坐结束后,他告诉弟子们,佛祖讲《法华经》法会还在进行,他在禅定中还去听了一堂课,说得有板有眼。可见,智者有这种见三千大千世界本事。再如,慧远大师,他有三次见阿弥陀佛的经历,只是最后一次才透露。当代海贤法师(住河南来佛寺)也有同样的经历。既然能见阿弥陀佛,还有什么不能见呢? 这种事例在历代高僧大德中是很多的。只是限于佛门规定,一般不张扬而已。有时为了表法的需要,也有透露一些信息的时候。

要理会袁中郎这一答问,读者可参照《笺校·题碧空禅人诵〈法华经〉引》(第 1572 页),余在《袁中郎小品思想探究》一著中,亦有肤浅之解读。

第二三问与答

问:梵语首楞严,此云一切事究竟坚固。夫论理可说坚固,若事相皆有毁坏,安得坚固?

答:理之坚固,已不待言。唯言一切事究竟坚固,辟(譬)如汝之肉身,即今现在时念念密移,不得谓之坚固,则究竟死后不得谓之不坚固,无情器用,时时惰坏,亦复如是,盖必现在时坚固,然后毁坏时方可说不坚固也。古云:"一切法无性,名为坚固。"肇公《物不迁论》,即一切事究竟坚固之。

《楞严》原是两会说自咒文已前,皆顿教观。不历僧祇获法身可知矣。此波斯匿王父讳日营斋所说咒文,以后皆渐教,观信、住、行、回向可知矣。此□□王难后所说,乃结集者合为一经耳。

《楞严经注吴典解》不可看，彼处处配三观四教，如何依得？

今人多以无着为心，然即今肚饥便思食，食时便知滋味，食后便饱，安能无着？经云："有无着者，不可名无。"

《楞严》只破禅病，非实语，辟(譬)如告人云妄语是谎，此却是剩语。然世间人以谎为巢穴，不得不细细破之。（《影印》第 9 页，《校释》第16 页）

解读

[释词]

1.《楞严经》：又称《首楞严经》《大佛顶经》等，全称为《大佛顶如来密因修证了义诸菩萨万行首楞严经》，佛教最重要的经典之一，与《华严》《法华》《无量寿经》《圆觉经》齐名。于唐中宗神龙元年(705)传入我国。此经横跨禅净密律，均衡发挥、破惑见真、依性起修，是一部佛教修行大全。佛教史上有居士诵《楞严》八载开悟得神通事例。此经本旨有三条：一悟本体（真如本性，如来藏性），悟含解、行、证三悟；二持心戒（又名持佛戒，达身语意清净，资粮具足）；三修大定（与佛心相应，入佛总持）。在《西方合论》卷六里，袁中郎将《楞严》列入"方等"经系列。

2.《物不迁论》：东晋佛教学者僧人僧肇的著作，以"即动即静"之义阐明"即体即用"之论。所说"物不迁"，意思是事物有起始、流转，其本体是永恒的。

3. 两会：丛林中仪规。有第一、二、三通（会）钟鼓鸣，先后有僧众、行者、住持入浴斋戒之行持。

4. 渐教、顿教：渐教，指依次等说法与修持之法门，长时修行，称为渐教。顿教，指起始即说幽深玄妙之法，学人一蹴而达佛果之法门，称为顿教。关于渐、顿关系，袁中郎在《西方合论》卷四及卷八中有精辟阐述，他认为"顿者即是不历阶级之义"，又说："顿悟顿修亦是多生渐修，今生顿熟，此在常人时中自验。"这是渐顿的不二观。

5. 营斋：设斋食以供僧道，启请为死者超度灵魂。

6. 三观四教：袁中郎在《笺校·圣母塔院疏》（第1193页）中说："以藏、通、别、圆判一代时教而教义尽，以空、假、中三观发明真谛而禅那启。以十疑释西方净土之旨而往生决。"

提问者从坚固二字角度发问，认为理可言坚固，事有败坏，不可言坚固。儒学有"事千变万化，理一以贯之"之论。

中郎回答问题是从坚固内涵来作说明的。现代物理学认为物质是不灭的，尽管形体转化，而内质永存，这是从本体（法性）上看问题，比如水有液态、气态、固态变化，所见雪、霜、雾、露，乃至冰与冰雹、云雾等，水分子灭没有？没有。即使水分子变化了，基本元素还在。这应该好理解。"一切法无性，名为坚固。"一切法相没有实体，法相变化，法性不变，性是空的，具有永恒意义，因此说坚固。一切事从表相上言，人与动物有生老病死，植物有生住异灭，矿物有成住坏空，从性上言，是空性。人间事不离人，某一具体事，有始中终转过程，事相败坏了，其因子究竟没灭，因果循环，有空性在，还有不空在。从空言，是坚固的，从不空言，也是坚固的，这叫究竟坚固。故度门禅师说："碎尘点刹不可穷其形，摛色销空未足昭乎性。"

接下来，他认为《楞严经》从两会至咒文以前部分，是顿教观，从不历阿僧祇劫即获法身可知。又认为从波斯匿王父讳日营斋所说咒文以后，皆是渐教。所说的十信、十住、十行、十回向（还有十地），此为口口王难后所说（时间分段），乃结集者将顿、渐教合为一经。从这个论述里，可见袁中郎读经之熟、思虑之细。

他说：《楞严经注吴典解》此著不可读，处处以三观（空、假、中）四教（藏、通、别、圆）硬套，如何作为依据。

他还说：今人多以无执着为心念，然肚子饿想吃饭，吃过后便饱，便想滋味，这哪里是无执着？经上说："有无着者，不可名无。"意思是你不执着就有不执着之相，就不是真无。只有"不着亦不着"，才能"名无"。

他最后对《楞严》评论：《楞严》只破修禅中弊病（邪、狂），非真实语也。譬如告诉别人妄语即说谎,这是多余的,但是世间人以撒谎为巢,似乎司空见惯,不得不细细破除。他用破谎比喻破禅修之病。意为只有提倡说真话才能破谎言。佛经也只有告知以度达彼岸之妙方能真正破邪禅与狂禅。这就是所言"不立不破,立就是破,破立不二"。由此缘因,袁中郎对《楞严》的评论有所保留,并不完全苟同僧众之论。可见袁中郎的独抒己见是随时可见的。

第二四问与答

问:《楞严经》:"但除器方,空体无方。"先生云:辟(譬)如你梦见一池水与一河水,为俱是汝不是? 答:都是。(此处对《校释》断句按文义作了调整)

先生笑曰:"河池本无,岂有是非耶。"(《影印》第 10 页,《校释》第 17 页)

解读

提问从《楞严经》中,拣择出佛祖对阿难答问见惑中的表现,在物相限制下,有广狭、大小、方圆之分,这是凡夫之见。佛说:只要除去物器之方圆,虚空之体哪来方圆、广狭、大小? 中郎以梦中见一池水、一河水之分别作比喻,问学人究竟其水是有还是没有? 学人答"都是"。中郎笑答:同处于梦中,也就没有是水非水、是池是河之分了。

中郎的这个回答含义很深。凡夫为物所转,被物相束缚,故有方圆、大小、广狭之分别,圣人清净妙明,能转其物,于一毫端中见十方刹土,没有方圆、大小、广狭之差异。为什么呢? 破除了我见。这是明心见性与迷惑颠倒之区别。

第二五问与答

问：如何为物所转，故观大观小？

答：试观世人分别心轻者，人我心亦轻；重者，人我心亦重。譬如有人争尺寸土田，见识大者便让些与之，识量小者必致争讼，推此则知转物物转之义矣。

无明即是明，世界山河所由起，皆始于求明一念，故明即无明。试观世间人无一念不趋明者，此即轮回之本也。（《影印》第10页，《校释》第18页）

解读

世人为什么被物所转，观察事物总有大有小之分别呢？

中郎说：这由世人的分别心决定。分别心轻，人我心轻；分别心重，人我心重。譬如有人争尺寸之田地，心量宽宏广大者则让人，心量狭窄者则打官司，怨积成仇。清代历史上有个著名事例，安徽桐城张家与邻居吴家有三尺宽约二十丈长的土地纠纷，张家便信告京城做高官（礼部尚书）的儿子张英。官人看过信后，以一首诗表态："千里来书只为墙，让他三尺又何妨？万里长城今犹在，不见当年秦始皇。"家人读信，主动让了三尺，吴家也很感动，亦主动让出三尺。这便是"六尺巷"之由来，尔后，人们在巷首立了"礼让"二字作为牌坊。这是心量大、人我心轻、能转物不被物转的典型事例。

中郎由事扩展到理，"无明"之见，然"无明"即是明（比如张家对土地之见）。世界山河所以起于心中，皆始于求明一念，乃至有人我分别，有大小分别，有是非分别，这种执着分别就致使身语意被染污，为肉身而贪嗔痴，处处时时计较得失荣辱，不惜纷争，于是七情六欲生起，免不了怨恨恼怒烦，于是循环造业，冤冤相报，入生死轮回，故明即无明。现代学人无一念不趋明求明，于是执着人我分别之心，此就是轮回的根本所在。中郎说："一念求明，即无明本。"

袁中郎所主张的"量大"及所反对的"求明",在现实生活中,很有意义。量大可增智慧,不"求明"即"难得糊涂",实质上是不糊涂。

第二六问与答

问:《楞严》中说:"阴入处界。"其旨如何?

答:阿难问:"云何五阴本如来藏妙真如性?"若今(《校释》误为"真"——笔者)义学家必答曰:"五阴皆真心影子,无真心何有五阴? 如离波无水相似。"佛却不如此答,只说:"色不从自生,不从他生,不共生,不无因生。"只知此便了,盖四处求生不可得。则正是无生,无生正是如来藏。

自他共生,即因缘无因,即自然,世人不说天地间事物从因缘生,便说是自然而生,佛俱破却,曰本非因缘,非自然性,可见本来故无生,不过循业发现、妄见似有耳。

《楞严》文奥而义浅,《法华》《华严》文浅而义深,故《楞严》可讲,《法华》《华严》不可讲。《楞严》说工夫,说次第,非了义之教;《法华》《华严》则处处皆真,方为了义。(《影印》第 10 页,《校释》第 18 页)

解读

[释词]

1. 五阴:又称五蕴,即色、受、想、行、识。色谓质碍;受谓领纳;想谓思想;行即迁流造作;识即了别。五阴有共同之点,因缘和合相聚,与六根六尘六境关联。

2. 入:即六入,眼、耳、鼻、舌、身、意。眼根为识所依,能入于色。耳、鼻、舌、身,亦复如是。意根能分别五尘,能入于法。

3. 处:处即方所,所处所依之义。有十二处,眼耳鼻舌身意,加色声香味触法。

4. 界:即界分,六根、六尘、六识,共十八界,又称十八境。分为色与心两类,色界十种,心界八种。六识加意根与法尘,为心界;其他界为色界。

5. 了义:指究竟圆满之义。佛门有四依四不依之说,即依法不依人、依义不依文、依了义不依不了义,依究竟了义不依非究竟了义。文中所说了义,指究竟圆满了义。

初知上述名词,便知提问者借经言,提出以"阴入处界"概括"五阴六入十二处十八界"要意是什么?

中郎对《楞严》很熟,故对答如流。他引经言"阿难问:'云何五阴本如来藏妙真如性?'"对于这个问题,义解家(佛教学者)会答:波不离水,水不离波。以波水关系比喻,五阴不离真心,真心不离五阴,五阴是真心之影,没有真心,哪来五阴? 佛祖不这样回答,佛祖说:色(指色相,物质现象)不自生、不他生、不共生、不无因生,四处求生不可得,即无生,无生即如来藏,即妙真如性。懂得这个回答,就知道此为究竟圆满之答。义解家所答也有道理,但不及佛祖无上深胜、微妙至极。

说"阴入处界"是自他共生,即因缘无因,即自然,世人不说天地间事物从因缘生,便说从自然生,对这两种说法,佛祖俱破除,曰从大根本(真如妙性)言,非因缘生,非自然生,不过循业力发现,妄见似有而已。为什么?"阴入处界",空花水月,镜像灯影,如梦幻泡影。

答问尾段,对《楞严》《法华》《华严》进行了对比评价:《楞严》文奥义浅,不怎么了义;《法华》《华严》文浅义深,处处皆真,究竟了义。其评价标为七个字:"如来藏妙真如性。"

第二七至第三十问与答

问:如何是知见立知?
答:山是山,水是水。此知见立知。
如何是知见无见?

答：山不是山，水不是水，此知见无见。

数日又问：如何是知见立知？

答：山不是山，水不是水，此知见立知。

如何是知见无见？

答：山是山，水是水，此知见无见。

"不自观音，以观观者。"此"自"字最要紧。瞿洞观谓五十种阴魔皆起于自，自即我相也。故经中只教人除我相。

《楞严》五十种阴魔，皆定中事，定中之魔，即睡中之梦，特粗细不同耳。定中求慧，故有魔，如参禅者，乃慧中生定。故无魔。如人不睡则无梦也。（《影印》第 10—11 页，《校释》第 18 页）

解读

[释词]

1. 瞿洞观，即瞿汝稷（1548—1610），明代居士，著有《指月录》《续指月录》。余在《袁中郎小品思想探究·尺牍小品》中，有《瞿汝稷》一稿，作了介绍。

"知见立知，即无明本。知见无见，斯即涅槃。"出自《楞严经》。

原文中，将"知见立知"与"知见无见"各提了两次问。

首先看提问："如何是知见立知？"

中郎有前后两次回答。第一次答："山是山，水是水。"第二次答："山不是山，水不是水。"先要弄清"知见立知"含义。宋代有个法师名遇安，他将此句标点调整为："知见立，知即无明本。"这就好理解了。我们凡夫以知见而立知见，必定迷惑。"山是山，水是水。"以所知与着外境起见，是对名相的执着。"山不是山，水不是水。"是对名相的反执着，是所知对外境的超越。一方面，山是山，水是水；另一方面，山非山，水非水。山与水属自然现象，是"法相"；法者非法，非法法也。我们所以说山说水，是因为心里有山与水的概念，如果没有山与水的概念，我们就不会说哪是山哪是水,这是认知的局限。故说是山非山,是水非水。中郎的回答是对所知的肯定与否定。凡有是有非,必有对立,有对立就不能融通,因为佛法是不二之法,故说以知见立知见,是无明之根本。即以见为见,见成"金屑"于眼。

对"如何是知见无见"提问:中郎也回答了两次。第一次是:"山不是山,水不是水。"第二次回答是:"山是山,水是水。"第一次回答,是眼见境不起见;第二次回答是对第一次回答的超越,回到原点。这叫虽脱离根尘,实不离根尘。破除了对所知障的束缚,是对明心见性的迫近。他对这两个问题的回答形成两个对称的半圆,组成一个圆圈。在答问中,他破除了义解家对"知见立知,即无明本"的执着,也突破了"知见无见,斯即涅槃"的心解,认为此两句圆融通解,才可见性。

为了帮助读者理解"山是山,水是水"及"山不是山,水不是水"的答问,引唐代诗人白居易诗《花非花》:"花非花,雾非雾,夜半来,天明去。来如春梦不多时,去似朝云无觅处。"白居易是中郎推崇的喜禅好佛的诗人,诗中的禅意很浓,可从形象思维角度启示我们理解袁中郎的是山是水及非山非水的逻辑思维。

为了进一步促进读者理解,笔者将提问与答问简化为"我",问:我是什么? 答:我是我(肉身我)。又问:什么是我? 答:我不是我(非名相我)。又问:我究竟是什么? 答:我是我(英灵之我)。天台智者的"三观"就出来了,立一切法为空;破一切法为假;总一切法为中。中郎的思维逻辑是从自他不二、境观一如、心境合一来作答的,只要仔细分辨,会觉得义趣深厚而多味。中郎说过:"悟者常须觉观,迷者勤加折服。"(《西方合论》卷九)迷者"折服"一转,就进入"觉观"成了悟者。

为了说明这个道理,中郎引经曰:"不自观音,以观观者。"须知"不自观音"之意为六根不随六尘染污而起心动情,六尘有生有灭,观者不迷惑于六尘。"以观观者"指的是自性不生不灭,"观者"是能观之自性,"以观"是所观之尘,能所不二。两句联起来,即安住本有自性,智慧显现。反之,不住自性,随六尘染污,就生出种种烦恼。中郎认为"自"字最要紧,即执著于"我相",接下来是我见、我爱、我贪、邪见一齐跟着来,就入颠倒迷惑的泥坑不能自拔。瞿洞观在其著作中,讲的五十种阴魔,皆起于"自"。所言五十种阴魔,指五阴(五蕴),色、受、想、行、识各有十种。

中郎根据《楞严经》说五十种阴魔,皆定中之事,显然是指小定与中定,并非大定。他作了一个比喻,好像睡了就做梦,不睡不梦。魔是在参禅中出现的干扰,所谓四禅(色界四禅)八定(无色界四定)。关于定中生慧、慧中生定问题,中郎有卓绝之识,去魔即可生慧,慧中又可提升定境。佛门主张定慧双修。宋代释延寿有偈子说:"定为将,慧为相,能弼心王成无上,永作群生证道门,即是古佛菩提样。"这把定慧关系与作用说得很清楚了。

现将中郎对上述山水关系的四问四答,作一个简化处理:回答(知见立知)山是山水是水,是以境起见;回答(知见无见)山不是山水不是水,是不以境起见;第二次回答(知见立知)山不是山水不是水,是以知见超越知见;第二次回答(知见无见)山是山水是水,回到本体。

八、第三一至第四十问与答解读

第三一问与答

问:念佛者何以无魔?

答:念佛心粗,魔王在六欲天之上,粗细不合,唯定境细与魔气味相入耳。(《影印》第 11 页,《校释》第 19 页)

解读

念佛时无魔干扰来袭,有一个前提:心地纯净。因为"阿弥陀佛"是佛中之王,光中极尊,是宇宙的最强音波,威光赫奕,如凝金聚,又如明镜,影畅表里,放大光明,百千万倍。中郎引偈子说:"若人称念弥陀佛,即是无上深妙禅。至心想像见佛时,即是不生不灭法。"(《西方合论》卷三)故念佛三昧,不可思议,诸佛护念,众魔惊怖,皆远远避之。在念佛中,一心不乱:"弥陀教我念弥陀,口念弥陀听弥陀。弥陀弥陀直念去,原来弥陀念弥陀。"念佛之时,十方三界,纵横无碍,故心念圆实,魔不相入。而不念佛,坐禅入定,心念散乱或者昏沉,一粗念里有三十二亿百千细念,念念成形,形皆有识。魔可乘虚相入。魔常住六欲天之上,六欲指的是眼欲、耳欲、鼻欲、舌欲、身欲、意欲(还有其他说法),与生俱来。实质上,六欲之魔在身心之内,不在身外。心内无魔,引不来外魔。

念佛时,如果心不专一,魔照样来袭。高僧曰:"口念弥陀心散乱,喊破喉咙亦枉然。"为什么白念? 魔来干扰。不过,魔也是可转的,凡所有相,皆是虚妄。中郎说:"若达心外见佛,即成魔境。"又说:"若达心外无法,则魔界即佛界。"(《西方合论》卷五)可见在一定条件下,魔与佛可以转化。中郎佛学活活泼泼,机用圆融。

第三二问与答

问:习定者自身有魔,乃理之当然。何得另有天魔依附,曰如病者见鬼,虽因自己病,然实有鬼在,特无病人不见,以气味有(《校释》漏了此字——笔者)相接与不相接耳。

(答)《楞严》云若以生灭心为因,而求佛乘不生不灭,无有是处。今人在色身之内用功,皆生灭心也,初发心者慎之。

经云:"能平心地,则一切皆平。"顾心地岂易平哉! 曾子之絜矩,孔子之忠恕,是平心的样子,故学问到透彻处,其言语都近情,不执定道理以律人。(《影印》第 11 页,《校释》第 19 页)

解读

在这一问答中,涉及魔。据净空法师讲经说,魔这个字表示烦恼之鬼如同麻一样多。在佛教典籍中对魔分很多种,主要有天魔、地魔、病魔、死魔、心魔、鬼魔等(另有"四魔"之说),最主要的是心魔与烦恼魔,要有真正的智慧才能破除。无论什么魔,起作用时都与自身心魔相关。

提问者认为:习定的修行人本身有魔,理所当然,为什么另有天魔依附?害病者见到鬼,可害病都是从无病来的,见鬼与不见鬼是否和气味相投与不相投相关?

袁中郎没有正面回答,他只是说《楞严经》讲,以凡夫生灭之心为前提,去求不生不灭之佛境,无有是处。意为害病者见鬼是因有生灭之心,无生灭之心就不会见鬼。俗话说:心中有鬼就见鬼。关于鬼是否存在,我们放到后面相关问题详细讨论。这里按中郎的意思,鬼也是魔之类,也是幻化了之色身,由贪心引起。佛经认为:贪心与饿鬼相应,嗔恨与地狱相应,愚痴与畜生相应。《坛经》说:虚妄是鬼神。中郎指出:今人修行,初发心就要审慎,以不生不灭之法门(即无生)下工夫,否则,不是正路。

接着,中郎引经说:"能平心地,则一切皆平。"平,即平和,平等,平直,不分别,不执著。中心是平直,即真心、深心、平直心。《坛经》说:"平直即弥陀。"可见平直不是很容易,平直的境界很高。中郎以出世说入世,提升儒学境界。他说,曾子的絜矩与孔子的忠恕,是合于情理的,真正做到了,就是平了心地的样板。他发表了一个论点:学问透彻时,总是顺乎人情,并不以道理来约束人。再一次体现了"佛法在世间,不离世间觉"的思想。

第三三问与答

问:何谓"精明湛不摇",为八识区宇?

答:为第六识分别不行,独八识本体在,故有"精明(《校释》加了'湛',去掉——笔者)不摇"境界。此乃用工夫做到者。然终是根尘边事。(《影印》第11页,《校释》第19页)

解读

[释词]

1. 湛：湛明。经言："湛入合湛，归识边际。""边际"，即区域，表空间。此句意为以湛入湛，又合湛，则识归于边际。中郎在《笺校·与仙人论性书》（第489页）中有个解释：神者变化莫测，寂照自由之谓。然莫测即测，自由亦自，自即有所，由是何物。极而言之，亦是心形炼极所现之象，虽脱根尘，实不离根尘。经曰"湛入合湛，归识边际"是也。识即神也。按中郎意，可以理解为：纯净纯善，谓之湛。从湛入湛，从明入明，神识之感应就会通天达地。这是因为：一念三千，一念万年。一念周遍法界，一念出生不尽，一念含容空有。何谓一念？即无念，即当下无心。所言"边际"是无边无际之意。

2. 根尘：眼、耳、鼻、舌、身、意为六根；色、声、香、味、触、法为六尘。依而取境者谓之根，根之所取者，谓之尘。《楞严经》卷二言："根尘同源，缚脱不二。"

"精明湛不摇"是经言"精了湛不摇中"的变化，意为"精明了湛"不可动摇，与六祖言"何期自性，本无动摇"意近。提问说，此种境界是不处八识范围？

中郎回答：第六识是分别，达不到这个境界。只有第八识本体起作用，才可能达"精明湛不摇"境界。此乃用工夫方可做到，如何做到？"虽脱根尘，实不离根尘。"即利用根尘，还要跳出根尘。《坛经·机缘品》说："转前五识为成所作智，转第六识为妙观察智，转第七识为平等性智，转第八识为大圆镜智。虽六七因中转，五八果上转，但转其名而不转其体也，通顿悟性智。"可见"八识"是一个各有分工的整体观念，而第八识是主宰前七识的，它"生天生地，生人生物，不识不知，自然而然"。所谓法相虽多，不离八识。八识所藏，归于白净。

中郎是从"一灵真性，亘古亘今"的高度回答提问的。

第三四问与答

问："圆明了知，不因心念。"此意云何？

先生曰：人唤汝名，汝即应，可因心念否？

曰：不因心念。

又曰：汝遇饭而吃，遇茶而饮，可因心念否？

曰：亦不因心念。但应名与饮食，不因心念易，如遇难处之事，要做仔细筹度。这个显然是心念，如何说得不由心念？

先生曰：此亦现量当筹度者，即再四思惟（维）也。叫做不因心念，当知筹度难处之事，与吃饭应声总是一样，但在人有生有熟耳。

《圆觉经》吃紧处在："皆因圆照清净觉相，永断无明，方成佛道。"且道清净觉相，怎么样依？ 若依，则宛然能所；不依，则与佛旨相违。此处好疑。

"知幻即离"，人人晓得，而略当些小境缘，即昧而不知，若真知现前，岂逐境去？ 故须知得彻骨彻髓，任他千境万境，展转不昧，始谓之知可见。此知不在分别，而在不昧。（《影印》第 11 页，《校释》第 20 页）

解读

[释词]

1. 现量：量，尺度之意。现量，指通过直觉认识事物，没有概念、逻辑、筹算与推理的参与。与现量相关的还有比量与非量。比量是以分别心比类已知事物，推知未知事物。非量超越现量、比量，一切现量、比量外之量（如幻想）属于非量。在三量外，还有"圣教量"，即"自性超一切量"。（《西方合论》卷六）

有道友从《楞严经》卷四摘选二句问"圆明了知，不因心念"。此是何意？"心念"即念想。意为真正觉知达圆明境界，是不依靠起心动念的。

中郎是从生活上提出问题，让道友反思。比如有人喊你姓名，你因心念没有？遇饭而吃，遇茶而饮，因心念没有？都没有。是自然而然的反射作用。道友又提问，上述是简单之事，如果碰到复杂难处之事，须要谋划计算，能说"不因心念"吗？

中郎说，此属现量该筹度者，即再四思维（比量），通过思维，把复杂转化为简单，把难处变为易处，把思考变为直觉，与叫名而应、遇饭而吃并没什么两样，也还是自然而然，达圆明了知，也可以叫作不因心念，所不同的是生与熟的差别。

《圆觉经》最关键的是："圆照清净觉相，永断无明，皆成佛道。"意为清净平等觉是修行者最中心的目标，达到这一目标，即修成正果。怎么样依应与契入清净觉相呢？只有依佛旨"圆照清净觉性"。若依能成，则能所宛然，能所不二；不依则违佛旨。究竟依与不依，此中必有所疑，须弄清楚。

《圆觉经》说："知幻即离"，"离幻即觉"。人人晓得，却难做到。略遇小境缘，则出现昧（迷糊，不明）而不知，若真知现前是如梦如幻，岂逐境生心而言语造作？故须知达彻骨彻髓，任他千境万境，展转变化，你总是不会迷惑而明了如镜，这叫作心智。此智不在分别，而在不昧（明了）中。

中郎这段答问，强调了真心真知达彻骨彻髓之境界，才能做到"相随心转，境随识变"。否则，还是心被相转，识被境变，"离幻"没有？达"觉"没有？没有。于是难免迷惑颠倒，这是世人不能解缠去缚的根源。

第三五问与答

问：何谓真知不昧？

答：如遇物来触眼，眼即自闭，何曾分别来的是甚物？又何曾思维（惟）？我要闭眼，然却不觉不知自然眼闭了，如是方名真知，方能通乎昼夜。

先生尝问人："知是空华,即无轮转。"此知字是有心知耶? 是无心知耶? 有心则同情识,安免轮回? 无心则同土木,何以能知学人? 透得此知字一关,思过半矣。

先生云:往有问伯修,"居一切时,不起妄念"四句作何解者?

伯修曰:"居一切时,不起妄念",是止病。"于诸妄心,亦不熄灭",是作病。"住妄想境,不加了知",是任病。"于无了知,不辨真实",是灭病。要知此四句,是药语亦是病语。(《影印》第 12 页,《校释》第 20—21 页)

解读

关于"真知不昧"(即"般若无知,无所不知"),中郎的解答从具体化契入。他说:"如遇物来触眼,眼即自闭,何曾分别来的是甚物,又何曾思维?"即我们要闭眼了,便在不觉不知中自然眼闭了,根(眼)尘(色)俱离,即是真知,在此境界里,可通昼夜。他曾问人:"知是空华,即无轮转。"这是《圆觉经》中的一句话,其意为"见相离相,即是如来;见相著相,即是凡夫"。"空华",即空花,水月镜花之意,也可理解为梦幻泡影。如把所知所见当作空花水月,就可脱离轮转了。为什么坠入六道轮转呢? 是因为知见迷惑了我们。此知字是有心知还是无心知? 有心知就同于情识,如何脱离轮转? 无心知则同于土木,又如何了知学人? 看透知字一关,则思维之智慧过了一半。根据中郎在《笺校·徐同卿》(第 500 页)中的意见,处理"有心"与"无心"的关系是:"恰恰用心时,恰恰无心用。"后面还有两句:"无心恰恰用,用心恰恰无。"这是一个美妙的开悟的境界。

中郎举胞兄伯修答问的例子:以前,有人问伯修"居一切时,不起妄念"四句何解,伯修答:"居一切时,不起妄念",是止病;"于诸妄心,亦不息灭",是作病。"住妄想境,不加了知",是任病。"于无了知,不辨真实",是灭病。要知此四句,是药语亦是病语。此处所说四句,出自《圆觉经》,谈的是诸菩萨及末世众生对妄念、妄心、妄想出现时的修行态度。"病"指妄念、妄想、妄境。可统称妄想。佛在《华严经》卷五一中说:"一切众生皆有如来智慧德相,因妄想执著,不能证得。"可见妄想是障碍众生得道之普遍病与重病。凡有病必有相应之药。中郎说:"药无定方,定方以病。"(《西方合论》卷四)伯修用止病、作病、任病、灭病分别对四句作了"药效"判断,故中郎说此四句是药语也是病语。前三句好理解,最后一句"于无了知,不辨真实"须作说明:重点在"无了知",即无了无知,还辨什么真实不真实,在这种境界里,妄想之病就灭了。佛门认为:凡夫有知,有所不知。般若无知,无所不知。般若是"体",无所不知是"用"。从这里可见,伯修的悟境也是很高的。

第三六问与答

问:《圆觉经》四相?

先生挥扇语曰:如此一柄扇,说是我的,乃我相;说非我的,是人相;说非我非人乃众人公共的,是众生相;又此扇也(《校释》误为"叶"——笔者)不是我的,也不是人的,也不是众人的,而还有此扇子在,乃寿者相。离了我,便叫做人;离了我人,便叫做众生;展转要离,却离不得,便是寿者。故曰如衣败絮行荆棘中。(《影印》第 12 页,《校释》第 21 页)

解读

[释词]

1. 四相:指我相、人相、众生相、寿者相。其中,最主要的是我相我执,以身体为本我,掩盖自灵,生起我爱、我贪、我慢。人相,指对别人的分别心,如男女性别、肤色黑白黄棕、面容美丑、身材高矮及智商高低等。众生相,指因缘和合、五蕴积满而生,不仅仅指人类,还包含胎、卵、湿、化四种生成方式,飞禽走兽、蚊虫蚂蚁、山川河流、花草树木、有情无情等。就人类言,出现贫富贵贱、荣辱盛衰、得失成败、善恶正邪等差别,于是对立冲突、斗争战争,不得安宁。寿者相,指有情众生从生到死的一期寿命过程,也可喻指无情众生的生灭过程。就人言,求长寿,求传宗接代、香火延续,求青史留名等。可见,我相是四相的主根。《金刚经》说:"若有我相、人相、众生相、寿者相,即非菩萨。"

中郎回答四相,乃古今未曾有过,恒顺道友,随机说法,举手中扇(芭蕉制成),具体生动,难懂变得易明。他以扇子打比方,说是我的,执我,是我相;说不是我的,执人,是人相;说非我的非人的,执众生,是众生相;说扇子非我非人非众生的,扇子又在,执其久,是寿者相。离我、离人、离众生、离寿者,展转要离,却离不开,以此扇之四相关系,说明破除我执之难。如同有人穿破絮衣,在荆棘中穿行,走不动,脱不了。其言外之意是:环境恶劣,自身根基差,要破四相,是很难的。只有选择清净环境,排除外界诱惑,下工夫修行,才可能从破我相契入破除四相。

第三七问与答

问:《金刚经》云:若人书写一偈,乃至为人演说一句,皆得阿耨多罗三藐三菩提,是实语否?

答曰:经云:"若为人演说四句偈等,其福胜彼,何以为人演说(此为《校释》所漏,现补上——笔者),不取于相,如如不动。"今人所听、所读、所写皆文字纸墨之相,非真经也。又云:"若以色见我,以音声求我,是人行邪道,不能见如来。"即是观之,则今学人刺血书经,以致枯坐苦行等,皆属行邪道矣! 慧眼未明者,多为此邪道所累,空糜日月,徒费精神,惜哉!(《影印》第 12 页,《校释》第 21 页)

解读

[释词]

1. 阿耨多罗三藐三菩提:梵语。译为汉文,意为无上正等正觉,即清净平等觉,指修佛的最高境界。

提问是从《金刚经·三十二品》中选出的，作了简化处理，意思未变。

中郎回答从引《金刚经》中"若为人演说四句偈等，其福胜彼，何以为人演说，不取于相，如如不动"开始。这几句话的含义是，为人演说四句偈等胜过"恒河沙七宝布施之福德"。如何演说？不执著于相，真心清净，如如不动。用《坛经》语，是"何期自性，本自清净"与"何期自性，本无动摇"的意思。只有真心清净明了，才能寂然不动。他说："今人所听、所读、所写皆文字纸墨之相，非真经也。"意思是人们未达明心见性的境界，心不能寂然不动，就执著于语言文字相，就不理解真经。又引《金刚经》一个偈子："若以色见我，以音声求我，是人行邪道，不能见如来。"为什么？如来如来，无所从来，无所从去。如来真如，无色无音声，无自他。修佛要从内心去修，人人都有如来，只是被妄想执著所障。《坛经·决疑品》上说："菩提只向心觅，何劳向外求玄。"佛法重实质不重形式。以此观察，那些在形式上著相的修行者，或刺血写经，或枯坐苦行，都走了邪道。他们慧眼未开，故只重形式。所说慧眼，即代五眼六通，肉眼拣择，天眼通达，慧眼见真，法眼清净，佛眼具足，觉了法性。这是有次第的，慧眼未明，更没达法眼与佛眼水平。那些求外表求形式的修行只是枉费时日、耗损精神，这多么可惜。关于刺血写经一事，古代与现代均有典型。索达吉仁波切在讲经时，举了五明佛学院一个女尼事例，她为了表示对佛法的真诚，利用假日，刺手指血，于白绢上将厚厚的《地藏经》写就，供养上师。上师看了看她伤痕累累的手指，翻了一下血写的经，说他很害怕。一方面不否定她的虔诚，另一方面却指出没有必要，也没有收下。还说以自残自损肉身方式修行不是正道。（《亲友书讲记》第六课）

第三八问与答

问：经云："是法平等，无有高下。"如今尊卑疏戚，宛然高下，如何得平等？

答：汝若等亲于疏，等尊于卑，即亲者尊者之心先自不平，当知平等便是无高下。（《影印》第12页，《校释》第21页）

解读

提问所说"是法平等，无有高下"中之"法"有两层意思，一为法门，八万四千法门都是修行证果的门路，条条道路通北京，故无高下之分。二为法相，所有物质现象、精神现象、自然现象，都是法性的表现，证得一个空性法性，哪来高下之分。这是从真谛角度言，如从俗谛言，还是不平等的。尊卑上下，富贵贫贱，并不平等。提问者将真谛（悟者）与俗谛（迷者）混合，故出现不平等疑问。

袁中郎正是从真谛与俗谛的区别和关联来回答。你的心理是从尊卑亲疏起意的，你如果等尊于卑、等亲于疏，那就不会有什么高下了。凡夫之我见执著，分别心便产生了，分别心使人看到了不平等（有高有下）而见不到平等。比如富人与穷人，有占有金钱的多少的差别，可以说不平等。但富人与穷人有许多是平等的，比如寿命大体相同，有生有死是平等的。富人一小时六十分钟，穷人一小时也是六十分钟，这是平等的。富人的前天也是穷人，穷人的后天可能是富人，这也是平等的。再穷再富，日食三餐、夜眠六尺也是平等的。身体器官构造基本是平等的，生病须服药也是平等的。至于在穷富形成的因缘上，也是平等的。故经言："能平心地，则一切皆平。"何为"平心地"，学问透彻，悟者觉观。

第三九问与答

问：应无所住，而生其心？

答：譬之水也，停于一泓，则名死水；流于江河，则名活水。今人之心，住于六尘，皆是死心，菩萨不住色声等，是为生心。

又有一友问：应无所住，而生其心？

先生曰：我且问你此句是说工夫，是说本体？

曰：似指本体。

先生曰：此是说工夫。观应字便见。应者，当也。须菩提问应云何住？佛答：不应住色生心，不应住声香味触法生心，应无所住，而生其心（《校释》中横排版将"其"误为"共"，现根据影印版订正——笔者），谓人用功不当如彼，而当如此也。（《影印》第12—13页，《校释》第21页）

解读

"应无所住，而生其心"这八字是《金刚经》中非常重要的一句话。当年慧能去五祖弘忍方丈室，听师父讲《金刚经》，讲到"应无所住，而生其心"时，顿舍顿悟顿彻，向五祖报告了自己四十字（"何期自性，本自清净"等五句话）学习心得，五祖看出慧能已入如来藏境界，此世人天师，下世作佛祖，于是当机立断，将衣钵传与他。可见这句话在《金刚经》中的地位。

"应无所住"指的是六根不住六尘；"而生其心"指的是生清净心，生菩提心，这是圣人境界。凡夫总是有所住，住于六尘，不能见性。中郎用了一个比喻：一泓之水，如不流动（喻"住"），则成死水；如若流入江河归于海，则是活水（喻"生"）。菩萨不住于色、声、香、味、触、法，因而能生清净心，能生菩提心。

又有道友可能还是不明，于是将此八字再问一遍。

中郎且问：你说这是说工夫（用）还是说本体（体）？

道友答：似乎本体。

中郎说：这是说工夫（用），从一个应字可看出。应即是应当。须菩提问应云何住？佛祖曰：不应住色生其心，不应住声香味触法生心，应无所住，生什么心，生不染污之心（是清净心），不是生分别心。用功不在彼（指生分别心），而在此（生清净之心）。中郎这个解答，契合提问者根基，又契合《金刚经》本旨。

第四十问与答

问：人心但起一念，便即是住，云何得无住？既无住矣，又云何言而生其心？

答：如教人闭了眼，却要见面前许多色象也。今人修行，皆是有所住，而生其心，直侥一切无着，亦是住于无着。此句经稍认差了，便同于无，为外道堕任病窠臼矣。经中分明叫你生心，只要你无住而生心，即参禅者分明叫你去参，只要离心意识参。（《影印》第 13 页，《校释》第 22 页）

解读

学问学问，有学必有问。

提问以对经言怀疑进入。意为起念即住，既住就不生心，为什么说"应无所住，而生其心"？

中郎答疑从闭眼就要见眼前许多色相（色尘），是见不到的，诠释了"无住"。无住即无所住，即无对象可住。今人修行，总是有所住，原因在于住于"六尘"，在六尘六境中生其心，生的是染污心、烦恼心，还一直侥幸"无着"（无执着），也就住于"无着"，把这句经言意义认识偏差了，误认不住等同"无着"，即是妄想任病，为外道所堕窠臼。经中分明叫你"应无所住，而生其心"，叫你去参，叫你脱离六尘六境的染污意识，生清净心，就可开悟了。这是因为：离一分染污，增一分智慧。"应无所住，而生其心"是真如见性的境界，不达此境界，就不能透彻领悟此境界。

九、第四一至第五十问与答解读

第四一问与答

问：般若无所不该，何为与五度并列？

答：般若非离前五度，即五度之不住于相者，便名为般若。故《金刚经》云：不住色布施，不住声香味触法布施。

《楞伽经》有唐宋魏三译，今时所行唯宋译，但宋译文艰深（《校释》横排版误排为"难"——笔者）而多脱略，不如唐译七卷明畅，不用注疏便可看。如以唐译谓不如宋译，则译《华严》者即此人。新《华严》不胜旧本百倍耶？今讲师家独行宋译者，师家有讲宋译套本，遂沿而不改耳。

达磨西来时，《楞严》尚未入中国，彼时人唯知渐修，达磨独传顿教（《校释》横排版误排为"头教"——笔者），恐人不信，故指《楞伽》四卷可以印心，以彼经所言，俱无阶级故耳。（《影印》第 13 页，《校释》第 22 页）

解读

问题是从"六度"修行角度提出的。意为般若（智慧）内涵已涵盖另五度（即布施、持戒、忍辱、禅定、精进），为何又将般若与五度相提并论？

中郎从般若与五度关系作答，般若不能离前五度，这是一切即一、一即一切的佛理的具体化。任一度不住于相，就有般若参与。任意一度作彻底了，就必含其余五度。以布施为例，在布施修行中，不执着于谁布施、谁接受布施，布施什么，这就是性布施。既是性布施，余下五度不执著相，就是性忍辱，性禅定，性持戒，性精进，性般若，同是一个自性。这个观念中郎在《西方合论》卷六六度行中，谈得很清楚。

接着中郎对《楞伽经》发表了看法。《楞伽经》是佛祖对大慧菩萨讲的（《楞严经》是对阿难讲的），主要内容讲如来藏，有人用"一切佛语心"概括。中郎认为，《楞伽经》有唐宋（南朝宋）魏三种版本，唐译晓畅明白，宋译艰深难懂。但明末的佛界重视宋译，法师讲此经，以宋译为据，原因在于宋译有讲本沿袭。有认为唐译不如宋译者，中郎判断此人必是旧《华严》译者。这个版本比唐译差了百倍。从此评论可见中郎读经很广泛、很细致，有自己独到见解。

接着他说：达摩西来（南北朝时期的南朝梁武帝时代），《楞严经》（唐代传入）未入中国。故修行人只知渐修，达摩独传顿修之教，恐人不信，故指《楞伽》四卷（北魏时期译）可以印证。因为此经中所谈修持俱无阶级、次第的缘故。

第四二 问与答

问：《楞严》言信、住、行、向等非渐修乎？

答：此虽属渐，实非。欲人人依此阶级修也。乃言人之进道浅深不同，到此地位谓之信，到此地位谓之住，到此地位谓之暖、顶耳。（《影印》第 13 页，《校释》第 22 页）

解读

[释词]

暖、顶：是修禅证果中的境界。暖，又叫暖相，是见道（明心见性）智火之前相，即快要见道了之刹那间。顶，又叫顶相，指诸善根不被邪见所动，他们不刻意求善，却自然合善。

道友从《楞严经》中讲修行次第十信、十住、十行、十回向（还有十地）来提出问题，意为这么多阶级，这不是渐修吗？

中郎答虽是渐修，实质上不是。这样细分是为了修行者根据自己修道的浅深层次按阶级修，达循序渐进之效。你修到了什么地位叫信，修到了什么地位叫住，修到了什么地位叫行，乃至修到了什么地位叫暖、叫顶，你可以据经言对号入座，心中有数。实质上一切渐修，都是为了顿悟，这是很机活的，不能死守执著而妨碍修行证果。

第四三问与答

问：《楞伽》百八句中，佛诘大慧所未问者，皆极微细事，此有何义？

答：譬之有人问言："云何地动？"达者应曰："此何足问，汝眼睛如何动，手足如何动，何故不问。"盖佛见得天地间事物总不可穷诘，勿以寻常、奇特、大小、远近，作两（《校释》横排版误为"雨"——笔者）般看也。佛意原如此。若真正要大慧问，眉毛有几，微尘有几，此有何要紧耶？

凡看经于没要紧处，不必理会，只理会要紧处。若逐字逐句解，则担阁（耽搁）了精神。且经中十分难明处姑置之。到后来再看，当自有彻时。若目前强寻其所不通，亦是没用的。

《维摩经》以直心、深心为首谈，盖直心、深心是修行基址，若无这个，则如虚空无宅地矣。（《校释》将"深心"误为"淡心"，现予订正——笔者）

《维摩经》中，螺髻梵王谓释迦，佛土如自在天宫，亦直螺髻所见然耳。未尽释迦佛土之庄严也。视下文佛足按地所现庄严，岂但自在天宫已乎？

夫人眼前之存心，即是将来之国土，故《维摩经》曰："欲得净土，当净其心，随其心净，则佛土净。"菩萨有直心、深心，故成佛时，自有不谄众生具足功德，众生来生其（《校释》横排版误为"共"——笔者）国，凡夫心自有高下，故见国土有坑坎秽恶，螺髻梵王则见佛土如天宫，世尊按足，则尽世界如珍宝，若此等者，譬之共宝器食饭色有异矣！（《影印》第14页，《校释》第22—23页）

解读

道友问:《楞严》百八句(佛门通常之说)中,佛追问大慧所未问的问题,皆是极细极微事,这有何义?

中郎答:有许多问题不必提,也不必答。比如问"地如何动"? 这如同问眼睛如何动、手足如何动。佛认为天地间事物总不可穷诘,不要以寻常与奇特、大与小、远与近两般看。如果真正要大慧问"眉毛有几、微尘有几"这类问题,答与不答又有何要紧?

接着中郎介绍了自己读经的三点体会:一于要紧处理会,于不要紧处不理会;二不可逐字逐句解,否则耽搁精神;三于十分难明处暂且放一放,日后再看,自有彻解时。如果勉强求通,则没有用处。这三点对今天仍有借鉴意义。

再接着对《维摩经》发表评论,指出此经首谈直心、深心,这是给学佛者打基础,好比造房,先要选址,否则,便成了空中楼阁。

《维摩经》中,螺髻梵王(梵天王顶髻成螺形,故名)与舍利弗(佛弟子中辩才无碍者)对话,说:"我见释迦佛土清净,譬如自在天宫。"舍利弗说:"我见此土丘陵坑坎,荆棘沙砾,土石诸山,秽恶充满。"螺髻梵王说:"仁者心有高下,不依佛慧,故言此土为不净。"于是佛以足指按地,即时三千大千世界,如同百千珍宝严饰,一切大众叹从来没有,皆自见宝莲华。佛语舍利弗:"我佛国土,常净如此。为度众生中下劣者,示现此众恶不净土故。譬如诸天,共有宝器作钵,但随其福德,饭色不同。我告诉你,若人心净,便见此土功德庄严。"

中郎讲《维摩经》里一个故事的意趣何在? 他说:人们眼前之存心,即是将来之国土。故《维摩经》说:"欲得净土,当净其心。随其心净,则佛土净。"菩萨有直心、深心,故成佛时,自有不疑众生而具足功德,众生来生其国,凡夫心自有高下,故见其国土有坑坎秽恶。螺髻梵王则见佛土如天宫,世尊按足,则尽世界如珍宝,若此等情况,譬如天人以相同宝器饮食,而饭色是有差别的。

中郎这一答问,重点是心净土净,心有高下,土有差别。即"依报随着正报转"思想。

第四四问与答

问：维摩以火喻无我，以水喻无人，何也？

答：火必藉薪，无有自体，故喻身之无我；水有自体，不藉他物，故喻身之无人。（《影印》第14页，《校释》第23页）

解读

中郎在答问中，分别解答了无我与无人的区别。维摩居士以火喻身之无我，是因火无自体，不借柴不能烧；以水喻身之无人，是因水有自体，不凭借他物。

第四五问与答

问：《维摩经》云："说法者，当如法说。"又曰："法同法性。"何谓也？

答：法既无我、人、无众生、无寿命等，又岂可说乎？故曰"说法者，当如法说也"。"法同法性"者，谓是法同于一切法，以是法即入于诸法故。

维摩多是反说：所谓入得魔者凡夫。与道法相反，乃曰不舍道法，而现凡夫烦恼；与涅槃相反，乃曰不断烦恼，而入涅槃。余俱仿此。

枣柏说："文殊表智，普贤表行。"原无此等人，都是取象。释迦佛亦据众人见闻，说有释迦耳，其实释迦未曾生，未曾说法，即如仲尼表高义，颜渊表深义，亦无是人。枣柏此等议论，非是破相之谈，实在是如此。（《影印》第14页，《校释》第24页）

解读

先把提问之意表述一下：《维摩经》上说："说法者，当如法说。"意为说法的人所说之法，应恰如其分，恰到好处。不能说偏，不能说邪。所说之法，是法之真意。不然，就成了邪师说法，如恒河沙。经上又说："法同法性。"意为所有法相千差万别，但法性只有一个，就是空性。

中郎是从法性皆空来回答的。因法性无我相、人相、众生相、寿者相，哪里有什么可说呢？故说法应当说出法性空寂。"法同法性"，用永嘉禅师《证道歌》中法语解释是："一性圆通一切性，一法遍含一切法。"从法性言，一切法相同；从法相言，都应合于法性。

维摩居士常正话反说。主张降魔排除烦恼，摆脱凡夫境界；维摩居士说入得魔者，凡夫现显烦恼，知道烦恼再排除烦恼，不断显现不断排除，才可入涅槃。这合乎《坛经》所言"烦恼即菩提"的思想。其他的论述仿照此例。

枣柏（即长者李通玄，唐代著名佛学家）说："文殊表智，普贤表行。"原本无其人，是为了表法而取相。释迦牟尼佛亦是应众生需要而表法才出现的名相，释迦是能忍之意，表慈悲；牟尼是寂静，表智慧。慈是拔众生苦，悲是给予众生乐。没有因缘和合，释迦也不会生，也不会说法。即如孔夫子仲尼，尼是尼丘山，表高义；颜渊之渊，是深，表深义。本来无此名相。枣柏这些议论，并非破除名相，而实在如此。

关于文殊与普贤这两个表法名相，中郎在《西方合论》卷三中说："普贤佛长子，文殊七佛师。"又引《华严经》语：理智无边谓之普，智随根益谓之贤。可见经论里的名相都有深厚广远的表法意义。

第四六问与答

问：何名表法？

答：本事难明，而借事以表扬之。如《易经》画卦，正是表法。画无文义，故随他千事万事，皆可以卦象表显，至于爻辞、象辞及系辞，皆明义理，则所表有限矣！（《影印》第 15 页，《校释》第 24 页）

解读

[释词]

1.《易经》：又称《易》，五经之首，是儒学的最重要经典，阐述宇宙天地的万事万物的变化规律。由孔子整理，孔子晚年喜好《易》，有"韦编三绝"之说，即连串竹简的牛皮绳也断了三次，可见用功之勤。

2. 爻辞：《易经》六十四卦每卦爻题下所系文辞。比如乾卦中的九二"潜龙在田、利见大人"；九三的"君子终日乾乾，夕惕若厉，无咎"。

3. 象辞：总括之辞，《易经》中论卦义的文字。

4. 系辞：是《易》学类学术著作，详细阐明卦象的吉凶得失、刚柔相推等变化。

提问直接，"何名表法"是承接上文的。

中郎回答是主本之事不明白，借他事来彰显。本事常在未知的、朦胧的状态，他事常在已知的、鲜明的状态。中郎举了《易经》画卦，卦象就是表法，画无文义，但万事万物，均可以由卦象彰显，至于爻辞、象辞、系辞，皆明义理，明是明了，表义却受到局限，而卦象所表义理本身没有局限。比如：一画开天，二画辟地。从这些议论里，可见中郎学养基础深厚。

第四七问与答

问：《肇论》谓"物不迁"，即如今人搬家，分明是彼宅中物迁于此宅，何谓不迁？

答：迁与不迁，非动与不动之谓也。若论迁，则凡物皆有迁，如这棹子置此房中不动，至百年必坏，则知此棹当新置时，便时时迁了，如现在不迁，将来何以顿坏？即如人身发时时白，面时时皱，特人不觉。如现前不白不皱，将来何以顿白顿皱？故曰：凡物皆有迁，非关动也。若论不迁，则凡物皆不迁。盖物物皆有现在，在彼处，为彼处现在；正搬移时,为搬移现在;移到此,为此处现在。是物物皆有现在,故曰不迁。
(《影印》第 15 页,《校释》第 24 页)

解读

关于《肇论》谓"物不迁",第二十三问与答中,已出现过。

中郎解答这个问题,将"迁"与"动"分开讨论。以"棹"作例子,意谓凡物皆有迁变,一个新棹放在原地,一百年还是坏掉了。又以人面与人发作例,生下来面不皱、发不白,可随年岁增大,面一年一年皱多,发一年一年变白,这证明物是有迁的变化的。但物还有不迁动的因子,凡物皆有现时状态,此时彼时,此处彼处,总有现状在,好有好的现状,坏有坏的现状,这就是不迁动的表现。一根新木头,放久了会腐朽,新木腐木都是木,木性未变,木头烧成灰了,叫木灰,木以灰尘存于天地间。故说物皆有不迁的一面。中郎是运用万事万物皆有相与性的佛理来回答道友所问的。从这些回答中,可见中郎思维精细、辩才无碍,有佛弟子舍利弗水平。

第四八问与答

问:以理言觉不迁易会,以物言觉不迁难会?

答:事理无二说。物不迁正是说理不迁物也,性也,非两也。说个物即性,犹是多了一层,唯说物不可迁便是。

一部《宗镜录》只说得一个安心。(《影印》第 15 页,《校释》第 24 页)

解读

道友从物理(性)与物事(相)的角度再次提问:"以理言觉不迁易会,以物言觉不迁难会?"中郎对这个问题的解答与上问大致相同,提出事理不二、事理相融的原则。

一部《宗镜录》只说得一个安心,什么是安心? 安心的内容很丰富,心境合一、理事不二、性相一如就安心了。安心即可透彻认识关于"物迁"的所问。

第四九问与答

问:看《宗镜》便觉快活,至参话头便冷淡,又觉费力,奈何?

答:看《宗镜》乃顺事,如放下水舟顺快无量,然未免有障悟门;若参话头乃逆事,如百丈滩溯流而上,其间篙橹篾笆又禁不用,故参禅者才隔丝毫,犹属费力,决无快活省力之理。试观逆流船只,半里未到家,须半里费力;三五步未到家,须三五步费力。又曰《宗镜录》,乃参禅之忌;祖师公案及语录,乃参禅之药(《校释》误为"乐"——笔者)。

《西方合论》一书,乃借净土以发明宗乘,因谈宗者,不屑净土;修净者,不务禅宗。故合而论之。

自圭峰将宗教混作一样看,故后世单传直指之脉不明,多有以教中事例宗门者。

小修云:李龙湖般若甚深,但道不胜习,然自是寂音以上人。(《影印》第 15 页,《校释》第 25 页)

解读

圭峰禅师(780—841):唐代名僧,研究佛经有若干著作问世。

道友认为阅读《宗镜录》还是看得懂,很欢喜。但读到其中参话头而悟道之处,就觉得艰难了(冷淡,费力)。这是为什么呢?

《宗镜录》又名《心镜录》,是(五代)永明延寿(904—975)的著作,一百卷,计八十万字。其主旨为肯定禅教一致,将融合的思想原则推广到所有佛教宗派。中郎在山居柳浪馆期间对此著下过功夫,且摘其要,著有《宗镜摄录》,约十万字。也有僧人朋友拿去刊印过。后来失传了。中郎在相关尺牍中,也多次对此著发表过评论。中郎认为:读《宗镜录》,如同顺水行舟,畅快无量,但不免有参话头的内容,成为悟的障碍门；参话头好比船只溯水上行，其间篙橹（划船工具）篙筝（用竹篾编成的纤绳）均不起作用，故参禅者离开悟哪怕只是相隔丝毫，也很费力，决无快活省力之理。试观逆流行船，半里才到家须费半里力，三五步才到家须费三五步之力。《宗镜录》乃参禅之忌讳，诵读祖师公案及语录才是参禅之药方。

《西方合论》一著，是借净土发明宗乘。因修禅者不屑净土，修净土者，又不修禅宗，故合而论之。

自圭峰禅师将宗门（禅宗）教下（其他教派）融汇以来，后世对于禅宗单传脉路不明，多数人以教中事例来说明禅宗。

小修补充道：李龙湖（李贽）般若甚深，但其主张之道施行起来并不能破除习惯势力，自然所论不过处寂音中罢了，这是因为随声附和者极少。

这段答问再次谈到他的《西方合论》的写作本旨是："借净土发明宗乘。"即周群先生所论：净土立场，华严方法。所发挥所阐明的是整体佛教经义。

第五十问与答

问：李氏《藏书》《校释》不加书名号，可能将李之著《藏书》与所藏书未加区别）大旨？

小修答：宁取真正的奸雄，不取掩覆的道学。曰：学道人当看此书否？曰：学道人不看也罢。盖此书无筋骨，人读之反长其不肖之心，徒令小人藉口。凡看此书者，欲人不可不具此眼耳。若以为训，则大错，故曰国之利器不可以示人。（《影印》第 16 页，《校释》第 25 页）

解读

道友问：李贽的《藏书》一著的主旨是什么？

李贽（1527—1602）是明代思想家、文学家、佛学家，袁氏三兄弟曾三次去麻城探访他，并拜他为师。李离开麻城后，多有书信往来。袁小修于李贽自杀后，写有《李温陵传》(《珂雪斋集》第 728 页)。传中，说其著作有《说书》《藏书》《焚书》等。评其著"往往明而不晦，激而不平，以至于乱"，"其破的中窍之处，大有补于世道人心。而人遂以为得罪于名教，比之毁圣叛道，则已过矣"。可见袁小修对李贽作品认真研读过，他来回答李氏《藏书》大旨应是成竹在胸。

用李贽自白："藏书者何？言此书但可自怡，不可示人，故名曰《藏书》也。"后世认为，李贽是前所未有的旧意识的叛逆者，被称为异端思想家，是明代现实社会民主思潮的代表。

小修从《藏书》的负面影响角度进行评论。说："宁取真正的奸雄，不取掩覆的道学。"说学道之人不可看此书，理由是此著无筋骨(人生正道主心骨)，读后长其不肖之心(指离经叛道)，徒给小人以借口，于安身立命有害。说凡看此书者，必须有警觉。若以之为训而照办，则大错。最后他引了老子的一句名言："国之利器，不可以示人。"(《道德经》第三十六章)意为国家的根本方略、人才、科技等国家机要不能随便宣示，以免心怀叵测者犯上作乱，敌对者乘虚捣乱，干扰国富民安之大计。

十、第五一至第六十问与答解读

第五一问与答

问：如何是"溪声尽是广长舌，山色岂非清净身"？

答：诸佛说法，有响(《校释》误为"声"——笔者)而无文，响(《校释》误为"声")之所说者，长文之所宣奉，短学人看经教。能听其响(《校释》误为"声"——笔者)而不寻其文，则百劫千生用得着。溪声无文与山色无形其理一也。今(《校释》误为"令"——笔者)人远看山似有青色，近看之色何有耶？(《影印》第 16 页，《校释》第 25 页，笔者对所答内容重

新标点断句）

解读

道友问到苏轼的"溪声尽是广长舌,山色岂非清净身"是何意境。此诗句出自苏的《赠东林总长老》,其后还有两句:"夜来八万四千偈,他日如何举似人。"苏是中华文化史上最杰出的文学家、思想家,他习禅好佛,名东坡居士,史上以他为主人公的禅门故事很多。苏轼从小生活在佛化家庭环境里,父母亲都是虔诚的信佛居士。他后来成名后,与不少云门朋友往来密切。一天,他在庐山东林寺夜宿,寺中常总禅师知他寄情山水,悟性很高,有意点拨一下,便问他如何在大自然中体会禅意之愉悦,他躺在床上,夜听虎溪之水咕咕流动,四句偈子便从胸中流出。第一句为"溪声尽是广长舌","广长舌"是法身佛三十二相、八十种好之一,经上言舌广而长,柔软红薄可覆面至发际,其说法必真实,辩说无碍,非他人所超越。从水声是说法到山色是清净身,给人印象是整座庐山就是一佛身。他说了八万四千偈(言其无数无穷),今晚我苏东坡悟到了,明天我如何告诉别人(举似人)?

袁中郎是从诸佛说法的特点来讲的,宝树之摇声,迦陵鸟之鸣,溪流之响,无一不是表法。因为"无声声中,风枝水响;非色色里,宝树栏杆"(《西方合论》卷五)。有响声说法,有无响声(文字)而说法,宣扬文字表法有其长,读经教有其短。能听其声响而不寻其文,这是时时处处之广远与永恒可用。溪声无文而文无限与山色无形(清净)而形无量,其理一也。人们远看,山有青色,近看何曾有? 要说其中之禅意,似有似无,虚无缥缈,不过内心世界变化而已。

第五二问与答

问:有禅师拣坡公偈云:"声色之中欲透身,无山无水好愁人。"此何义?

答:云门欲打死释迦,此何义? 自古宗师都是后面人检点前面人,何得将一二语遂定苏公长短?

东坡诸作,圆活精妙,千古无匹。唯说道理评人物,脱不出宋人气味。(《影印》第 16 页,《校释》第 25 页)

解读

宋代禅师释证悟写有偈二首,其一为:"东坡居士太饶舌,声色关中欲透身。溪若是声山是色,无山无水好愁人。"其诗是对苏东坡《题东林总长老》的调笑,溪声是说法,山色是清净色,那么无山无水呢? 岂不使人愁闷了,不开悟了?

问者承接上一问的解答,提出禅师此说有何含义?

中郎说:云门(指禅门五宗中的云门宗。又妙喜禅师有这一称呼,这里泛指禅门)欲打杀释迦(指呵佛骂祖之狂妄),此亦何义? 自古宗师,总是后面爱检讨前面,如何因一二语来判定苏东坡悟道之短长? 中郎维护并肯定苏轼的文学与禅诗。

东坡诸作,圆活精妙,千古无匹。在对苏轼给予崇高评价的同时,也指出其不足:"唯说道理评人物,脱不出宋人气味。"宋人气味指的是什么呢? 指的是以禅滥儒,以儒滥禅,禅不像禅,儒不像儒。用一个词,叫酸腐。中郎在其他著作中反复表明这个观点。扩展来看,中郎这个评价合于作家与作品总是打着社会环境的烙印,有着受历史性与时代性制约的特点。

第五三问与答

问:龙树自生、他生、无因生?

答:即以眼一法言之,若眼自生色,便不消面前种种形质,眼根中自有此等形像矣。若色是他生,则盲瞽人亦见之。既无自无他,两边都是没有的,如何能共生? 譬如人说的两个谎,合来做不得一句实话。盖惟两边有方能共；两边俱无，以何体为共？无因生，即不藉自他共而生也。

凡经中垂训，俱无合头语，譬如高墙外有种种名山胜水，佛不说墙外有若干殊胜，但教你筑台造阁，彼人依此营（《校释》误为"管"——笔者）办土木，及楼台成后，高登一望，自然见得墙外境界矣。

经教皆有权有实，人不达其为权，往往牵缠固执，看不痛快。唯祖师不认权教，故单提实相接人。（《影印》第 16 页，《校释》第 26 页）

解读

道友是从龙树的偈子予以简化来发问其含义的。这个偈子是龙树《中论》的一个纲领："诸法不自生，亦不从他生。不共不无因，是名为无生。"按南怀瑾先生的解释是：万法不是自然生的，也不是他生的（不是另外有主宰，如阎罗王、玉皇、菩萨等），也不是自他两个力量合起来的，叫不共生。那生命从哪里来？也不是无因生，有他的因与缘，佛法叫无生。简言之，"无生"含不自生、不他生、不共生、不无因生。是生而不生，不生而生。无生即生生不已，佛法认为，这个偈子讲的"因缘所生法，我说即是空，亦名为假名，亦名中道义"。

有了这个基础认识，再看中郎的解答，你会觉得很有义趣。他从眼根举例，眼能不能自生色呢？不能。色能不能他生呢？也不能。无自无他，两边俱无，如何共生？他又举了一例，一个人说了两次谎，合起来就不会真。两边有，方能共，两边俱无，也就不能共。所谓不无因生，即不藉自生、他生、共生，但有因缘而生，即无生而生。

凡经中垂训，俱无合头语。譬如高墙外有名山胜水之美境，佛不说，只是教你造楼修阁，楼成阁就，你一登楼阁，美境自然现前。

经教有权（方便法门）有实（究竟法门），对未达究竟圆满的修行者，牵缠固执，以方便法门引导；唯祖师不认可权教，单提实教以接引众生。

第五四问与答

问:权教岂佛之诳语耶?

答:非也。譬之小儿不肯剃发,父母语之曰:"剃了头极好看,人都把果品与你。"此语非实事,然父母无诳子之罪,以不如是语,则彼不肯剃发。故曰,权以济事,则非诳语。

王龙溪书多说血脉,罗近溪书多说光景。如有人于此,或按其十二经络,或指其面目手足,总只一人。但初学人,不可认光景,当寻血脉。

罗近溪、邓豁渠与夫《宗镜录》都只引人进步耳,过关以后事俱未谈及也。试思豁渠云第二机不是第一机,然第一机毕竟是如何? 近溪云:汝等即是圣人,言语动静,无非是者,然又不许有知有证,却如何下手?

《宗镜录》中说:执一切皆是的也未是,执一切皆不是的也未是,又有说一切未尝不是,但不可有所执也未是,学人当如何始出得这窠臼。(《影印》第16—17页,《校释》第26页)

解读

中郎对"权教诳语"的回答是否定的,他举了一个例子,父母为了哄小孩剃头发,说剃发了有果品吃。不一定真给果品,但用心良苦,即平日所言善意谎言,有利成事。故权教并非诳语。

王龙溪[即王畿(1498—1583),明代思想家,师事王守仁,是王学浙中派的创始人]著作,多说王阳明心学理论的来龙去脉,罗近溪[(1515—1588),明代著名思想家,泰州学派的传人]的著作,多说心学理论的具象光景。如有医者对病人按十二经络解说病源病症,或指其面目手足症状,都指一人,只是视角不同。但初学者,不可从光景上下功夫,而应先寻求血脉。从这里可看出中郎求学的一个经验:从竖的坐标起步,从横的坐标深入;历史的探寻与现实的考察结合,将血脉与光景结合起来,只有明确了为什么,才能深刻了知是什么。一般初学最易犯的毛病是重视光景,忽略血脉,故中郎提出要先寻血脉。

罗近溪、邓豁渠(明代著名思想家,泰州学派代表人物,是李贽思想体系形成的引路者)的书与《宗镜录》都只引人进步,过关以后再如何深入未曾谈及。如果思考一下邓豁渠讲的第二机(禅悟机锋)不是第一机,然第一机毕竟如何?罗近溪说,汝等即是圣人,言语动静,无非是者,然而不许有知有证,却如何下手用功?

《宗镜录》中说:执一切皆是的也未是,执一切皆不是的也未是,又有说一切未尝不是,但不可有所执也未是,学人当如何始出得这寠臼?("未是"一词可译成"非",此文末句中"未是"与"学人"则须断句点开,读者可斟酌其义)

第五五问与答

问:三界唯心,万法唯识,于八种识内何属?

答:心是八识,意是七识,识是六识。三界唯心者,以前七识不能造世界,惟第八能造,前七不任执持故。万法唯识者,法属意家之尘,故意识起分别,则种种法起。如饭内有不净物,他人私取去,我初不知,便不作恶,以意识未起故。若自己从盏内见,决然与饭俱唾。可见,唾者是唾自己之见,非唾物也。又如乡人以彼处乡谈,骂此土人,此土人不知,怡然顺受。若以骂彼土人,其怒必甚矣。可见怒者亦怒自己之知,非怒物也。以此知万法唯识,定是六识,非属前五与七、八也。以五、八无分别故,第七但思量故,但执我故。

第六识审而不恒,如平时能分别,至熟睡时则忘,中毒中风时则忘。第八识恒而不审,虽持种子,而自体瞢昧。惟第七识亦恒亦审,是为自然。老氏之学,极玄妙处,惟止于七识。儒家所云格致诚正,皆是第六识也。所云道生天地,亦是以第八识为道也。(《影印》第17页,《校释》第27页)

解读

"三界唯心，万法唯识"是佛学唯识、般若里的重要观念。它讲述十方三世一切有漏与无漏法皆因八识心王而显（漏指烦恼），八识心王依无明现于三界（欲界、色界、无色界，也泛指过去世、现在世、未来世），离八识心王，无一切法可得，万法悉不能生，故说万法唯识。

中郎的回答有清楚明白与具体形象的特点。八识依次指眼识、耳识、鼻识、舌识、身识、意识、末那识、藏识。中郎说心是第八识，意是第七识，识是第六识。三界唯心指的是前七识不能造世界（即生天生地，生人生物），唯第八识能造，只是前七识不能任意执持（即不能主宰）。所言万法唯识，法指尘，尘是比喻，指眼尘、耳尘、鼻尘等，即依根而生的对象，比如依眼根而感知赤橙黄绿青蓝紫，如此类推。随感知而起种种法，就是意识的分别作用。他举例说：我的饭内有不净物，不知者取走，我因不知亦不为罪，因意识未起。若自己从饭碗里看见脏物，必定将脏物与饭同时抛掉，可见抛掉的是脏物知见，不是饭。又如乡人以彼乡之语骂此地之人，此地之人不懂，怡然领受，可彼乡之人听了，则起愤恨，可见愤恨的是自己知见引起，与骂语无关。从这里可见，万法唯识。决定反应还是第六识，不是其他识决定的。前五识与第八识没有分别作用，第七识在分别后起思量作用，但是执于我。

第六识能审，但不能恒久。比如，平时能分别，睡时则忘，在中毒或中风病态中也忘。第八识恒久而不审，只是储存记忆，自体瞢昧。第七识又审又恒久，它有这个本事。老子的学说，玄妙至极，不过止于第七识。儒家学说，强调格物致诚，第六识而已。中郎的意思是佛学幽深玄远，罕通莫测，是因为其进入八识及其更上（白净识）了。

中郎这个解说合于玄奘的《八识规矩颂》思想，且更透彻。

第五六问与答

问：八识之见、相二分何如？

答:前六识即第八见分,前五根尘即第八相分,器界疏相分,根身亲相分。七识谓之传送者,以七识无体,外依前五,内依第八,其实只执我一念耳。(《影印》第17页,《校释》第27页,笔者对其标点作了调整)

解读

[释词]

见、相二分:唯识宗所立四种心法(心识的作用)之前二种。见分指诸识的能缘作用,即认识事物的主体,"见"是见照、心性明了的意思,如镜中之明,能照万象。认识的对象叫相分。另有自证分、证自证分,合称四种。举例说:见分好比尺子,相分好比布,自证分好比是根据尺所量量出长短,证自证分好比对所量布的长短作证明。见分是能量,相分是所量,自证分是量果,证自证分是对量果再证知。

中郎解答第八识(又称阿赖耶识、藏识)的见、相二分十分明确,前六识为八识的见分,前五根尘(眼耳鼻舌身五根与色香味触法五尘)为八识相分。器世界(山河大地、草木虫鱼)是疏相分,指所认识的凭借,根身(具有六根的身体)是亲相分,是所认识形成的影像。见分缘相分,见分与相分如何入第八识?靠七识的传递,但七识(又称末那识)无体,外依前五,内依第八,只执我一念。关于八识的相关知识,读者可参考《袁中郎小品思想探究》第一章。

第五七问与答

问:八种识一时具否?

答:皆具。譬如有人名赵甲者,赵甲之身及诸受用,则第八识所变;呼之即闻,此前五中之耳识分别;所呼之字为赵甲,则第六识;余人不应,独赵甲应,则第七识之执我也。就中七识,最难别出,今略指其凡耳。

凡人日间所见之物,乃第八识所变,故物物皆实;梦中所见之物,乃第六识所变,故物物皆虚。是知凡属第六识变者,皆无力不可受用,今人所谓悟解者,皆六识边事,是以力弱耳。(《影印》第 18 页,《校释》第 27—28 页)

解读

对八种识一时是否可同时具有的问题,中郎回答皆具。他举例说,譬如,有人名赵甲,赵甲及身之诸种受用皆第八识所变。你叫赵甲,他听到了,这是耳识起分别作用。呼字为赵甲,是第六识起作用。呼之即应,别人不应,是第七识执我。其中第七识,最难分辨,故略略指出。

凡人日间所见之物,乃第八识所变,故物物皆实(比如太阳、大地)。梦中所见,是第六识所变,故物物皆虚(比如梦中之城市、河流)。可见第六识所变之物相,无力受用。今人所说悟解,不过第六识边境之事,这个力量很弱小。

第五八问与答

问:前五识属性境,属现量,何以有贪嗔痴?

答:贪嗔痴乃俱生惑,不待意识而起者。如小孩子眼识不曾分别花木,然见好花则爱,此眼识之贪也。小孩子舌识亦无分别,然去却乳则哭,此舌识之嗔也。至于痴,则不待言矣。(《影印》第 18 页,《校释》第 28 页)

解读

性境、现量两词,从唐玄奘《八识规矩颂》引出。原文为:"性境现量通三性,眼耳身三二地居。"读者可参看拙著《袁中郎小品思想探究》第一章。性,指心性、本体、法性等;境指境界,有对境、非对境、主体境、客体境等。现量一词已在第三十四问答中作了简释,意为对缘境现前明了,一看便知,不藉比较与计量。

中郎回答"前五识属性境、属现量,何以有贪嗔痴"的问题,简单明白:"贪嗔痴乃俱生惑。"即生来就有。举了小孩爱看好花与夺乳即哭分别说明贪心与嗔心。痴心他没举例,是因俯拾即是。

第五九问与答

问:第八识别有体性邪?

答:前六识即第八见分,前五根尘即第八相分,色声等疏相分也,眼耳等亲相分也。(《影印》第 18 页,《校释》第 28 页)

解读

中郎对第八识是否别有体性,没有正面回答,他只是说:前六识是第八识见分,前五根尘是第八识相分,声色等是第八识的疏相分,眼耳等是第八识的亲相分。疏相分是根据山河大地(客体)形成的影像,亲相分是自己的认识(主体)变现的影像。其意为:八种识体性唯一。

第六十问与答

问:云何又有七识?

答:七识无体,即前六中之执我一念,如大海水,波涛万状,湿体则一。

儒家说万物皆备于我,不如释迦说见相二分亲切,故见分相分,该括无尽妙义也。

世界所赖以撑持者,俱由根尘识假合也。无尘则根无用;无根,则尘不显;无识,则根尘不合也。根犹母也,尘犹父也。根尘相偶而生识,犹父母相合而生子也。故曰:"由尘发知,因根有相,相见无性同于交芦(《校释》误为'卢',此字错,意思全变——笔者)。"

邵尧夫云:"一念未起,鬼神莫知,不由乎我,更由乎谁?"此即唯识之旨。

儒者但知我为我,不知事事物物皆我;若我非事事物物,则我安在哉? 如因色方有眼见,若无日月灯山河大地等,则无眼见矣。因听方有耳闻,若无音响,则无耳闻矣。以至因记忆一切,方有心知,若将从前所记忆者都抛弃,则无心知矣。

今人皆谓人有碍于我,物有碍于我,不知若论相碍,即我自身亦碍,如眼不能听,耳不能见,足不能持是也。如说不相碍,则空能容我,舍空无容身处,是空与我为一合相;地能载我,舍地无置足处,是地与我为一合相;夏饮水则不渴,水与我为一合相;冬煨火则不寒,火与我为一合相。故地水火风空见识,教中谓之七大,总是一个身耳。(《影印》第 18页,《校释》第 28 页)

解读

[释词]

1. 交芦:本指异卉,二干同根,生则同生,灭则同灭。比喻根、尘同缘,相、见互缘。

问如何有第七识?

中郎解答为七识无体。即第七识与前六识是一体,是前六识之执我一念。好比波涛万状,湿体则一。

儒家说万物皆备于我,不如释迦所说见分相分亲切,见分相分可总括无尽妙义。

我们所见世界赖以撑持,全在于根尘识假合而已。无尘,则根无所用;无根,则尘不能显;无识,则根尘不能合。根好比是母,尘好比是父,根尘偶合而生识,好比父母相交合而生子。故曰:"由尘发知,由根有相,相、见无性同于交芦。"根尘是同源的,缚脱是不二的。

邵尧夫(1011—1077)即宋代邵雍,是一位哲学家、易学家,他说:

"一念未起，鬼神莫知。不由乎我，更由乎谁？"这话说出了唯识之要害。

儒者只是知道我为我，不知事事物物皆我；如果我不是事事物物，那么我在哪里？再如因色方有眼见，如果无有日月灯山河大地等，那么就不会有眼见了。因为有声音才有耳闻的感觉，如果没有大小音响，那么就没有耳听的感觉。以至记忆一切，才能有心知，如果将从前记忆全部抛弃，哪里还会有心知呢？

今人所言人有碍于我，物有碍于我，却不知如果论相碍，则我自身也是相碍的。如眼不能听、耳不能见、足不能持就是事例。如果说不相碍，虚空能容我，如果没有虚空，如何容纳身子呢？那么虚空与我是一合相；大地能承载我，抛弃大地我就无立足之处，那么这大地与我也是一合相；夏天饮水则不渴，那么水与我也是一合相；冬天煨火则不寒，那么火与我也是一合相。故地火水风空见识，教中谓之七大，总之是在一个身上表现。

中郎这段答问，用的是"一即一切、一切即一"及中和融通的理念来看待万事与我的关系。

十一、第六一至第七十问与答解读

第六一问与答

问：根与尘分别是两物，如何经言各各不相知，各各不相到？

答：有两个则彼此相到，今只有一个，宁有心知心、心到心者乎？如耳不到眼，以眼耳虽两形，同是一头；指不到掌，以指掌虽两形，同是一手故。

人生过去历劫事，未来历劫事，在如来藏中，皆照得极分明，在如定水中于树影毕照，特人为识浪境风所动，故不能见耳，所以入定者，能通宿命，知未来。罗汉能前观八万劫，后观八万劫，皆是道也。《影印》第

19 页,《校释》第 29 页)

解读

中郎回答各各不相知与各各不相到,是从举例来说明的。一个不能相知,也不能相到,岂有心知心、心到心之理? 耳不到眼,眼也不到耳,但同在一头。掌不到指,指不到掌,但同是一手。

中郎将相知、相到问题引申开去,在如来藏中,过去多少劫与未来多少劫都是历历分明的,如同止水中树影清晰可见,如风波荡漾,则模糊不清。如来藏中的这个风波就是识。所以大定者能有宿命通、知未来等本事。罗汉能观照前后八万劫之经历,就是这个道理。如果超越八万劫的时间与三千空间,罗汉的五眼六通就不行了。

第六二问与答

问:眼前鸟之飞,鱼之跃,柳之绿,莲之红,种种形色当前,我之眼识,原未尝动,眼识与色相可分别乎?

答:只今眼观翠竹时,欲分何处是眼之界,何处是竹之界? 如举扇风中,智者难辨,故曰:一即一切。此如来藏也。(《影印》第 19 页,《校释》第 29 页)

解读

要了解什么是如来藏,须了解什么是如来。如来是一切佛的总称,是证得福慧圆满的圣者。如来藏是对尽虚空遍法界万法的总称,每个法都是如来藏,全宇宙就一个如来藏,如来藏为总,万法为别。一个如来藏就是无量个,无量个如来藏就是一个。一即一切,一切即一。

鸟飞鱼跃,柳绿莲红,山河大地,树木花草,有情无情,法相万千,法性一个,这一个就是如来藏,而万千法相,都是如来藏来支配和主宰。中郎解答道友所提眼识与色相是否可分别时,举例眼观翠竹,眼识之界与翠竹之界是无法分辨的。同理,举扇煽风,智者难辨,原因是如来藏主宰。中郎在《西方合论》卷八中引了苏轼诗:"如投水海中,如风中鼓橐,虽有大圣智,亦不能分别。"说的就是如来藏性。

第六三问与答

问:兀有思量,即有间断,七识何以独恒?

答:六识思量,附物而起,故有起有灭;七识唯我爱一念,依我而起,生与俱来,宁有起灭?虽痴如孩提,昏如睡眠,此念隐然未间断也,何故?我即我爱,故自然而有,不觉如故。(《影印》第 19 页,《校释》第 30 页)

解读

道友提问,第七识既然有思量,就有间断。第六识有思量,审而不恒;第八识恒而不审。为何第七识独自既恒且审?中郎的解答是:第六识思量依附于物而起,随物起灭思量也有起灭。第七识唯执我爱,依我而起,生与俱来,哪有起灭?虽痴如小孩,昏如睡眠,此执我一念未曾间断,什么原因?我即我爱,自然而有,不觉依然。这里重点解答了第七识的既审又恒的问题。

第六四问与答

问:贪嗔痴相因而起,七识何以有贪痴而无嗔?

答:七识以我为贪,既云我矣,岂有我嗔我之理耶?然我爱一念甚细,二乘虽极力破除,居然是我在。(《影印》第 19 页,《校释》第 30 页)

解读

道友提问:贪嗔痴相因而起,为何第七识有贪有痴而没有嗔?

中郎回答,第七识以我爱为贪为痴,既是我贪我痴,岂有我嗔恚我之理? 然我爱一念甚细,二乘修行者(指声闻、缘觉果位,亦称小乘佛法,即度己不度人)虽极力破除,但还是我在。

第六五问与答

问:妙喜《语录》云:将八识一刀两断。八识如何断得?

答:杲公以种种文字记忆为第八识也。记忆是第六识,八识乃持种,非记忆也。八识如断,则目前山河大地,一时俱毁矣。

参禅不可在光景上求,不可在知见上取。有时得些好光景,勿喜;有时失却些光景,勿忧;有时自见得些道理,勿将他认作学问。总只话头上挨将去,余俱莫管。(《影印》第 19—20 页,《校释》第 30 页)

解读

道友提问是从妙喜《语录》拈出,将八识一刀两断。如何断得。

妙喜(又称杲公、又号云门,在第一问中有简介)以种种文字记忆为第八识,记忆是第六识,第八识是持种子,不是记忆,第八识一断,则目前山河大地,一时俱毁了。

参禅不可在光景上求取,也不可在知见上获得。有时遇到好光景,勿欢喜;有时失却了好光景,勿忧;有时见得些道理,不把它当作学问。只是在佛言祖语话头上参究,其他均可不管。

中郎有参禅开悟的切实经验,故说得出上一段至理名言。

第六六问与答

问:歇下念佛,便去妄想,如何处他?

答:念佛亦是妄想。李长者云:上乘总是昏沉,菩萨不出妄想。问:参禅亦属妄想否? 答:若无妄想,何以参禅?

凡夫以有想为心，修禅天者以无想为心。又进之至非非想，以无想亦无为心。种种皆非心体，故《楞严》逐处破之。

根身器界，影也。世人有疑离眼耳鼻舌身意，则冥然无知，殊不知六根影子尚然灵觉，何况真性？

日间妄想，夜间梦想，总是一个。盖昏沉是妄想之子。试观人日间尘劳重则夜间昏沉重可知也。（《影印》第20页，《校释》第30页）

解读

[释词]

1. 上乘：在佛教中，有小乘、中乘、大乘、上乘几种教法分别。在《法华经》中，分别以羊车、鹿车、牛车喻小乘、中乘、大乘佛教，以牛车喻大乘，以大白牛车喻一佛乘。上乘指最高明圆满的教法。菩萨乘为大乘教法。

有人问：停歇念佛，便去妄想，如何对待这种情况？

关于念佛可以止妄，佛门是肯定的。这叫以一念止万念的法门。因为佛号是宇宙最强音波，阿弥陀佛佛号与自性相应，与清净平等觉相应，通过念诵佛号将自性本具灵性显现出来。中郎在《西方合论》卷七、卷九中曾反复论述。他多次引用"若人称念弥陀佛，即是无上深妙禅"教言。但念佛是否有这种功德，还取决于念佛者本身心地。所谓"一心念弥陀，莲花念念生"（《西方合论》卷三）。故永嘉禅师说："口念弥陀心散乱，喊破喉咙亦枉然。"多数念佛者处散乱心境，故中郎侧重批评这种状态。

中郎说：念佛还是妄想。李长者说：上乘总是昏沉，菩萨不出妄想。李长者之意为：上乘教法在克服昏沉中修成，修菩萨乘脱离不了对妄想的克服。有人问："参禅亦属妄想否？"中郎回答说：若无妄想，何以参禅？这个道理就在于妄想、分别、执着完全去掉了，就进入一真法界，成为法身大士了。中郎在《西方合论》卷二中引古教说："声闻犹有出胎之昧，菩萨亦有隔阴之昏。"

凡夫以有想为心，修禅天者以无想为心，又进之到非非想，以无想亦无为心。这种种修炼不是修的心体（真心），故《楞严》处处破除。

根身器界，影子而已。世人怀疑离开了眼耳鼻舌身意这六根，就会冥然无知，殊不知六根的影子尚且有灵敏的知觉，何况真性真灵。

日间妄想，夜间梦想，总是一个。昏沉是妄想之子，观察人们日间尘劳重夜晚就昏沉重就可知道。

中郎这段话是对"如何处他"的回应。"处他"的他有三种含义：一为他人；二为心外；三为性外。去妄想，不从他人，也不能从心外求，更不能从性外求。因为去妄想就可明心见性。

第六七问与答

问：妄念纷飞，甚为可厌，奈何？

先生曰：汝厌妄念之念是妄否？答：亦是妄。曰：汝但除厌妄之念，才是学问进步处。（《影印》第 20 页，《校释》第 30 页）

解读

妄念是修行中的最严重与最长久的一个问题。按灵峰之说："全妄即真，全真即妄。"（《弥陀要解》）妄与真一体两面，转妄成真，就可破迷开悟。故中郎回答妄念纷飞如何对待时，反问提问者，厌恶妄念之念是否是妄？对方答是。中郎说：你除去厌妄之念，才是修炼学佛的进步之处。为什么呢？真心真性被妄念层层（包含厌妄）遮蔽而显现烦恼，厌妄去掉，妄念可转化，烦恼顿失，真心真性必显。

第六八问与答

问:念起即觉,觉之即无,此义何如?

答:念是贼子,觉是贼魁,除却贼魁,贼子何依? 此觉乃是妄觉,盖前念起固是念,而后念觉亦是念,终是以贼逐贼。(《影印》第 20 页,《校释》第 30—31 页)

解读

道友所提念与觉,是同一的,一念而起,便有感觉,这个感觉,不是悟,所以它很快就趋于无了。念生念灭,一刹那有九百生灭。故中郎回答说:念是贼子,觉是贼魁。除却贼魁,贼子何依? 此觉乃是妄觉,前念起是念,后念觉还是念,终究只是以贼逐贼。贼是什么? 贼是一个比喻,比喻妄。其意为:不起心,不动念,贼就没有了。这是很高的修行境界。

第六九问与答

问:不怕念起,只恐觉迟,又如何?

答:此所谓觉,非时时觉照之觉,此觉即悟耳。(《影印》第 20 页,《校释》第 31 页)

解读

[释词]

1. 觉照:觉是觉知,照是照见。既非修也非不修。觉照可理解为时时刻刻警觉。悟道后的止观修法,才能称为觉照。所以觉照是大光明境界,大定境界。

2. "不怕念起,只恐觉迟。"中郎解答这个问题,一下子抓住了要害。他指出这里的觉,不是一般意义上的感觉与知觉,而是觉悟,或者叫悟觉,有待达时时处处觉照。何为觉照？修而不修,不修而修,心如明镜,映照万象,不露痕迹,不落染污。

第七十问与答

问:塞情止念,固非工夫。若纵情恐亦未是?

答:止念纵念,总没相干。汝若源头清切,自无此等问。

佛喻五阴之中,都无有我,譬如洗死狗相似,洗得只剩一丝毫,亦是臭的,决无有不臭者在其中。此喻绝妙,今学道者乃在五阴中作工夫,指五阴光景为所得,谬矣。(《影印》第20页,《校释》第31页)

解读

中郎回答问题,常把问题放在一个较大范围的平台上考虑。关于止念与纵念就是一例。他的意思是止念与纵念都不是工夫,为什么?因为都是念,有念就不是上乘工夫。佛家主张"无念为宗",无念才是工夫。这种无念境界,进而连无念之念也没有,就是源头清切,自然而然就不会提出上述问题了。他举洗死狗的例子,死狗有骚狗之臭,与生俱来的,死后你洗到仅仅几根狗毛,还是有这种骚臭。这确实是个绝妙的比喻,以狗臭喻五阴(色受想行识),现在一些学道之人只是在五阴光景上下工夫,那是荒谬的。所言"五阴之中,都无有我"中的"我",指的是"灵我",非肉身之我。只有"照见五蕴皆空"(《心经》)的境界,才是"灵我"。

十二、第七一至第八十问与答解读

第七一问与答

问:学人管带有碍否?

答：亦何碍？若管带有碍，则穿衣吃饭亦有碍矣。

小修云：凡作道理照管会，则不可。若寻常散去收来，自合如此，虽然只可放下，不专在收来。（《影印》第20—21页，《校释》第31页）

解读

"管带"一词，指修行人闻思修行活动中，与自身生活相关的事务照料管理。如吃饭穿衣、迎宾送客之类的杂务。杂务过于繁难，肯定于修行有碍。杂务精简，生活简单、朴素，于修行无碍。过去读儒书、考功名的人有"板凳不怕十年冷，一举成名天下知"之说。中郎在这里回答有前提，即生活一向清简的修行人，管好自己的事务，如同吃饭穿衣之必需，与修行无碍。

小修回答是补充意见，凡行动有道理、有规矩，若被事务干扰，还是有妨碍。平时散得开，收得拢，自身和合没有妨碍。放得下，还要收得来。只管收来，不管放开，也不行。小修既讲了管带问题，同时也指心理。

第七二问与答

问：大慧云："不可起心管带，不得将心忘怀。"似非初学可到？

答：譬之诸公，连日在敝舍聚首，并不见一人走入我闺内去，此心何曾照管，亦何曾非照管也？又今在座者，谢生多髯，然其齿颊间谈笑饮食，自与须不相碍，非必忘其为须，始得自在。即此可见，是天然忘怀，不须作为。（《影印》第21页，《校释》第31页）

解读

大慧（妙喜，即杲公）在《大慧普觉禅师书》卷二七中说："要得苦乐均平，但莫起心管带，将心忘怀，十二时中，放教荡荡地。忽尔旧习瞥起，亦不著用心按捺，只就瞥起处看个话头——狗子还有佛性也无？

无——正恁么时,如红炉上一点雪相似。"(参看《校释》第31页注)

提问者从上文中拣出,问此种"不可起心管带,不得将心忘怀"的境界,初学者似乎不可到达。

中郎回答初学是不能到达的。他举例说,诸公连日在敝舍聚会,但未能进入我之内宅(阃内),此心何曾对内宅有照管与非照管。又举例说,座中谢生多髯,然其在齿颊间谈笑饮食,自与髯不相碍,并不是硬要忘却为胡须,才得自在。由此可知,忘怀天然,不必作为。

第七三问与答

问:古人有《牧牛歌》,谓须"索头时在手"。又云:"一回入草去,蓦鼻拽将回。"又云:"东边去,不免食国王水草;西边去,不免食国王水草。不如随分纳些些。"此等语或是念起即觉,觉之即无耶?

答:此等垂训,皆与南泉斩猫、青州布衫、竹箆子话一样。若如你恁么会,乃二乘小法,非上乘宗旨宗旨也。要知有心照管,固是犯人苗稼;有心不照管,亦是犯人苗稼。于今尽大地是个露地白牛,尽大地是个索头,却将他放在那(哪)里去,收在那(哪)里来?(《影印》第21页,《校释》第32页)

解读

[释词]

1. 南泉斩猫:这是禅门的一个公案,出自《景德传灯录》,故事为:一日,东西堂两个小和尚为猫属谁引起争执,师父南泉和尚便提了猫问:你们能说出你们修行悟到了什么,这只猫可活,说不出,猫必死。两堂和尚面面相觑,一言不发。南泉便提剑斩了此猫。晚上,他的大徒弟赵州禅师回,南泉便叙述此事,说:你在,猫不会死。赵州便脱掉脚上的鞋子放在头上,表示他的回应。对此公案,一般理解为:南泉和尚认为,两徒弟为了眼前小利争执不休,忘了修行开悟之大本,故南泉斩猫,断开他们的我执我贪。赵州倒屣含有对南泉的赞许，意为争猫是"本末倒置"的举动。禅故事之禅意往往不能揣度，提示是为了帮助人们理解，不能执着。

2. 青州布衫：有人向赵州禅师请教：万法归一，一归何处？赵州答道：老僧在青州做一领布衫重七斤。赵州禅师笑而不语也可，语就语得徒弟丈二和尚摸不着头脑。一般解读此对话之禅意为：赵州以所答非所问，否定所问之不必。如果答"一归于空"，那么追问"空归于何处"就不好答了，因为"言语道断，心行处灭"，道，是不可思与不可议的。故赵州言"青州布衫重七斤"，以破徒弟之法执。

3. 竹篦子：禅门戒尺性法器。据禅宗《无门关》第四十三则载：首山（926—993）和尚对前来讨教的人，举起竹篦子，说："唤作竹篦，则触犯戒律，不唤作竹篦，则违背戒律，不得有语，不得无语，速速道来，速速道来。"此公案名"首山竹篦"。一般理解为：背触皆非，有言无言亦错。应当离此二面，方能见到圆融自如的佳境。佛法不执着两端，中间也不执着。所谓"一言断截千江口，万仞峰前始得玄"。

道友提问是从《牧牛歌》歌里拈出的。此歌以牧童喻修行人，以牛喻人本自具备的清净心，通过制心修行而达明心见性，还源返本，达无相圆融境界。《校释》所注那三句引语出自《大慧普觉禅师书》卷四及卷二九，可能是《牧牛歌》之流，并非其源。

提问从所叙三种现象（索头在手、入草与拽回、东西两边皆食国王水草倒不如任运）出发，问是否是念起即觉，觉之即无呢？

中郎回答此问题，用了南泉斩猫、青州布衫、竹篦子语三个公案类比，说这是同一参禅话题，你若会了，不过是二乘佛法（声闻、缘觉），并非上乘（菩萨乘）宗旨。对牛言，你有心照管它，它侵犯别人苗稼，无心照管，它还是侵犯别人苗稼。苗稼比喻财色名食睡五欲之诱惑，牛比喻染污之心。于今尽大地皆是个露地白牛，尽大地是个索头（牵牛鼻子的绳子），却又将这牛放在哪里又收在哪里？其意：修行人的心灵无处不在,无时不在,白白净净,本无挂碍,让它收放自如,无拘无束好了。何必计度念起即觉、觉之即无呢?

第七四问与答

问:王龙溪贵默识,大慧戒默照,此是何别?

答:识者记也。常人之记,必在言语文字上,今云默识,则言语道断,正是参禅之学也。默照乃以意识照管本体者,今人畏落空不能默识,多走了默照一路。盖默照其收功易见效,但究竟极处,不过到无想天止矣,此正与参学相反者,故大慧痛以为戒。(《影印》第 21 页,《校释》第 32 页)

解读

[释词]

默识:源于《论语》"默而识之",即暗中记住、参悟到达的意思。"默照"是静默照管之意。可见默识在理上用功,默照在事上用功。默照的境界低些。(现代修炼家对"默识、默照"另有解释,认为"默识"处"识"境,"默照"处"照彻"之境。可见"默识"与"默照"的语境性、层次性、通融性。)

道友问,王龙溪贵默识,大慧戒默照,有什么区别?

中郎根据当时学人特点解答此问。认为默识则言语道断,是参禅之学。默照不过以意识照管本体,担心落空而多走了默照一路,虽收功易见效,但极处也不过止于无想天,是人天乘修法,连六道轮回也脱不了。而默识参久,则可解缠去缚,可了生死,脱轮回,功夫浅者也是四圣法界,深者可达一真法界,故大慧禅师特别指出,教人引以为戒。

第七五问与答

问：想念澄清，觉得放旷自在，此是入路否？

答：属无记。曰：此境灵莹，岂是无记？曰：正是意识边事断不，（《校释》横排版误加了"耶"，现据影印版去掉，后面"不"字掉了，特补上——笔者），可坐在此。曰：到此田地，无可用力有何方便？曰：古人语录只说于无可用力处，要你着力，并无方便与人，譬如平空要登天，岂有梯子接你，但凡坐在一光景，古宿早与你破除工夫，到此方知语录之妙。（《影印》第 21 页，《校释》第 32 页）

解读

道友提出，想念澄清，放旷自在，是否是入佛知见之路？（"入"字含义深远，指进入灵莹境界，即与佛知佛见契合相应，进入一真法界，处法身大士之果位，脱离了十法界。）

中郎答，想念澄清境界是"无记"（"无记"指非善非恶、无可记别之法）。问：要进入灵莹境界，"无记"岂能到达。答：当意识边事断绝时，可安住此境。问：但此境无可用力，有什么方便法门？答：古人只是说在无可用力处用力，是用而不用、不用而用的意思，并没方便与人。好比你想登天，岂有梯子？但凡到此光景，高僧们只是教你破除有意有为功夫，叫无功用道，这就是佛言祖语的玄妙。只可意会，不可言传。

第七六问与答

问：何谓昭昭灵灵的禅？

答：凡认意见、认光影者，均是邓豁渠说，邵尧夫弄精魂，亦为他认受用快乐之光影，非率性之真乐耳。（《影印》第 21—22 页，《校释》第 32 页）

解读

道友问：何谓昭昭灵灵之禅？

中郎以切身体验与广学深思答道：凡是以意识与知见来参，以光影来求，都是邓豁渠（明代思想家）的说法，不是昭昭灵灵的。而邵尧夫（宋代思想家、易学家）把弄精魂之学，不过是他本人受用而已，并非真正率性之乐，还没达到昭昭灵灵的禅悦境界。中郎认为：这两人都未达昭昭灵灵之禅境。

第七七问与答

问：吾今如在日月光影中行，何如？

答：凡在光影上会者，皆非也。光影不可常，久之自灭。如小儿恋木刻果子相似。（《影印》第 22 页，《校释》第 30 页）

解读

道友承接上问：既然参禅昭昭灵灵，我修行如同在日月光影中行进，怎么样？

中郎答：凡在光影上会意会心，都是错的。光影岂能恒常？久之必灭。如小儿贪爱木刻果子，被一时外表相似而迷惑，但不能食用。中郎这一回答，意义深远。因为修行真正昭昭灵灵、明心见性境界时，达"自心洁白，喻比雪山""自身威光，超过日月"之境，自受用他受用两相齐备，非光影中能比。

第七八问与答

小修病目，闲步于庭。叹曰：书又看不得，饭又不消化，心中又东想西想，只得散行几步去寻一友问，似（《校释》横排误为"饭"，据影印本改——笔者）此闲思乱想，将若之何？

答:妄念起时,不随之,不止之,故曰:"梦幻空花,何劳把捉。"初学道者往往嗔痴妄念,但见此心十分不好,因图谋计较,强欲念头停息,不知念本至圆,如何肯依你停息,徒自劳耳? 先生曰:止动归止,止更弥动。譬之夜间睡不着,强欲安排睡着,益发睡不着了,不如放开一步,便自睡着矣。(《影印》第22页,《校释》第32页)

解读

小修提问:说自己有眼疾,不能看书,饭又不消化,心中又东想西想,只得信步去寻一友交谈,这种闲思乱想,如何对待?

中郎解答是:妄念若起,不随不止,如同梦幻空花,不必把捉。初学道者总以为妄念不好,于是勉强去控制停息,殊不知念头本自圆转,不必徒劳。如果硬要止念,止是止了此念,而彼念则动得更狠。他举了常见睡觉例子作比喻,有人夜晚难入睡,强制性要睡,结果更不能入睡。不如放开,不理它,就自然入睡了。

第七九问与答

问:吾辈有时或意思清泰,或身子轻安,何故?

答:此皆苦参念头,逼得身心无力运转,以故尘劳暂息,非究竟法。我昔为吴令时,或有日早间,金押问事作揖,各项杂事冗极疲劳,至退堂时便觉身心无量畅快,百念不行,盖是意根疲劳之极,暂得休息,是斯光景耳。(《影印》第22页,《校释》第33页)

解读

道友问:我等有时意思清泰,有时又身子轻安,什么原因呢?

中郎答:这是因苦苦参究念头引起,逼得身心无力运转,以故尘劳暂息,这不是究竟、圆满法门。他举自己担任吴县县令时情形,有时从早晨起,签署文件、处理事务等,各种杂务繁冗,处理完后,身心疲惫,到退堂时如释重负,顿觉心情无量畅快,百念不行,这是意根疲劳到极点所形成的,暂得休息,正是这种光景。中郎以此例说明:不苦参此念头却可达彼意外之效。越放下就越收到。

第八十问与答

僧问:偷心处处有,何以尽之?

答:汝想今年生儿子否?曰:岂有此理。曰:这便是偷心尽处。

小修云:予见某执情念初起名第一念,某执好念头为本体。夫好念、恶念总不离念,念头初起,独非念乎?总之与本体不相干。(《影印》第22页,《校释》第33页)

解读

道友问:偷心处处有,何以尽之?

中郎反问:你想今年生儿子吗?道友答:岂有此理。中郎说:这便是偷心尽处。这是与出家人对话,出家人做了和尚,无家无室,不可能企图生儿育女,一丁点儿这方面的念想也没有,故说"偷心尽处"。

小修补充说:我见某执情念初起名第一念,某执好念头为本体。但好念恶念总不离念,念头一起,独不是念吗?其实好念与恶念同自灵本体不相干。小修这个补充表明了小修有很高的修炼境界,他看清了念头的特点,他是从修行大旨"无念为宗"来与胞兄唱和呼应的。

十三、第八一至第九十问与答解读

第八一问与答

问:情念时来打搅,奈何?

答：汝怎么只在意识上建立？曰：某已知意识是妄断，不依之建立矣，只无奈他往来何？曰：只此无奈他往来便是建立。又问：不许他往来如何？曰：亦是建立。

人心未有无念时，此妄念决无有方法可治他。惟有悟了源头，方可破之。悟无方便，参禅其方便也；参禅无方便，提话头其方便也。提话头，不要注解，不要明白，不要忘了，绝与有事，勿正，勿忘，勿助长。相类今人，只于妄念起时，方举话头，以对治妄念，便是忘之时多矣。（《影印》第22页，《校释》第33页）

解读

"情念时来打搅"问题难以解答，但中郎解答左右逢源，几于天衣无缝。

中郎说对"情念打搅奈何"，这是以意识为基础提出的。道友声明已知是妄断，却又对其往来无可奈何。中郎破解道：你这还是依意识建立。道友追问：不许其往来如何？中郎说：这还是依意识建立。

中郎谈其理由，人心如果没有无念，决无办法解决。只有悟了源头（无念），方可破除。悟无方便，参禅是方便；参禅无方便，参话头是方便。如何方便呢？提话头，不要求注解，也不要明白，也不可忘了，勿求正，勿执念，勿拔苗助长。类似今时那些悟道者，当妄念贼起时，便举话头（祖师法语）来对治妄念，妄念早已逃之夭夭矣。中郎这个解答，用层层剥笋之妙法，把一个很难的问题讲得很透彻。其主旨是以无念止妄念，回答了对情念打搅的办法。

第八二问与答

或云：学人不必参禅，只随处正念现前，久之自当悟入（《校释》横排版将"入"误为"人"——笔者）？

答：汝将以何者为正念耶？将以眼见耳闻为正念耶？以鼻嗅舌尝

身触为正念耶？以意想为正念耶？夫不参禅而求正念现前者，修至精明湛不摇处止矣。然总是根尘边事，惟透悟根源，则"那伽常在定"，正念时时现前矣。

出得依傍更好，如今都是依傍成事，如何得休歇？最要紧是不落有无，不落根境，如此方教做真工夫。（《影印》第 23 页，《校释》第 33 页）

解读

道友从修行法门中，想除去参禅之法，只求随处正念，问是否可悟入见性境界？

中郎反问，提出什么是正念，你以眼见耳闻为正念？还是以鼻嗅舌尝身触为正念？以意想为正念？你想不在参究禅悦中求正念吗？你所修之境界至多到精明湛不摇处，不是精真，念念受熏，如急流水，望如恬静，流急不见。此之妄想，无时可灭。这些不过根尘边事。唯有透悟根源，才达"那伽常在定，无有不定时"之境，正念自现。

修行人须跳出对六根六尘的依傍，如今修行者大都依傍根尘成事，何以歇止？修行人最重要的是不落有无，不落根境，在参禅悟道中做真功夫。即无念也没有，才是彻底的正念。

中郎这个解答引了《楞严经》两次：一次是"精明，湛不摇处"，说明此境非精真；一次是"那伽常在定，无有不定时"，用来解说明心见性境界，很彻底地解答了"正念"与参禅的关系。

第八三问与答

问：意识不可用矣，如今参话头，岂非意识耶？

小修云：不然。所谓意识者，乃是情念行得去，想成个道理分别也。今话头无道理可解，无情想可行，岂得名为意识？（《影印》第 23 页，《校释》第 34 页）

解读

道友提出一个模棱两可问题：既不用意识，用参话头，那参话头难道不是意识？

由小修代答。他说，不是。所谓意识，不离情念，想成道理分别。而话头无道理可解，也无情念可行，故说不是意识。

中郎认可了小修此说。从前面诸问题解答中，可知中郎对大慧宗杲禅师的著作认真研读过。禅师极力提倡参话头的法门，不少高僧履行此法门得以明心见性。所言参话头，指在一字一句中参究而悟，不夹杂情与理，离开心意识。最出名的例子是：狗有佛性吗？答无。参禅者在这个"无"字中去参，你说对，则违反佛言一切皆有佛性；你说不对，但所言为"狗"，岂可与人并论。只有不落有无，不执著名相、术语，你才悟到一种新的境界，即言语道断，心行处灭。这个理念可以和云门宗参禅三句话结合领会，依次为"涵概乾坤""截断众流""随波逐流"。

第八四问与答

问：贪嗔痴习可断除否？

答：世间凡有根者，可拔。若水上浮萍，如何断除？予每见学道之流，自谓习气已除，或过一年半载遇境来，依旧一样，可见习气非易断除者。

今人不求最上乘，单欲除习气，不知吃饭亦习气也，睡眠亦习气也。僧家有打七者，吃水斋者，至期完之日，依然吃饭睡眠，则习气可除耶？

喜怒哀乐不能为害。为害者在喜怒哀乐之所以然。所以然者，只在一明字，因有明白一念，故有喜怒哀乐。试观市上人，衣服稍整，便耻担粪，此是明之为害。凡人体面过不得处，日用少不得处，皆是一个明字，使得不自在。故《楞严》以明为无明之本，参禅人不要走明白一路，正为此。

世人营生，路有广狭，而心之劳逸顿分。家有百石之储者，营生路宽,朝夕经营,卒无停息。乞丐无来日之需,营生路狭,终夜齁睡自如也。即是而知学道人眼前百事不如人,正是快活处。体面愈好,牵绊愈多。(《影印》第 23 页,《校释》第 34 页)

解读

问是否可断除贪嗔痴之习?

中郎回答此题以根作喻,有根才可拔,无根不可拔。比如水上浮萍,如何拔?他说看到许多修道人言自己习惯已除,可不久变本加厉,可见习气不易断除。原因是什么?今人不追求最上乘目标,只求除习气,而习气难除。比如吃饭穿衣,有僧人参加打七法会,或吃水斋,时间一过,还是吃饭穿衣。

喜怒哀乐,并不为害,为害的只是其所以然,即形成喜怒哀乐的原因。所以然者是求明白一念,因有明白一念,故有喜怒哀乐。观市上人稍穿整齐一些,则耻于挑粪,明字作怪。凡人有不体面处,日用少不得处,皆是一个明字,使得不自在。故《楞严经》认为,明乃无明之本。参禅人不走明白一路,反可以明白。

世人营生,路有广狭,心之劳逸顿然可分。家有粮食百石之储存,营生路宽,朝夕经营,终无歇息。乞丐无来日之需,营生路狭,终夜齁睡自如也。从这里可知学道之人眼前百事不如人,正是快活处,愈是讲体面的人,牵绊的事情愈多。

中郎解答此类疑难问题,始终居高临下,抓住根本,把握十足。

第八五问与答

问:学人有刺血书经事,当为否?

答:此乃求福德事。真正学道,不必为此也。(《影印》第 24 页,《校释》第 34 页)

解读

关于刺血书经一事，前面第 37 问答中已有说明。此次中郎解答，明确指出，这是修道之人的虔诚向佛心理，属修福德之事。福德指修福报的举措，如做义工、捐钱等，属人天福报。功德指修慈悲与智慧的举措，如参究、念佛、"三资粮"修持、悟入清净平等觉等举措，其果报至少脱轮回、了生死、出六道，最上乘者进入一真法界。中郎认为：真学道不必刺血写经。

第八六问与答

问：却睡魔是工夫否？

答：瞌睡时便睡一觉，则醒来有精神，好参禅，安用不睡？与其坐而妄想，不若睡而无想。今不治妄想，而治昏沉，庸知昏沉即妄想之子耶？（《影印》第 24 页，《校释》第 34 页）

解读

中郎认为：一些修行者为了除却睡魔强行不睡的做法是不对的。瞌睡时即睡，醒来参禅更有精神。有人不治妄想，却治昏沉，殊不知昏沉是妄想之子。从这个答问，可见中郎佛法圆活机巧，一点也不板滞。

第八七问与答

问：牛山打七，何意？

答：初意为欲求诸三昧，如智者法华忏之类，今人徒以身受棰楚，疲劳之极，六根虽乍得轻安，然过此与常人一样，竟无丝毫得力，其失本意甚矣。（《影印》第 24 页，《校释》第 35 页）

解读

"打七"是佛门的一项法事活动,包括诵经、礼敬绕佛、吟偈、发露忏悔等法事,有仪规、次第等,夜不倒单,过午不食,七天为期,故称打七。名虽"打七",也有超越七天的,最长的时间为九十天。

中郎说:这种经忏法事,初意为求诸佛三昧,以利修行。如智者倡导的法华忏即是。但今人从形式上强调,身受棰楚,疲劳极了。为期一过,与常人一般,竟于修持没有丝毫得力,得了三昧没有?没有。

第八八问与答

问:设若证得神通三昧,何如?

答:纵便证得,亦只耳闻得极远,眼见得极高,其于人譬,则远视近视而已,于本分事何交涉?(《影印》第24页,《校释》第35页)

解读

关于证得神通三昧与否,历代祖师的共同看法是,不赞叹神通,只赞叹涅槃,赞叹智慧。佛祖有无量神通,显露甚少。有人修禅定得神通,也有人因果报得神通,也有人以其他方法得神通,但是终究不能达究竟的漏尽通,漏尽通靠般若之智而得。故中郎解答证神通三昧如何时,指出眼高视、耳远听虽达,于本分事没有交涉。所言本分事,指不假方便,自得心开,明心见性,见性成佛。

第八九问与答

问:古来诸师,何为多有神通?

答:蝇能倒栖,此蝇之神通也;鸟能腾空,此鸟之神通也;脚夫一日能走百余里,我却不能,此脚夫之神通也。凡人以己所能者,为本等;己所不能者,为神通。其实不甚相远。

修行之事，凡涉浓艳者，久之必厌，如念经苦行之类是也。惟参禅一路，其味甚淡，而骎骎有进步处，难于丢手，故曰淡而不厌。

有一诸生祝发后，身悬（《校释》横排版误为"恋"——笔者）百结，足着草履，跋涉山川。先生曰：人看你太寂寞，我看你太热闹。好穿朽敝与好穿齐整，其心是一样，总是个要热闹的意。如此行去，必不能久，不如平淡为妙。

常见初学道人，每行人难行之事，谓修行当如此。及其后，连自己亦行不去，鲜克有终。可见顺人情可久，逆人情难久。故孔子说："道不远人，远人不可为道。"索隐行怪，吾弗为之。夫难堪处能堪，此贤智之过也。贤智之人以难事自律，又以难事责人。故修齐治平，处处有碍，其为天下国家之祸，不小矣。（从"吾弗为之"后加"夫难堪处能堪，此贤智之过也。贤智之人"连接"以难事自律"，添加的文句为《校释》第35页横排版所漏，现根据影印本补正——笔者）

若苦行可成道，则地狱受无间（《校释》横排版误为"无闻"——笔者）之苦，何不成（《校释》误为"乘"——笔者）道？若不食可成道，则饿鬼不闻浆水之名，何不成道？（《影印》第24页，《校释》第35页）

解读

[释词]

1. 骎骎：渐进貌。

2. 索隐行怪：探索隐晦之事，行为怪异，求其名声。

为何古来诸师多有神通？

据文献载，智者大师有挥剑唤雨之神通，释迦有脚踩大地变黄金之神通，济公有变化万千以惩恶护善的神通。中郎将神通以平常事举例：蝇能倒栖，鸟能腾飞，脚夫一日百里。他认为神通与不神通相差不远。

他说，修行之事，趣味浓烈者，如念经苦行，久而必厌。而参禅一路，其味甚淡，如马骎骎远行，总是难以丢下。为什么呢，淡而不厌。

有一诸生,束发成年。身悬百结,足着草履,跋涉山川,过于讲究,或冷寞,或热闹,只在心意,如此下去,反不如淡然随缘为好。

有些学道者,初行难为之事,以为修行必须如此,不久,便半途而废,很少有坚持到底的。可见修行也有顺人情能久与逆人情难久的问题存在。孔子说:"道不远人,远人不可为道。"索隐行怪,吾不为也。难堪之事强自堪,这是贤智者倡导之过错。贤智之人以难事自律,又以难事责人,故修身齐家治国平天下,处处有碍,其为害天下国家是不小的。

对于修行人言,也不可特意从形式上追求。如果苦行可成道,那么受无间地狱(佛经认为地狱八大,无间地狱处最底层)苦者岂不可成道?如认为不食可以成道,那么饿鬼连浆水之名也没听说,岂不可以成道?

中郎这个答问,以俗世之事说出世之理。

第九十问与答

问:释迦佛何用六年苦行?

答:为外道之苦行者,假此以摄服之。今日参禅之辈皆谓此事不可求名,不可求利,冷淡之极,不如禅定苦行、讲读书写之热闹,可以动人,俱外道之见。

学佛法者,止可学其本宗,不可袭其行事,以其事迹止可行于西域,而不可行于震旦也。设释迦当时托生震旦,亦必依震旦行事,佛岂固执不通方之人乎?

从法师门中来者,见参禅之无巴鼻,无滋味,必信不及;从戒律门中来者,见悟明之人脱脱落落,收放自由,亦信不及。二者均难入道。

达磨西来,只划除两种人:其曰斋僧造像,实无功德,乃划除修福者;其曰廓然无圣,乃划除修禅定及说道理者。(《影印》第 25 页,《校释》第 35 页)

解读

释迦带领僧众集体苦行,日中一食,树下一宿,三衣一钵是全部家当。在成道前有六年极苦之行,饿得皮包骨头,几于伤命,后来接受牧羊女羊乳供养才存活下来。因这段苦行经历,他老人家在讲法时说:万法食为先。

外道(从心性外求道求法,与佛法相违的所有不正之法)也有苦行的。释迦苦行与外道是不同的,他的目的是为了给他灭度后的修行者一个示范:"以苦为师,以戒为师。"具有摄服众心的作用。教导现在一些参禅者,不必追求热闹,不必追求名与利,冷淡寂静,方可悟道。

中郎解答说:学佛法要抓其本来宗旨,不可在行事的形式上模仿。当时释迦行事西域,不一定适合我国。假始释迦出生我国,他一定按我国的地理环境与生活方式修行,佛法岂能不讲时间、地点,不通人情?

从法师门中来的修行人,见参禅无依傍、无滋味,信之不及;从戒律门中来者,见悟道求明者脱脱落落,收放自由,亦信不及。此二种人皆偏执,都难以入道。

达摩西来,只划除两种人:一是斋僧造像,只修福德,实无功德;二是旷廓得藐视圣贤,空说道理,枯坐修禅。

中郎这个答问,始终抓住佛法的根本宗旨展开议论,批评了修行人中的一些偏见与邪行,维护了佛法修持中的"正见、正思、正语、正业、正命、正精进、正念、正定"(通称"八正道")。

十四、第九一至第一零零问与答解读

第九一问与答

问:看经论多有不明,何以明之?

答:即使你句句讲明了,亦有何用? 能抵得生死么?《楞伽经》说,文字语言乃咽喉中转出,偶尔成文,毕竟无益于人,如我震旦国语,至朝鲜琉球便通不去。可见文字力弱,即异域不能行,况生死分上!(《影印》第 25 页,《校释》第 36 页)

解读

中郎答问,总是抓佛法的大根大本。而一般人恰恰在大根大本上迷惑。发菩提心,了生脱死就是大根大本。道友提出看经求明这一常见问题,中郎并不反对了达经义,只是反对晓了经中意时的肤浅现状与言行不一。语言文字只是悟道的工具,一种方便法门。语言文字只停留在口头,是没有益处的。况且语言文字具有地域性,力量弱小,汉语言文字到了朝鲜与琉球,对不识汉文的人说便失去意义。这好比只明了经义而做不到,在了生脱死大事上不起作用。

第九二问与答

问:心眼未明者,似当潜心讲席,譬如无病人,固不必服药,至有病人,亦须服药乃是?

答:一切义解非参禅之药,乃忌也。故参禅当去忌。药忌同服,药便不灵。(《影印》第 25 页,《校释》第 36 页)

解读

一切佛言祖语,皆是因病下药,没有病了,就不必下药。故中郎说:"说真说相,似完肤之加疮;道有道无,类红炉之点雪。"(《西方合论》卷五)

但义解之药不是参禅之药,而是服药之忌。药与所忌同服是有害的。比如以蜂蜜为药,可治胃病,但忌葱花。如果药忌同服则药效不灵,亦有中毒危及生命之虞。中郎以此比喻,参禅中求对讲席经文的义解,则如同服药之忌。

第九三问与答

问:道理未能尽透,宜如何体会?

答:你说世间哪一件是有道理的,试举其近者来说,如每日饮食,吃下即消为大小便利,是何道理? 又如男女淫欲,想来是何道理? 女人怀胎,胎中子女,六根脏腑,一一各具,是何道理? 初生下子女来,其母胸前便有白乳,是何道理? 一身之脉,总见于寸关尺,而寸关尺所管脏(《校释》横排版将"脏"误为"肺",现根据影印版订正——笔者)腑各异,是何道理? 只是人情习闻习见,自以为有道理,其实那(哪)有道理与你思议!(《影印》第 25 页,《校释》第 36 页)

解读

关于是否把道理追溯尽透问题,中郎认为:世上有许多事无道理可说,说也说不清楚。陶渊明有好读书不求甚解之说。中郎曾经举发长须短、眉横鼻竖之无理可言,这次又举了饮食消化、男女淫欲及女人生子、母乳自出等现象,还举了中医医生以切脉诊断病症事例,他们用三指在病人寸关尺三脉处静听,就可以说出五脏六腑之病况,医术高明的中医十分准确。其道理是很难说清楚的。中郎以此例作喻,意在说明修行人不必强求经中之理,一门深入,读书千遍,其义自见。经书读诵开了窍了,一通百通,自性流淌。

第九四问与答

问:孔孟之书,诸佛教典,亦无道理乎?

曰:孔孟教人,亦依人所常行,略加节文,便叫作理。若时移俗异,节文亦当不同,如中国以守身为孝之理,外国有亲死者,其子以刀割自己面为孝。父死也,割一条痕;母死也,割一条痕。面上无刀痕者,便非孝。便有许多不孝,报应出来,则是彼国之夭。且不能违人情为理,而圣人可知矣。诸佛经典,乃应病与药。无病,即不设药。三乘不过药语,那(哪)有定理耶? 故我谓无道理,谓无个一定之理容你思议者。人唯执着道理,所以东也有碍,西也有碍,便不能出脱耳。再广言之,汝今观虚空中青青的是气耶? 是形耶? 气则必散,形则必坠。庄子说:"上之视下,亦苍苍。"夫下之苍苍,乃有质的,上之苍苍何质耶? 天之上有天,天果有尽否? 地之下有地,地果有穷否? 天可呼为地,地可呼为天;男可呼为女,女可呼为男。若初安名时,以地作天,以天作地,今人亦依此为理了。只因天地君臣等名字,从古来如此称呼,今若颠倒呼之,人即以为没理矣。(《影印》第 25—26 页,《校释》第 36 页)

解读

道友提问:既然道理未能尽透,那么被尊为圣贤之道的孔孟之书与诸佛教典是否也成了无道理?

中郎解答分两点:一是孔孟以平常行事之准则,略加结集综合,便称为理。时过境迁,就不一定了。譬如中原之父母去世,儿子则守丧三年,为之孝道。而外国则父死,儿子在脸上划一刀痕,母死又划一刀痕,称之为孝道。父母虽死,脸上无刀痕者则视为不孝,于是出现一些妖孽之事。圣人言理,不违人情。二是诸佛教典,是因病用药,无病则不用。三乘教理,也不过针对所病用药而已,哪有一定之理。我所说的无道理,指没有一成不变的道理可以思议。现在一些修行人执着道理,东也有碍,西也有碍,便不能超脱。推而广之,汝今观虚空中青青的是气还是形呢? 气则必散,形则必坠。庄子说:"上之视下,亦苍苍。"下之苍苍,有实物;上之苍苍,何来实物呢? 天之上有天,天有尽吗? 地之下有地,地有穷吗? 天可呼为地,地可呼为天。男可呼为女,女可呼为男。如果初定名,以天为地,以地为天,那今人就会以此为理。只因当初天地君臣等名字,从古就如此称呼,你若颠倒呼之,人们便以为无理。

中郎解答问题,左右逢源,头头是道,用的是道理的相对性与绝对性关系来进行解说的。

第九五问与答

问:理无,一定不可思议,如今人作诗作文,分明是有思议有道理,此又何如?

答:今人所习用之字,不过数千,而古今来诗文竟无一人相同,此是何理?(《影印》第26页,《校释》第37页)

解读

道友追问:今人有思议有道理才作诗作文,岂不与理无、不可思议矛盾?

中郎反问:古往今来,人们常用字不过数千,但写出诗文保存下来,却千姿百态,无一人雷同是何理? 其意思为:这同样不可思议。

第九六问与答

问:天地间事,皆逯之不可思议耶?

答:悟人知其所以然,是不消思议;迷人不知其所以然,是不能思议。

自家以知见入及以知见接人者,此荷泽、圭峰一路的学问。

在经论上求通者,乃声音边事也。自谓有个见处,只口中说不出者,乃意识边事也。(《影印》第26页,《校释》第37页)

解读

[释词]

荷泽、圭峰:荷泽与圭峰是唐代的两位著名禅师,荷泽即神会,他从六祖那里得法,是六祖门下开悟弟子之一,《六祖坛经·顿渐品第八》有介绍。后世认为:荷泽是正传,是珠本,其他为旁枝,是珠影。圭峰禅师根据荷泽所传,以一"知"字为心,而其他宗师在作用处指点迷津。"知"

是正面说,"作用"是善巧说。

　　道友追问:天下事都诿之以不可思议吗?

　　中郎答道:悟者知其所以然,是不必思议;迷者不知其所以然,是不能思议。

　　自家以知见入道及以知见开导别人入道,此乃荷泽、圭峰一路的学问,还不是究竟明彻的参禅悟道。

　　在经论上求通解,乃声音所传达之边事;自己认为有见地,只是口中表达不出来,此乃意识之边事。这两种人都只在边上有一点作为,均不能真正悟道。

第九七问与答

　　聪明的人参禅,须将从前所记所解,一一抛在东洋大海,看它粪屎也不值,即诸佛知见将来向宗门中也不在眼里始得。

　　百花至春时便开,红者红,白者白,黄者黄,孰为妆点? 人特以其常见,便谓理合如此,此理果可穷耶? 若梅花向夏秋开,便目为异矣。

　　问:此与老庄自然何别?

　　答:这里如何容得自然。(《影印》第 27 页,《校释》第 38 页)

解读

　　下卷的开篇语是中郎对参禅修持的表述,重点在抛开已有知见,即佛门强调的解除三障:所知障、烦恼障、无名障。中郎用了形象的说法,将所记所解一律抛向东洋大海,一般死守的那些记忆与固定的观念应该当作粪屎看。如此,一种比喻性境界便出现了:

　　百花至春,红的红,白的白,黄的黄,并不是为谁妆点美妙(意谓天然生成,非为人欣赏而妆点鲜艳),因常见而人不以为异,其理不可穷尽。如果梅开夏秋,人们以为异,觉其无理。

于是道友问：这与老庄的自然论有何区别？

中郎答：这岂是自然论所包容得了的。言外之意是：自然现象后另有主宰，无以名状，姑且假名曰：如来。或曰无上菩提。如来自性不是自然现象，也不是物质现象，也不是精神现象。但它能生一切现象。一切现象是其所生，只有明心见性的禅者才能悟出。

一述一问一答，道出了《珊瑚林》的总纲，承接上卷，下启下卷。

第九八问与答

问（《校释》横排版漏了"问"字——笔者）：堪舆家谈风水，其朽肉枯骨，何能荫子孙耶？

答：天地间有作必有报，只是没道理与你思议。

今学道者往往在文字道理上求明白，这个求明白的心，即是千生万劫生死根本。（《影印》第 27 页，《校释》第 38 页）

解读

[释词]

堪舆家：地理学家，风水学是易理与道学用于地理的一个分支，于是产生了风水学家。

道友问：风水家精通风水精选坟丘，但那些死后的朽肉枯骨如何能荫庇子孙？

中郎回答不能。因天地间的人事有因果报应，种什么因得什么果，这也是不可思议的。

现在一些学道者大都在语言文字道理上求明白，殊不知这种求明道理之心向乃是千生百劫生死轮回的根本。中郎用的是《楞严经》"一念求明，即无明本"的教言予以解答。

第九九问与答

问:学道人不用学问知见,余平生未读书,没有学问,如何学道?

这等难答难说,没学问,即今仆隶下人,亦有满肚子学问。盖学问非必在看经论中来,凡眼见耳闻言思测度都是学问,须把巴豆、大黄下尽方可入道。(《影印》第 27 页,《校释》第 38 页)

解读

道友问:学道不用学问知见,余平生不读书,又无学问,如何入道?

中郎说这类问题复杂,难说难答。当今一些地位很低的仆役也有满肚子学问。这是因为学问来源并不都是读诵经论一路,凡眼见耳闻言语思想及揣摩测度都是学问。悟道的关键在于放下看破。作个比方,巴豆、大黄是泻药,泻尽了肠胃治疗了滞涩疾病,再营养便自然吸收了。

中郎活用了《六祖坛经法宝·行由品》之理:"下下人有上上智,上上人有无意智。"

第一零零问与答

先生问学人云:《楞严》说:"见犹离见,见不能及。"如何参禅? 人又要明心见性。

学人云:离于能见所见,名为见性。

先生云:离了这见,那(哪)里再讨个见来。

学人云:若见性时,即是眼前这见。则用功时,又何必离心意识?

先生云:你自从参禅已来,那(哪)一时离了心意识?

学人云:正提话头时,意识不行,即此时亦名离心意识。

先生云:能提话头者为谁? 岂非心意识乎? 这个事犹之习字者,初时要一点一横如何,此全是分别,谓之心意识。至于习学既成,手忘笔,笔忘书,此不分别之智,便是离了心意识矣。又如小儿学语,初时赖人教之,稍长,则舌与言相忘,何尝起心动念,然后说话耶?(《影印》第 27页,《校释》第 38 页)

解读

[释语录]

见犹离见,见不能及:此语出自《楞严经》卷二:"汝复应知,见见之时,见非是见;见犹离见,见不能及。云何复说因缘、自然及和合相?汝等声闻狭劣无识,不能通达清净实相,吾今诲汝,当善思惟,无得疲怠妙菩提路。"这段经文是佛祖对弟子修持清净实相、走妙菩提路的开示。大意是:当你从内见感知外见之时,此时之见就不是先前之见了;当你的内见、外见都离开了所见之时,此时之见是不可知的见性了。还用说因缘、自然与和合相吗?你们的知见只处在声闻乘境界,尽管破了见思惑,但还受尘沙与无明烦恼束缚,没有通达清净实相。我今告知你们,当善于思维,在妙菩提路上不能疲厌与倦怠。这段经文对"见相离相,即是如来;见相著相,即是凡夫"作了说明,只是声闻乘仍是凡夫,不过是称为内凡罢了。六道称外凡,处梦中梦,四圣法界称内凡,还是在梦中。声闻乘是四圣法界的起点,向上还有缘觉、菩萨、相似佛三个档次。

所录原文是中郎与学人讨论参禅与明心见性关系的对话。先由中郎引用《楞严经》语录:"见犹离见,见不能及。"接着提问:如何参禅到达明心见性?

学人答:离于能见所见,便可见性。

中郎认为学人不过照本宣科,并没有真正体验,故反问:离了能见所见,又哪里另有见?中郎心思极细,所见可离,能见是不能脱离的。中郎说过:"虽脱根尘,实不离根尘。"(《笺校·与仙人论性书》第489 页)

学人似有所疑,答:若见性时,即是眼前这见。如果用功,何必离心意识?

中郎反问:你参禅以来,何曾一时离开心意识?

学人云:我参话头时,没用心意识,离开了。

中郎对学人洞察入微,对此回答不满意,故深入以写字与小儿学语作类比说明:能提话头岂不是心意识? 学写字开始一横一竖地写,有分别,待熟透后,没有分别,手忘笔,笔忘书,则离了先前心意识。小孩学说话,先依大人,后来言舌两忘,何尝起心动念再去说话? 中郎运用的是"恰恰用心时,恰恰无心用,无心恰恰用,用心恰恰无"的《楞严》教义,解答参禅中达明心见性中所遇的微妙办法是"离而不离,不离而离"。

《珊瑚林》下卷
古鄞门人张五教　编　钱唐后学冯贲　校
明公安袁宏道中郎　著

十五、第一零一至第一一零问与答解读

第一零一问与答

先生问学人云:汝今功夫比初出家时,有进益否?

答云:有之。

先生云:汝须依然如初出家时便好。

学人未解。先生云:汝初出家,赤手空拳,无些子佛法,如今学了许多佛法,譬如不识银子的人,积了许多银锭子,封在匣中,算计拿去买田置地,到成交开封时,方知是锡,没用。汝至临命终时,正是用银子时候,那时方知,才悔所学佛法是假的,不能济事。故初学道人,不得些锡锭子,不肯欢喜去求,及用工久了,却须把从前所积聚的一一抛弃,始得。

小修云：参禅人自家一个心，不知是个什么的样子？何等要紧？乃舍此心，而在经论道理上求，失策甚矣。

心未透悟，只当在心体上理会，勿在道理知见上理会。譬之手有病，只在单方医手，勿去遍寻医方。（《影印》第 28 页，《校释》第 39 页）

解读

这是僧人、中郎、小修三人讨论修持佛法的功夫问题。

中郎问僧人你现在功夫比出家时有进步吗？僧人答有。中郎说：你依然如初出家便好。僧人不解。中郎解释：你当初出家，赤手空拳，如今你学了些佛法，到命终时，无济于事，你学的不是真佛法，而是假佛法。比方说：有个人不识银子，从别人手里获得了，便积蓄下来，准备买田置地，等到派上用处时，一拿出来，不中用，原来是锡。初学佛法，不得些锡不生欢喜，用功一久，就要辨别真假，故须把所学的假佛法像弃锡一样全都抛弃。

小修说：参禅者要参究自家一个心是什么样子，这是何等重要，如舍此心，在经论道理上求，失策可就大了。

中郎说：心未透悟时，应当在心体上理会，勿在道理知见上理会。譬如，你手有病，只求单方医手，没有必要遍找医方。

小修与中郎主张一致：学道参禅要在心之"本体"上下功夫。

第一零二问与答

问：一切公案俱是明本色事否？

先生曰：若是本色事，何须要明。

学人曰：从上来皆说，明心（《校释》误为"必"——笔者）见性，如何不用明？

先生曰：《楞严》云："吾不见时，何不见吾不见之处？"又云："见见之时，见非是见；见犹离见，见不能及。"汝道是有见是无见？

小修云:人知得道理,不可用证之经论无不吻合,遂自(《校释》误为"目"——笔者)以为足,不知见得道理,不可用底,止是落在大道理中,以不可用之理,亦理也,终有疑惑日子在。(《影印》第28页,《校释》第39页)

解读

道友问:一切公案都要明白事本特色吗?

中郎答道:如是事本特色,何须明白。

学人问:祖师一直皆说须明心见性,又如何不用明。

中郎引《楞严经》:"吾不见时,何不见吾不见之处?"又说:"见见之时,见非是见;见犹离见,见不能及。"(关于这两段引文,本著在第一零零问与答中已作说明。)你看这是有见还是无见。

小修说:人知之道理,不可用经论证明全都吻合。于是自以为足,不知所见道理,不可究其底里。如果只是落在大道理中,以不可究底之理在用,虽是理,但终究有疑惑的时间在。

中郎与小修共同解道友之疑,用的是跳出根尘但也不离根尘的思维模式。

第一零三问与答

问:某学道自谓有入路如何? 病笃将危时,却疑虑不定?

答:悟明心地者,临终虽十分不好看,其悟自在也;不明心地者,虽坐脱立亡,其不悟自在也。(《影印》第28页,《校释》第39页)

解读

问:学道人自己认为有入道之路径如何? 病厉害时生命将危,是否疑虑不定?

中郎答:有悟明心地的人,临终虽病体难看,其悟自在;不明心地的迷者,临终虽无病相,坐脱而亡,其迷照样在。

这是强调悟明的重要。

第一零四问与答

问：病中如何作主宰？

答：汝勿以病为病，即今好人都在害病。

问：何谓好人亦害病？

曰：夫人眼要看色，耳要闻声，以至欲食欲衣，无非是病，此中甚难作主宰，何况寒热等证，一时缠身，能作主宰耶？（《影印》第 28 页，《校释》第 40 页）

解读

问：人在病中如何主宰自己？

中郎答：不把病放在心上。如今许多好人都是有病的。

问：如何说好人也是病人？

答：眼要看色，耳要闻声，以致欲食欲衣，无不是病，此中很难主宰，何况寒热等症，一时纠缠，哪能主宰？

中郎解答此问题极其玄妙深远，由病作喻，将佛法的出世疾病观与老子的"夫唯病病，是以不病"的思想结合起来，形成了整合与融通的人生观念，告诉人们见自灵性者，方得主宰。何为明心见性呢？标准只有两条：一为大自在；二为大主宰。

第一零五问与答

真歇了禅师云："老僧自有安闲法，八苦交煎总不妨。"不知如何是安闲法？

答：不必到病中，汝即今推求，浑身所作所思，皆是苦事，何者是安闲法？（《影印》第 28 页，《校释》第 40 页）

解读

佛门所说八苦(还有三苦、五苦之说),指求不得、爱别离、怨憎会、五阴炽盛及生老病死等内容。道友问:真歇了禅师(1089—1151)说:"老僧自有安闲法,八苦交煎总不妨。"何为安闲法?

这两句话选自真歇了禅师的一首偈语,引语前的诗句是:"访旧论怀实可伤,经年独卧涅槃堂。门无过客窗无纸,炉有寒灰席有霜。病后始知身是苦,健身多半为人忙。"

中郎说:不必到病中推求,你今所作所思,哪一项不是苦事。何者是安闲?这个回答是以出世佛法观照俗世生活。因为人们起心动念、言语造作是离不开色、受、想、行、识的,此五蕴在八苦中是贯串性、普遍性的,所谓"识绳易缚,执海难清"。其主旨为:要真正安闲,就得"不作不思","绝学无为"才是"闲道人"(悟者)。

第一零六问与答

问:每见学人于疾病临身,便觉昏愦慌张,其平昔工夫,到此使不上,何故?

答:观人当观其平昔用功得力不得力。庄生所谓:"善吾生者,所以善吾死也。"至于疾病生死现前,虽悟明人,有病亦知痛苦,其临终亦或有昏愦者,皆不足优劣。盖昏愦与不昏愦,犹人打瞌睡与不打瞌睡耳,宁有高下邪?且疾病已是苦矣,又加个作主宰之念,则其苦益甚。复有临病时且不愁病,先愁人看我破绽,说学道人应如何恁的受苦,遂装扮一个不苦的人,此便是行险侥幸入三途的种子。噫,自为已知几之学不讲,世间好人以生死为门面者多矣,不如那昏愦的,却得自在。(《影印》第28—29页,《校释》第40页)

解读

问:每见学人疾病临身,便觉昏愦慌张,其平昔功夫到此使不上,何故？

　　中郎答：观人应观其平常用功，看得力不得力。庄子说："善吾生者，所以善吾死也。"至于疾病生死面前，虽悟明人亦知痛苦，其临终亦有昏愦的，此不能以此论优劣。这是因为昏愦与不昏愦，好比有人打瞌睡与不打瞌睡，哪有高下之分？疾病本苦，复加个主宰之念，其苦加重。况且有临病时且不愁病，却愁人看我破绽，说这学道人如何也受苦，于是装成不苦，这便是行了危险之道而不免入了三恶道的种子。可叹，自为已知所学不会用，世间好人以生死为门面者太多了，不如那昏愦的自在。这里并非主张昏愦，而是主张将生死看破、放下、随缘，就可自在。

第一零七问与答

　　问：三界受生何由差别？

　　答：绝不出善念、恶念、无记念三种。善念熟，则生天；恶念熟，则生三塗；善恶念相间，则生人道；善恶念头总无，则生诸禅天；善恶念头倏起倏灭，故所得之寿亦促；无记者念头无间，故禅天之寿（从"亦促"到此为《校释》所漏，现补上——笔者）最长。此等俱是有为法，不能超三界。（《影印》第 28 页，《校释》第 41 页）

解读

　　无记念：指昏沉，莫名其妙，做了不知道，现在叫"下意识"。

　　中郎对三界受生的差别问题是从佛门的因果规律理念来回答的。本来此生的念、言、行三者决定彼生之去向，中郎只提了"念"，因为"念力乃是一切法中之王"。他说：绝不出善念、恶念、无记念三种。善念熟，则升天；恶念熟，则生三途（饿鬼、畜生、地狱）；善恶念相间，则生人道；善恶念头总无，则生诸禅天；善恶念头倏起倏灭，故所得之寿不长。无记者念头无间断，故所得之寿最长。此等都是有为法，不能超三界。所言三界指欲界（没有摆脱世俗的七情六欲处境）、色界（虽无欲，但有形有相有物质的世界)、无色界(超越物质、厌离物质修无色之定者死后所生之天界)。

谈话中,一个熟字,指因缘和合,时机成熟。讲有为法修持,便暗示了无为法修持则可不受三界受生。这是关于六道轮回与摆脱六道轮回的最简洁、最明白的揭示。

第一零八问与答

问:我今觉目前无有生死?

答:觉得没有生死,这也是多了的,说有生死固是生事,说无生死亦是虚头,形本幻也,而言贪生者非身现存也,而言不贪生者,亦非本无死(《校释》横排版将"死"字误为"四",现根据影印本订正——笔者)也。而言畏死者,非死至苦也;而言不畏死者亦非。大都只要休心,然心岂是容易休得的。(《影印》第29页,《校释》第41页)

解读

中郎回答道友"觉得眼前无生死"怎么样的问题,很巧妙。他说:觉得没有生死,这也是多了的。说有生死固是生者的事,说无生死亦是虚的,形本幻相,而言贪生者非身现存,言不贪生者,也不是不承认死。说怕死,不是死时极苦;说不怕死也不是,大都认为:要有休歇之心,但心岂是容易休歇的?

这是一种超凡脱俗的生死观,有永恒性。

第一零九问与答

问:举话时妄念乘间窃发,当若之何?

答:举话头时,外又生出念来,此人心之常,不甚害事,亦不必除他,只是你才(《校释》误为"总"——笔者)举话头时,情识已先起了,此正生

死根本。(《影印》第 29 页,《校释》第 41 页)

解读

道友问:举话头时,妄念暗发怎么办?

中郎答:在参举话头时,又外生出念来,此人心之常,不怎么害事,也就不必除去。只是如果才举话头,老是情识先起,这就要重视,因为情识是生死根本。《阿弥陀经义蕴》言"情不重,不生婆婆;爱不重,不堕轮回",还有"心不净,不生净土"之说。阐明了情识是参禅悟道的障碍。

第一一零问与答

问:举话头之念,与乘间窃(《校释》横排版将"窃"误为"穷"——笔者)发之念,同归于念,何故一不必除,一为生死根本?

答:妄念乘间窃发,汝既知是贼,贼已无力矣。至于话头才举未举时,正是情识。此汝所不见者,故为生死根本。能于此除去,方为捣巢,故曰护生须用杀,杀尽(《校释》横排将"尽"误为"书"——笔者)始安居。(《校释》第 41 页)

解读

欲回答参话头时之念与乘间暗发之念前者不管、后者须除的问题,必须明确这两种念头的区别。中郎正是从区别的角度回答的。参话头时乘间暗发之念,是一个无力的杂念,而主念是在参究上,故可以不管。但参话头时,才参与未参产生之念,则是情识,它干扰了参究的无念,因此是生死之根本,必须连根拔掉,如同捣巢,巢在匪贼在,护生须用灭杀匪贼之法,匪贼尽才能安居。这个比喻用来说明安住于参究话头时,免受干扰,十分恰当。

十六、第一一一至第一二零问与答解读

第一一一问与答

问:话头未举,情识先起,此情识既看不见,如何可杀得他?譬如有贼于此,必见此贼,方可杀之,不尔刀剑何施?

答:如今浑身是贼,没有能杀贼者。参禅人须知念生念灭,人皆有之,如浮云水泡,倏去倏来,不必嗔嫌,只以悟为则。今人所患者,迷耳,不关妄念生灭事。即能遏捺妄念,而不能透悟,亦与(《校释》将"与"误排为"无",现据影印本订正——笔者)生死不相干。(《影印》第 30 页,《校释》第 41 页)

解读

道友提问:话头未参,情识先起。如果情识是贼则可见可杀,现不见此贼,刀剑施于何处?

中郎说:你今浑身是贼,却不见得能杀它。参禅人须知念生念灭,人皆有之,如浮云水泡,倏去倏来,不必去嗔恨它、嫌弃它,只是以悟为准则。如今所忧患的是迷,与妄念的生灭无关。即使可以遏制妄念,却不能透悟,还是与生死大事不相干。

第一一二问与答

问:参话头时,觉心不安稳,此是何义?

小修答:理合如此。用功时,东也不得,西也不得,上也不得,下也不得,直到悟明了,方始自在。若正参究时,欲求个妥帖窠臼坐定,此必是走了错路,非(《校释》加了"终",现去掉——笔者)参究一路也。

学人有欲参之话头者问之龙湖,龙湖曰:"你于此路尚早,恐参不

得。"(《影印》第 30 页,《校释》第 41 页)

解读

问:参话头时,觉心不安稳,此是何义?

小修答:理当这样。用功之时,东也不得,西也不得,上也不得,下也不得,直到悟明白了,始得自在。如果正参究时,要求一个妥帖窠臼坐定,这必定走了邪路,不是参究正路。

中郎说:曾有学人欲参话头,求教于龙湖(李贽),龙湖说:"你于此路尚早,恐参不得。"意为参悟要有条件、有基础。

第一一三问与答

问:我参禅觉得有滋味?

答:觉得有滋味,是心懒散;觉得无滋味,是心绵密。(《影印》第 30页,《校释》第 42 页)

解读

问:我参话头是不觉得要有滋味才行?

中郎答:觉得有滋味,是心散乱;觉得无滋味,是心绵密。中郎之意在于:参禅以恬淡为上。即黄帝《内经》所言:"恬淡虚无,真气从之。"

第一一四问与答

问:余久参公案不起疑,奈何?

答:汝今进不得,退不得。于心性未知何等样,于生死未知何日了,即是疑情,岂别有道理疑耶?

诸公勿谈心谈性,勿讲公案透得透不得,只心下自思,此时死到面前如何抵敌他? 此处岂容自瞒?(《影印》第 30 页,《校释》第 42 页)

解读

道友问：我久参公案不起疑，怎么办？

中郎答：你说的状态是参公案时，进不得退不得。不知心性怎样，也不知生死何日了，这便是疑情，岂有别的道理可疑？

诸公不要谈心谈性，也不要讲公案透得与透不得，只是心下自思，此时死到临头如何抵敌它，此处岂容自己隐瞒？

中郎的意思是：参公案的中心议题是看清本来面目，悟到如何了生脱死，这是头等大事。

第一一五问与答

问：如何说看公案不要求明？

答：有个喻子极妙。往在沙市舟中，有僧暗（《校释》横排版将"暗"误为"雨"，现据影印本订正——笔者）中自剃头，一僧然（燃）灯见之，惊云："你自家剃头，又不用灯。"舟人皆笑。

凡参话头，只依他本分言句，蓦直参去，不必从旁生枝叶，替他注解，或疑我今能参的，亦是意识所参的，亦是道理，亦是知见。又或谓此是个没情识，没道理知见的。如此都叫做生枝生叶，非蓦直参去者，盖参话头，乃是于一切不是中，求个真是。非可以书册印证者，亦非可置在无事甲里。（《影印》第30页，《校释》第42页）

解读

道友问：为什么说参公案不要求明了？

中郎举了一个事例：往昔沙市江中，夜晚行船，一和尚暗中自己剃头。另一和尚燃灯见之，惊曰："自家剃头，且不用灯？"舟人皆笑。为什么笑呢？用灯不必。

凡参话头，只依本分言语，直接参究，不必旁生枝节。或是注解，或怀疑自己所参，或考虑是意识所参，或思考道理，或判断是否知见，或谓这个是无意识道理、无知见等，都叫旁生枝叶，不是直接去参。参话头的原则是：于一切不是求一个真是，不是书本可以印证的，也不可以放置在无事匣子里的。

第一一六问与答

问：往往闲暇时，不见有许多妄念，至于用功看心时，反觉妄念新新不住(《校释》横排误为"往"，现据影印版订正——笔者)，因自思心如猿猴，愈捉愈踔跳？

先生叹曰：捉猿猴还有个捉的人在。若看心之人，乃是以猿猴捉猿猴，汝当返看自心之时，思已念起了，安得念头不新新乎？(《影印》第30—31页，《校释》第42页)

解读

问：人处闲暇，不见妄念许多；而用功看心之时，反觉妄念一个接一个不停，似乎自心如猿猴，愈是捉它愈蹦跳。

中郎感叹说：捉猿猴还有个捉的人在。如是看心的参禅人那是以猿猴捉猿猴，你反看自心，念头已起，岂有念头不是一个新接一个新。这里，中郎活用了佛祖与弥勒对话，即一粗念里有三十二亿百千细念，念念成形，形皆有识。

第一一七问与答

问：某子甲平生未曾做工夫，忽参一公案，十日自谓透悟，于一切公案都评品得来，后复寡廉鲜耻，依然如常人，何也？

答：此如不会作文人，因苦思之极，忽尔文机通。然所通者，止于文义，拿来自己身上受用不得，故依旧如常，无所不为去也。其所评公案非真能合祖意，不过谓公案乃无义味话，遂以无义味言语饾饤来评之

耳。(《影印》第 31 页,《校释》第 42 页)

解读

提问者举了一个特例:某人不曾用功学佛,偶尔对一个公案有了见解,便自以为开悟,评品一切公案。不久,寡廉鲜耻,依然如常人,这是何种原因呢?

中郎答道:这种情形,好比不会写作的人,因冥思苦想,忽然觉得文思已通,但是他只是通了所思之某一义理,并没掌握写作之道,故不得受用,依旧如先前,不能拿来自由运用。你说的那个人所评公案并不合乎祖师原意,不过认为是无义味话语,于是以罗列与堆积无义味话语(如同拼盘食品)来品评公案,貌似有理,其实连边也没沾上,所谓开悟,自吹自擂而已。

第一一八问与答

问:参话头起疑不来,当如之何?

答:疑情岂易起的? 到疑情起时,去悟不远矣。必过信关,然后真正起得疑。若未过关,而有意起疑者,非真疑也。惟过了关,自有放不下处。罗近溪云:"未过关人,大信则大进;小信则小进。已过关人,大疑则大悟;小疑则小悟。若过了关而不疑,自以为足者,便不长进。"

小修云:"学人参话头,且不要遽求悟明,当先求迷闷。胸中七上八下,便是悟之机也。"又云:"参话头时,不可作有道理会,亦不可作无道理会;不可太着意,不可不着意。有无两边俱遣,作、止、任、灭皆除,如此方得少分。"

今人知话头不可作道理解,又谓此不过古人应机之语,乃无心妙用,此则堕在无道理甲中。似此辈甚多。(《影印》第 31 页,《校释》第 43 页)

解读

[释词]

1. 作、止、任、灭：见第 35 问解读。

问：参究话头起疑不来，当怎么办？

答：你以为疑情能轻易生起吗？疑情起时，离开悟不远了。必过信关，然后真正起得疑。若未过关，而有意起疑，不是真疑。如过了信关，心中自有放不下之处。罗近溪说："未过关人，大信则大进；小信则小进。已过关人，大疑则大悟；小疑则小悟。若过了关而不疑，自以为足者，便不长进。"

小修补充说："学人参话头，且不要匆忙追求悟明。当先迷茫难辨，胸中七上八下，此境便是悟的动力。"又说："参究话头，不可当作有道理去领会，也不可当作无道理去领会；不可太着意，也不可不着意。有无两边俱遣，作、止、任、灭皆除，如此才可得到小许利益。"

中郎说：今人知话头不可作道理解，认为不过是古人应机之语，乃无心去妙用，此必堕落在头等无道理的原始状态中。这一类人很多。

袁氏两兄弟对参话头有切身体会，故谈得真切、透彻。没有体验的人，则如堕五里雾中。

第一一九问与答

问：已前提话头觉可用力，近日并提话头，亦觉无力矣？

答：此是你求明心未忘，还要走明的一路，故觉话头无力。譬之飞蛾，惟欲向灯烛处飞，不知明处是他丧身失命之所。缘人从最初一念之动，只为求明，此病已深，最难除拔，遇着即发断得此根，方为捣巢。（《影印》第 31 页，《校释》43 页）

解读

问：以前提话头觉可用力，今日合并提话头，觉得不可用力，这是为什么？

中郎答：这是因你未忘求明之心，还要走求明一路，故觉参究话头无力。譬之飞蛾求明欣然去扑火，殊不知是死路一条。原因在于人们从最初之一念只为求明，此病已深，最难拔除，遇着就要发心断除此根，才叫捣了巢穴。

中郎是从《楞严》"一念求明，乃无明本"的教义来解答提问的。

第一二零问与答

问：正用功时，偶有应酬，未免间断？

答：如好秀才落第归来，即饮酒下棋，而真闷何曾（《校释》误为"会"——笔者）解？（《影印》第 31 页，《校释》第 43 页）

解读

问：正用功时，偶然碰到了事务应酬，会间断功夫吗？

答：譬如落第秀才归来，便与人饮酒下棋，似乎无所谓，其实内心郁闷何曾解除。你说的用功时候，偶有应酬，应不会有太大影响。

十七、第一二一至第一三零问与答解读

第一二一问与答

问：一面应事，一面于工夫上有嘿嘿放不下处，恐多了心，分了功？

答：如人打你头，晓得痛；并打你足，亦晓得痛；通身打，晓得通身痛。如何不见多了心，分了痛去？（《影印》第 31—32 页，《校释》第 43 页）

解读

道友承接上问,说一面应付杂事,一面于功夫上默默在心,是不是多了心而分了功?

中郎答:比如有人打你头,你觉痛,打你脚,你觉痛,通身打,你觉通身痛,是否觉得多了心分了功?

中郎之意为,人只有一个心。

第一二二问与答

问:正淫欲时,佛性在何处?

答:不淫欲时,佛性在何处?

凡事不经意识分别,则未有业,故世间聪明的人造业极大,以意识分别太多也。《唯识》云:三塗及此间愚人不造业,以无分别故。(《影印》第 32 页,《校释》第 43 页)

解读

问:淫欲时,佛性在哪里?

中郎反问:不淫欲时,佛性在哪里?

凡事没有分别意识时,则不造业,世间聪明人事事都有太多的分别意识,故造业最大。《唯识》云:堕三途者及此世间愚人不造业,因其无分别。

中郎之意是:无论淫与不淫,佛性都在。《六祖坛经法宝·付嘱品》说:"淫欲本是净性因,除淫即是净性身。"中郎曾说:"毛孔骨节,无处非佛。"又说:"贪嗔慈忍,无念非佛。"(《笺校·与仙人论性书》第 489 页)佛性无时不在,无处不在。

第一二三问与答

问：学人遇有事时，如何用功？遇无事时，又如何用功？

答：人心那（哪）有无事之时？外面事多，则心中事觉少；外面事少，则心中事觉多。其实总是一样，以人惟一心，心无内外故。

参禅人或认无着为心，或认寂而常照为心，或认一切皆是为心，或认一切皆不是为心，或认一切法无自性为心，或认一切现成为心，或认一切法不可思议为心，或认言语道断、心行处灭为心，或认不识不知顺帝之则为心，总未离见，俱非心体。透悟心体，自无此等窠臼。邓豁渠论之极详，皆学人所必堕之病。

有所知，则有所不知。无所知，则无不知。是为知之极也。有所见，则有所不见。无（《校释》横排版多排了一个"无"字，现据影印版删去——笔者）所见，则无不见，是为见之极也。（《影印》第 32 页，《校释》第 43—44 页）

解读

问：学人遇有事，如何用功？遇无事又如何用功？

答：修持佛法主要在心上修，人心哪有无事之时。外面事多，心中事觉少；外面事少，心中觉事多。因为人只有唯一之心，心体自身无内外（用是有内外的）。

参禅人或认为不执着为心，或认为寂而常照为心，或认为一切皆是为心，或认为一切皆不是为心，或认为一切法无自性为心，或认为一切现成为心，或认为一切法不可思议为心，或认为言语道断、心行处灭为心，或认为不识不知顺天之则为心，这些说法，总未离见，都不是心体。只有透悟心体，才没有上述窠臼。邓豁渠关于离见与透悟心体论述极详，他说未离见是学人必堕之病。

学人有所知，则有所不知；无所知，则无所不知。是为知之极也。有所见，则有所不见；无所见，则无所不见。是为见之极也。

《般若经》有个著名教言:"般若无知,无所不知。"中郎活用了这个教言。中郎解答学人提问"如何用功"是从心之体与用来作说明的。

第一二四问与答

问:罗近溪说人人都是圣人,此义何如?

答:此未是究竟话。尝有一友问近溪:"如何是圣?"近溪曰:"公适骑马来过桥,如何不扑落桥底?"曰:"我乘马上桥时,将身前俯;下桥时,将身后仰。如何得坠?"近溪大呼曰:"怎得这等自在,你即是圣人。"其人茫然,归思数日,复来云(《校释》横排版断句有误,现据影印版文义订正——笔者):"某体认先生语,真个吾人处处现成,在在天性,人皆尧舜,信不诬我。"近溪大叱曰:"这等便是无忌惮的小人。"(《影印》第 32 页,《校释》第 44 页)

解读

道友问:罗近溪说人人都是圣人,其义如何?

中郎答:这不是究竟语。曾有人问近溪:"如何是圣?"近溪问:"你刚才骑马过桥,怎么没有扑落桥底?"那人答:"骑马上桥时,身子前俯;下桥时,身子后仰,如何坠落。"近溪大声呼叫说:"如此自在即是圣人。"其人听后,有些迷惘,回家思考几天,又来对近溪说:"我体会先生所言,处处现成,在在天性,人皆尧舜,你说得实在可信,没有诳我。"近溪大声呵斥说:"这样认识便是肆无忌惮的小人。"罗近溪所说的过桥那种状态自在,是因古代桥多呈圆拱形,故有骑马上桥俯身、下桥仰身之随情而变化之应对,这种因情因时因地制宜之言行,即是圣人做派。后来,这个人把圣人名相固定化了,死守了人皆尧舜的教条,不懂得圣人是必须随时应变,且朝乾夕惕、无欲无我、无功无名进行修炼的,故罗近溪呵斥他。

第一二五问与答

问:某于无事时觉得停妥,但恐有妄念起,境缘来,未免失之?

答:妄念境缘之来,翻不害事,只汝预先防闲之念,其害实深耳。譬如人恐贼至,先畜一虎于庭以御之,贼未必来,而举家先被虎噬矣。汝不知无事时觉得停妥者,未必真停妥也。乃意见之安排也。念虑境缘之来,而安排不能及者,非真不停妥也,乃天则之发见也。学人凡有此等疑,皆属执滞。有滞,则机心未忘,斯即妄想之根本。以妄想皆从滞流出,如人心滞于为善,便有许多为善之妄想出生;滞于为恶,便有许多为恶之妄想出生。故不滞,则为生生之机;滞,则为生死之机矣。(《影印》第32—33页,《校释》第44页)

解读

问:我于无事时,感觉安稳停妥。但担心妄念起了,境缘来了,失去了停妥安稳怎么办?

中郎答:妄念起了,境缘来了,倒不害事。只是预先担心妄想一念,其害甚大。譬如,有人为了防贼,畜养一虎,贼未必来,而老虎却将家人咬噬了。你不知道,无事时的感觉安稳停妥并不是真正的安稳停妥,不过是心意之安排。待妄念起,境缘来,心意安排不到,那不是真正的不安稳停妥,是天然的发生的见识。学道人如果有这一类疑情,都属于执着。有执着,则心机未忘,这是妄想产生的根本。因妄想都是从执着流出来的。如人心执着为善,便有许多为善的妄想产生;执着为恶,便有许多为恶的妄想产生。因此去掉执着,则是生生不已之动力,执着,则是生死轮回之动力。

中郎运用佛言祖语解答问题。佛说:人人皆有佛性,只因妄想、执着而不能证。

第一二六问与答

问：滞心如何去得？

答：汝试观滞心从何处起？

昔人问罗近溪云：如何是不虑而知？

近溪云：你此疑是我说来方疑耶？是平时有此疑？答：是平时有此疑。近溪云：既平时有此疑，乃不得不疑者，此谓不虑而知。（《影印》第33页，《校释》第44页）

解读

问：执着（滞心）如何排除？

答：你观察执着之心念从何处来的？

以往有人问罗近溪：何为不虑而知？

近溪回答说：你此疑问是我说来方疑，还是平时有此疑问？对方答：平时有此疑问。近溪回应：既是平时有此疑问，那是不得不有疑问，这就是不虑而知。

袁中郎的意思是：不虑而知可排除执着。即现代心理学所言的"直觉思维"。

第一二七问与答

问：王龙溪一念入微，乃见天则，何谓也？

答：微与显对，行事显，念虑微，有思虑显，无思虑微。（《影印》第33页，《校释》第44页）

解读

问：王龙溪一念入微，乃是上天之法则，什么意思呢？

答：微与显对立。行事明显，思虑微细。有思虑明显，无思虑微细。

第一二八问与答

问:龙溪云:从一点灵窍,实落致将去,随事随物不要蔽昧,久久纯熟,自有觌面相承时,在不求(《校释》误为"在"——笔者)悟而自悟也。予谓应事接物,灵窍自然不昧。若更起心不要蔽昧,是二知矣。岂非多了事?

答:龙溪云,直须自信本心,从无些子倚靠处,确然立定脚跟,始为有用力处。此几语正不要蔽昧之注脚。达磨云:"外息诸缘,内心无喘,心如墙壁,可以入道。"即从无些子依靠处用力之义。(《校释》横排版将四处"昧"误排为"眛",现据影印版订正——笔者)

所谓天则者,须将从前所知所解,尽情抛舍。是书册得来者,还之书册;从人言语解会者,还之人言;从意识中揣摩者,还之意识。方是天则。即如此冠,谁是冠之天则?

答:无论取下及戴上,皆冠之天则也。

先生曰:须是以样子还盔头,以骏还牛尾,方为巾之天则。(《影印》第 33 页,《校释》第 45 页)

解读

问:王龙溪说:从一点灵窍落实下去,随事随物不要蒙蔽,久久纯熟,自有见面承接之时,不求悟而必自悟。我认为应事接物,灵窍自然不昧。若起心不要蔽昧,是二知了,难道不是多了的吗?

答:王龙溪所说,是直接自信本心,从无任何倚靠处,确然立定脚跟,才有用功夫处。这就是不要蔽昧的注脚。达摩说:"外息诸缘,内心无喘,心如墙壁,可以入道。"即是从无些子依靠处用力之义。

所谓天则者,须将从前所知所解,尽情抛舍。是书册得来的,还给书册;从别人言语解会的,还别人;从意识揣摩得来的,还给意识。这才是天则。譬如这个帽子,什么是它的天则?

答:无论取下与戴上,都是它的天则。

先生说：须是以式样还头盔，以骏马还牛尾（牛尾硬马尾软，比喻恰当），才是帽子的天则。

中郎引达摩语录论述悟道之窍门，在于放下先入为主的知见，即破所知障，任灵窍机活，自然可以入道。所说天则，即天然法则，帽子、头盔、马牛之尾都是指的自然而然，比喻悟道在于水到渠成，不加勉强。

第一二九问与答

问：何谓不识不知顺帝之则？

答：大知，无所不知，不可以知名之；大识，无所不识，不可以识名之。如日光之普照，从何处窥其为照？又从何处窥其非照？若灯光之照有限，便有能所矣。凡以知识求者，亦如是。

禅者，禅代不息之义。正是时中。（《影印》第33—34页，《校释》第45页）

解读

问：什么是不知不识而顺上天之规则？

答：大知，无所不知，不能以一知字来概定它。大识，无所不识，不能以一识字来命名它。如日光普照，从哪里窥知其照，又从哪里窥知其不照？如灯光照射有限，便知其能照与所照。凡以知识求禅悟的，就同灯光有限一样。

何为禅者？禅意代代相接、永无止息与范围之意。

中郎这个解答，说了悟之诀窍与禅之特点。

第一三零问与答

问：有以禅定解者，是否？

答：以定为定，此小定也。乃六度之一也。若禅代不息，是谓"那伽常在定,无有不定时",斯则为大定,兼六度俱在其中矣。须知人生动作,云为原定在此者,不消你去安顿他。若欲安顿,便不定矣。(《影印》第34页,《校释》第45页)

解读

问:有人以定来解禅,可不可以呢?

答:以定为定,是小定,是六度万行之一。如达禅代不息之境,则是经论上所说的"那伽常在定,无有不定时"。这是大定的境界,六度万行,俱在其中。须知人生行为,若在此大定中,你不必去安顿它。如果还去安顿,就是不在大定中了。

中郎多次谈过大定的观念,这是因他有大定的体验,不仅懂得了,而且做到了。

十八、第一三一至第一四零问与答解读

第一三一问与答

问:禅学乃细中之细,世间粗人恐学不得细事。

答:事岂有粗细,洒扫应对,便是形而上者。隶卒人与习静人,看来是一样的;市井贸易人与深山隐居人,看来是一样的。故《华严》中,外道、妇女、宰官、比丘等,皆以佛称之。故唯此参禅之学不必改,旧(《校释》漏了"旧"字——笔者)业不必择何人,个个可入,那(哪)分事之粗细?(《影印》第34页,《校释》第45页)

解读

问:禅学本是细微中之细微,世间粗人如何习得细事?

中郎答:世事哪里可分粗细?洒扫应对,便是形而上者。奴仆走

卒,与习静学禅的,看来一样;世间做生意的,与深山隐居的,看来也一样。故《华严经》中,外道、妇女、宰官、比丘等,都以佛相称。所以,唯此参禅之学不必改变原营生,学业不必择人,个个可入,岂有粗细之分。

这是破除执着、分别、妄想而达清净平等觉的思想。从法性言,这是"心佛众生,三无差别"的活用。

第一三二、一三三、一三四问与答

问:何谓"时中"?

答:时即春、夏、秋、亥、子、丑之时也。顷刻不停之谓"时",前后不相到之谓"中"。《金刚经》:"应无所住,而生其心。"亦此义。不停,故无住;不相到,故心生。

问:何谓不相到?

答:如驶水流,前水非后水,故曰不相到。

问:何谓心生?

答:如长江大河,水无腐败,故曰心生。(《影印》第 34 页,《校释》第 45 页)

解读

问:什么叫"时中"?

答:时即春夏秋冬(一年四季)与子丑寅卯辰巳午未申酉戌亥(一日十二时)之时也。顷刻不停叫"时",前后不相到(重迭)叫"中"。《金刚经》说:"应无所住,而生其心。"就是这个意思。时是不停的,故无住;不相到,故心生。

道友追问:什么叫"不相到"?

中郎道:好比驶水流,前水不是后水,后水也不是前水,叫不相到。

道友又问:什么叫"心生"?

中郎答:如长江大河不停流,水不腐败,因此叫心生。

用浅显生动的实例解说抽象深奥的道理是中郎的答问的一个特色。

第一三五问与答

问:何谓无忌惮?

答:不知中庸之不可能,而欲标奇尚异以能之,此人形迹虽好看,然执着太甚,心则死矣。世间惟此一种人最动人,故为孔子最痛恨。(《影印》第34页,《校释》第46页)

解读

问:什么叫无忌惮?

答:不知中庸之不可能实行,却欲标奇尚异而实行它,此人形迹虽好看,但执著太厉害了,心就死了。世间独有这一类人,最有肆无忌惮之使人心惊异之处,故为孔子所痛恨。

中郎的意思是:孔子主张谨言慎行、循规蹈矩,而这类人追求名利、标奇尚异、肆无忌惮、唯恐天下不乱。

第一三六问与答

问:某资钝只宜断缘简事,朝夕参究,方得话头绵密,若掺和世俗事,则功有间断矣?

答:古人云:"不怕妨功,惟患夺志。"志在参究,即应酬世务,其功自在。今学道人遇境缘顺,则自谓学问得力,不知由境缘之顺,故心宁寂,非关得力也。遇境缘逆,则自谓学问不得力。不知由境缘之逆,故心上懊恼,亦非关不得力也。

参禅人大率有三关:第一关,悟得一切处无生;第二关,悟得一切处皆是;第三关,悟得言语道断,心行处灭。然却总不是过此关,方叫作参禅。

学道人若不遇作家,莫说此生不悟,即多生亦不得悟。盖不遇作家,必走错路,与悟门相反。

小孩子见镜中影,以为实有此人,往往翻背觅之,觅之既久,年亦渐长,始知镜中元无此人,从前求觅之心,一时顿歇。

先生尝问:杯中天与瓶中天孰大?有谓瓶中大杯中小者,有谓瓶中杯中虽不同,其所照之天是一般者。先生笑曰:瓶中杯中何曾有天来?(《影印》第 34—35 页,《校释》第 46 页)

解读

道友问:我资质鲁钝,只适合断绝境缘、简单从事,朝夕参究,才可得到话头的绵密精义,若掺和世俗杂事,则功夫间断,是这样吗?

中郎答:古人云:"不怕妨功,唯患夺志。"志在参究,则应酬世务,其功自在。现在一些学道人,遇到顺境缘,不知由于境缘之顺,则自谓学问得力,使心宁寂,不是用功得力。遇到逆境缘,就自认为学问不得力,不知由于境缘之逆,使心上懊恼,与不得力不相关。可见中郎主张:发大誓愿,功夫才得力。

参禅人大抵可分三关:第一关,悟得一切处无生;第二关,悟得一切处皆是禅;第三关,悟得言语道断,心行处灭。但是总觉得无过此关,这就叫参禅。

学道人若不遇高人(或善知识,即"作家",非现代语意),别说此生不悟,即使多生也不能悟。大概不遇高人,必走错路,与悟门相反。

小孩子见镜中影,以为实有其人,往往转过镜来寻找,找的时间久了,年龄既大了,才知道镜中本无此人,于是寻觅之心,一时顿歇。

先生尝问:杯中天与瓶中天哪一个天大?有说瓶中大、杯中小者,有说瓶中天与杯中天一般大者。先生笑曰:瓶中杯中何曾有天来?

中郎解答此题的深意在于:参禅人如把事物的投影当了真实,终究是在迷中。跳出投影,方可开悟。这是瓶中杯中何曾有天来之意。

第一三七问与答

问:即今举心动念无不是心,何以曰无心?

答:人有生以后,将耳闻目见,串习一切世间事,钉饾凑合,强名做心,若除却此等,那(哪)有心在?

担土人每日担几回土,亦获升斗,岂谓无功? 若善书写人,为人佣书,则力逸,而所获倍矣。至于秀才教书,则所获又倍矣。再进而岁贡举人做官,则所获十百倍矣。又上而甲第游宦,则相去不啻万倍矣。今人修苦行者,担土也;写经者,佣书也;讲经者,教书也;习定与念佛者,岁荐与乡举也;至参禅,则甲第也。担土人不能为科名事,作官人不能为担土事。比例发明,功效迥别。

若论此事,尽世界辩才的说不到,尽世界聪明的想不到,尽世界苦行的踏不到。

学道不肯休心者,醒时受用的,睡着时不受用,睡着时受用的,醒时不受用。(《影印》第 35 页,《校释》第 46 页)

解读

问:我等现今起心动念,莫不是心,如何说是无心?

答:人出生以来,将耳闻目见,串习一切世间事,拼接凑合,勉强名之曰心,如果除却上述一切,哪有心在?

担土为生的人,每日担土,所获米量以升斗计,岂能无功? 如果是会写字的人,为人抄写,花的力气少得多,所得佣金,超过担土者数倍;至于秀才去教书,所获得的报酬又超过前者数倍;说到享受岁贡的举人去当官了,所得俸禄则比前者又多十倍、百倍了;再进一步,考上了进士或是被殿试录取了,则是为官优游,其收入又比前者超过不止万倍了。今人修苦行者,好比担土的人;写经者,好比抄书的人;讲经者,好比教书的人;习定与念佛者,好比享受岁贡中了举的人;参禅修行的人,则好比中了甲第(进士)的人。担土者不能做科举之事,做官的人不能去做担土的事。类比这些事例，发挥开来，其功效差别，迥然不同。

细论此等现象，满世界的辩才说不到，尽世界的聪明人想不到，尽世界的苦行者也脚踏不到。

学道不肯休心的，醒时受用，睡着不受用；睡着受用的，醒时又不受用。

中郎之意是：参禅比诵经、念佛、习定等要高明得多。学道之人，要学会放心休心歇心，即看得破放得下才可得受用。

第一三八问与答

问：如何昼夜一如？

答：汝知睡着时受用，则日间看经看教，辨有生无生者，都是多了一番事。

不悟明而求受用者，只零碎受用而已。如喜乐时受用，哀怒时不受用；富贵时受用，贫贱时不受用。悟明人则有整段受用。喜怒哀乐，富贵贫贱，皆受用也。尝见学道者自恨云：我无事时，颇有光景，只到应事时，便为境所夺。此等人不如日用不知的百姓却自在。

世人为有生忙（此处断句，《校释》横排版有误，据文意订正于此——笔者），学道人为无生忙，其忙等耳。近有尊宿语予曰：我一向只说有个法，可以安心得受用，不知无此等事。予甚然之。盖人若肯安心，则目前有甚不受用处？试观病人尝言：我平日无病时不知受用，今病时方知平日受用，故有心求受用。则如清闲者，想饮酒为受用；饮酒者，想看戏为受用；看戏者，想携妓游山水为受用。前途受用之境，愈求愈不足。若知眼前即受用，虽病中亦未尝不自在，以心安故。

小修云：王阳明说："满街都是圣人。"要知非特本体是圣人，即受用处亦是圣人。然既同是圣人，如何彼出生死，而吾辈在生死中？是迷悟之分耳。毕竟如何为悟？若执定实有迷悟，则又远矣。（《影印》第35—36页，《校释》第47页）

解读

问：昼夜一如是什么意思？

答：你感知睡着时很受用，那么日间看经看教，辨别有生无生者，都是多了一番事。

不悟明而求受用者，只是零碎受用而已。如同喜乐时受用，哀怒时不受用；富贵时受用，贫贱时不受用。悟明人则有整段受用，喜怒哀乐，富贵贫贱，都是受用的。曾经见到一些学道人，自己悔恨说：我无事时，颇有光景；只等应付有事时，却被境所夺。这一类人不如日用不知不识的老百姓自在。

世人为有生忙碌，学道人为无生忙碌，其忙碌等同。最近有位学道老者对我说："我一向只以为有个法，可以安心受用，不知无此等事。"我觉得他说得对。人们若是肯安心，则眼前有什么不受用之处？试观病人曾说：我平日无病时不知受用，今天害病时才知平日受用。故有心求受用。则如清闲者，想饮酒为受用；饮酒者，想看戏为受用；看戏者，想携妓游山玩水为受用。前途受用之境，愈求愈不足。如果知道眼前即受用，虽病中未尝不心安自在。

小修补充：王阳明说："满街都是圣人。"须知这个意见并不特殊，本体是圣人，则受用处也是圣人。既然同是圣人，为什么他们可以出脱生死，而我等却在生死中？这是有迷有悟之分别的缘故。那么究竟什么是悟？如果执着并死守迷悟之念，则离悟更远了。

小修之意为：迷与悟只在一念之间，学道人在当下一念间修。

中郎解答"昼夜一如"用的是"不二之法，谓之佛法"的理念。强调了做悟明人方可时时受用，处处受用，事事受用。受用即大乐。

第一三九问与答

问：王南塘言：有无之间为几工夫，只在研几。敢问研几功夫如何用？

答:若用(《校释》误为"有"——笔者)功便落于有,若不用功便落于无。

一切人皆具三教,饥则餐,倦则眠,炎则风,寒则衣,此仙之摄生也;小民往复,亦有揖让、尊尊、亲亲,截然不紊,此儒之礼教也;唤着即应,引着即行,此禅之无住也。触类而通,三教之学,尽在我矣。奚必远有所慕哉?

今之慕禅者,其方寸洁净,戒行精严,义学通解,自不乏人,我皆不取。我只要得个英灵汉,担当此事耳!夫心行根本,岂不要净?但单只有此,总没干耳。此孔子所以不取乡愿而取狂狷也。

参禅人须将从前所知所能的道理,及所偏重习气、所偏执工夫一一抛弃,略上心来,即与斩绝,如遇仇人相似。

顿渐原是两门,顿中有生熟,渐中亦有生熟。从顿入者,虽历阿僧祇劫,然其所走,毕竟是顿的一路;从渐入者,虽一生即能取证,然其所走,毕竟是渐的一路。(《影印》第 36 页,《校释》第 47 页)

解读

[释词]

1. 王塘南:按《校释》注,疑为王南塘,又名王时槐(1522—1605),江西人,明代教育家。

2. 乡愿:指圆滑世故、随波逐流、四面讨好的人,被孔子反对。

3. 狂狷:指锐意进取、积极奋斗并且有所节制、绝不胆大妄为的人,被孔子赞赏。

问:王塘南先生说:有与无之间有多少功夫,就要看你研究了多少。敢问如何用这个研究?

答:如果用功夫则落于有,不用功夫则落于无。

一切人皆具三教理念:饿了吃,倦了睡,热不离风,寒冷加衣,这是道家的护养身子的办法;老百姓往来,有作揖谦让的礼节,尊重尊长,亲爱亲人,绝不紊乱,这是儒学的礼教;叫唤即应,引着就行,这是禅学的无住。触类旁通,三教之学,尽在于我。何必羡慕三教教理之玄脱离实际而舍近求远?

今天的参禅者,心地洁净,持戒精严,义理通解,自不乏人,我皆不取。我只要做个英灵汉,担当此大事。心行根本,岂不要清净,但单只有此一条,总不能行之彻底。这就是孔子不取乡愿而取狂狷的原因。

参禅人须将从前所知所能的道理,及所偏重的习气与所偏执的功夫,一一抛弃,略上心来,即如同仇人,予以斩绝。

禅门开悟有顿有渐,原是两门。顿门有生熟,渐门亦有生熟。从顿门入者,虽经阿僧祇劫,但其所走毕竟是顿的一路;从渐门入者,虽一生即能取证,但其所走毕竟是渐的一路。

中郎这段答问,殊胜微妙。一是宣示了他的理想的人生走向,这便是做个"英灵汉"。二是对三教之学的学术取向,触类旁通,融会贯通,运用在我。三是提出了参禅开悟的总原则是抛弃所知所能所习功夫,即现代修炼家共同倡导的看破与放下,定慧双修,止观双修。这三点是非常了不起的真知正见。

第一四零问与答

先生问僧云:佛与众生受用同否?

僧云:迷人认为实有,虽现在受用,而不知;悟者谓其有而不有,故得自在受用。

先生曰:假如众生认为实有,佛亦认为实有,其体同,其用同,其不同处又安在?

僧云:佛之实有,即《法华》所谈实相。是法在法位,世间相常住也。岂同众生妄想为实有耶? 如吾辈今现在吃茶,又想着一别事,岂与佛同?

先生曰:假使佛吃茶,亦想着别事,其不同又安在?

僧不能对。

先生曰：从此过去还有许多辩驳处。

来日，是僧复问云：佛虽千思万虑，皆现量。当思虑者达知是现量，岂得以妄想名佛而谓其与众生同一妄想耶？

先生曰：有个达知即妄也。昔梵志来见世尊曰："瞿昙，我一切法不受。"世尊曰："是见受否？"梵志曰："是见亦不受。"世尊曰："是见不受，则同无见，与众生之无见何别？"梵志不能对。即是观之，有见则同外道，无见则同凡夫，此处与佛差别者安在？此正金刚圈栗棘蓬，于此能疑能悟便是大聪明人。汝再不消理会佛与众生同处，同处不必说，自然是一样了。只要参同之中所以不同者在什么处。

人问孩子云：汝心在何处？

孩子即以手指胸前。学道人遇人问他如何是你本心？则答云：空空洞洞，无处不是。此两人病则一般。（《影印》第 37 页，《校释》第 48 页）

解读

中郎问和尚：佛与众生受用是否相同？

和尚说：迷人以为实有，虽现在受用，而不知；悟者可以说是有而不有，故得自在受用。

中郎说：假如众生认为实有，佛也认为实有，其体同，其用同，不同处在哪里？

和尚说：佛之实有，即《法华经》所谈实相，是法在法位，世间相是常住的，岂可与众生以妄想为实有相同？如我等现在吃茶，又想着别的事情，岂与佛同？

中郎说：假使佛吃茶，也想别的事，其不同在哪里？

和尚无言以对。

过了一天，这个和尚又问：佛虽千思万虑，皆是现量。当思虑者达知是现量时，哪能以妄想名佛而说佛与众生是同一妄想呢？

中郎说:有达知就是妄想。以前,梵志去拜见佛祖说:"瞿昙,我一切法不受。"佛祖说:"你此见是受吗?"梵志说:"此见也不受。"佛祖说:"此见不受,则同无见,与众生之无见有什么区别?"梵志不能对。从这里来观照,有见则同外道,无见则同凡夫,此处与佛差别在哪里? 这正是如同金刚圈棘蓬般的坚固与繁难处,于此能疑能悟便是大聪明人。你也再不必去理会佛与众生相同处,同处不必去说,自然就一样了。你只要在参究相同中知不同处在哪里就可以了。

有人问一小孩:你心在哪里?

小孩用手指胸前。学道人遇人问他你本心在哪里? 答:空空洞洞,无处不是。上两个人的错误相同。

中郎的意思是:小孩执着有,学道人执着无。佛法不执着有,不执着无,不执着非有非无,不执着于不执着。

十九、第一四一至第一五零问与答解读

第一四一问与答

问:如何是人鬼关?

答:鬼属阴,人属阳。古云:"思而知,虑而解,是鬼家活计。"故凡在情念上遏捺者,是鬼关;在意识上卜度者,是鬼关;在道理上凑合者,是鬼关;在行事上妆点者,是鬼关;在言语文字上探讨者,是鬼关。如此类,不可胜数,反是,则不落阴界,而为人关矣。

人至于真到不得处,则心绝矣。譬如,即今闻自家门响,则回头看;闻邻家门响,即不思看,何也? 知到不得故也。

世人终身受病,惟是一明,非贪嗔痴也。因明故有贪有嗔及诸习气。试观市上人,衣服稍整,便耻担(《校释》误为"挑"——笔者)粪,岂非明之为害? 凡人体面过不得处,日用少不得处,皆是一个明字使得不

自在。小孩子明处不多,故习气亦少。今使赤子与壮者较明,万不及一;若较自在,则赤子天渊矣。

凡用工若在道理上着力,决不能出头。凡救人若在道理上提拔,决不能度脱。即如罗近溪有一门人,与诸友言我有好色之病,请诸公一言之下,除我此病,时诸友有讲好色从心不从境者,有讲作不净观者,如此种种,俱不能破除。最后问近溪,近溪厉声曰:"穷秀才家只有个丑婆娘,有什么色可好?"其友羞惭无地,自云色病除矣。(《影印》第37—38页,《校释》第49页)

解读

问:人鬼关是什么?

答:鬼属阴,人属阳。古人说:"思而知,虑而解,是鬼家活计。"凡在情念上遏制、按捺的是鬼关;在意识上臆测、揣度的,是鬼关;在道理上拼接、凑合的,是鬼关;在行事上妆点、应付的,是鬼关;在言语文字上探索、讨论的,是鬼关。诸如此类,不可胜数。否则,不落阴界,是人关。

人真到了不得之处,心就死了,譬如现时闻自家门响,就回头看;闻邻家门响,就不想看,为什么呢? 知道与己无关。

世人终身犯错,唯求一明,这不是贪嗔痴所致。因求明故有贪有嗔及各种习气。试看市上人衣服稍整齐,则把担粪当耻辱,这岂不是求明的害处? 凡是人讲体面过不得处,日用少不得处,都是一个明字使得不自在。小孩子明处不多,所以习气较少。现在使赤子与成人比较明理,万不及一;如比较自在,那就有天渊之别了。

凡用功若在道理上着力,绝无开悟之日。凡救人若在道理上提拔,绝不能度化使其解脱。即如罗近溪有一门人,与诸友说他有好色之病,请诸好友一言之下,除他此病,当时好友中有说好色从心不从境的道理,有说对女色应作不净观的道理,如此种种,还是不能破除。最后问罗,罗声严厉色说:"穷秀才家只有一个丑婆娘,有什么色可好?"其友羞惭满面,无地自容,自言好色之病解除了。

　　中郎这个答问,有三个要点:一、关于人鬼关。佛法认为:娑婆世界,人鬼杂居,互不相扰。现代科学认为,宇宙有无数维度,科学仪器已检测出十一维度,地球人类身处三维度空间中,对于其上维度无法感知。人们所言之鬼与人类生活维度不同,所以推测到有鬼而见不到鬼。孔子说:敬鬼神而远之。他不否定鬼神存在,只是教人不纠缠鬼神。袁中郎对人鬼的解释,只有两个字:阳与阴。可能阴之后还有阴。这个话题永远讨论不完。他所说的过鬼关中的鬼,与我们平常所言之鬼的概念不完全一样。依其鬼关五种表现之论,其现象很平常。他是从帮助人们修行、除去妄想、执着、贪求的角度来谈论的,有他的道理所在。二、再次强调:一念求明,乃无明本。因为自性本具,一切圆满。再加求明一念,即被染污。三、提供了"息灭贪嗔痴"的方法,所举例子是罗近溪一语之下,破除了门徒的好色之忧。主张在参究中转迷开悟,不要纠结道理,要跳出框框,另辟蹊径。门徒们缘好色谈好色,执着于有,色不能除。罗近溪则用"空"与"无"的思维取向,止观双修,看破放下,故门徒破迷开悟,说好色之忧已解。三个要点实际上是一点:悟明人不求明,则可明,求明反不能明。

第一四二问与答

　　问:参学人遇事来时,还用思量否?

　　答:汝今是有事时思量多耶? 无事时思量多耶? 若有事时思量止是一事,如今人下棋子时一心只在棋上,就不去管闲事了。唯无事时,闲思杂虑最多,却也照管不得。

　　达磨"外息诸缘"四句,原是教人用功的公案,言循此可以入道,非即是道也。后人把这四句,作静定光景会,认此是道,故祖师将麻三斤、干屎橛等话易之。(《影印》第 38 页,《校释》第 50 页)

解读

[释词]

1. 麻三斤：这是禅门的一个著名公案。一个和尚向他的师父请教什么是佛，师父回答说："麻三斤。"让徒弟去参究。这是因为"佛"不可思议，道本无言，以言显道，执言则妄。

2. 干屎橛：这也是一个著名公案。干屎橛本来指极端污秽之物。据《云门关·二十一》载：有徒弟问云门文偃禅师，什么是佛？禅师答："干屎橛。"其意是参禅人不要执着于佛的名相，而要在内心体悟：佛即心兮心即佛。这个理念与庄子的"道在屎溺"异曲同工。

道友问：参禅人遇到事情，还用不用思量呢？

答：你是有事时思量多，还是无事时思量多？若有事时只思量一事，譬如有人下棋心只在棋子上，就不去管闲事了。唯独无事时，闲思杂虑最多，却也不能照管。

达摩祖师为二祖慧可说法，教他四句："外息诸缘，内心无喘。心如墙壁，可以入道。"本意在于引导学人沿着这条路可入道，但这个并不是道。而后人却把它当作静定境界来理会，把方法当目的，以为是道，故祖师论什么是道时，以麻三斤、干屎橛等话头来比喻，破除人们的执着。

第一四三问与答

问：五家纲宗？

答：此事不说，则无以教人，说之又不容言语。若不设个方便，何以接引后学。（《影印》第 38 页，《校释》第 50 页）

解读

[释词]

五家：即五叶。禅宗以达摩为祖，称一花。后来演变为五个流派，称五叶(五宗),即临济宗(河北)、曹洞宗(江西)、沩仰宗(湖南)、法眼宗(广东)、云门宗(江苏)。佛门称为:一花开五叶,结果自然成。

提的问题是:五家纲宗是什么?

中郎答:此事不说,无以教人。如果说又不易说明白。故开悟者常以方便之法接引信众。其意在于五宗形成也是教化所需,"五叶"的根本纲宗脱不了"一花"。《法华经》说:"定慧力庄严,以此度众生。"

五家纲宗究竟是什么呢? 六祖说:我此法门,无念为宗。又说:悟无念法者,万法皆通;悟无念法者,与佛等身;悟无念法者,与佛齐位。

第一四四、一四五问与答

问:首山云:"唯作竹篦则触,不唤作竹篦则背。"如何?

答:这公案,大慧喻得极明,喻如剥荔枝者,将壳与核尽剥去,只要解吞耳。《宝镜三昧》云:"背触俱非,如大火聚。"

问:遍法界总是一个,那(哪)得有触有背?

答:若总是一个,则刀创剑戟亦总是一个,如何你怕触着他? 奸淫杀盗亦总是一个,如何你要背了他?

庄上吃油糍公案与琅邪问举和尚公案一样,古人多于此发明,如此等者,均谓之涌讹公案。(《影印》第38—39页,《校释》第50页)

解读

[释词]

1. 首山竹篦:首山是个著名禅师。有个和尚向他请教参究之法。他随手举起竹篦(梳头发用具)说:"唤作竹篦即触,不唤作竹篦即背,唤作什么?"和尚掣得竹篦,甩于地上,反问:"是什么?"首山答:"瞎!"和尚于言下豁然顿悟。此公案是说:不得执着名相,不得抛弃名相,不得有语,不得无语,不得棒,不得喝,一切总不得,还剩什么? 空空如也,就可悟道了。

2. 吃油糍：一日，庄上来施主对小和尚说：今日，大和尚在我庄上吃了油糍粑。小和尚说：大师父本体未曾动身。这是一则供人参究的公案。

琅邪和尚问举和尚：近离何处？答：两浙。又问：船来还是陆来？答：船来。问：船在何处？答：脚下。琅邪说：不涉程途，何以入道？举和尚说："长老杜撰，如麻似粟。"拂袖而去。琅邪和尚问小僧：此何人？小僧答：他是你师兄，举上座。于是琅邪亲下过堂，向举和尚赔罪。举和尚大声问：何时到汾阳？答：某日。举曰：我在浙江早闻你名，原来知见如此，何得名播天下？琅邪作礼说：慧觉罪过。这则公案暗示了禅悟两种方式：祖师禅与如来禅。祖师禅一念即悟，不假方便，不分次第。如来禅有阶梯与层次，一步一步，脚踏实地。方式依学人根基而用，这两种禅，实际上一个禅。何谓禅？居一切时，如如不动（《金刚经》）。外不着相。叫禅（《六祖坛经》），禅，不可思议。禅，即佛，即道。

道友问：首山竹篦公案究竟何意？

中郎答：大慧将这个公案喻到了极明之处。他说好比剥荔枝，壳与核都剥了，只须咀嚼吞下。《宝镜三昧》说："背触俱非，如大火聚。"意为背了与触了都不是，大火聚一处。

问：遍法界总是一个，哪里有触了、有背了？

中郎答：如果总是一个，则刀创剑戟也总是一个，你如何怕触着它？奸淫杀盗也总是一个，你如何要背了它？

庄上吃油糍公案，与琅邪问举和尚公案一样，古人多于此发挥。其实，此等掌故，不过是淆讹公案而已。

从中郎对上三则公案的内蕴心明如镜，证明他参透公案，跳出了公案，故在答问中，挥洒自如地进行评述，有肯定，有怀疑，有批评，他信而不信，绝不迷信。

第一四六问与答

先生举僧问赵州:"万法归一,一归何处?"州云:"我在青州,做一领布衫,重七斤。"诸君平日作何道理会?

答:作顺应会。

曰:若问和尚,你有衣否? 答云:"我在青州做一领布衫,重七斤。"此方可作顺应。今问一归何处,岂是顺应? 此义觉范已曾笑破。(《影印》第 39 页,《校释》第 50 页)

解读

[释词]

1. 觉范:即洪觉范(1071—1128),是宋代高僧、诗人、音乐家、佛学家,著作甚丰,代表作有《寂音自序》《续传灯录》《五灯会元》等。

先生举了一个例子说,曾有和尚问赵州禅师:"万法归一,一归何处?"州答:"我在青州做一领布衫,重七斤。"你们怎么理会这个公案?

答:作顺应理会。

中郎答:若问和尚,你有衣否? 那和尚说:"我在青州做一领布衫,重七斤。"这可叫作顺应。今问:"一归何处?"岂是顺应? 这一真义,洪觉范已曾破解。

中郎之意为:赵州所答非所问,另有所指,要去理会他的言外之意,"顺应"不能解决问题。这是因为:"一归何处"是不可思议解脱境。况且"一"也不能当数字理解,它含有总括、本具、透彻等义。

第一四七问与答

问:古人多举眼前小事,要人下语,如此时闻爆竹声,试请道一句?

先生曰:聋人掩耳。

问：此句如何与悟相干？

曰：相干便非。

先生曰：汝辈公案不能透，莫只在本文上搜索，须举问明眼人。若人反诘汝，汝当据自己所见处对。第一莫怕羞，既对来，仍求明眼者再答汝，汝听他答处，自默会去。如刘居士问僧："古镜未磨时如何？"曰："黑似漆。""磨后如何？"曰："照天照地。"此据自己所见处答也。因居士不许，乃问洞山。山云："你问我！"曰："古镜未磨时如何？"曰："此去汉阳不远。"曰："磨后如何？"曰："黄鹤楼前鹦鹉洲。"此僧遂彻。此因人答而悟者也，譬之不会作文的，只在刻文本子上看其窍，难通，须是自家动手做几篇，求明师涂改，方有进步处。（《影印》第39页，《校释》第51页）

解读

问：古禅多举眼前小事，要求听者下一语而悟，譬如此时听到爆竹声声，启请先生说出一句可以吗？

答：耳聋者掩耳。

此句怎么与悟相干？

答：相干即非悟。

先生说：你等没有透彻理会公案，只在文本上表面搜索其义，须拿去请教明眼人。若那人反问你，你应该根据自己看法去回应。第一不怕害羞自己错解，既已应对，就要求明眼者再解答，你听他解答，自然有所开启。例如：有位刘居士问僧人："古镜未磨时，如何？"僧人答："黑似漆。"又问："磨后如何？"僧人答："照天照地。"此是根据自己见地来回答的。居士不满意，于是问洞山禅师，禅师说："你问我！"居士说："古镜未磨时如何？"答："此去汉阳不远。"又问："磨后如何？"答："黄鹤楼前鹦鹉洲。"问者听了，从中彻悟。这便是因人答而悟的典型。好比不会写作的人，只在文本上看其窍门，很难通达。须是自己动笔亲写，求明师指点，才能有所进步。

中郎这一答问，目的在于解决阅读公案中开悟的问题。现场举了一例：聋子掩耳闻爆竹。聋子打雷且听不见，又为何掩耳？ 这是先前知见与别人所为在起作用。答案不是单一的。至于刘居士问镜磨前后之答，前僧之答是现象性的，俗谛。一答即了，没有余味。洞山所答非所问，借用了唐代诗人崔颢的《黄鹤楼》诗中的名句，意境高远，彻天彻地，彻古彻今，回味无穷，真谛。此人听后大彻了什么？ 他心知肚明，别人不知。这就是禅悟的魅力与深妙。

中郎举写作须亲写事例，意在说明悟道修佛，应解行相应。

第一四八问与答

问：机锋相叩，贵在迅速。少落思量，便名鬼家活计。如某甲思素迟，未免落思量，奈何？

答：若是犯思量的，即随问随答，也是思量。若是不犯思量的，即来得迟些，也不是思量。即如僧被古德问，一连答数十转，皆不契。到末后一转，方契。难道他全不思量的？（《影印》第 39 页，《校释》第 51 页）

解读

道友问：机锋相叩，贵在迅速，稍落思量者为鬼家活计。某人思量一向迟缓，怎么办？

中郎答：如果犯思量，即使随问随答很迅速，还是思量。如果不犯思量，答问虽迟缓，也不是思量。假如一和尚被大德问，一连答了数十个问题，皆不契合，到最后一问，才开悟，难道他全部不用思量？

中郎之意是：开悟并不在于反应之迅速与迟缓，思量不思量。在于什么呢？ 在于悟者之禅机出现。

第一四九问与答

问：五宗血脉同否？

答：血脉本同，门庭各异。然非有心立异，实出于不得已。因前人之法，行久有弊，故继起者，鉴而更张之，临济棒喝，未免粗疏，故曹洞易为绵密耳。然此宜论其大概，而中亦有相同者。如问："如何是夺人不夺境？"临济曰："煦日发生铺地锦，婴儿垂发白如丝。"此临济同曹洞处。"如何是佛？"云门曰："麻三斤。"此云门同临济处。此中无实法。使当今之世有临济、曹洞者出，又别是一番建立矣。（《影印》第39页，《校释》第51页）

解读

问：五宗（第一四三问与答中已有解释）血脉是否相同？

答：血脉本同，门庭各异。但是并非故意标新立异，实出于不得已。因前人之法，行久就生弊端，故续佛慧命者有借鉴而更换方式，临济宗主张以棒打与呵斥促人开悟，未免粗疏；故曹洞宗改为绵密之要求，但这只能论其大概，其中也有与临济相同的。比如问："如何是夺人不夺境？"临济回答是："煦日发生铺地锦，婴儿垂发白如丝。"此临济与曹洞相同之处（出人意料，匪夷所思）。如问："如何是佛？"云门宗答："麻三斤。"在此公案中，云门与临济又是相同的（所答非问，意在言外）。这些公案告诉人们：修行悟道没有固定方法。如果当今世界有临济、曹洞宗的承脉者出，必将另有一番建树。

第一五零问与答

问：直指参禅之要？

答：参禅的无别法，只是一些道理不上心来，一毫意见学问不生，此即有六七分了。盖意见学问不来这里，情识不行，却有个入处。参禅人得三三昧，谓空三昧，无相三昧，无作三昧。此三昧皆无形迹。若这六根上求三昧，则或有眼通耳通，皆有形可指者，是谓根尘小学，故唯三三昧为诸三昧之王。得此三昧，则一切三昧俱具矣。

人未悟时,触处皆妄。如与人争竞,固人我相,即退让人,亦人我相也。以我与人争,我能让人,总之人我也。既悟时,则触处皆真。如待人平易,则无人我相;即与人竞争,亦非人我也。永嘉云:"不是山僧逞人我,修行恐落断常坑。"是也。(《影印》第40页,《校释》第52页)

解读

[释词]

1. 三昧:佛学用语,指修行人止息杂念、心神平定的正定正受的妙美境界,也指事物真谛。如念佛三昧。

2. 断常坑:即断见坑与常见坑。常见认为生命或万物可以永恒存在,断见是认为人死一了百了,断见与常见都是一种病,故喻为坑。偏执于有,则出不了生死;偏执于空,属断见,甚至下恶道。故修行人须端正知见,断除此二种邪见。

问:参禅之要如何直接指明?

答:参禅别无他法,只是不让道理上心,一丝毫学问与意见不产生,在这种状态下,就有了六七成把握了。意见学问不干扰,情感与识见不参与,就有了契入处。参禅人自得三种三昧,即空三昧,无相三昧,无作三昧,此三昧皆无形踪,如果在六根上求三昧,则或许有天眼通与天耳通,皆是有形可指,这种境界被称为根尘小学,故三三昧是三昧之王,得此三昧,则一切三昧具足。

人未开悟,触处皆是妄想。如与人争竞,是人我相;即便退让不争,也是人我相。以我与人争,我能让人,总之有人相我相。等到开悟了,所触之处均是真了。如待人平易,本无人相我相(平等);与人竞争,也不是有人相我相。这是因为争而不争,心无挂碍。故永嘉禅师说:"不是山僧逞人我,修行恐落断常坑。"

中郎强调了"三三昧"为三昧之王。

二十、第一五一至第一六零问与答解读

第一五一问与答

问:悟明人亦用心意识(《校释》横排版将"识"误排为"让",据影印版订正——笔者)否?

答:心意识何病? 但认他做主宰,便不可。如以僮仆做家主,岂不害事?

参禅将彻时,惟守定一个话头,便是真工夫。若舍话头而别求路,必难透脱矣。常(尝)久参者多谓我参禅到此分际,如何尚不得力? 尚不得受用? 我谓此人必未曾学道者。试观日用间安往有不得力时,安往有不受用处?《华严》云:"若起精进心,是妄非精进;若能心不妄,精进无有涯。"(《影印》第40页,《校释》第52页)

解读

问:悟明人能否用心意识?

答:心意识有什么害? 只是不让它做主宰。心意识与自性真心关系是仆主关系,如果一个家主让仆人去主宰,岂不生祸端?

参禅到将要大彻大悟时,唯守住一个话头,才是真功夫。如果已抓了一个话头,却还寻思别的路子,必定难以透彻。曾经听说久参禅的人抱怨说,我已到了边际,如何还不得力? 还不得受用? 我认为此人未必曾真学道。试问,我们在日用时间自然而然,何曾安住不得力、安住不受用?《华严经》说:"若起精进心,是妄非精进。若能心不妄,精进无有涯。"

中郎此答之精髓,全在最后引用的偈子里。欲求精进无有涯,只要做到心不起妄。妄指什么呢? 散乱与杂糅。"制心一处,无事不成。"中郎揭示了参禅悟道的诀窍。

第一五二问与答

问：某已晓得知解道理不可用矣，但放不下？

答：汝每日所作，如饥知食，寒知衣，那（哪）件不是知解？见尊长便拜，逢故人便问，那（哪）件不是道理？须知知解道理，用不着此极则语。不是与汝作学问的。（《影印》第 40 页，《校释》第 52 页）

解读

问：我虽知在参禅中不必用知解道理，可就放不下，怎么办？

答：你每日生活，饿了知食，冷了知加衣，哪一件可排除知解？见尊长讲礼节，逢故友则问，哪一件不是道理？必须明白，完全放下知解道理，是走了极端，这对你作学问是不利的。

中郎之意是：参究禅学，正确态度是对所懂道理、所有知解，不能完全抛弃，也不能偏执死守。处于用而不用、妙用活用境界。中即的主张有针对性，他答问的原则是：因病施药。

第一五三问与答

问：何名证入（《校释》横排版误"入"为"人"——笔者）？

答：证入（《校释》横排版误为"人"——笔者）亦方便语。如有一房舍在此，若是我自家的，常于此中出；若是他家的，方从外面入。（《影印》第 40 页，《校释》第 53 页）

解读

问：什么叫求证入道？

答：求证入道只是一个方便的说法，证道是不容说清楚的，越想说清越糊涂。比如，有一房舍在此，如是我自家的，我必从此出；如是别人家的，必从外面入。

中郎这个比喻也是方便语。别人房舍与自己房舍,自己心里清楚。证道亦须自证自明。

第一五四问与答

问:古人云:"一切现成,只要人承当。"如何是承当的事?

答:今呼汝名,汝即知应;叫汝饮食,汝便饮食。此即是承当。(《影印》第40页,《校释》第53页)

解读

问:古人讲:"一切现成,自己承当。"请问如何承当?

答:有人叫唤你名字,你就答应了;有人喊你去饮食,你就去饮食了,这叫自己承当。当然,这只是比喻,这里的自己承当指悟道靠的是自己。

第一五五问与答

问:悟明人须加修治,方可除贪嗔痴?

答:譬如小孩子手执瓦(《校释》横排版误为"无",现据影印版订正——笔者)砾,人夺之则哭,及长至六七岁时,夺之则不哭,此果由修治否?

悟明人虽自眼已开,犹有无始业习,未能尽除,故世世出来化人,以消除自己业习。譬之重载(《校释》漏掉了"载"字,据影印版补正——笔者)船搭人,非但济人,实欲借力牵挽,便船(《校释》漏了"船"字——笔者)易行也。故曰:"佛前普贤,总是自利之行。"

识(《校释》将"识"误为"认",据影印版订正——笔者)趣胆三者,入道之人不可阙(缺)一。

有聪明而无胆气,则承当不得;有胆气而无聪明,则透悟不得。胆胜者,只五分识,可当十分用;胆弱者,总有十分识,只当得五分用。
(《影印》第 41 页,《校释》第 53 页)

解读

问:悟明人须加修治,才能除去贪嗔痴吗?

答:譬如小孩手执瓦砾,人夺则哭。待六七岁时,夺则不哭了。为什么呢? 起先他把瓦砾当宝,后来知道不是宝。你说这个小孩果然修持了吗?

悟明人自眼已开,但有无始以来之业习,未能尽除,故生生世世出来教化人,以消除业习。好比载重之船搭人,不只是帮人,是为了使那人帮助船夫出力推动船行。因此说:成佛前的普贤之行,总是自利之行。

识趣胆三者不可缺一。

有聪明而无胆气,则承当不得;有胆气而无聪明,则透悟不得。胆胜者,只五分识,可当十分用;胆弱者,纵然有十分识,也只能当五分用。

中郎解答如何承担问题,强调了胆气与识见比,胆气更重要,胆气即气魄,即大心愿。

第一五六问与答

先生云:汝近日看《大慧语录》,何如?

答:觉得快活。

曰:此是汝看书不济处。大慧一书,将人所走的门路,一一塞尽,观者唯增迷闷而已,那(哪)得有快活处?

人知见有大小,其事业因之而异,佛不过是有大知见的人,其教人,唯开示佛之知见而已。试观贸(《校释》将"贸"误为"贤",现据影印版订正——笔者)易之人,有贸本相等,而所获利或倍蓰千万之不同,由其知见有大小耳。出离生死,全靠真知见。(《影印》第 41 页,《校释》第 53 页)

解读

先生问:你近日看《大慧语录》,感觉怎么样?

答:觉得快活。

先生说:这是你看书不透之处。大慧一书,将人们所走的门路,一一堵塞,看他的书的人只是增加了迷闷,哪里有快活可言。

人们的知见有大有小,其事业的因果报应是不同的。佛不过是有大知见的人,教人只是开示佛之大知见而已。试观贸易之人,有投资本金相等,而所赚的钱,有一倍、五倍乃至千倍、万倍的差别。是因其知见有大有小而运作不同的缘故。以此类推,出离生死,全靠真知见、大知见。

第一五七问与答

僧问:古德云:"修证则不无,污染则不得。"如何?

先生曰:汝曾往南北二京否?

答:曾往。

曰:这个是修证不是修证?

又问:汝往京城中,曾听经否?

答:曾听。

曰:这个是污染,不是污染?

僧复拟答。先生摇手曰:不是,不是。

参禅须是利根人,钝根入不得。盖聪明过人者,少有所得,不能满他聪明的分量,则愈前进。若智量小的,稍稍有悟便自足了。如大慧众同参诸人,皆同时颖悟。大慧自以为未得。又参三十余年,方大彻,始知诸人皆得少为足者,正为大慧聪明过人,前所得底,不能满其分量故。(《影印》第 41 页,《校释》第 53—54 页)

解读

和尚问:古德说:"修证则不无,污染则不得。"什么意思呢?

先生问:你曾经去过南北二京吗?

答:去过。

问:这个是修证不是修证?

又问:你去京城,曾经听过别人讲经吗?

答:听过。

先生说:这个是污染,不是污染?

和尚准备答话,先生摇手曰:不是,不是。

参禅开悟须根利之人,钝根的人不得开悟。大都聪明过人的,稍有所得,不能满足他聪明的分量,则愈前进。若智量小的,稍稍有点小益便自我满足。如大慧与众同参诸人,皆同时颖悟。大慧以为自己未透,又参了三十余年,才大彻大悟,始知同参的那些人都是得少而满足,正是因为大慧聪明过人,前所得的那个水平,不能满其分量之故。

中郎之意为:修证要有所成就,须根利,还须不自我满足,且长时间坚持。他对大慧有肯定,对同参有批评,可见他学习祖师语录不盲从、不迷信。

第一五八问与答

问:道理知见用不着,然仔细点检日用间,那(哪)一件不是道理知见?

答:用不上,便叫做道理知见。若人吃饭穿衣,岂得明道理知见乎?

凡学道人,走别样路,则要易其职业,易其念虑,唯参求宗门一着,则不唯不必转业,亦不必转念。观《华严经》可见矣。然业念俱犹常人矣,毕竟不同者,何在?(《影印》第41—42页,《校释》第54页)

解读

问:道理知见在参禅中用不着,然仔细检讨日用间所做之事,哪一件不是道理知见?

答:用不上叫道理知见,吃饭穿衣,岂能说出道理知见?

凡学道人,走另外的路,就要改换职业,变其思虑,唯独参究禅宗一着,则只是不必转业,也不必转换思虑,读《华严经》可知。但有业念之人都是常人,毕竟与常人不同的人,在哪里?

中郎之意为:参禅悟道,既是常人,又不是常人,须聚集一心一念。

第一五九问与答

问:某甲二六时中,无取无舍,不依倚一物,是保任否?

答:汝自谓不取不舍,不依倚一物,然是取了个不依倚一物,舍了个依倚一物也。安得谓之保任? 夫保任者,譬之此园中,有名花须保任他,则设墙垣以卫之,至于保任虚空,则如何用力?

人能见得性,则随时随事,光明自透露。

予初年学道,虽见得道本平常而求玄妙之心犹未忘,迩年来方知别无奇特,唯平常寻去便是。今海内参禅者,或行苦行,或习静定,或修福德,据外面看,人争慕之。然察其中,有这段求玄妙做门面的心,即与道相远。(《影印》第 42 页,《校释》第 54 页)

解读

问:有一修道者二六时中,无取无舍,不依倚一物,是不是保任呢?

答:他自认为不取不舍,不依倚一物,而是取了个不依倚一物,舍了个依倚之物的意念,怎么称得上保任? 什么叫保任? 譬如,有人拥有多种名花异草的花园,主人为保任它,设墙垣来防卫,至于保任虚空,如何用力?

人如果见得性,则随事随时,自有光明透露出来。

我早年初学道,虽能见道本平常,但求玄妙之心未忘,近年来才明白道本无奇特,只是平常修行就是。当今海内参禅者,有的修持苦行,有的修持静定,有的修行福德,从外表看,人们争相羡慕。但是考察其内心,有那么一种求玄妙奇特做门面的心在,这就与道相距甚远了。

中郎回答保任问题,说保任虚空无法着力,意为参禅修道是好比保任虚空的行持,须大得包含虚空的心量。再一次指出:明心见性,光明透露。光明即智慧。整篇答问,强调了"平常心即道"。

第一六零问与答

问:先生往年修净土,是何见?

答:大凡修禅而寻别路者,皆系见未稳故。

走明白路者,求解也,解通,名如来禅;走漆黑路者,求悟也,悟透,名祖师禅。

小修云:走明白路,亦有两种:有于经论上求明白,如法师是也,乃认贼为子,决不可用者;有见得言语道断,心行处灭,亦是走明白一路者,如邓豁渠亦其人也。观《南询录》自见。

问:言语道断,心行处灭,如何亦有两种?

答:有假有真。譬如要北人谈闽中乡谈,此真言语道断。若本处乡谈,但只不说,此假言语道断。寻常做官,要休下去,此假心行处灭。若遇考察去了官,此真心行处灭。(《影印》第 42 页,《校释》第 54—55 页)

解读

问:先生往年修持净土,是什么见解?

答:大凡参禅中另寻别路者,都是见解不稳定的缘故。

走明白路者,求解,解通,名如来禅;走漆黑路者,求悟,悟透,名祖师禅。

小修说:走明白路也有两种:有从佛经佛论上求明白,那是法师一类,大都认贼作子,没什么用处;有认识到言语道断、心行处灭的一类人,也是走的明白一路,如邓豁渠就是。读一下其著《南询录》,便可知道。

中郎这段答问,提出了如来禅与祖师禅的共同点与差别处。共同点都禅悟,目标一致。不同点在于前者走光明路,经佛祖经教开导,自证自悟而得解脱。后者走漆黑路,经祖师观察时节因缘,对弟子施以语言、棒、喝、动作、表情等,切应其机锋,引导其解脱。路是对参禅途径与方法的比喻。

问:言语道断,心行处灭,如何有两种?

中郎答:有真与假两种。比如,北方人听福建的人乡谈,不知所云,无话可说,这是真言语道断;如果北方人听本处人乡谈,不发一言,这是假言语道断。平常做官的人,他说自己要休歇不做官了,这是假心行处灭;如果是钦差考核丢掉了官,再说休歇了那是真心行处灭。

中郎之意在于:不起心动念,不分别,不执著,不取于相,不受外诱,如如不动,才能开悟。

二、第一六一至第一七零问与答解读

第一六一问与答

问:先生言洪觉范有道理知见,然予观觉范提唱(倡)公案,其识见议论,似与大慧不殊?

答:透关的人亦分两样:有走明白路者,如觉范、永明寿是也;有走黑路者,若大慧等是也。其议论识见一样,而却分两途。

有人向小修举似,小修云:觉范亦是走黑路者,但其中微带有明耳。

先生曰:不然。觉范往往将黑路要解做明白的,是死语,是实法。久于道者,每以参究为功,不以安闲(《校释》横排版将"闲"误为

"闭"——笔者)为功。宁知矜持者(《校释》横排版将"者"误为"著"——笔者)尚有功,不矜持者岂无功? 特汝等自家不肯算作工夫耳。(《影印》第42—43页,《校释》第55页)

解读

［释词］

洪觉范:德洪(1071—1128),宋代临济宗黄龙派僧人,江西高安人,号寂音尊者。著述甚丰。著名的有《禅林僧宝传》《高僧传》《法华合论》《金刚法源论》等。

问:先生说洪觉范有道理知见,但我看洪觉范公案,其中见解,似乎与大慧并无什么特殊之处?

答:禅悟透脱的人也可分两种:有走光明路者(如来禅),如洪觉范与永明延寿;有走漆黑路者(祖师禅),如大慧。他们的识见议论没有差别,只是禅悟途径不同。

有人望小修,希他举些事例。小修说:洪觉范走的是漆黑路,不过稍有透出光明之时。

先生说:不是。洪觉范往往将黑暗理解为光明处,是执着死语,是实在之法。

中郎又说:久参道者,每以参究为功,不以安闲为功。岂可认为矜持参究者有功,难道不矜持的参究者无功吗? 只不过你们不把它当作功夫罢了。

从这一答问中,可看出中郎主张参禅者要在安闲心境中进行,不必过于矜持。这个意见合于禅佛原理:参而不参,不参而参,是参非参,离是离非。这是大彻大悟者的见解。

第一六二问与答

问：大慧示众云："有等人谓法不在言语上，不在情识上，不在举动施为上，此错认业识为佛性。"夫既不在言行情境矣，如何又名为业识？

答：认言行情境者，名妄念；不认言行情境者，名业识。业识乃第八识，是浑浑沦沦的，故不在言行情境上。古言："业识茫茫，无本可据。"正是指此。

大慧所说，用功总不出四句，谓不可以有心求，不可以无心得，不可以言语造，不可以寂默通。这四句乃圣贤学脉精髓。凡有丝毫工夫（《校释》漏了此句——笔者），有丝毫依倚，皆非真学问。

小修云："今学道人，都疑悟明之人，其意识必然孤立在那里，一无所倚傍也。不知无有此理？"

先生曰：然眼不观色，则无眼；耳不听声，则无耳。以至意不缘法，则无意，岂有个孤立者？

过了信关人，只当休去歇去，便是真功夫，第一不得于逆顺境上疑己不相应。古人所谓不相应者，非指此也，谓偷心未绝，不能相应也。（《影印》第 43 页，《校释》第 55—56 页）

解读

问：大慧开示说："法不在言语上，不在情识上，不在举动施为上，此错认业识为佛性。"既不在言语情识，如何又名为业识？

答：认言行情识者，为妄想；不认言行情识者，为业识。业识属第八识，是浑浑噩噩的，故不在言行情境上。古德说："业识茫茫，无本可据。"正是指此。

大慧所说，用功总不出四句：不可以有心求，不可以无心得，不可以言语造，不可以寂默通。这四句，什么也不依倚，乃圣贤学脉的精髓，凡有丝毫功夫与丝毫依倚，都不是真学问。

小修云："现在学道人，都怀疑悟明之人，其意识必然孤立在那里，一无所依傍也。不知无有此理否?"

先生说:然眼不观色,则无眼;耳不听声,则无耳。以致意不缘法,则无意,岂有个孤立者?

过了信关的人,只当休去歇去,便是真功夫。第一不得于逆顺境上,怀疑已不相应,古人所说不相应者,非指此也,指偷心未绝,才不相应也。

中郎这个答问,有三点含义,即真学问、真功夫与真如体。一是无为无念修,强调了大慧四句话是圣贤学脉精髓,照修才是真学问;二是须过信关(指十信、十住、十行、十回向、十地中,五阶次的第一级次),进入一真法界,才能休歇,即无功用道(古人对此境界修行,有个比喻,酒瓶的酒倒光了,一闻仍有酒气,怎么办?休歇不管,时间一久,自然消失。)才是真功夫;三是要修真如本体,必须有真学问、真功夫,抛开偷心,在熏习中与诸佛本真及运用相应。这三点,讲明了修行达大彻悟的奥妙,须认真领会,才得大益。

第一六三问与答

问:十分打不过去的事,当如之何?

答:众人打得过者,我亦打得过。我打不过者,众人未必打得过。既是众人打不过,我又何必要打过?

五家纲宗,只一逆字,足以尽之。不特五宗,三教圣人都是逆。(《影印》第43页,《校释》第56页)

解读

问:在修持中遇到十分过不了关的事,怎么办?

答:众人打得过者,我也打得过。我打不过者,众人未必打得过。既是众人打不过,我又何必打得过。

五家纲宗,一个逆字足以说尽。不只是五宗,三教圣人都是逆。

中郎的这个说法值得思辨,细想极有道理。就禅门五宗言,临济宗提倡一棒一喝开悟，是对不立文字、以心会心的逆反，于是形成黄龙派与杨岐派；曹洞宗认为临济可取，未免粗疏，于是主张绵密悟道，又是对临济宗棒喝的逆反；而云门宗则认为绵密可行，须跳出绵密的束缚，典型公案是提问佛是什么时，答"麻三斤"，这又是对曹洞宗的逆反。现代哲学的否定之否定的规律，可帮助我们理解。就儒学言，提倡入世，忠孝有为，尚有忠孝不能两全、大忠即大孝之说，这是一种逆。道教则提倡无为无不为，主张为学日益，为道日损，还主张绝圣弃智、绝仁弃义、绝巧弃利（《道德经》第十九章）这是对儒学的逆反。佛学则主张无念为宗，无相为体，无住为本，了生脱死，这又是对儒道的超越。三教尽管有共同共通之处（都主张善，儒道都主张上善若水，止于至善，佛主张修十善业），但分别有侧重点，中郎用了一个"逆"概括三教的特点，是独创性的。当然这个逆不是一味的逆反，它是为了更好、更准确地顺应天道、地道、人道，它是作为修持思维取向与方法提出来的，须全面理会。

第一六四问与答

问：悟明人作何工夫？

答：做功夫须不落阴界，不堕区宇，方为真功夫。且汝既见心体矣，则日用常行，无非是心，若又去看心治习，犹饭既熟，而复去淘米也。

过了关的人，犹分为己为人两种学问，不可不知，参禅人要通玄解、暂歇心易，要事上过得去、疑不上心来却难。盖解通的人，虽暂歇了心，久之闲不过，必自疑云，我学道一场，未知临终时，作何状？死后黑如漆，又不知作何状？近日眼前只散散地，怎么去，怎好要寻件事来做，方过得。若于日用行事上，都打得过，心中都安闲（《校释》掉了"闲"字——笔者）得去，没有纤毫疑惑，此非消融之久不易到也。（《影印》第43—44页，《校释》第56页）

解读

问:悟明人以什么作功夫?

答:真功夫灵灵昭昭(即不落阴界),体大用广(即不落区域)。你如果开悟明道,既见真心,则日用常行,就不必担心治习,如同饭熟了,还去淘米,多此一举。

过了悟关的人,可分为人为己两种学问,参禅人要通彻玄解,歇心不动摇,事上无碍过得去,理上无碍却很难,总难免疑上心来。解通的人,暂歇了心,时间一久,又闲不过,于是生疑,我学道这么久,不知生命临终是什么状态,死后黑暗如漆,又不知什么状况。近日眼前散散漫漫,总得寻件事做才好过得去。如果在日常生活中,打得过,安得心,没有丝毫疑惑,这种境界到达须对佛理圆融较久才有可能。

中郎之意为:悟明人的真功夫在平常日用中,没有任何障碍,即华严境界。

第一六五问与答

问:大悟时即得证否?

答:即证。

曰:此还是因中事耶?

曰:因果一时齐。

有曰:还得三明六通否?

曰:具足,但不在眼耳鼻舌身意上。(《影印》第 44 页,《校释》第 56 页)

解读

[释词]

三明:即天眼明(即天眼通达,见人所未见)、宿命明(即宿命通,能知自己与他人的宿世因果)、漏尽明(烦恼除尽,智慧圆满)。这里以三明指代六通,即天眼通、天耳通、他心通、宿命通、神足通(能变化)、漏尽通。

问:大悟者能证吗?

答:能证。

又问:此还是因地中事吗?

答:因果同时。

问:还得三明六通吗?

答:具足。不过不在眼耳鼻舌身意上。

中郎之意为:大悟之人比未开悟的人不同,未开悟者时时事事,不能离开六根六尘,总是被情所牵绊,易生烦恼;而开大悟人以自性观照法界,油然而生智慧,没有事与理的障碍,超越情识,灵明洞彻。

第一六六问与答

先生问寒灰曰:近况如何?

答:去年夏秋甚快活,今春偶思古人如何到此遂得休歇不得迷闷?

先生曰:此是汝求知见求明白的念头未忘,关头未过得尽耳。

老鼠入牛角,此喻最好,譬之盗劫人家,有十数间房皆到,唯一空室未入,虽去犹疑,必回头验过,然后疑才息耳。予昔年欲娶一妾,闻其美,且暮思之不辍,一日亲见,此女貌丑,此心当时顿息。悟道者亦如是。

小修云:"明道是眼,行道是足,两者不可阙(缺)一。"(《影印》第44页,《校释》第57页)

解读

[释词]

寒灰:释如奇,号喝石老人,高僧,中郎的过从甚密的道友。他们多有诗文唱和。他较早出资刊印《西方合论》。余在《袁中郎小品思想探究》中有介绍。本著第三章的禅诗试析中也有相关篇目。用现代语讲，寒灰是袁中郎的"铁杆粉丝"之一。

先生问寒灰：近况如何？

答：去年夏秋甚感快活，今春偶思古人如何到此遂得休息不得迷闷？

先生说：这是你求知见、求明白的念头未忘，未能尽过关。

老鼠入牛角，这个比喻好。譬如，一个强盗到一个有十数间房的人家行盗，房房皆到，唯一一间空室未到，离开后怀疑那空室有财物，于是转头查看，一无所获，这时才止息了念头。我往年想娶一妾，人言貌美如花，我从早到晚总惦念着，后亲自去看，原来丑女，想娶之心顿息。悟道者也是这样。

小修说：明道是眼，行道是足，两者不可缺一。

这个答问，中郎用了三个比喻：老鼠钻牛角，无路可走，非转头不可。强盗偷劫，连空房也不放过，才甘心离开。中郎欲娶妾，亲见貌丑，才息此心。这三个比喻说明息心止念与行动的关系。修行悟道必须息心止念。他运用了《楞严经》教言：狂心顿歇，歇即菩提。

第一六七问与答

问：何谓行起解绝？

答：解如问路，行如走路，到得走路之时，则前此问路之心绝矣。

初入悟人容易有偷心未死者，再须锻炼多年，方始净尽。所以古人谓：云门禅，如百炼（《校释》掉了"炼"——笔者）精金。（《影印》第44页，《校释》第57页）

解读

问:行起解绝是何意?

答:解如问路,行如走路,到得走路之时,则前此问路之心就断绝了。

初入悟之人容易偷心(妄念)不死,必须经过多年锻炼,才能心净彻底。所以古人说:云门禅悟者,如白炼精金。

第一六八问与答

问:偷心乃不光明之心耶?

答:非也。参禅人将谓别有奇特玄妙心,不肯休,如盗劫人物,要处处搜寻到了才罢,是谓偷心未死也。(《影印》第44页,《校释》第57页)

解读

问:偷心是不是不光明之心呢?

答:不是。参禅人不能放下奇特玄妙之心,好比偷盗者撬门入室,四处搜索,这是偷心未死的缘故。

中郎之意是:贼心不死,贼者本质。这是个比喻。悟明人放下追求玄妙奇特之心,才可能开悟。

第一六九问与答

问:有入头人只参公案,其余三玄三要四料拣等,俱不必理会,何如(《校释》掉了"何如"二字,加了一个"他"字——笔者)?

答:且不必理会他。

明白的,乃顺路;黑漆漆的,乃逆路。顺路所得,虽多而实无用;逆路,只一些子却有无穷受用。

参禅人须走着撞着墙,方肯回头。只徒望见墙,犹是未到,必在墙上掀翻撞倒一回方好。

学问须暗然日章（彰），勿求人知。（《影印》第 44 页，《校释》第 57 页）

解读

[释词]

1. 三玄三要：佛教术语，是禅门临济宗接引学人开悟的方法。目的在于教人学会理解言句中权实照用的功能。所谓三玄，指体中玄（弄清语句中依据事物真相所现的道理）、句中玄（不拘泥言语而悟其玄奥）、用中玄（离于论理与语句的框定而生的新玄妙，又称玄中玄）。三要指言语中无分别造作，千圣直入玄奥，言语道断。

2. 四料拣：又称四料简。料，指度量；拣，拣择或简别。是根据学人根器所采取的不同教授方法。如：一、"夺人不夺境"（破除对人我见的执着）；二、"夺境不夺人"（破除法执）；三、"人境俱夺"（破除我执法执）；四、"人境俱不夺"（对我执法执均不执着，两者都不必破除，是一种超越，即心境圆融）。

问：参禅者开始参究，只管公案，三玄三要四料拣是否可以不理会呢？

答：是的。

明白的，是走的顺路；黑漆漆的，是走的逆路。顺路所得，虽多却无益；逆路所得虽少许，也受用无穷。

参禅人参究，如同走路撞着墙，才肯回头，只是望见墙，还是没到，必须在墙上掀翻撞倒一回才好。

学问须幽深玄远，不必求人所知，时间一久，自然彰明。

中郎的撞墙之喻，指思维的触碰原理，即相击发灵光，切磋成良玉。他是对参悟的进阶的形象描述。至于学问的境界，则是老子讲的境界："俗人昭昭，我独昏昏；俗人察察，我独闷闷。澹兮其若海，飘兮其若无所

止。"(《道德经》第二十章)

中郎主张参悟得者不必张扬,只求内心明彻。

第一七零问与答

问:此是不求名么?

答:不求人知,又非是不求名。求名不妨。但学问不必人知。有心求人知,即逃名亦是要人知的。

小修云:求名乃喜怒哀乐内事,人惟于此错认,故进退不得自如(《校释》横排版误为"知",现据影印版订正——笔者)。(《影印》第45页,《校释》第57—58页)

解读

问:学问之事不求名吗?

答:不求人知,并不是不求名。求名也无妨。但学问不必人知,有心求人知,即逃名也是要人知的。

小修说:求名是喜怒哀乐内的事,人唯对此错认,故进退不得自如。

中郎兄弟三人名满天下,不求名而名至。名声在外,既使他们文以人传,又使他们身不由己。故小修说进退不得自如。中郎对于名则较为超脱,只是主张不特意追求,不炒作,不夸饰,有些顺乎自然的味道。他毕竟是大彻大悟的人。

二二、第一七一至第一八零问与答解读

第一七一问与答

问:道贵平常,炫奇过高是多了的?

答：平常亦是多的。

过了关的人亦须常会朋友讲论，讲论一番，则自己所已到者又操演一番，所未到者又精进一番，所谓借他人战场，练自己军马，古之禅伯大率如此。

古人所谓悟后修行者，乃去其心中不真实处，消其心中有疑（《校释》横排版将"疑"误作"嶷"——笔者）惑处，非以知见功德去补缀他也。

毋论学道人，凡高人皆不可不会听其议论超卓，观其行事拓落，皆足以发我未发。

常读书亦是操练之法。李龙湖曰："古人往矣，独有言句在耳。"不观古人言句，自以为歇矣，了矣（《校释》横排版漏"了矣"二字——笔者），倘阅之有透不过处，方知自己未到，必用心参究，所谓搅浊河之长竿，拨寒灰（《校释》横排版误为"厌"——笔者）之妙手。

凡看经论，非徒玩索文义也。为自己生死不了了，恐于经论上有疑可参处，有机缘可省发处，若语句未相干者，直当拣过不必看，以至看祖（《校释》横排版误为"租"——笔者）师语录亦然。

小修云："谓悟后人全与人不同，非也，依然是旧时人；谓悟后人全与人一样，亦非也。面前自有闲田地。"

"随缘消日月，任运着衣裳。"此临济极则语，勿作浅会，若偷心未歇，安能随缘任运？

小修云：今人见参禅之士有世网未脱、习气未除者，率云彼既参禅，何为犹有此等余结，不知世情与道情，非两也。如生禅天者，其世缘尽脱，习气已除，然祖家却不许之，何也？（《影印》第45页，《校释》第58页）

解读

问：道贵平常，炫奇过高是多余的吗？

答：平常也是多余的。其意为：道在生活中，虽平常，也并非平常。

过了悟关的人，也须常会朋友讲解与讨论一番，自己所悟到的，又操练一番，所未悟到的，又精进一番。这就是所说的借他人的操练场地,训练自己军马,古代参禅有成者,大都是这样。

古德所说的悟后仍修行的人,是为了排除心中的不真实(妄想与执着)的地方,消除心中有疑惑的地方,并不是以知见功德去补缀它。

别说学道人,凡是高人皆不可不会读书,其议论超卓,观其行事洒脱磊落,都足以启发我们所悟不到之处。

经常读书,也是操练之法。李龙湖说:"古人往矣,独有言句在耳。"不细读古人言句,自以为歇止了、了然了,倘若问到有透脱不到之处,才知自己用心参究之欠缺。你会觉得高人指点,就是所谓搅浊河之长竿、拨寒灰之妙手。

凡看经论,不只是玩索文义。为自己生死不能了,恐怕于经论上有疑可参究的地方,于机缘可供审察生发的地方,都要仔细。若语句与生死大事不相干的地方,则要跳过不必看,看祖师语录也是这样。

小修说:"谓悟后人,全与人不同,非也,依然是旧时人;谓悟后人全与人一样,亦非也。面前自有闲田地。"

中郎说:"随缘消日月,任运着衣裳。"这是临济宗的极则语,勿作浅会,如果偷心未歇,怎么能随缘任运。

小修说:今人见参禅之士,有尘世之网未脱掉、习气未除掉者,大都批评说:你既然参禅,为什么还有这般余下的纠结。他们不知世情与道情,不是两样。如升禅天的人,世缘尽脱,习气已除,但祖师并不赞许,为什么?

中郎在答问中提出了读诵经论的重要性及方法。广诵读、广交友、广游山水是他的一贯主张,诵读可帮助转迷为悟,交友可相互交流,还可以宣示真谛,游览可开拓心胸,感受山水灵光。他的读诵有个中心,这便是了生死,这是三世诸佛教人的要核。他提的读经有细深揣摩之处("勿作浅会")与放过之处的方法,是一条宝贵的经验。许多人读经一无所获,大都违背了中郎提供的原则与方法,这些经验值得当今有识求学求悟道者高度重视。

第一七二、一七三问与答

问:诸法既如梦泡,则一切善恶,譬之好梦恶梦,一醒都空,何以标善而遮恶耶?

答:梦中受乐与梦中被打,毕竟不同,故东坡云:嗔喜皆幻,喜则非嗔。

问:今人或有此事全不干自身,而横罹祸者,何故?

答:祸之来不可测。非是定有相干不相干。或有失足于彼,而假手于此者;有造因于前,而受报于今者。而周孔何人也? 而居东过宋,几不免焉。可俱谓之不知几乎?(《影印》第 46 页,《校释》第 59 页)

解读

问:诸法既如梦幻泡影,则一切善恶,譬之好梦恶梦,一醒都空,何以标善而遮恶呢?

答:梦中享受快乐与梦中被打,毕竟不同。故苏东坡说:嗔喜皆幻,喜则非嗔。

中郎之意为:梦幻泡影有相同处,还有不同处,标善则可扬善,遮恶则可止恶。这就是《弟子规》所言:道人善,即是善。扬人恶,即是恶。

问:今人或有此事全不干自身,而横罹祸殃,什么原因?

答:祸殃到来,不可测算。并不是一定相干不相干。有的人失足于此,而假借他人之手获罪于此;有的人造因在前世,而受报于今世。周孔是何等圣人? 他居东山,游历天下,过宋、陈等地,困厄得几乎丧命,你能说他不会预测吗?

中郎回答,用了老祖宗教言:天有不测风云,人有旦夕祸福。同时,还运用了佛法的因果通三世的原理。

第一七四问与答

问：持己待人之方？

答：以情恕人，便是公；以理律人，便是私。以理律己，便是公；以情自待，便是私。

孔子说："施诸己而不愿，亦勿施于人。"以情恕人者也，所求乎子臣弟友，反之己未能，以理律己者也。此非孔子谦辞，自是实事。如今乡里愚人，见父责子，子语不逊，众必共非其子。至生平诵法孔子者，受父呵斥，果能纤（影印版为"纤"，《校释》横排版误为"织"——笔者）毫无违心耶？少有违心，与不逊何别？可见责人之事，自己多未能尽也。王荆公非是不好的人，只为他有一肚子道理，将此道理律人，便至败坏天下耳。

耳顺随缘，漫无所知者，似耳顺；漫无所知者，似随缘。人略有些聪明，则其听（《校释》横排版，将"听"误为"聪"，现据影印版订正——笔者）人说话，自心即起思惟此人所说如何，至漫无所知之人，听（《校释》横排版误"听"为"聪"——笔者）得人言句，只（《校释》将"只"误为"真"——笔者）觉得句句是好话，领略在心。故曰：似耳顺。人略有些智谋，必不安分，处处思量，攀缘将来要如何做。若漫无所知之人，其（《校释》掉了"其"字——笔者）才调施展不开，如佣工挑土、舂碓之人，终日巴巴做至晚，更无别想。故曰：似随缘。又如小孩子及禽兽，亦皆似随缘之类也。唯真实悟明人，声入（《校释》横排版将"入"误为"人"——笔者）心通，乃真耳顺。顺世无碍，乃真随缘。故相宗中有真现量，似现量，亦是此义。（《影印》第 46 页，《校释》第 59 页）

解读

问：持己待人的方法是什么？

答：从情上宽容谅解，从别人着想，便是公；以道理上约束人，是一种主观要求，便是私。从伦理上约束自己，便是公；从情感上满足来对待自己，便是私。

孔子说："施诸己而不愿，亦勿施于人。"是以情恕人之论。对子臣弟友有要求，必反思自己能否做到，这是以理律己之论。这并不是孔子谦让之辞，这是很实在的事情。如今乡下百姓，见父责其子，子如果出言不逊，众人必指出其子不对。以至平生诵读孔子教言，受其父训斥，果真能未有丝毫违背心态吗？稍有违心与不逊有什么区别呢？可见责备别人自己未能尽做到。宋代宰相王荆公（即王安石，文学家、思想家、政治改革家）并不是不好的人，他有一肚子道理并以此来约束所有的人，以致造成天下败坏。

耳顺随缘，漫无所知的人，似乎耳顺，似乎随缘，略有些聪明的人，则听人说话，自心即起思维，此人所说怎样呢？至于漫无所知的人，听得别人言语，只觉得句句好话，领略在心。故称之似乎耳顺之人。略有智谋，必不安分，处处思量，攀缘将来如何做。如是漫无所知的人，才能施展不开，如佣工挑土、舂碓之人，终日巴巴做到很晚，无别的想法。故称之似随缘。又如小孩乃至禽兽，也似乎都是随缘之类。唯有真实悟明人，声入心通，是真的耳顺。顺世而无疑心，才是真随缘。所以法相宗有真现量，似现量，也是这个意思。

中郎这个答问，重温了孔子持己待人原则是出以公心，律己恕人。评点了王安石改革的失败之因，肯定他人不坏，做事不得法，以致天下败坏。讲了耳顺与随缘两个问题：似耳顺与真耳顺、似随缘与真随缘的区别在哪里。重点是谈悟明人的真耳顺与真随缘的特点："声入心通"与"顺世无疑"，从根本上回答了持己待人之法。

第一七五问与答

问：如何方是无为？

答：所谓无为者非百事不理也。汉文帝称无为之主，吴王不朝，赐以几杖，张武受赂，金钱愧心，此无为也。舜放四凶，举八恺，非无为也？

故曰:无为而治,其舜也欤?

问:有放有举,何名无为?

答:因人情好恶而好恶之,亦是无为。

问:此与外道自然何别?

答:老庄之因,即是自然。谓因其自然,非强作也。外道则以无因而生为自然,如乌黑鹭白,棘曲松直,皆是无因而自尔如此,此则不通之论矣。

喜与嗔,皆幻也,宁就喜。多事简事,皆幻也,宁就简。拘检放旷,皆幻也,宁为旷。但不可以我之放旷,遂病人之收敛。世间人识见才调不同,未可一律齐也。(《影印》第46—47页,《校释》59—60页)

解读

[释词]

八恺:远古时期,尧统领天下,高阳氏族有才能的子孙,计八位。他们中正、通达、宽宏、深远、明智、守信、厚德、诚实,美德代代传承,被老百姓誉为八恺。到舜执掌天下,得以举拔。

问:如何做才是无为?

答:无为并不是百事不理。汉文帝称无为之主,吴王不朝,赐以几杖;张武受赂,以金钱使其心愧(史上称治贪的羞愧疗法)。这是无为的表现。舜流放了四凶,举拔了八恺,也是无为的表现。所以,《论语》上说:"无为而治,其舜也欤?"

问:舜有放有举,何以称无为?

答,因百姓人情好恶而好恶之(尊重民心),就是无为。

问:此与外道所说自然有区别吗?

答:老庄所因袭的,就是自然。他们主张合乎天道,自然而生,并不是强行。而外道却以无因而生为自然,如乌鸦黑,白鹭白,荆棘曲,松树直,皆无因而成,说自然便是不通之论了。

喜与嗔,皆是梦幻,宁就喜。多事简事,皆是梦幻,宁就简。拘俭放旷,皆是梦幻,宁为旷。但不可以我之放旷,责备别人之收敛。世间人识见与才情不同,未可一律对待。

第一七六问与答

问:从上祖师,亦有死于刑戮者,何故?

答:死于刀杖与死于床榻,一也。人杀与鬼杀,何殊哉?但有好看与不好看之异耳。于学问却不相干。

尝见为官者,每曰我待官至某处,即休心学道。予窃笑之。将来之心即是今日之心,目前既不能了,将后又安能了耶?故知要了,则即今便了,今日不能了,即百劫千生不能了,何况来年?(《影印》第 47 页,《校释》第 60 页)

解读

问:先前祖师,亦有死于刑戮,什么缘故?

答:死于刀杖之下与死于床榻之间,同是一个死。被人杀与被鬼杀,有什么不同?但是有好看与不好看的差异。对于学问言,无什么相干。

曾见到当官的说:我官至什么,即可休心学道。我暗自好笑。将来之心即是今日之心,目前既不能休心学道,将来又怎么能呢?故知道要了道,现在就要下决心。今日不能下决心了道,百劫千生也不能了道,何况来年?

中郎之意为:学道要从今日与此时,当下一念下决心,不能拖。这是千真万确之论,有很强的现实意义。

第一七七问与答

问：权词对人亦涉妄语否？

答：古人云："权以济事。"则不谓之妄语。

曰：如何比丘戒却不许有方便语？

曰：佛既设律，则不得不严。即今《大明律》何等严密，官民岂尽依之？《曲礼》三千，何等严密，儒家岂尽依之？所以比丘戒难持，然比丘戒亦只为中人设耳。若上品异材，则超于律外，戒讵足以缚之？如《菩萨戒》则不然，其中多有权以济事者。譬如兵法，只中等之将依之。至于名将，则出于兵法之外矣。故曰："非礼之礼，非义之义，大人弗为。"大抵我中国之法，唯孔子之教行之无弊。若佛法，则有难以治国治民者。可见古今不同时，夷夏不同俗，不可执彼而非此也。

菩萨极慈悲，而有时现忿怒相，可见慈悲脸儿有不可概用之处。

居安不如身安，身安不如心安。今劳心以养其身，劳身以营其居，失算甚矣。（《校释》横排版漏了这一段，据影印版补上——笔者）

西域唯重僧，凡俗人有不公平事，皆听僧家处分。故佛说僧家不用自耕种，唯募化衣食，每日止化七家。若我震旦国，只重乌纱，非修道作福人，鲜有重僧者，故古来僧师，知募化事难行于震旦，只自卑自劳而已。于是开丛林，置庄地，此正师其意不泥其迹也。

曾见一书云：有一异人，欲引苏子由（《校释》漏了"由"字——笔者）游地狱，且语苏曰："汝若到彼一看，决定不肯做官。"子由惧，不从，因引同座一人往，甫坐定，此人神识即同到地狱，但见有一狱中，纯是做官的及僧家。

小修云：僧家募造甚非计之得者，本是无求汉，却作有求事，宁不招人轻贱？天下佛殿，亦多矣，建之何为？佛经亦广矣，书之何为？（《影印》第47—48页，《校释》第60页）

解读

问:权词(方便语)对人是否涉及妄语?

答:不涉及。古人说:"权以济事。"

问:为什么比丘戒不允许有方便语?

答:佛设戒律,不得不严,即今天《大明律》何等严密,官民岂能全依?《曲礼》三千,何等严密,儒家岂能尽依?所以比丘戒难持,然比丘戒亦为中等人设,若上品异材,超于戒律以上,又岂能束缚呢?如《菩萨戒》则不然,其中多有权以济事者。譬如兵法,只有中等之将依靠它,至于名将,则超乎兵法之外了。因此,《孟子·离娄下》说:"非礼之礼,非义之义,大人弗为。"大抵我中国之法,唯孔子之教,行之无弊。如佛法,则有难以治国治民之处。可见古今不同时,中外不同俗,不可执彼而非此。

菩萨极其慈悲,但有时也现忿怒之相,可见慈悲之脸,也有不可一律使用之时。

居安不如身安,身安不如心安。今劳心以养护其身,劳身以营造其居,这是十分失算的。

西域唯重僧人,凡俗人有不公平事,皆听僧家处理。所以佛说,僧家不必自己耕种,只是募化衣食,每日只化斋七家。我们中国,只重乌纱帽(当官的),不是修道积福的人,很少有重僧的,所以古来僧师,懂得募化难以实行,只好自卑自劳而已。于是建丛林(禅院),置田产,此正祖师之意,不拘泥佛之规定。

曾见到一本书上说:有一异人,欲引苏子由(即苏辙)游地狱,对苏说:"你如到地狱一看,绝对不肯做官。"子由惧怕不肯去,荐了同署中一人跟从,刚坐定,这人的神识便与异人一同到地狱了,只见到有一狱室,关押的全是当官的与做和尚的。

小修说:僧家募捐造像造寺,并不是计较所得多少,本来是无求汉,却做有求事,怎么不遭人轻贱?天下佛殿够多的了,有必要加建吗?佛经也很广有,有必要书写吗?

中郎上述答问,很有意趣。强调了戒律的重要性,讲明了古今不同时、中外不同俗的道理。古人讲:地狱门前僧道多。中郎借异人故事,地狱里还关押好多戴过乌纱帽的与做和尚的。和尚为什么进地狱? 犯戒。官员呢? 贪多为己。这是警训之言。中郎信佛坚定,但他又认为佛法难以治国安民,可见其头脑清醒。

第一七八问与答

问:若然,皆一切治生事,皆不当营为乎?

答:难道修行人明晨缺早炊,亦不料理? 只有浓淡不同耳。事可已,则已之;不可已,始起而图之。古德云:今年庄上无收,并不着急。唯狗子无佛性话,无一人发明,实是急。夫以庄租与参学并谈,可见庄上事亦要紧,讵可置之不理耶?

吾辈少时,在京师与诸缙绅学道,自谓我等不与世争名争利,只学自己之道,亦有何碍? 然此正是少不更事。自今看来,学道不能潜行密证,乃大病也。即如讲圣学,尚节义,系功令所有者。然汉时尚节义,而致党人之祸;宋朝讲(《校释》横排版将"讲"误为"让"——笔者)圣学,而有伪学之禁。都缘不能退藏于密,以致如此。故学道而得祸,非不幸也。

老庄生当乱世,其学惟善下,惟韬晦,惟处于不才,是退藏于密者。

龙湖曰:世间好事甚多,安能一一尽(《校释》横排版将"尽"误为"书"——笔者)为之? 此语绝妙。

处世间事,众人皆见得非,而我独见得是,亦须缓缓调停,不可直遂。直遂则取祸矣。盖有理可行,而势行不得者,在审己量力可也。(《影印》第48页,《校释》第61页)

解读

[释词]

退藏于密:指后退隐藏于秘密之处,不露行迹。谓佛理精深微妙,包容万物。本问答中,指处人、处事哲学。

问:一切有关治生营卫的事,就不理了吗?

答:难道修行人明早断炊也不理吗? 只是有浓淡不同而已。事情可了,则了;不可了,则要计划从事。古德说:今年庄上无收,并不着急,唯狗子有无佛性,无一个说明白,这是急事。现以庄租与参学并列讨论,可见庄上事也是要紧事,哪能置之不理?

我等年轻时,在京城与官员一起学道,自认为我等不与世争名夺利,只求自己悟道,哪有什么障碍? 但这正是少不更事的表现。至今看来,学道不能潜行密证,乃是一个大的错误。即如讲圣学,尚节义,系求功名令其所有。但是汉代尚节义,而造成结党营私之祸;宋代讲圣学,后便有伪学之禁。都是缘于不能退藏于密,以致这样。所以也有学道而取祸的,自得其咎,并不是不幸的事。

老庄生逢乱世,其学唯善下,唯韬晦,唯处于不求才名,这是退藏于密的策略。

李龙湖说:世间好事甚多,哪能一一尽做到? 这个话绝妙极了。

处人间事,众人皆见得非,而我独见其是,对其不是,亦须缓慢调停,不能急于求成。急了就会出现祸端。对于有理可行而又据情势行不得的事,必须审己量力待其可行时再行不迟。

中郎这一答问,足以看出其尚实、崇真、求活、随缘的精神。

第一七九问与答

问:李卓老临死时得力否?

先生笑曰:不得力。

问:如何不得力?

曰:若得力,便不死。(《影印》第 49 页,《校释》第 62 页)

解读

问:李卓老(即前文李龙湖,他是在被捕后,趁理发时,夺剃刀而自杀身亡。)临死得力否?

先生笑曰:不得力。

问:如何不得力?

答:如果得力,不会自戕而死。

此答问可见中郎的生命观之旷达而广远。对其师李龙湖的思想及作为并不盲从与迷信。

第一八零问与答

问:某昔曾割股,彼时不见痛,今乃拔一发亦痛,何也?

答:世人卑者好利,利之所在,虽丧身命不顾也。高者好名,名之所在,亦丧身命不顾也。以名利之心持着,故不见有可畏。割股可得孝名,故不知痛。拔毛不足以成名,便觉痛耳。

凡人脾胃好者,不论饮食粗细,食之皆甘;脾胃薄者,遇好物则甘,粗物则厌;至害病人,凡味皆拣择矣。今人见一切人无过者,是自己脾胃好;检点一切人者,是自己有病,与人无干。试观凶暴人,未有不作恶者。故好字从好,恶字从恶,此意罗近溪发得极透。

今月出母钱,至来月偿,其利少;若隔年偿,则利多。由此观之,隔生偿者,岂不尤多耶?

一友说:人只不死便好。

先生曰:全幸有这一死,不然劳碌岂有了日。

又一友云:争得不死只寿一二百岁便好?

先生曰:今人只六十、七十已算计得无半刻闲,何况百岁?(《影印》第 49 页,《校释》第 62 页)

解读

问：有人曾割腿上肉治疗其父（或母）之病，那时不觉疼痛，现在拔一根头发也觉得疼痛，为什么？

答：世间人地位低的，好追求利，利益所在，丧身也不顾。地位稍高的，追求名声，名之所在，虽丧身也不顾。人们把持名利之心，故不见有可害怕的事。割股可以成就孝名，所以不知痛，拔一毛不能成就孝名，便觉得痛。原因呢？念力。

凡人脾胃好的，无论饮食粗细，食之皆有味；脾胃薄者，遇好物则有味，粗物则厌；至于病人，则食物要拣择。今日见一切人无过，是自己心态好；检点一切人，是自己有心病，与人无干。试观面目凶暴者，没有不作恶的。所以好心则有好语好事，心恶则必语恶事恶，这个意见罗近溪阐述透彻。

今月出本钱，来月偿还，其利少；若隔年偿，则利多。由此观察，隔生偿还孽债，岂不格外多。

一友说：人只不死就好。

中郎说：幸喜有一死，不然劳碌何时才了？

又一友说：怎能不死？只活一二百岁便好。

先生说：今日只活六七十，已无半刻闲，何况百岁。

笔者认为：中郎再次发表了他的豁达大度、笑谈生死的观念。他用脾胃好坏与饮食甘味关系，比喻活着时，心境要好。即在菩萨眼中，个个是菩萨；在魔鬼眼中，处处皆魔鬼。

中郎讲到"隔生偿债"须加倍，是一个因果通三世的佛法理念，并非荒唐之论。佛法认为：什么都可用债务关系来破译。《红楼梦》第一回，写到神瑛侍者在灵河岸边行走，见三生石畔有棵绛珠仙草娇娜可爱，每日以甘露浇灌，得以久延岁月，受天地精华，后来脱了草木之胎，幻化人形，决心如果神瑛侍者下世为人，把一生所有眼泪还他，以了却雨露之惠的"债务"。这是后来贾宝玉与林黛玉爱情纠结的前世因缘。佛门有句名言："儿女是债，有讨债，有还债，无债不来。"中郎讲的母钱、利钱、还债等,有深层的生命观含义,不可轻易放过。

二三、第一八一至第一九零问与答解读

第一八一问与答

问:近代所称龙象何以多不免?

答:学道人须是韬光敛迹,勿露锋芒,故曰潜曰密。若逞才华,求名声,此正道之所忌,安得无祸? 夫龙不隐鳞,凤不藏羽,网罗高张,去将何所? 此才士之通患,学者尤亦痛戒! (《影印》第 49 页,《校释》第62 页)

解读

问:近代所说龙象何以多不免于祸?

答:学道人须是韬光敛迹,勿露锋芒,称得上潜与密。若逞才华,求名誉,这是正道所戒忌的,怎么无祸? 龙不隐鳞,凤不藏羽,网罗高张,你去哪里? 爱显山露水是才士的通病,学道参究的人尤其要特别注意戒除。

中郎这个解答运用了老子的哲学“三知三守三复归”:“知其雄,守其雌。”“知其荣,守其辱。”“知其白,守其黑。”“复归于婴儿。”“复归于无极。”“复归于朴。”(《道德经》第二十八章)告诫修道者“曰潜曰密”“隐鳞藏羽”,方可真入道境。

第一八二问与答

问:某子甲露才扬己,精光烁烁动人?

答:凡人逞才华学问者,人说他伶俐,我说他忠厚。若敛藏不露者,

人说他忠厚,我说是伶俐。古时阮籍以酒自娱,人说他疏狂,然卒免于祸,故子元说是他谦慎,可谓具眼。

人恶贫贱,我亦恶贫贱;人欲富贵,我亦欲富贵。但在我患尘劳之心,甚于恶贫贱;好清闲之心,甚于好富贵。故所欲夺于所甚欲,所恶夺于所甚恶耳。他人亦恶尘劳,而不如恶贫贱之甚;亦好清闲,而不如好富贵之甚。故终身碌碌,亦往往甘之。

勿为福始,勿为福先,非禁人作福,惟不可自我倡耳。吾儒讲学亦是好事,然一讲学,便有许多求名求利,及好事任气者,相率从之。及此等不肖之人,生出事来,其罪皆归于首者。东汉而后,君子取祸皆是也。此等涉世机关,惟老庄的然勘得破。(《影印》第 49—50 页,《校释》第62 页)

解读

[释词]

子元:(? —1166),俗姓茅,南宋佛学家,著作甚丰,是宋代净土白莲宗的创始者。

问:某人之子露才扬己,精光烁烁,怎么样?

答:凡人好逞才华学问者,人说他伶俐,我说是忠厚。若敛藏不露者,人说他忠厚,我说他伶俐。古时建安七子之一的阮籍以酒自娱,人说他疏狂,但终免于祸,故子元说他谨慎,颇具眼光。

人恶贫贱,我也恶贫贱;人欲富贵,我也欲富贵。但在我,患尘劳之心超过了恶贫贱;好清闲之心超过了好富贵。因此所欲清闲代替了所欲富贵,所恶尘劳代替了所恶贫贱。他人也讨厌尘劳,但不如讨厌贫贱厉害,也好清闲,但不如追求富贵之心急切。所以终生碌碌,还心甘情愿。

勿为福始,勿为福先。不是禁止人作福,只是不可自我提倡。吾儒讲学本是好事,但一讲学,便有许多求名求利与好事任气的人,相继从之,还有些不肖之徒,生出事来,其罪皆归于首倡者。东汉以后,君子取祸都是由此。这一类涉世机关,唯有老子、庄子一语勘破玄机。

老子说:"吾有三宝,持而宝之。一曰慈,二曰俭,三曰不敢为天下先。夫慈,故能勇;俭,故能广;不敢为天下先,故能为器长。"(《道德经》第六十七章)中郎认为老子(还有庄子)勘破了玄机。

第一八三、一八四问与答

问:如二乘只了却自家事亦尽好,何为如来诃责之?

答:譬如有人遭患难,其一人心肠极热,委曲方便救脱之;其一人毫不动念,此二人孰为优劣?

问:二乘与菩萨其所行,孰难孰易?

答:委曲救人,自是难事;只管自己,自是容易。

应以宰官身得度者,即现宰官身而说法,阳明是也;应以儒教得度者,即现儒教身而为说法,濂溪是也。

世间人有近道而不学道者,有学道而不近道者。日用不知的何等近道,却不肯去学道;修行立名的,有心学道,然实与大道相远。故曰:"贤者过之,不肖者不及。"

龙溪、近溪非真有遗行挂清议(《校释》横版版将"议"误为"识",据影印版订正——笔者),只为他锻炼甚久,真见得圣人与凡人一般。故不为过高好奇之行,世人遂病之,云:彼既学道,如何情境与我辈相似?因訾议之,久久即以下流归之耳。若使二公不学道,世人决不议论他。盖众人以异常望二公,二公唯以平常自处。故孔子曰:"道不远人。"(《影印》第 50 页,《校释》第 63 页)

解读

问:二乘(声闻、缘觉)人只尽量办好自家事,如来为何呵责?

答:譬如有人遭患难,一人心肠极热,委曲自己以方便之法去救助他;另一人无动于衷,这两人谁优谁劣?

问：二乘与菩萨所行，谁难谁易？

答：委曲救人，自然是难事；只管自己，自然是易事。

应以宰官身得度者，即现宰官身而说法，王阳明就是；应以儒教得救者，即现儒者身而说法，周濂溪就是。

世间有近道不学道的人，还有学道而不近道的人。日用不知何等近道，却不肯学道；以修行立名的，有心学道，但确实与大道相远。故《中庸》说："贤者过之，不肖者不及。"

王龙溪、罗近溪不是真的行挂清议，只为他们锻炼甚久，真见得圣人与凡人一般，故不为过高好奇之行，世人于是错认。说：你们既学道，怎么情境与我等相似？因非议时间久了，即以下流来看待。如果使二位不学道，世人决无议论他们。大概是众人以异常标准看二位，而他们唯以平常自处。所以，孔子说："道不远人，远人非道。"

这一答问，可见中郎辩才无碍。

第一八五问与答

问：吾辈想像圣贤，心事如青天白日，真无狗（徇）外为人之私？

答：才作青天白日想，早是狗（徇）外为人矣。此处栖泊不得，汝莫作注解。

世人我相最重，故往往见人之过。若以人之过反思，都是我常有的，但过在我便不见，可恶在人则见，为可恶皆我相之病也。盖过有两样，有一等真正犯天下之不韪，彼自陷法律，自难逃于公论，我固不必嫌他至些小差处，乃常人所有者，我惟以众人望人而已。若求凡事恰好是惟贤智之士能之，我原不当以贤智律天下人。又不求人过，亦有两样：有自家鹘突，不晓得人过者，此名似不见过（从"亦有两样"到"似不见过"这几句话，《校释》横排版漏掉了，现据影印版补上——笔者）；有自家眼明，容得人过者，此名真不见过。

常人些子分段情识，有依傍，有典要，尚感得有如此世界，如此受用,盖天盖地,绝依傍,出典要者,其所感世界受用,又当如何?

李长者云:"未有今生以神智用,而(《校释》横排版多排了一个
'求',根据影印版去掉——笔者)来生不获大智神(《校释》横排版误排
为'致申'——笔者)通者也。"

恒人皆曰:我凡事任运随缘。夫天下事不由人算计,不由人勉强,
只得任运随缘去。但彼衷戚戚之怀,若欠两税百姓相似,那(哪)有受用
安闲时?(《影印》第50—51页,《校释》第63页)

解读

问:我等想像圣人,心事如青天白日,真无徇外为人之私?

答:修道人才作青天白日想,早是徇外为人之私了。此事栖泊停留
不得,你无须注解。

世人我相最重,所以往往见人之过错。如果以别人的过错,来反思
自己常有的,但过错在我并不见,在人则见并觉可恶,在于可恶别人过
错,都是我相的错觉。本来,过错有两样,有一等真正冒天下之大不韪,
他自陷犯法,必难逃于公论。第二样,我本不必嫌弃他些小差处,乃常
人所有,唯以众人看人而已。若求凡事恰好,是唯贤智之士才可能做
到,我本不当以贤智来约束天下人。又不求人过,也有两样:有自家鹘
突(糊涂),不晓得人过者,此名似不见过;有自家眼明,对人过错取宽容
态度,这叫真不见过。

常人有些分段情识,有依傍,有典要,尚感得如此世界,如此受用,
盖天盖地。绝依傍,出典要,其所感世界与受用,又当怎么样?

李长者云:"未有今生以神智用而来生不获大智神通者也。"

常人都说:我凡事任运随缘,天下事不由人算计,不由人勉强,只得
任运随缘去,但彼内心戚戚,如与欠两税(田亩税、人丁税,也指一年两
次征税)百姓相类似,哪有受用安闲之时?

中郎在这一答问中,阐述了修道者任运随缘得受用、破除我相现智
慧的重要,用的是《金刚经》"无我相、人相、众生相、寿者相(破我执)"及

"无我见、人见、众生见、寿者见（破法执）"的思想。

第一八六、一八七问与答

问：战场中千万人一时杀尽，都是命该死么？

答：省闱八月终，十三省同时中了千名举（《校释》横排版多了"者"——笔者），有命不该中者耶？

问：佛言有横死者，似不属于命？

答：亦是他所造横业，如无故而戕物命等，故当（《校释》漏了"当"字——笔者）受横死之报。横死者，谓不似寻常死耳，非谓不当死而死也。

人人具有我相，习为尊大，固我相也。习为谦抑，亦我相也。唯破除我相之人，时当尊大则尊大，时当谦抑则谦抑。当其时，为其事，自合如此，无些毫拟议之心，即有心忘拟议，犹属我相未尽。

小修云："恶人终日心心念念，惟想害人，其招刀山剑树等报，谁曰不宜？"

修行人始初一二年内，嗔嫌他人不学好，到久后，方知自家不好处。

寺僧旧例募大烛供佛后，渐窃油蜡别用，或以告先生，欲止其例。先生曰：借供佛之资，以自润。此庸僧常态也，何必恶而革之。

有僧募造铜塔，人争笑曰："有恁么要紧事，何苦如此？"为斯言者，是以圣人（《校释》横排版将"人"误为"言"——笔者）望人也。人心于没要紧事攀缘（《校释》横排版将"缘"误为"援"——笔者）妄想，皆此僧募塔之类耳。吾不病此僧造塔，病其于自己造塔则喜见，他人铸佛则忌。故其募塔犹是常情，而忌人则为恶念矣。

一友赞某老一心扶持世教。先生笑曰：此老未生之前，世教何曾扫地耶？世间人，寒自知衣，饥自知食，遇亲自知孝，遇子自知慈，何待教乎？至于不肖之人教亦不善矣。

世间事做得省力，便去做；做得费力，便不做。此最是便宜安乐法。

（《影印》第51—52页，《校释》第64页）

解读

问：战场中千万人一时杀尽，都是命该死吗？

答：省里科举考试，八月结束，十三省（明代行政区划）同时中了千名举人，有命不该中的吗？

问：佛言有横死者，似乎不属于命吗？

答：这也是他所造的横死之业因，如无故而戕他物之命等，应当受横死之报。横死者，指不是寻常而死，并不是不该死而死了。

人人具有我相，习久自我尊大，我相顽固得很。如熏习谦抑，还是我相。唯破除我相之人，到尊大时，则尊大；当谦抑时，则谦抑。当其时，为其事，自合如此。无些毫拟议之心，即有心忘了拟议，还是我相未尽。

小修云："恶人终日心心念念，唯想害人，其招刀山剑树等报，谁说不应该？"

中郎说：修行人开始一二年内，怨恨并嫌弃他人不学好，时间一久，才知自己不好之处。

按寺僧旧例募大烛供佛，后渐渐偷油蜡别用，有的人将此事告诉中郎，欲停止其例。

先生说：借供佛之资以自润，是庸僧的常态，何必讨厌而革除呢？

有僧募捐造了铜塔，人争相讥笑说："有那么要紧吗？何苦这样？"说这话的人，是以圣人眼光看人。人心于没要紧事攀援妄想，都是这类募捐造塔人。我不认为此僧造塔错误，他的错误在于自己造塔则喜，见他人铸造佛像则忌恨，所以募捐造塔是常情，而忌恨造塔者，就是恶念。

一友赞某老一心扶持世教。先生笑曰：此老未生之前，世教何曾扫地？世间人，寒冷自知加衣，饥渴自知饮食，遇父母亲自知孝敬，遇子女自知慈爱，哪里要教呢？至于不肖之徒，教他他还是不知道行善积德。

世间事做得省力，便去做；做得费力，就不去做。这是最方便得安闲愉悦的方法。

中郎答问，运用了恒顺众生、随缘不攀缘的佛法处世原则。

第一八八问与答

问：菩萨舍头目髓脑何义？

答：试观自释迦佛后许多菩萨，那（哪）一个舍头目髓脑？此言不必作如是解，只明其无我耳。释迦于歌利王割截身体，亦此义。不然头目髓脑人乞之何用？而舍之又何用耶？（《影印》第 52 页，《校释》第 65 页）

解读

问：菩萨舍头目髓脑有何法义？

答：试观自释迦牟尼后许多菩萨，哪一个舍过头目髓脑？这个话不必照字面理解，只不过明白表无我法义即可。《金刚经》上说，释迦前世名忍辱仙人，在洞中修行时，几个妃子去探望他，歌利王听信谗言，以肢解酷刑处治，当时忍辱仙人毫无怨恨，并说我成佛后，首先度你。后来释迦度化的憍陈如尊者即是歌利王转世。这个故事就是表法。不然，头目脑髓人乞之何用？舍之有何好处。

中郎解答问题，合于事理与人情，是"愿解如来真实义"。

第一八九问与答

问：创国仁主何以多杀无辜？

答：国初承元之弊，纪纲风俗坏乱极矣，故立法不得不严。至今二三百年，享太平之乐，谁之赐也。即做官者，典［原刻为"典"，实当为"興"（兴）——笔者］一好事，眼前劳民伤财，人岂不怨？及其后，民实赖之,厥泽远矣。若些些计较,唯恐错施一刑,错问一罪,如此迂腐拘拏,如何行得去?

凡名都巨邑奸宄(《校释》横排版将"宄"误为"宠"——笔者)每每伏藏,若奸宄不伏于都邑,更于何处藏身? 昔人云:不如是何以称京师? 此有见之言。故治奸者但使其不甚为暴而已,不必过为摘发,尽为摈(《校释》误为"损"——笔者)除也。如蛇蝎匿于墙垣,不害人斯已矣,必欲拆墙垣以去之,亦无是理。

道明德立,曰高人;绳趋尺步,曰庸人;阿谀逢迎,曰小人;刚暴险刻,曰恶人。高人之待人也,如化工,遇庸人则平等交之,遇恶人其礼貌亦不废,俾不至为害也。至于小人,谄(《校释》此字有误——笔者)媚其前,亦不起憎心,见彼容悦之态,如俳优奏乐,亦为之色喜而已。

儒者曰:"亲君子,远小人。"祸天下者,必斯言也。人谁肯自居小人,甘心为人所远耶? 势必反噬矣。夫君子不屑为人使,凡任役者,皆小人也。小人贪名逐利,故甘心为人用,非小人将谁与奔走哉? 达(《校释》横排版误为"远"——笔者)者友君子而役小人,愚者友小人而远君子,拘者亲君子而逐小人。(《影印》第 52 页,《校释》第 65 页)

解读

问:开国仁主何以多杀无辜?

答:新朝开国之初,社会承袭了旧王朝的积弊,纲纪风俗,败坏已极。故立法整治不得不严。延续到今天,二三百年,享太平之乐,谁之赐与? 即做官的,主持一件好事,眼前劳民伤财,人难道不怨? 越到后来,百姓实际托赖其利,其恩泽持续久远。若些许计较,唯恐错施一刑,错问一罪,如此迂腐拘拏,又如何行得开?

凡是名都巨邑,奸宄之人往往隐伏躲藏,如果奸宄不躲藏于都邑,他们在哪里藏身? 过去有人说:不这样何以称京师? 这个话有见识。所以,治奸只是不让其甚暴,不必过分彻查,扫除殆尽。如同蛇蝎藏于墙垣,不害人就不管它,一定要拆除墙垣来除掉它,没有这个道理。

道明德立,是高人;绳趋尺步,是庸人;阿谀逢迎,是小人;刚暴险刻,是恶人。高人待人,如自然造化般圆融和谐,遇庸人平等交往,遇恶人,也以礼相待,让他不至为害作恶。至于小人,谄媚阿谀,也不憎恨,见他笑容可掬之态,如同对待表演滑稽搞笑的人,也跟随现喜色而已。

儒者说:"亲君子,远小人。"祸害天下,必是此言。人谁肯自居小人,心甘情愿被人所远?势必反咬人。君子是不屑于被人使唤的,凡被人任意役使的,必定是小人。小人贪名逐利,甘心为人所用,不是小人谁愿意为人奔走?通达的人,与君子交好,而役使小人;低愚的人,与小人交好,与君子远;拘泥的人,亲近君子,驱逐小人。

中郎对"亲君子,远小人"的儒家经典语发表了上述令人振聋发聩的见解。

第一九零问与答

问:人情未有不相同者,然而圣凡之异在甚处?

答:我说人情相同,但论其理耳。然谁肯安心,谓我与常人一样乎?虽屠儿樵子亦有自负之心。至于学道之人,晓得几句道理,其愤世嫉俗尤甚。此处极微细,最难拔除。若能打倒自家身子,安心与世俗人一样,非上根宿学不能也。然此意自孔老后,唯阳明、近溪庶几近之。

汉高帝见萧何治田宅则喜,及见其作好事,则下狱,恐其收人心也。宋太宗见人心归其太子,则叹曰:"人心已属太子矣。"夫汉高、宋宗皆英主也,一则以利之故,忌其臣;一则以利之故,忌其子。此一念可轻易责恒人乎?

人有性急而量宽者,有性缓而量狭者。量狭之人,心肠多冷;量宽之人,心肠多热。然此中又有大人小人之异。大人之宽舒者,毋论己即或性急,或量狭,或心肠冷,而其衷常欲立人达人;小人之褊狭者,毋论己即或性缓,或量宽,或心肠热,而其衷常欲自私自利,大抵合之之极,斯名大人;分之之极,斯名小人。

先生曰：某乡有人，当岁歉时，每谷一石值一金。有村人持一金来买谷，其人视之云：铜也。村人愤懑仆地，其人扶起曰：是真的，我错认了。以谷付之。村人曰：此我鬻男以救一家性命者，汝眼不明，几骇杀我。既担谷，犹唾骂而去。然其金实铜也，度其远，遂掷水中。又我先祖家颇饶，嘉靖中，出母金以千计，谷以数千计。值岁荒，尽焚其券，仍每日遍点僮仆，恐有往彼索取者，曰：此时人家备（《校释》横排版误为"傭"，应是"備"，简化字为"备"——笔者）一饭也难，以上二事，皆是为善毋近名。

孔子说：终身之行，不越一恕。治平之要，惟在絜矩。能推此心以济人利物，功德何等大？比之僧家持门面戒者，不啻天渊矣。

尧舜不能使其子之肖，仲尼不能使其妻之贤，汉高帝不能使戚姬之不为人彘。今人德不如圣人，位不埒王者，乃终身为妻妾子孙长久，愚亦甚矣。（《影印》第53—54页，《校释》第65页）

解读

问：人情未有不相同的，然而圣凡不同在哪里？

答：我说人情相同，只是就其道理而论。但人谁肯安心，认为我与常人一样？虽屠夫与樵夫之子，也有自负的心理。至于学道之人，晓得几句道理后，很是愤世嫉俗。这种我慢心态极细极微，最难拔除。如能打倒自家身子，安心与世俗人一样平常，不是善根很深、学养很厚者，恐不能做到。但是其中含意，从孔子、老子以来，只有王阳明、罗近溪等人，几乎接近了。

汉高祖刘邦见萧何置治田产，估摸其无野心觊觎皇权，则喜；见其做了好事，就把他关到监狱里，因为担心他笼络人心。宋太宗见人心归属太子，感叹说："人心已属太子了。"这是对自己皇权的顾虑。这两位皇帝被历史上称为英明之主，一个以权力之故，猜忌其重臣；一个以权力之故，猜忌其子，难道可依此种心念衡量与责备平常人吗？

人中有性子急切而度量宽宏的，也有性子缓和而度量狭小的。度量狭小的,心肠多数冷淡;度量宽宏的,多数心肠热乎。但其中又有大人小人的差别。大人中的宽舒的,无论他性子急切,或度量狭小,或心肠冷淡,而其内心总是想帮助别人有所建树、有所通达;小人中度量褊狭的,无论他性子缓和,或许变得度量宽舒,或许变得心肠热乎,而其内心总是谋求自私自利。大抵因缘和合到极处,可称之大人;人我分别到极处,可称之为小人。

先生说:在某一乡村那里,有人在年成歉收时,每担谷卖一块金币。有个农民持一块金币去他那里买一担谷。那个有谷卖的人,看了金币说:假的,是铜。那个农民愤懑倒地。谷主人着急扶他起来说:是真金币,我错看了。把一担谷卖给了他。他说:我卖了自己男儿,救一家性命,你眼不明,几乎骇杀了我。他把谷子挑走,口里还骂骂咧咧。但是那确实是一块铜币。谷主估计买谷的人已走远了,就把那块铜币甩到了水里。

中郎说:我们先祖家颇为富饶,嘉靖年中,以本金千两贷出去了,还借出了数千石谷。恰逢饥荒之年,家祖将借券一烧了之,还每天对仆僮们交代,恐怕他们去找借家索还,说:现在借家准备一顿饭,尚且困难,你们不要去讨还。上述两件事,都是为善而不求名。

孔子说:终身之行,不越一恕。治平之要,唯在絜矩。如能推举此心来济人利物,功德无量。比起僧人们持比丘戒来,天渊之别还不止。

尧舜那样的圣明之君,也不能使其子像他们,孔子不能使其妻贤,汉高帝也不能使戚姬之不成为人彘。现在的人,德不如圣人,位不及王者高,却终身谋其妻妾与子孙长久,那是太愚蠢了。

中郎这段答问,涉及历史人物十余人,大小历史事件上十件。发表了三个重要观点:一是"打倒自家身子",破除贡高我慢的修炼观念。二是以做个大心量的人为修炼目标,其主旨在于"立人达人"与"利人济物",这种人生观是很有现实意义的。三是讲了两个真实的故事,一个是乡人卖谷,明知是铜币,仍作金币处理,有忠恕之心,有慈悲之情。另一个是他们家先祖在饥荒之年,将所贷白银一千余两、谷物数千担的债

券一火焚烧,以示不必偿还。中郎曾说:吾家兴盛于此。这里隐含佛学
的菩萨行中布施观念,即财布施得财果报;法布施得智慧果报;无畏布
施得健康长寿果报。布施是性德布施,即布施者、布施什么、谁接受布
施,全不放在心上,且不求果报,则果报更大。

　　袁中郎认为,他们三兄弟名满天下,家庭兴盛,根源在于祖宗积德
行善。这个理念对于社会民众的教化意义无可估量。答问中,引用了
孔子关于忠恕的教言,也是很有价值的。

二四、跋《珊瑚林》

　　石公先生《珊瑚林》,楚中张明教所录,先生自择其可与世语者,为
《德山暑谭》,梓行矣,兹其全也。从(《校释》误为"后"——笔者)来居士
中第一了手,共推庞公。惜偈颂之外,语不多见。张无垢深入玄奥,与
妙喜相伯仲,而语一涉玄,辄为其甥删去。阳明诸大老得禅之髓,录之
者讳言竺乾,语多回护,令人闷闷。先生谈儒、谭释皆是了义,无一剩
语。故尝自况于大黄,能与一切人排荡积滞。兹录亦不复讳其谈,向上
商工夫最明且悉,顾毫无实法,可为人系缀者,其有补于学人甚大。览
者能向是中挨身直入,当知迦文、宣尼原一鼻孔,正不妨与庞老、石公把
臂共行。何烦百方回护,作此委曲之相也?

　　无(《校释》误为"先"——笔者)咎居士冯贲识(《影印》第 54—55 页
《校释》第 67 页)

解读

　　冯贲的跋文,不足二百四十字,含义非常丰富。

　　他认为自唐以后,天下第一了义妙手共推庞蕴,庞著有禅诗三百,
由好友出资刊印。所不足处,并无语录。到宋代张无垢,与妙喜同时深
入玄奥,而其著中涉玄之语却被其甥所删。到明代王阳明诸大家深得

禅学之精髓,录其言者皆讳言佛法,用语庇护,读来使人闷闷。而袁中郎谈儒、谭佛,均是究竟圆满之论,非常透彻,无一言之多余。他自比中药材之大黄,可以使一切人排除陈年积滞(以此喻解缠去缚),所记录的文字毫无讳言,内涵明白透彻全面翔实,利于修行者向无上境界攀登,实是法无定法,不法为法,不必担心被约束,这样对学人益处甚大。观览此书者如能向这里挨身直入,当知释迦牟尼与孔子是一个鼻孔出气的,这正好与庞居士再加上袁中郎把臂共行,哪里还须要人们回护而枉费气力呢?

　　跋文将袁中郎与释迦牟尼、孔子、庞居士及王阳明相提并论,评价之高,无以复加。他的理由是:《珊瑚林》是得诸佛之髓,是"了义"之作,"有补于学人甚大"。可见作者对该著读得仔细,解得透辟,充分地认识其价值。与陈继儒的《序》遥相呼应,读来,令人玩味无尽。

第二章　《金屑编》要解

二五、小引

袁中郎的《金屑编》，是他早期（二十三四岁）的禅学著作，尹恭弘先生认为："这个时期，我们称之为积极提高禅悟修养的激进禅学时期。"（《公安派的文化精神》第157页）这个时期的特点是有信心、胆魄，并已领悟到禅学的思维方式。应该看到，十八岁所写"我亦冥心求圣果，十年梦落虎溪东"的誓言性的表白证明：他很早就已立下信净土的愿望。这个基础牢固的特点就包含着禅宗与净土的涉猎，为他中期转入深信净土与后期禅净圆融、摄禅归净起到了至关重要的作用。我认为，尹先生所提后期再"回归激进的禅悟立场"的论断是值得讨论的。因为这不符合清代佛门大居士彭际清的论述，也与民国年间的佛门著名居士张汝钊论述不一致，还与当代圣严法师、黄念祖大德、索达吉仁波切的论断不一致，更同中郎本人对净土往生的实证与所写诗文的理证不一致。中郎说："禅宗密修，不离净土。初心顿悟，未出童贞。"（《西方合论》卷二）所言修，指理上修与行上修，理上修解决解悟，行上修解决证悟。笔者在《袁中郎佛学思想与〈西方合论〉初探》《袁中郎小品思想探究》两著中多有涉及。

本章主旨只是再次尝试性探索一下《金屑编》里的"幻笔妙解"里的

智慧。

二六、《金屑编》自叙解

　　袁中郎写作用字用词非常考究,集名、文题、书名均有深意。例如《德山麈谭》中的"麈"字就意味无穷,"麈"本是鹿尾,用作拂尘,后来魏晋士大夫用来拂秽清暑,唐宋以后逐渐消失。佛门中僧人(还有道家人物)以拂尘作为法器。中郎在"谭"前加"麈",其意为所谭之语言,如风过之痕,如水波之迹,不可执著。《金屑编》中的"金屑"二字也有深意,金屑虽贵,放错了地方,反而有害。如在眼帘中,则成灾异。

　　袁中郎写作《金屑编》,有很深的因缘。他在《叙》中说"余少慕玄宗",即年纪很轻时,就追慕佛学的深奥趣理。但是向朋友求教很多,向经书探索也很广泛,都无所获。后因参究杨岐公案,才有所明白。于是其境界如同乘无底之舟,可在针孔般的海洋里航行,才开始知道万卷如莲花的佛经,不过是玩弄猢狲的家具。百般播弄,无非是炼钢铁的钩子与锤子。所以,选出古人老成精辟之言语,作《金屑编》七十二则,其间,意趣盎然所到之处,也有纯写古词,均都呈现百千诸佛相传之精髓,实不忍舍。苏东坡说:"我弟子由从来无一妄言,今忽作禅语不断,大概不可知晓。"以中郎之不敏,离小苏甚远,而人之信我,恐不如坡公之信其弟,必以我所写谓之诳语与妄语。

　　以上是笔者对他《叙》的意译。除了叙尾的自谦与自嘲,此叙讲明了他的参究佛理从无所获到有所悟的过程与境界(乘无底舟,入针孔海);介绍了《金屑编》七十二则的结构与意趣所在;结构上大致分为引古、拈古与颂古三部分;明确了百千诸佛承传薪火、续佛慧命的精髓究竟是什么,即所有经书不过是为了开导学佛者的表演,是一种手段,是一种工具,是一种戏言,不能当成目的与归宿。那么百千诸佛"传灯之髓"究竟何在? 没有明说,余现在对七十二则予以解读,对于读者言,由机缘与悟性决定,或多或少、或深或浅、或明或暗,由读者的领悟能力,决定其明白的程度与获得智慧的大小。(参看《袁中郎佛学与〈西方合论〉初探》第 143 页)

二七、《金屑编》叙

咄!尽大地是沙门一只眼,亘古亘今(《校释》横排版误成"互古互今",现据影印版订正——笔者),明明不昧,佛与众生,毫厘不隔,本自如如,若道众生实病,佛能灭度。众生者,皆是于至无中纷然成有,于元明体转增幻屑,何以故?一切众生离见(《校释》误为"间"——笔者)无见,见依见起,以见非见,而欲觅见。觅见为屑,离见即见,见为见影,以见为见,是为见见,见见为屑。元明体中,是屑非有,所以道,迷者是屑,悟亦是屑。周行七步,手指两仪,是眼中屑。直指人心,见性成佛,是眼中屑。三玄要,四料拣,五位君臣,九十七圆相,是眼中屑。乃至拈椎竖拂,行棒行喝,种种机缘,都是眼中屑。到这里眼睫眉毛一时落尽,你道识得向上事也无? 尚未在,良久曰:"有心待捉月中兔,须向白云头上飞。"如其不委,请读此编。

笑云居士袁中道撰(《影印》第 57—58 页,《校释》横排版第 142—144 页)

解读

[释词]

周行七步、手指两仪:指佛祖降生时,行为奇特,典籍上有四方七步之说,东西南北加四维、上、下共七者称周行七步,手指两仪指一手指天,一手指地。(至于五位君臣、九十七圆相等词语,读者可参看《校释》第 143 页的相关注解)

　　袁中道乃中郎胞弟,二人非同一般兄弟亲密,他是中郎之知音知交,二人心心相印,除同题作诗作文(如中郎写《广庄》,中道写《导庄》)外,两人还是莲邦道友。中道写的这篇叙计二百五十四个字,含义非常深刻,有兄举弟扬之效,从中可见袁氏兄弟都有深厚的佛学涵养与博大精深的智慧。

　　现对叙文含义进行梳理:

　　一、强调了"以其不委(悉),请读此编"。如果你不甚明白"向上事"(禅悟妙境),你就读《金屑编》,这说明此著的价值是助人破迷开悟,转凡为圣。

　　二、阐释了自性清净"元明体"(亦可写成"圆明体")是宇宙、万物、人我的本体。亘古亘今,明明不昧。即中郎常言之"一灵真性,亘古亘今。"强调了从性上言,"佛与众生,毫厘不隔"的实相,因为都是源于"元明体"。

　　三、指明了一切众生的普遍问题是:"转增幻屑",即"元明体"转成了"幻屑",即妄想、分别、执著所形成的见思烦恼、尘沙烦恼与无明烦恼。中道着重谈"见",这是因为身见、边见、戒取见(因上的)、见取见(果上的)、邪见等,总括一个字:见。他提出了见上的三种"屑":1. 觅见为屑;2. 见见为屑;3. 迷者是屑,悟亦是屑(指求悟之妄)。然后又指出四种眼中屑:1. 周行七步,手指两仪,是眼中屑;2. 直指人心,见性成佛(指妄想与执着,违反"无念为宗"),是眼中屑;3. 三玄要,四料拣,五位君臣,九十七圆相,是眼中屑;4. 至拈槌竖拂,行棒行喝,种种机缘,都是眼中屑。

　　四、禅悟之妙境如何达到呢? 如何避免以见觅见、见中屑与眼中屑呢?"有心待捉月中兔,须向白云头上飞。"这个诗句中,"兔"喻指禅悟目标,"白云头上飞"比喻脱离束缚、轻便觉悟的途径。

　　中道叙中运用了禅宗的几个公案,《校释》录此叙时有注解可参看,没有注解的(如拈槌竖拂在第八则中有介绍),后文将作说明。

　　此叙可见袁中道的禅学修养深厚及禅悟高妙之境。

金屑编

钱塘后学冯怀　校　明公安石公居士袁宏道　著

二八、第一则至第十则解读

第一则

举《楞严》："吾不见时,何不见吾不见之处? 若见不见,自然非彼不见之相;若不见吾不见之地,自然非物,云何非汝?"

看看三世诸佛在你脚跟下过了也,直饶一踏粉碎阎罗王,未放你在。

铁壁银山,金刚栗棘,放去非离,拈来非即,海神不贵夜明珠,满把撮来当面掷。(《影印》第58页,《校释》第145页)

解读

本文从结构上分三段,分别为引古、拈古、颂古,七十二则的结构大抵如此。

引古出自《楞严经》卷二。大意是:我不起看时,我见不到我看不见的那个自性何在? 如果可以见到自性,那你所见并不是真实的自性了。假如那个自性根本看不见,那它自然就不是物质现象了,还说什么不是你自性呢? 简言之,世俗肉眼是见不到自己自性的,而自性自灵人人珍藏,与生俱来,亘古亘今。只有用真心、深心、直心去禅悟,才可能明心见性。

第二段,中郎在拈古中写道:看! 看! 三世诸佛在你脚跟下过去了,你一脚竟然踏得粉碎了,阎罗王不会放过你。为什么? 你没了生脱死,你是肉眼凡胎,岂不重蹈轮回?

第三段,中郎在颂古中唱道:"铁壁银山,金刚栗棘",这是形象比喻自性孤峻独绝,坚固顽强,别人无从攀缘,无从知晓。"放去非离,拈来非即",叙述了自性处于非即非离、不可思想不可议论的境界。"海神不贵夜明珠,满把撮来当面掷",喻指你明心见性了,世人视为奇珍异宝的夜明珠,在海神那里,到处掷抛。只要禅悟了,明心见性了,则如同海神自在自由。

第二则

举《金刚》:"应无所住,而生其心。"(《校释》横排版将"心"误为"生",现据影印版订正——笔者)

连云栈,三千里,闭目横行;鬼门关,十二重,从头打出。且道是什么人分上事?谛听!谛听!

赞不及,毁不及,踏断流水声,写出飞禽迹,无欠无余若太虚,释迦誓愿从今毕。(《影印》第 58 页,《校释》第 145 页)

解读

引古出自《金刚经》的一句名言:"应无所住,而生其心。""生其心"生的是清净心。也可理解为"心生",何为心生?中郎说:"如长江大河,水无腐败。"(《影印》第 34 页)据《坛经》介绍,惠能当年在五祖弘忍方丈室那里听《金刚经》讲解,听到此处,忽然顿舍顿悟,向五祖汇报了"何期自性,本自清净"等五句话,五祖认为他明心见性,是人天师,是佛,于是果断决定将衣钵传与他,是谓六祖。可见这八个字重要。其意为:只要没有任何执着,清净心便油然而生。这句话揭示了禅悟的真谛。

拈古中叙写带夸张性:"连云栈,三千里,闭目横行;鬼门关,十二重,从头打出。且道是什么人分上事,谛听!谛听!"这是对引古中"应无所住,而生其心"的形象化张扬,使得不可捉摸的禅悟变得活泼潇洒,任运自由。这便是一件分内大事,你仔细听,仔细听。依然讲的是明心见性境界。

颂古中说:"赞不及,毁不及,踏断流水声,写出飞禽迹,无欠无余若太虚,释迦誓愿从今毕。"释迦牟尼的修持主张是什么呢?四大弘愿:自心众生无边誓愿度,自心烦恼无尽誓愿除,自性法门无量誓愿学,自性佛道无上誓愿成。如何达到呢?只要你明心见性。这就是:赞不到,毁不到,踏断流水清彻响。写出了鸟飞一路畅,无欠无余圆圆满满太虚相。如此舒卷自如,如此生动形象,除了明心见性,难道还有别的什么名堂?

从上可见:作为文学家的中郎笔下的禅学,多么与众不同,又多么别具一格。

第三则

举《大涅槃》:"吾教义如伊字三点。"(笔者注:伊字三点即∴,字形为上一点居上中,下两点平行等距,相当于等边三角形的三个顶角点。)

待案山点头,即向汝道。良久曰:案山点头也,道个甚么(什么)?

南无僧、南无佛、南无法,一棒一条痕,一掌一握血,阇黎不会,待何如有个方便,直下将来问弥勒。(《影印》第 58 页,《校释》第 145 页)

解读

引古内容为伊字三点,《大涅槃经》卷二:"诸比丘,譬如大地、诸山、药草为众生用,我法亦尔。出生善妙甘露法味,而为众生种种烦恼病之良药。我今当令一切众生,及以我子四部之众,悉皆安住秘密藏中,我亦复当安住是中,入于涅槃。何等名为秘密之藏?犹如伊字三点,若并则不成伊,纵亦不成,如摩醯首罗面上三目,乃得成伊三点,若别亦不得成。我亦如是,解脱之法亦非涅槃,如来之身亦非涅槃,摩诃般若亦非涅槃,三法各异亦非涅槃,我今安住如是三法,为众生故,名入涅槃,如世伊字。"(参见《校释》第 145 页注)

看袁中郎的解释："我之三观，以为般若。观成见佛，即是解脱。举一具三，如新伊字。"（《西方合论》卷八）对"举一具三"的"三"，中郎在论述中指的是"三观"（空观、假观、中观）、"三身"（法身、报身、应身）、"三德"（解脱德、般若德、法身德）、"三菩提"（实性、实智、方便）。

"三宝"（佛、法、僧）、"三佛性"（正因、了因、缘因）等。如同举一具三，不可分割，即入涅槃境，如单一举出，并不含指有三，即非涅槃境。懂了上述教义，则可明白，"举"中所言，是教义思维的整合与融通观念，是正教。

拈古中，谈主山与案山拟人化对话，古代北方之山称主山，南方之山称案山。在禅林中，常以主山、案山表示主客关系。拈古曰："案山点头了，道个什么？"意为主山你问了什么？案山才有应答什么，谁也离不开谁。这样，禅者、主山、案山形成三角关系，一问一答，含义尽在圆融中。

颂古中，对"三角"作了点拨，佛、法、僧（"南无"表无限敬仰与皈依）三者一体，圆融无碍，禅者达此境界，必须经历"一棒一条痕，一掌一握血"的体验，这种"阇黎"（亲教师）传法，还不开悟怎么办？只好等待你"方便"去问弥勒了。"方便"带调侃意味。弥勒佛现住兜率天，经上说，释迦牟尼法运一万二千年，已经过去了三千年。释迦如来佛法在人间消失后，还要过十七亿多年，弥勒才得降世现身宣示佛法。其过渡期为地藏菩萨降世，代为弘法。这么长时间才能见弥勒，可就没有什么希望了。警示禅僧你必须有坚定之决心，有勇猛之气魄，有果敢之决断，有高度之智慧，在此生、在当下，明心见性，花开见佛。如不这样，驴年马月？因十二生肖没有"驴"，韶华易逝，青春不再，你就完蛋了。这一则既可看出中郎积极进取的人生精神风貌，又可体现其思维的融通好、跳跃强及辐射广的特点，超越历代禅者。可见灵峰赞其为"禅擘"（首屈一指）并不虚饰。

第四则

举《圆觉》:"居一切时,不起妄念,于诸妄心,亦不息灭,住妄想境,不加了知,于无了知,不辨真实。"

八字打开,两手分付,还有眼开心见者么? 如无,为你重下注脚。

难! 难! 须弥顶上驾铁船;易! 易! 十字街头寻酒肆。

金刚拍手笑南辰,圣僧髑髅百杂碎。(《影印》第 59 页,《校释》第 145 页)

解读

引古的内容在《圆觉》里选取。这个"四不"之理,一位古高僧曾说,须在其前加四句颂:

荷叶团团团似镜,菱角尖尖尖似锥。

风吹柳絮毛球走,雨打梨花蛱蝶飞。

他解释道:颂即是经,经即是颂。莫管悟不悟,心头莫要忙,亦不可放缓。紧缓如调弦,曲调自然成。禅师们在讨论这段"四不"经文时,留下了精彩的记录:

高僧认为,引经中的"起,息,知,辨"四种现象皆是病,四种用药四种忌,即不起妄念忌息灭,不息灭处忌了知,不加了知忌着实,不辨真实处忌妄念。有比喻道:

黄花漫漫竹珊珊,居一切时不起妄念——治任病(是止病);江南地暖塞北寒,于诸妄心亦不息灭——治灭病(是作病);游人去后无消息,住妄想境不加了知——治作病(是任病);留得云山到老看,于无了知不辨真实——治止病(是灭病)。

(关于"居一切时,不起妄念"等四句的理会,可结合《珊瑚林》要解中《第三五问与答》的解读思考。)

这个解释简言之是:禅悟境界是自然而然,随缘任运,和谐协调,不刻意于对境,不死板于追求。如调弦,如荷叶团团,如菱角尖尖,如柳絮飞动,如雨打梨花,如黄花,如竹子,如江南暖,如塞北寒,如游人走,如云山在。一切由造化运作,合于天地之道,宇宙之轮。

拈古说道:"八字打开,两手分付"时,"眼开心见"没有了,正是此境最可能开悟。禅者只要身如同死(八字腿伸,两手分开),心如古井,此境中最易禅悟。当代一些哲学家主张,人只有回归于"零",才开智慧。老子主张"三复归"(婴儿,朴,无极)也是这个开发本己之灵的方法。袁中郎主张呈现"童子"状态,才可出现诗文"无往而非趣也";李贽主张做真人要真心,童心即真心,绝假纯真,是最初一念之本心。这些意见,有助于我们对如同死亡、"复归"本己的理解。

颂古是袁中郎的夸张比喻,须弥指须弥山,有科学家认为,佛经里面的须弥大山,是银河系里的"黑洞",引力特大,整个银河星系的中心,所有星球都是绕须弥旋转的。在须弥山顶去驾铁船,当然是难上之难。而在闹市里寻酒店,非常容易。但禅悟得妙,最难可以变为最易。因为"明者得隆于即日,昧者望绝于多生。乖宗者锱铢难入,会旨者山岳易移"(唐代贤首著《修华严奥旨,妄尽还原观》)。这是讲的迷与悟的境界差别很大。

"金刚拍手笑南辰,圣僧髑髅百杂碎。"前句讲的是差别,"金刚"与"南辰"都是星辰,一个以己之所在讥笑另一所在,不知异中有同,中郎持怀疑态度。后句讲圣僧悟道,大地陆沉,万物粉碎,这是一个比喻,圣僧与骷髅有统一性,但同中有异,中郎持赞赏态度。只有明了同中异、异中同,才能了知真谛、适应环境,随缘任运,自由自在,从而提高禅悟境界。如果执著同而不知异,或者执著异而不知同,都会形成妄想、分别、执著,障碍开悟明心。

第五则

举:世尊一日升座,大众集定。文殊白椎曰:"谛观法王法,法王法如是。"世尊便下座。

前不构村,后不迭店。这一双不唧溜的老汉,纳败却了也。会么?

八十婆婆坐翠楼,旁人无语自含羞。朝来为止孙儿哭,笑把花枝插满头。(《影印》第59页,《校释》第146页)

解读

引古出自《宏智禅时广录》卷四。

大意为:世尊(佛祖)升座,准备对众开示。文殊讲堂上发言:"谛观法王法,法王法如是。"佛教史上,认为"文殊七佛师,普贤佛长子"。文殊早已成佛,世尊出世传法,"一佛出出,千佛拥护"。文殊倒驾慈航,示现佛弟子,作导引众。世尊听了文殊发言,就下座了。他认为文殊讲出了自己所要讲的话。法王法是什么呢?是禅悟妙境,是明心见性,是自见真灵。

拈古里,中郎不满意。认为这两个老汉不怎么机灵,所说的话,"前不构村,后不迭店",败却言论,你会理解吗?这有一点批评的、调侃的味道。在中郎看来,世尊与文殊开示,众人很难悟入。

颂古借一种古代常见现象,即八十婆婆花枝满头,不过是为止儿孙啼哭而已,一种方便,一种表演。意在说明:释迦与文殊也不过是一次方便性表法、戏说而已。禅者你不必当真,你要明白"谛观法王法"之真意,还得靠你自己去"如是"体验。"如"指心境如一;"是"指超越是非两端。"如是"即如如不动,自灵自显,自悟自证。(参看《校释》第69页相关内容)

第六则

举:峡崛摩罗因持钵至一长者门,其家妇人正值产难,子母未分。长者曰:瞿昙弟子,汝为至圣,何法可免产难?罗曰:"我乍入道,未知此法,待问世尊来相报。"及返,白佛。佛曰:"我自从圣贤法来,未尝杀生。"崛疾持佛语,往告之其妇,当时分免(娩)。

心不负人,面无惭色。若约衲僧门下,只是一场笑柄。

破袈裟,破袈裟,年深代古欲开华(花)。拈来搭在刹竿上,引得乌鸦乱似麻。(《影印》第 59 页,《校释》第 146 页)

解读

引古出自《大慧普觉禅师普说》卷一五。大意为:佛门弟子峡崛罗摩持一钵去一户长者家化斋,正巧长者家产妇难产,母子不能分。长者说:您是释迦弟子,有什么方法可以解决难产问题? 僧人说:"我初入道,无此法术,待我向佛祖请教再告。"僧人便去请教佛祖。佛祖说:"我出家至今,未曾杀生。"僧人回转去告诉产妇,将佛祖之言说了一遍,妇女便顺利且平安分娩了。

拈古说:心不负人,面无惭色。若约衲僧门下,不过一场笑柄。

颂古中说:破袈裟,破袈裟,年深代古欲开花。拈来搭在刹竿上,引得乌鸦乱似麻。

从引古看,说明信仰与心念之力无比强大。从拈古看,只有心不负人,才面无惭色。从颂古看,将破袈裟搭在刹竿上,是有心之举,而引来乌鸦成群,误以为可食,是无意之果。

这一则暗示:禅者修行心在先,禅悟只靠无意会。

第七则

举:慧可问初祖曰:"我心未安,乞师与安?"师曰:"将心来,与汝安。"可良久曰:"觅心了不可得。"祖:"我与汝安心竟。"

驴前马后汉,切忌承当,为甚如此? 鹅王择乳,素非鸭类。

白玉壶中贮清水,千尺探竿难到底。不是渠侬心特深,大虫元在平田里。(《影印》第 59 页,《校释》第 146 页)

解读

引古的内容是一个著名公案。当年达摩面壁九年,等来了一个接班人慧可。他见达摩时,达摩闭目不语,时大雪纷飞,慧可立门下,雪厚三尺。据传慧可用戒刀砍下一尺胳膊供养达摩,达摩眼睁,问何以如此? 慧可与祖师便作了上述对话。当然砍臂供奉这只能当作一个传说看,表其真诚求法。但后来确实将衣钵传给了慧可。意在说明:修行人安心是大事,而心又是了不可得的。

拈古中讲到"鹅王择乳",有人将乳水放在一个器具中,供鹅王饮用,鹅王凭借特殊能力只吃了水乳交融里面的乳汁,而留下清水,意在说明:吸取上乘精华。暗示修行人要择其上乘精华,悟入大道。

颂古中讲的"白玉壶中贮清水,千尺探竿难到底"是一个双重性境界,有可知可见之底(白玉盘),有不可知不可探之底(千尺探竿,喻指禅佛深胜微妙,不可用常见来解读)。不是说你心机太深就可了知,而大虫不过在平田中。大虫多指老虎,也指蛇。如《水浒传》中武松打虎,称其为"吊睛白额大虫",既奇特,又平常。平常得如同大虫在平田里就可见到一般。不过一个比喻而已,你的自性自灵在哪里? 在你的自身。此拈古与颂古表明:中郎并不认为慧可能够续佛慧命,他批评了慧可的执着。从中可见中郎对禅悟的坚定的自信与无畏的勇气,活活泼泼,英气勃勃。

第八则

举:百丈再参马祖次,祖目视绳床角拂子。师曰:"即此用,离此用。"祖曰:"汝向后开两片皮,将何为人?"师取拂子竖起,祖曰:"即此用,离此用。"师挂拂子于旧处,祖振威一喝,师直得三日耳聋。

咄! 晴干不肯去,直待雨淋头。作么? 作么?

没可把,没可休,打失从前痛鼻头。衲衣裹就三祇劫,拄杖横挑四大洲。露柱笑,石女羞,一滴曹源万古秋。(《影印》第60页,《校释》第146页)

解读

引古出自《五灯会元》卷三。

佛门中有个说法，叫"马祖创丛林，百丈制清规"，意为汉传佛教丛林化，以讲经教学为主是马祖首创的，这个丛林制度的维护，必须靠规矩，于是百丈禅师制定了详细清规。这二人对汉传佛教的发展起到了重要作用。其起源处则是在被称为"一花开五叶"的三宗发祥地——江西宜春，后来禅门中所言"九禅归一"（即入、观、修、赏、品、寻、成、悟等）是与当初马祖和百丈的开拓式创造分不开的。

中郎引用的这个公案，似乎是此二人演的一个双簧小折子戏，让人们去参悟。百丈参见马祖，希马祖开示，马祖不言，只是以目光斜视床角的拂尘。百丈会意说："即此能用，离此所用。"马祖对此表态说："汝若两片嘴皮向后开，将为什么人？"意思为，嘴皮向后，就是怪物了，你开口只是你眼所见，如眼不见，就不会开口说话了。如果眼在后、嘴在后，你不见拂尘，就不会说什么了。于是百丈似乎觉得马祖向自己暗示了什么玄机，只得去将倒放的拂尘竖起。马祖则曰："即此能用，离此所用。"百丈认为，马祖似乎赞成了自己先前表白。于是取拂尘还原旧处。马祖认为百丈错解己意，我言"即、离"非你言"即、离"，时过境迁了，意念一瞬万变，一弹指六十刹那，一刹那九百生灭。如认真起来，一粗念里有三十二亿百千细念，念念成形，形皆有识。百丈百丈，心境空灵，一切是禅。你没有细微观察，不分前后，且执着根尘，只会胡言。于是马祖恨铁不成钢，一振其威，大喝一声，希百丈再参。听此一喊，百丈三日只得耳聋而不言。因为禅悟在不言诠中，佛祖拈花，迦叶一笑是也。百丈从此悟禅。

从笔者直白性叙述可知，此二人演义的禅悟境界既不在动作相里，又不在言语相里，也不在心缘相里。在禅境、禅观、禅照的"归一"性灵里，这个性灵一无所有，但无所不有。这是六百卷《般若经》的要旨，即一切法，无所有。毕竟空，不可得。过去心、现在心、未来心不可得。这才是真正的"般若"。

再看拈古："咄！晴干不肯去，只待雨淋头。"以此常见的人事现象作比喻，轻蔑的口吻说道：百丈，百丈，让你参究时你不参究，偏要等到马祖来"振威一喝，耳聋三日"不可。你这是为什么？中郎所主张的是禅者的自觉觉性。

在颂古中，中郎唱道："没可把，没可休，打失从前痛鼻头。"这个"痛鼻头"与"野鸭子公案"相关：大意是百丈和尚侍马祖侧，见一群野鸭飞过，马祖问：

"是什么？"

"野鸭子。"百丈答。

又问："什么处去？"

又答："飞过去。"

忽然马祖粗野地捏扭百丈鼻孔，百丈疼痛难忍叫了起来。

祖曰："那野鸭何曾飞去？"百丈有所悟。

然百丈回到住室，哀哀痛哭。同修问：

"想父母吗？被人骂了吗？"

百丈说："刚才鼻孔被马祖扭捏痛了。"

同修问："有什么不契合因缘？"

百丈说："你问马祖去。"

同修果然问了，马祖说："你去问他，他知道的。"

同修转身问百丈，百丈呵呵大笑。同修说：

"先前哭，现在为何笑？"

"先是哭，后是笑。"同修一脸迷惘。

这就是"痛鼻头"之由来。

其意为：马祖为了破百丈执着于野鸭子事相，用了武力。在佛家看来，凡所有相，皆是虚妄。"见相离相，即是如来。见相着相，即是凡夫。"(《金刚经》)百丈见了野鸭子飞过去，是眼见之暂时相，应脱离根尘，超越所现之相。百丈在马祖的训示下，有所悟入，哭时迷，笑时悟，悟到了不能执着于相。这个"野鸭子"公案与拂尘之安置非常类似，马祖训示之根因，是百丈见境而起心动念，于是有分别、执着与妄想，这是所有凡夫的顽固的共性，而不能悟入，马祖只得以非常手段开示，揪捏鼻痛与振威一喝，目的在于开导百丈。百丈明白没有？自省了，明白了。有人会问："见鸭飞而不言鸭飞，见拂尘又不言其能用与所用，如何答才不至于遭马祖捏鼻与大喝？"笔者尝试答马祖问：见鸭说鸭非鸭，见鸭飞答飞非飞。见拂尘，答非即非离，亦即亦离。马祖可能就不会惩罚百丈了。原因在于接近如如不动。这也只是戏说。因为悟入见性的境界是真如境界（一真法界），没达此境中处十法界，甚至六道，六道就意味着轮回，脱离不了生死苦海。百丈有所悟入，无以言状，一笑了之。如若言诠，则又堕断常坑。所以说，禅悟只在性灵里，只在大定中，不在言语中。因为"言语道断，心行处灭"。

中郎颂古中的意思是，没有什么把握，也没有什么休止，动静一如，空有不二。只有超越眼耳鼻舌身的感知，才能悟到事相的真谛。你百丈执着拂尘的安放形式，或倒或挂，说什么"离与即"，道什么"能与所"，须知，离就是即，即就是离；能就是所，所就是能。即离不二，能所不二。事显理隐，事有理空。理事一如，有空一如。这是佛门思维的融通全局的世界观。在此观照中，马祖训示，百丈开悟。

颂古后五句依次为："衲衣裹就三祇劫，拄杖横挑四大洲。"是对融通全局的宇宙观的进一步说明。一个和尚的出生与表现里，有三大阿僧祇劫的因缘，他的一根拄杖里可横挑四大洲。"四大洲"指东胜神洲、西牛贺洲、北俱卢洲、南瞻部洲。这是佛门的宇宙方位观，一千个小千世界构成一个中千世界，一千个中千世界构成一个大千世界。而银河系只是一个单位世界（黄念祖居士著作里有介绍），在这个单位世界里，以须弥山为中心，分为东西南北四方，我们居住的地球在南瞻部洲。这两句颂古是从时间与空间两大范畴，看一个和尚的存在，这是彻照遍观的认知。

最后三句颂古是："露柱笑，石女羞，一滴曹源万古秋。"再次形象化地描述大宇宙观。平时见的"露柱"本不笑却笑，石女本不羞而羞，曹源池中一滴水,藏含万古的春秋(历史)。万物皆有灵,万物均有见闻觉知(水试验已证明),万物是物质形态,而物质形态总是伴随精神现象,这就极形象地揭示了事物的真相。颂古中,完全可见中郎的宽广的心胸、犀利的目光、敏锐的观察、石火电光般的思维与高超的禅悟境界。

第九则

举:沩山、五峰、云岩侍立百丈次,师问沩山:"并却咽喉唇吻,作么生道?"山曰:"却请和尚道。"师曰:"不辞向汝道,恐已后丧我儿孙。"问五峰。峰曰:"和尚也须并却。"师曰:"无人处斫额望汝。"又问云岩,岩曰:"和尚有也未?"师曰:"丧我儿孙。"

是即是佛法,未梦见在三十年后。莫言不道。

却请和尚道,富贵应须致身早,等闲金翅摩空飞,烈风吹折连天草,吞不得。

和尚也并却,鸂鶒新淬夫容锷,少年一击朔方城。青蛇飞出黄沙漠,吐不得。

和尚有也未,七岁女儿围珠翠,镜中不爱己容颜,爱他镂画双凤背,便从这里入。(《影印》第 60 页,《校释》第 147 页)

解读

引古中讲了一个公案:沩山、五峰、云岩三人侍立百丈师前。师问:"将咽喉唇吻合并一处,是生什么道?"沩山说:"请和尚道。"师说:"我不向你说,恐你以后丧我儿孙。"问五峰,五峰说:"和尚也须合并。"师说:"无人处砍你额头再看你。"又问云岩,云岩说:"和尚有还是未有?"师说:"丧我儿孙。"

这个公案由百丈提问,三个徒弟分别答。提的问题很怪,是一个假设,意为将咽喉唇吻合并一处后,这个人生的是什么道? 沩山答不出,说请师父说。师父说:不跟你说,说了要丧及儿孙(指徒子徒孙)。于是问五峰,五峰说:师父也合并吗? 师父说:无人处砍你额头再看。于是问云岩,云岩说:师父是有还是未有(合并)? 师父说:丧我儿孙了。三个徒弟都执着于百丈的语言相,百丈认为他们没有跳出问题本身,也就不可能悟道。

在拈古中,中郎举了三种情形:一是佛法即是佛法,不是佛法即不是佛法。三十年后也还是这样,也不可说。二是"富贵应须致身早",出自杜甫诗。诗曰:"男儿生不成名身已老,三年饥走荒山道。长安卿相多少年,富贵应须致身早。"金翅鸟等闲在云端高处飞,所扇起的烈风吹折了连天草,连吞也吞不得。三是鹧鹧小鸟,岂容少年执淬火之锐器去击打朔方城? 青蛇飞出了黄沙漠,"吐信"(吐舌)也吐不出。这里,通过天上金翅鸟(极大,可吞食海中之蛟)、水上的鹧鹧小鸟、玩弓之少年、沙漠之青蛇等,描绘大自然的生机蓬勃景象,说明悟道要从自然而入。

颂古中说:七岁女儿围珠翠,不爱镜中美容颜,却爱镂雕双凤背。和尚你有悟还是未有悟,要从这个奇异的现象里去参究,奇异中有平常,平常中有奇异。有实是未有,未有里实有。颂古回照引古,有无一如。

第十则

举:百丈上堂,一老人随众听法,自云:"某于过去迦叶佛住此山,因学人问,大修行人,还落因果也无? 某曰:不落因果。遂五百生堕野狐身,今请和尚代一转语。"师曰:"汝问。"老人曰:"大修行人,落因果也无?"师曰:"不昧因果。"老人言下大悟。作礼曰:"某已脱野狐身。"

险! 险! 三千里外,且喜没交涉。诸禅德,作么生是没交涉的句? 复云:险! 险!

第一险,点即不到;第二险,到即不点。咄! 大地茫茫愁杀人,东家害病西家喘。复喝一喝曰:"脚头脚底。"(《影印》第 60 页,《校释》第 147 页)

解读

所引公案出自《圆悟佛果禅师语录》卷一九。

引古讲了一个有趣故事:唐代百丈禅师在道场讲法,有个老人(狐身幻化人形)常去聆听。一天,下了讲堂,老人便去见法师,说:"我在迦叶佛时期,也是住在此山讲法,有个学佛人问我:大修行人还落不落于因果? 我答不落因果。因此一谬语之故,堕入野狐身,已有五百次转身了。现在请和尚代问转语。您同意吗?"师曰:"可以。明天在讲席上你问就是。"果然,第二天听法后,老人起立问百丈:"大修行人还落不落因果?"百丈肯定答道:"不昧因果。"老人一听大悟,作礼后欣喜说:"我已脱野狐身了。"当晚,百丈带众徒去道场附近一丘岗处,见一狐狸尸身,百丈作礼祝贺,大家把野狐埋了。从此这里建有野狐祠,告诫世人。

这个故事的中心在"不昧因果"四字。因果关系是世间万事万物的定律,净空老法师常说:"万法皆空,因果不空。"因果变化呈现十分复杂情况,大致说来,有多因一果、一因一果、多果一因、一果一因、前因后果、前果后因、因果同时、因果异时等状态,举例说:美味的食物是污秽的粪便的原因,而污秽的粪便又是肥沃土壤使蔬菜美味的因素。因果是循环的。老人因前世传讲一句邪法堕五百世野狐身,又因百丈正法开导而脱野狐身,故事本身就宣示了因果转化的永恒性。因没了(空)转化成果(有),果没了(空)转化成因。在十法界里,时时处处都在表演因果循环戏剧,在一真法界,也没有停止因果循环的演出,破一品无明(因),证一分法身(果),等觉果位尚有一品无明没破。念佛(因)成佛(果)。普贤、大势至、观音、文殊等大士是如何成佛的? 经上讲,念佛。故"不落因果"是一个特大之错,堕野狐身(畜生道)是必然的。如果没有机缘听百丈讲法,还会堕下去,这是一个非常危险的状况。

故中郎在拈古中说:险! 险! 可喜三千里外没有交涉的,三千里内有个道场有个法师来接引。欲问接引度化的语词是什么? 险! 险! 明确了身处险境,才可能发愿脱离险境。

那么,险在哪里? 中郎在颂词中发表感慨道:第一险,有法师点拨,你却不到位(错失机缘);第二点,你到位了,法师却又没指点到要害("不昧因果")。大地茫茫,正法难遇。东家害病,西家咳喘。喝叫一声:从头到脚,从脚到头,你能丝毫大意?法师法师,你讲法要谨慎,不然你像那位老人堕五百世野狐受折磨那么多年,可就凄惨了。脚头脚底隐含一个南泉斩猫的故事。后文第十二则将要提到。

二九、第十一则至第二十则解读

第十一则

举:南泉曰:"江西马祖道:即心即佛。王老师不恁么,道:'不是心,不是佛,不是物。'"

不得动着,动着三十棒。

追之不即,放之不离,云迷谷口,月隐寒溪。桃红李白蔷薇紫,问着东君也不知。(《影印》第60—61页,《校释》第147页)

解读

先看引古,此材料选自大慧普觉禅师语录。

马祖对他的门徒说:"即心即佛。"传法名师不恁么赞成,回应道:"不是心,不是佛,不是物。"这里引宋代诗人张伯端(紫阳真人)的《即心是佛颂》:

> 佛即心兮心即佛,心佛从来皆妄物。
> 若知无佛复无心,始是真如法身佛。
> 法身佛,无模样,一颗圆光含万象。
> 无体之体即真体,无相之相即实相。
> 非色非空非不空,不动不静不来往。

无异无同无有无，难取难舍难听望。
内外圆通到处通，一佛国在一沙中。
一粒沙含大千界，一个身心万个同。
知之须会无心法，不染不滞为净业。
善恶千端无所为，便是南无及迦叶。

紫阳真人开悟的这个偈子被《西游记》著者吴承恩认可并引用。其主旨为心佛众生，三无差别。亦可表述为：即心即佛即物，非心非佛非物，离即离非离离。这是一个于一切法不执著境，即中郎在《西方合论》里的表述："佛法不执著，不执著有无，不执著非有非无，不执著于不执著。"这是禅悟的究竟圆满、明心见性境界。

他在拈古中说："不得动着，动着三十棒。"强调不思虑，不揣度，不起心动念，如果"动着"要打三十棒来警训。

他在颂古中唱道：追它追不着，放它放不走。他比喻道：云迷谷口，月隐寒溪。你若问"桃红李白蔷薇紫"，为什么？即使是司花之神的东君也回答不出。为什么？自自然然，随缘任运。禅者只有如同春天气候催发万花似锦，无拘无束，毫无挂碍，你的禅悟花朵才可灿烂辉煌，你才能登临不可思议的禅境。

第十二则

举：南泉因东西两堂争猫儿，谓众曰："道得即救取猫儿！"众无对，师便斩。赵州自外归，师举前语，州乃脱履安头上而出。师曰："子若在，即救得也。"

低声低声，三世诸佛只得鼻孔里出气，虽然如此，犹有一人旁不肯在。

未握轮王剑，先收盖代功。铁围披芥子，海水入针锋，得恁么奇特。踏得故乡田地稳，任他南北与西东。（《影印》第61页，《校释》第148页）

解读

引古讲了一个南泉斩猫的故事。东西两堂和尚为猫是东堂还是西堂的,争执不下。于是南泉说:"谁能说出其中得道含义,可救此猫。"僧众无以对,于是南泉提剑斩猫,犯杀生罪。晚间南泉将此事讲给赵州和尚听,和尚一言不发,将脚上的草履脱下,戴到头上走了。南泉说:赵州在,猫不死。赵此举又被称脚头脚底,隐含着东西两堂本末倒置,不花功夫求道,却去争猫之归谁。

拈古中说:三世诸佛一鼻孔出气,低声低声,尽管这样,还是有一人不肯在其旁。其意为:十方三世佛,共同一法身。一心一智慧,力无畏亦然。

颂古说了三种奇特反常现象:未握轮王(司掌人道之主,手握轮宝,降服四方)剑,先收盖世功,这是第一奇;铁围(佛教认为南赡部洲等四大洲之外,有铁围山,周匝如轮,由铁造成,以须弥山为中心,外有七山八海,第八海为碱海,围绕此海为铁围山)披芥子,芥子是芥子树结下的极小极小的种子,这么一颗芥子如何背负铁围山呢,这是第二奇;第三奇是针锋极尖,但海水却可满灌。下面说正常,踏在故乡的土地上,稳当得很,任它南北东西风怎么吹,如如不动。这个颂词对引古、拈古是一个升华。意味着参禅人不仅仅是把握生死大事,还要参得真如本性。在真如本性的宇宙观里,芥子可披铁围山,无底之大舟可入针孔之小海。大小相容,广狭无碍。

第十三则

举:南泉因僧问:"师归丈室,将何指南?"师曰:"昨夜三更失却牛,天明起来失却火。"

是什么?○尽在这里许。

三更失却牛,月明才挂树稍(梢)头。青草湖边横笛冷,夜深风动白蘋洲。

天明失（《校释》多了一个"去"字——笔者）却火,青楼不闭葳蕤锁。东风昨夜到门来,送入桃花三四朵。(《影印》第61页,《校释》第148页)

解读

此引公案出自《景德传灯录》卷八。

引古中说有个和尚请教南泉大师,您归丈室,以什么作为"指南针"? 意为您修行的座右铭是什么? 南泉回答说:"昨夜三更失却牛,天明起来失却火。"意为,我不想以什么为指南,不过是遵守一个"失"字,譬如,半夜失却牛,天明又失却火。满城的修行人求"得",总是想得到什么,获取什么,我注目于失却什么! 失却了,反而可得;得到了,往往是失。失是永恒的,得是短暂的。

拈古中,中郎说,指南究竟是什么? 是一个○,一切尽在里面。可看出中郎的真空妙有的观念与佛理契合相应。

颂古中提升引古与拈古的思想,将真空与妙有统一化观察与描述。三更失却牛(比喻真空境),月明才挂树梢头。青草湖边横笛冷,夜深风动白蘋洲(比喻妙有境)。天明失却火(比喻真空境),青楼不闭葳蕤锁。东风昨夜到门来,送入桃花三四朵(比喻妙有境)。自然的世界是心灵世界的显现,物质的世界是精神世界的映照。自然、物质、精神具有统一性与和谐性,共处于真空妙有中。

第十四则

举:归宗因僧辞问:"什么处去?"僧曰:"诸方学五味禅去。"师曰:"我这里只有一味禅。"曰:"如何是一味禅?"禅师便打僧,曰:"会也,会也。"师曰:"道! 道!"僧拟开口,师又打。

醉里乾坤,壶中日月,你道归宗为甚如此逞强?

元来,元来。

一味五味,谁贱谁贵? 五味一味,两彩一赛。平芜尽处是青山,行

人更在青山外。(《影印》第 61 页,《校释》第 148 页)

解读

引古中讲了一个故事:僧人向师父归宗辞别,师问:"你何处去?"僧说:"到四方学五味禅去。"师说:"我这里只有一味禅。"僧人说:"如何是一味禅?"师父便打僧。僧人说:"会了,会了。"师父说:"会了什么? 说,说。"僧人准备开口,师父又打。其中禅意为:一味禅岂是可以言说的吗? 师父打其人,目的是打掉僧人对名相的执着。

中郎在拈古中说:醉里乾坤,壶中日月,讲的是饮酒与喝茶,虽是平常,却也非常。你这师父为何如此逞强? 对归宗打了两次徒弟持批评态度,禅是参悟的,何用粗暴之打?

颂古中说:呵,原来,原来,一味五味,五味一味,无贵无贱,一次比赛,两次中彩。平芜尽处是青山,行人更在青山外。参禅者对五味一味不须分别执著,参禅到平原荒芜尽处便是青山,即使入了青山,你也要跳出青山之外,这就是禅悟的美妙境界。从这里可看出:中郎批评了归宗,同时也肯定了归宗。

第十五则

举:水潦参马祖礼拜起,欲伸问次,祖一踏踏倒。师大笑曰:"也大(太)奇,也大(太)奇,百千三昧,无量妙义。只向一毫头,识得根源去。"

悟即不无,争奈落第二头何!

也大(太)奇,也大(太)奇,个中消息阿谁知? 不须更觅桃源去,一夜东风花满枝。(《影印》第 61 页,《校释》第 148 页)

解读

所引公案出自《五灯会元》卷三。

引古之意为:水潦禅师向马祖求教禅悟之道,跪拜而起欲发问,马祖一脚把他踏倒。水潦大笑说:"也太奇,也太奇,百千三昧,无量妙义。只向一毫头,识得根源去。"

此公案是一个警训,在一毫头(一毛之端点里)有无量密意,百千种正定正受,不可思议的殊胜真实,即应有尽有,无所不有! 这是佛学宇宙观,一芥子可纳须弥,即一多相即,一就是多,多就是一。一个微小的动作,一丁点儿声音里,亦复如是。既如此,何况马祖一脚一踏呢?

中郎拈古说:悟了一切悟,没有什么不悟。对于悟者言,何须求什么呢? 悟了还求,就是头上还安个头的多此一举。这里,中郎对水潦禅师所言,有所指责。因为禅悟在自我体验中,在不言中。言之义很有限,而不言之义却无量。

颂古唱道:确实奇,确实奇,悟中消息谁能知? 不必去寻求桃花源(喻"第二头"),桃源美景在眼前,东风一吹,桃花满枝,只有悟者才得意。这是对禅悟境界的形象化描述,有石火电光性思维,有顿悟之暗示。

第十六则

举:麻谷问临济:"大悲千手眼,那(哪)个是正眼?"济曰:"大悲千手眼,那(哪)个是正眼,道! 道!"师近前拽临济下床,却坐。济近前曰:"不审。"师拟议,济拽师下禅床,却坐,师便出去。

两矢相触,矢坠而尘不扬。虽然如此,要且不是好手。

你也扫,我也扫,丈六金身成一茎草。世间万事不如常,郑州梨胜青州枣。(《影印》第62页,《校释》第149页)

解读

麻谷禅师问临济:"大慈大悲千手千眼观音,哪个眼是正眼?"临济将这个问题重复地问麻谷,加了"道! 道!"。麻谷便上前,拽了临济下禅床,自己坐了。临济上前说:"不必审问了。"麻谷准备发话,临济拽麻谷下禅床,自己坐原处。麻谷便走出去了。这两位禅师很有意思,他们玩游戏,你问我,我问你,你拽我,我拽你。你坐我坐你又坐,我便走出禅房了。其意为:这个千眼观音的提问"哪一个眼是正眼"似乎不当,故临济反问后又说:"不必审问。"麻谷没有得到答案,于是拽了临济下禅床,自己坐了,又说让他"不审",他准备回应,临济又拽他下禅床,自己一坐,麻谷似乎明白了什么,走了出去。答案在不言中,禅悟在内心里。

中郎的拈古是:对射两支箭头相触,箭坠下未有扬起尘土。这两个人都是好手,但中郎说:这不是好手。好手是什么呢? 引而不发,跃如也。

颂古说:你也扫,我也扫,丈六金身成一茎草。庄严佛像以金粉而饰,只是起教学作用,扫去扫来,演化为草了。中郎曾写过:"饶他紫金身,形同泥与草。终日劳波波,不识自家宝。"这可以作为颂古的注脚。禅悟要在世间万事的平常中去体会,好比青州红枣世闻名,可你在郑州,你那里的梨味比青州的枣更好吃。为什么呢? 相随心转,境随识变。

第十七则

举:如会患门徒忆诵"即心即佛"不已,示众曰:"心不是佛,智不是道。剑去久矣,汝方刻舟。"

棘何曲? 松何直? 鹄何白? 乌(《校释》横排版误作"鸟"——笔者)何黑? 道得你许会少分。

敲花兼蝶散,打草带蛇惊。捏目寻空影,徐行踏水声。咄! 有甚交涉? 当初只道茅长短,烧了方知路不平。(《影印》第 62 页,《校释》第 149 页)

解读

引古中说:如会禅师怕门徒忆诵"即心即佛"不止,对众说:"心不是佛,智不是道,剑去久矣,汝方刻舟。"这里用刻舟求剑的典故来说明:心与佛是有差别的,智慧与道也不是一回事。这是强调同中异。事物有两面性,既要关注异中同,又要关注同中异。佛门有句名言:"心佛众生,三无差别。"这是讲异中同。对不对,对的。心不是佛,智不是道,对不对呢? 也对。它说的是同中异。意在破除执着法语。

拈古中说了四种现象:棘曲松直,鹄白乌黑。你能说出个少许道理,你就得到了少许的好处。

颂古中说了五种自然现象:敲花蝴蝶散,打草惊蛇走,捏目寻空花,徐行踏水声。当初只知茅草长短,烧了方知路不平。这都是很自然的事,参禅者不拘泥于术语与法语,在自然与自在中悟。

第十八则

举:鲁祖常见僧来便(《校释》掉了"便"字——笔者)面壁,南泉闻曰:"我寻常教人向佛未出世时会取,尚不得半个,他恁么驴年去?"

月似弯弓,少雨多风。

收拾眉尖眼尾情,无嗔无喜恶精神。觉来一枕凄凉恨,不敢分明说向人。(《影印》第 62 页,《校释》149 页)

解读

引古也是一个公案:鲁祖见僧常来面壁求道。南泉禅师听说了,说:"我平常教人从佛未出世时的情景去领会,并获得真谛,那个僧人如此修要修到驴年?"意为不知其期。(十二生肖里没有驴。)

拈古中有"月似弯弓,少雨多风",暗示修行人多,得道人少。

颂古中说:一觉醒来凄凉恨,是说的梦境。这个梦境如何向人诉说? 眉尖上、眼角尾的种种情都是可以收拾的,不嗔不喜哪些精神? 其禅意为:修行求自在自然,以无为而得真谛。

第十九则

举：紫玉因于頔问："如何是佛？"师召相公，公应："诺。"师曰："莫别求。"

建昌纸贵，一状领过。

莫别求，莫别求，一跃跃翻四大洲。认着依前还。不是小根魔子，懡㦬休。（《影印》第62页，《校释》第149页）

解读

引古：于頔问紫玉师："如何是佛？"禅师自己不答，而召相公（疑指庞蕴），公说："诺！"师说："莫别求。"意为佛在自身。"佛在灵山莫远求，灵山就在汝心头，人人有个灵山塔，何不灵山塔下修。"

拈古：建昌纸贵，一状领过。只有一纸颂词，才能形成建昌纸贵。颂的什么呢？佛。

颂古：莫别求，莫别求，一跃跃翻四大洲。认着依前还。中郎反复强调了灵性本具在自身，只要复归于父母未生前本来面目，大道可求。

你不是小根魔子，你会惭愧休歇离垢吗？

第二十则

举：金牛每斋时，舁饭桶到僧堂前作舞曰："菩萨子，吃饭来。"

说真方，卖假药，阎罗王殿前吃铁棒有日在。

菩萨子，吃饭来，勾引罗汉笑口开。拈得旧时无孔笛，声声吹出古轮台。（《影印》第62页，《校释》第150页）

解读

引古中讲了金牛和尚的故事：他每日做饭，提了饭桶到斋堂前，先舞蹈一番，然后唱道："菩萨子，吃饭来。"

拈古说：说真方，卖假药，阎罗王前有吃铁棒日子在。

颂古说：菩萨子，吃饭来，勾引罗汉笑口开。拈得旧时无孔笛，声声吹出古轮台。无孔笛是禅宗用语，指禅悟无法以言语与心思表达。又：无孔笛指胎息，即先天呼吸，不须借助鼻孔，故以无孔笛相喻。与此类喻的还有无弦琴，在胎息状态下，中和圆融，气息无声，以无弦琴称。古人有"长吹无孔笛，时鼓无弦琴"之说，以喻修丹之术。中郎在这一则里，讲的是修行人必须了脱生死，不然还会吃阎罗王铁棒，在六道里轮回。

三十、第二一则至第三十则解读

第二一则

举：浮杯因凌行婆礼拜，与坐吃茶，婆乃问："尽力道不得底句，分付阿谁？"师曰："浮杯无剩语。"曰："未到浮杯，不妨疑着。"师曰："别有长处，不妨拈出。"婆敛手哭曰："苍天中更添怨苦。"师无语。曰："语不知偏正，为人即祸生。"南泉闻："苦哉浮杯，被这老婆摧折一上。"婆闻，笑曰："王老师少机关在。"澄一逢婆，便问："怎生是南泉少机关在？"婆乃哭曰："可悲可痛。"一罔措。婆曰："会么？"一合掌而立。曰："伎死禅和，如麻似粟。"一举似赵州，州曰："我若见，问教口哑。"一曰："未审和尚怎生问？"州便打。一曰："为甚打某甲？"州曰："伎死汉不打，更待几时？"连打数棒。婆闻，却曰："赵州合吃婆手中棒。"州闻，痛曰："可悲可痛。"婆闻，合掌曰："赵州眼光，烁破四天下。"州令僧问："如何是赵州眼？"婆乃竖起拳头。州作偈曰："当机觌面提，觌面当机疾。报汝凌行婆，哭声何得失？"婆以偈答曰："哭声师已晓，已晓复谁知。当时摩揭国，几丧目前机。"

明日大悲院里有斋。

落日深山伴侣稀，海门残（《校释》误为"几"——笔者）月送人归。参天荆棘横官路，哪个行人不挂衣。复敛手曰："苍天！苍天！"（《影印》第 62—63 页，《校释》第 150 页）

解读

引古出自《景德传灯录》卷八。

凌行婆去拜浮杯禅师。师请她坐并给茶喝。婆问："对于大道总说不彻底，谁可分付说出？"师说："我无多余的语言。"婆说："浮杯您也说不到，我不妨存疑。"师曰："我别无长处，不妨将疑拈出。"婆敛手装不拈样子，哭着说："我若拈出，苍天中更添怨苦。"师无语。婆说："语不知邪正，为人即祸生。"南泉禅师听说了此事，说："浮杯可悲，被这老婆摧折了一番。"婆后来听了南泉讲的话，笑道；"南泉禅师还是少了机关。"澄一禅师遇到了婆，便问："南泉少了什么机关？"婆说："可悲可痛！"澄一惘然不知所云。婆说："会吗？"澄一合掌而立。婆说："伎死禅和，如麻如粟。"澄一还是不明白，将这一情形，报告赵州禅师。州说："我若见她，让她口哑。"澄一说："未知您怎么去问她？"州便打澄一。澄一说："您怎么打人？"州说："伎死汉不打，更待几时？"连打数棒。婆听说了此事，说："赵州应该吃我用棒子打他。"州听了，说："可悲可痛！"婆听了，合掌说："赵州眼光，烁破四天下。"州命僧人去问婆："什么是赵州眼？"婆竖起拳头就要打。僧去报告赵州，州便作了偈子："当机觌面提，觌面当机疾。报汝凌行婆，哭声何得失？"婆以偈作答："哭声师已晓，已晓复谁知。当时摩竭国，几丧目前机。"

这段引古很特别，一是有女尼参与；二是涉及禅师、僧人达七位；三是讨论问题由大道的表述延展到诸位参与者的禅悟境界；四是由赵州与婆一唱一应偈子结束。其中包含禅门的参话头、棒打、作偈归纳等法门。这个公案意在说明，禅悟不可思议，禅悟要跳出语言束缚，禅悟须把握禅机。

拈古说：明日大悲院里有斋，意为禅师们你们放下吧，明天去应斋。

颂古中描绘了苍天的一幕景象:落日深山伴侣稀,海门残月送人归。参天荆棘横官路,哪个行人不挂衣。其隐喻意义应是对引古的照应。

第二二则

举:庞居士参马祖,问:"不与万法为侣者是甚么人?"祖曰:"待汝一口吸尽西江水,即向汝道。"士顿领玄旨。

是即是,若恁么悟去,入地狱如射箭。

一口吸尽西江水,哑在这里。帝释眉毛二丈长,蛣蜣高声唱啰哩。(《影印》第63页,《校释》第150页)

解读

引古出自《景德传灯录》卷八。

庞蕴居士去参马祖,问:"不与万法为侣者是什么人?"马祖答:"待你一口吸尽西江(长江)水,再向你说。"庞听一言而悟。

拈古说:是的,是的。若那么悟,入地狱比射箭速度快。这一拈古里,说明中郎对庞居士开悟持怀疑态度。

一口吸尽西江水,可能吗? 帝释天主眉毛长两丈,那是他活到了八万劫。蛣蜣虽小,时间久了还会唱啰哩。"啰哩"代指还乡歌与归家歌。诸位禅悟者何时何法得开悟? 禅悟是自证自验,是还乡与归家,是返观心源,是不可说,不可说。

第二三则

举:药山首造石头,便问南方见性之旨。头曰:"恁么也不得,不恁么也不得,恁么不恁么总不得。子作么生?"师罔措。曰:"子因缘不在此,且往马大师处去。"师到马祖,仍伸前问。祖曰:"我有时教伊扬眉瞬目,有时不教伊扬眉瞬目。有时扬眉瞬目者是,有时扬眉瞬目者不是。"师于言下大悟。便礼拜。祖曰:"你见什么道理?"曰:"某甲在石头处,如蚊子上铁牛。"祖曰:"如是,如是。"

驴事未去,马事到来。若是牢笼不肯住,呼唤不回头的,定不向人唾沫下作生涯。

二不双,一不只,赤身火里行,缩脚风头立。四十九年拳捏空,千七百个口挂壁。咄,犹是这边汉。(《影印》第63—64页,《校释》第150—151页)

解读

引古出自《五灯会元》卷五。

药山首次去参拜石头希迁禅师,问道:曾听说南方直指人心,见性成佛。我不明确,请开示。石头说:"那么也不得,不那么也不得,那么不那么总不得。你作什么生?"药山迷惘,不知所云。石头说:"你开悟的因缘不在我这里,你到马祖大师那里去。"于是药山去参见马祖,将问题重说了一遍。马祖说:"我有时教你扬眉瞬目,有时教你不扬眉瞬目。扬眉瞬目有时是对的,有时是不对的。"药山于言下大悟,便礼拜。祖问:"你见什么道理?"药山说:"我在石头处,如蚊子叮铁牛。"祖说:"是的,是的。"

拈古说:驴事未了,马事又来。如果牢笼不肯住,呼唤不回头的,定不向人唾沫下度生涯。

颂古说:二不双,一不只,赤身火里行,缩脚风头立。四十九年拳捏空,千七百个口挂壁。咄,犹是这边汉。意为双不双,单不单,赤身火里走,缩脚风头立。这是一些颠倒之现象。学了佛祖四十九年说法,参了禅门一千七百个公案,你没开悟,是白学白参,还是这边一莽汉,不是达彼岸的见性者。何为见性? 丢掉妄想与执着。佛法也好,公案也好,都是戏说。它们引你见性,你执着了就不见性,也成不了佛,此颂古照应并扩宽了引古禅思。

第二四则

举:丹霞遇天寒,取木佛烧。院主曰:"何得烧佛?"师曰:"取舍利。"曰:"木佛何有舍利?"师曰:"无,更烧两尊。"院主自后,须眉堕落。

江浦喝一喝云,院主当时若下得这一喝,非惟须眉宛然,且使丹霞上天无路,入地无门。

金鸭沉沉篆缕轻,夜深巫峡梦难成。枕前泪共芭蕉雨,隔个窗儿(《校释》误为"见"——笔者)滴到明。(《影印》第64页,《校释》第151页)

解读

所引公案出自《五灯会元》卷五。

丹霞禅师(739—824),唐代著名和尚,又名天然。起先为儒生,准备进京赶考,宿于一旅店,一禅师见后,问:去京城干什么?答:考官。问:为何不去考佛?问:考佛在什么地方?禅师便说江西马祖处。于是他到马祖那里参拜,方式很奇特,只是自拿毛巾打自头。马祖介绍他到洛阳石头禅师那里做徒弟。石头禅师只是安排他做苦力,如此三年而无怨言。一天,师傅安排众人去锄草,丹霞却端了一盆水在师傅面前洗头,于是禅师见机给他剃了光头(锄头上"草"),收他为徒。不久悟道,回马祖处感恩,一进道场,却骑于酷似马祖的佛像颈上,有人报告,马祖并不责怪,说:"我子天然。"于是他立即跪下谢马祖赐名之恩。(后人以他常住寺名,称丹霞禅师。)可见丹霞在悟道后,行为诡异,对凡圣没有分别。

所录公案也是一个反常之举,因当晚严寒,他劈了木雕佛烧火取暖。院主认为大逆不道,斥责他,他机智回应:取舍利子。院主说:木头佛哪来舍利?他答道:既无舍利,那我还烧两尊。院主气得连胡须与眉毛都要掉光了。

中郎对丹霞的反常行为持否定态度。故拈古中说,如果院主一言不发,只是大喝一声,那么院主不仅须眉宛然,且让丹霞上天无路,入地无门。你说他对,他焚烧佛像,罪大恶极;你说他不对,他也是菩萨,为了取暖保命。在中郎的理念里,佛像、佛经、佛器,有传达法音的影响力,都是为了接引众生而设的,具有教化的作用,不可轻慢无礼。他曾说:"一弹指庄严,万劫黄金色。"还说:"低头与合掌,恒河沙功德。"

在颂古中,中郎描绘了几幅画面:第一幅,有人在金鸭香炉前烧香,香气缭绕。第二幅,深深夜沉,巫山云雨之美梦,难以做成。第三幅,禅者枕前落泪,应和芭蕉夜雨,隔了个窗户滴到天明。第一幅禅景,信徒禅境,十足把握;第二幅禅景,梦幻禅境,虚幻不实;第三幅禅景,枕边禅境,泪雨同滴,天人合一。行也禅,坐也禅,语默动静体安然。禅人禅梦,禅风禅雨禅芭蕉,禅在哪里? 不在丹霞的荒唐做派中,也不在院主的气愤不平里,只在禅者的心安理得的境界里。

第二五则

举:黄檗因裴相国拓一尊佛,请名。师召:"裴休!"休应诺。师曰:"与汝安名竟。"

只为慈悲之故,有落草之谭,会么?

金不博金,水不洗水,海阔天长,白云万里。江南春尽鹧鸪啼,不在树头在花底,住住更参三十年。(《影印》第 64 页,《校释》第 151 页)

解读

引古出自《五灯会元》卷四。

先介绍黄檗禅师(? —855),又名希运禅师。文献记载他身长七尺,相貌庄严,额前隆起如珠,声音朗润,意志坚定,精通内学。唐诗中的《上堂开示颂》为其作品。诗曰:

> 尘劳迥脱事非常,紧把绳头做一场。
> 不经一番寒彻骨,怎得梅花扑鼻香。

禅师有《传心法要》等问世，堪称一代宗门大匠。

再介绍裴休，大唐中期，曾任国相，退休后专志禅学，曾为《圆觉经疏》作序，有《传心偈》留世，例如：

> 心不可传，以契为传，心不可见，以无为见。
>
> 契亦无契，无亦无无。化城不住，迷额有珠。
>
> 珠是强名，城岂有形。即心即佛，佛即无生。

引古中说，裴相拓了一尊佛（以原佛像为据，先涂以色，以纸品覆其上而成，此技称"拓"），启请禅师命名。禅师召裴相，喊道："裴休！"裴应诺了。禅师说："我已跟你的拓佛命名了。"其意为：心佛众生，三无差别。你就是佛，何必另处找佛。"使佛觅佛，倍费功程。"亦可理会为："凡圣不分，乃离见闻。"还可理解为："无心似镜，与物无竞，无念是空，无物不容。"这是禅家大心量境界。

拈古中，中郎说：只为有慈悲之心（圣），言语就有落草之谈（凡）。你会吗？此三字是禅家口头禅。你会悟，什么都是禅；你不会，什么也不是禅。

颂古里，中郎唱道："金不博金，水不洗水，海阔天长，白云万里。江南春尽鹧鸪啼，不在树头在花底，住住更参三十年。"通过物相（金、水）、天相（海、天、白云）、地理风物（江南鹧鸪、树头、花底）揭示自然境界的随机顺势、本性内在的特点，告诉禅者随缘任运，住于所住（定），安于所住，要有较长时间的淘洗，反复参究，才能开悟。颂古里肯定了引古的当下机锋，同时指明了顿悟由渐悟的累积，悟境是必须有海阔天空、白云万里的广大，又要有枝头与花底的细微。心处在大静定中，你就会了。

第二六则

举:沩山与仰山摘茶次,谓仰曰:"终日只闻子声,不见子形。"仰撼茶树。师曰:"子只得其用。"曰:"未审和尚何如?"师良久曰:"和尚只得其体。"师曰:"放子三十棒。"曰:"和尚棒叫谁吃?"师曰:"放子三十棒。"

官不容针,私通车马。

父不父,子不子,机用元来只如此。咄!父为子隐,子为父隐,直在其中矣。(《影印》第 64 页,《校释》第 151 页)

解读

引古出自《五灯会元》卷九。

沩山禅师与仰山一起摘茶叶,休息时,沩山对仰山说:"终日只闻你声,不见你形。"仰山便撼动茶树,有声有形。师说:"你只得其用。"仰山回:"我未能明白你说的。"师过了一会,说:"你只得其体。"又接着说:"要打你三十棒。"仰山说:"你三十棒给哪个吃?"师重复说:"打你三十棒。"其意为:体用一如。仰山未会。

官不容针,私通车马。其意为原则性与灵活性要相结合。

颂词说:父不父,子不子,机用原来只如此。父为子隐,子为父隐,直在其中了。直心、深心、真心在什么地方? 在如如境界。孔子批判礼崩乐坏的乱象表现是父不父,子不子,君不君,臣不臣。中郎却正面使用,意为父子一体,如如而已。照应体用一如。

第二七则

举:赵州一日到茱萸,执拄杖于法堂上,从东过西。曰:"作甚么?"师曰:"探水。"曰:"我这里一滴也无,探甚么?"师以杖倚壁,便下。

一个棺材,两个死汉。

朝卷帘,暮卷帘(《校释》横排版漏了"卷帘"二字,现补上——笔者），绣阁罗帏快活三，拈出少时香。

拍板逢人便唱《望江南》。（《影印》第 64 页，《校释》第 152 页）

解读

引古出自《五灯会元》卷四。

赵州禅师一日到茱萸寺，手执拄杖于法堂上，从东到西。堂主问："您作什么？"州曰："我探水之深浅。"堂主说："我这里一滴水也没有，你探什么？"师以杖靠壁，走了。

引古之意为：有与无是一不是二。佛法不二，智者了达。

拈古说：一个棺材，两个死汉。

颂词说：朝卷帘，暮卷帘，罗帏有肥胖（古称"快活"）人。拈出少时香。

拍板逢人便唱《望江南》。

《望江南》，又称《江南好》，词牌名。苏轼的《暮春》如下：

> 春已老，春服几时成。曲水浪低蕉叶稳，舞雩风软纻罗轻。酣咏乐升平。
>
> 微雨过，何处不催耕。百舌无言桃李尽，柘林深处鹁鸪鸣。春色属芜菁。

还有其他人填此词（如白居易、温庭筠等）。词人所填，各依其缘，心境与词境相应。中郎的颂词意在说明：词境与心境有与无，不可偏执一隅，有即是无，无即是有，照应引古。

第二八则

举：赵州因僧问："狗子还有佛性也无？"曰："无。"（《校释》掉了"无"——笔者）"为甚却无？"师曰："为伊有业识在。"

咄！赵州无此语，莫谤他古人好。

无！无！西天胡子没髭须。月明海上闲来往，撞着鲛人满面珠。

（《影印》第 64 页，《校释》第 152 页）

解读

引古出自《法演禅师语录》卷三。

赵州禅师即从谂禅师(778—897)，因常住赵州的寺里，故称其为赵州禅师。又因出身山东曹州，也有称他为曹州禅师的，是一位禅学震古烁今的高僧，与他相关的公案很多。后面的禅诗解读中还有介绍。引古中说，有和尚向赵州请教："狗子有佛性吗？"赵答："无。"又问："怎么就无呢？"答："它有业识在。"这是一个普通问题，万物皆有佛性，如同庄子论"道"，儒家论"灵"。既知又为何问呢？这叫明知故问，赵便顺水推舟，脱口而回。一切人一切动物的六道轮回是由业力牵引而来，业力即造孽形成的转化力，业力是怎么形成的？念力，即神识之力，中郎说："此识生天生地，生人生物。不识不知，自然而然。"（《笺校·与仙人论性书》第 488 页）这是事实真相。畜生道属恶道三途（另有饿鬼道、地狱道），又称旁生道，因其前世心向非直而横生，故转入畜生道时，心向旁邪。佛理认为：生前恶念恶行，嗔恨与地狱相应；贪婪与饿鬼相应；愚痴与畜生相应。一堕"三途"五千劫。这属于佛理基本常识。但是有许多人不知不信，还有许多人知而不信，信而不行。他们的表演是说给信而不行的修行者听的，以期引起警惕。

中郎在拈古中说：赵州没有说这个话，你不要诽谤或诋毁他，他就是古代高僧大德。禅者之悟靠参究，并不靠言语与文字，言语、文字也并不绝对排斥，佛祖拈花，迦叶一笑。而表述与记录就是言语与文字。六祖说：我此法门，不立文字，以心传心。那《坛经》就是文字。《坛经》记载了十几个向六祖请教经六祖开示而悟道的事例，最出名的是法达，他诵三千部（遍）《法华经》而不开悟。六祖用言语开示说："心迷法华转，心悟转法华。"言下大悟，感激涕零。说明语言文字不可或缺。既要有语言文字,又不能执著语言文字,而世人普遍毛病是在语言文字上颠倒迷惑、混乱不堪。所谓"尽信书,不如无书",这是强调不言而言、不立而立之妙义所在。

中郎在颂古中唱道:无! 无! 这里指的是"无念为宗,无相为体,无住为本"(《六祖坛经》)。中郎说因业识作用成了狗。一方是有,另一面是无,有在无中,无在有中。西天修行人得了道,有胡子而没须,胡子本无,有了可以剃掉,如同头发,削发根尘在。长出了再剃。有与无一体。明月在海上晃来晃去,没有留任何痕迹,遇着美人鱼,满面眼泪化为珍珠,珍珠可取? 有而不可得。中郎借月行海面、美人鱼泪化珠的自然现象与神话故事,表现了禅者可悟不可求("闲"与"撞")的境界。

第二九则

举:岑大虫因秀才看《千佛名经》,问:"百千诸佛,但见其名,未审居何国土?"师曰:"黄鹤楼崔颢题后,先辈曾题否?"曰:"未曾。"师曰:"无事题取一篇好。"

借婆衫子拜婆年。

黄鹤楼,黄鹤楼,芳草凄凄鹦武洲。眼前有景道不得,崔颢题诗在上头。(《影印》第 65 页,《校释》第 152 页)

解读

引古出自《圆悟佛果禅师语录》卷十七。

岑大虫禅师见秀才阅诵《千佛名经》,问:"百千诸佛,但见其名,不知居何国土?"秀才说:"黄鹤楼崔颢题后,先辈您题过诗吗?"岑说:"未曾题。"秀才说:"您无事还是题一篇吧。"

拈古说:借婆衫子拜婆年。意即不识本来真面目。

颂词借用李白诗句:眼前有景道不得,崔颢题诗在上头。

这一则公案,意在喻指百千诸佛之名与所居国土,犹如黄鹤当年在,现已无法寻:"昔人已乘黄鹤去,此地空余黄鹤楼。黄鹤一去不复返,白云千载空悠悠。"

现代修持者诸佛国土境界是:"晴川历历汉阳树,荒草萋萋鹦鹉洲。日暮乡关何处是,烟波江上使人愁。"这是一个形象化的修持境界,有无限想象的空间。

第三十则

举:祇林每见僧来参,便曰:"魔来也。"以剑乱挥,归方丈,如是十二年。后置剑无言。僧问:"十二年为甚降魔?"师曰:"贼不打贫儿家。""十二年为甚不降魔?"师曰:"贼不打贫儿家。"

昨日栽茄子,今朝种冬瓜。

怎么也得,刹竿放出广长舌。不怎么也得,布袋捞取澄潭月。一颗明珠转玉盘,用尽机关看不彻。(《影印》第65页,《校释》第152页)

解读

所引公案出自《五灯会元》卷四。

引古讲了一个小故事:湖南祇林和尚名望很高,有僧人来参拜,他则说道:"魔来了。"以木剑乱挥后,归于方丈室。这样做了十二年。后来,再有僧人参拜,他便置剑墙上,并不言语,也是十二年。寺里随侍僧人问:"十二年为什么降魔?"答:"强盗不打劫贫苦人家。"又问:"十二年为什么不降魔?"答:"强盗不打劫贫苦人家。"

祇林乃湖南高僧,有僧来参拜,他便喊"魔来了"而挥剑降魔,这是一种特别警训,提醒参僧降服自心自身之魔,魔有四种——烦恼魔、鬼魔、死魔、天魔,这里指的是降服烦恼魔。十二年后,再遇和尚来参,祇林搁剑不用,也不发一语,这是提醒参禅者不要四处外求,禅意禅悟只在自心本己。"菩提只向心觅,何须向外求玄。"(六祖语)而回答十二年降与不降的答案是一样的,即盗亦有道。强盗不打劫贫苦人家,是一个比喻,有魔则降,无魔则不降,所谓"降伏镜像天魔","魔"也不过是一种幻象,随心所现,随识所变。

在拈古中,中郎比喻道:祇林和尚的做派不过如同农人"昨日栽茄子,今朝种冬瓜"而已,可种就该种,能种与所种,顺时顺气候顺心念顺需要,一切随缘,缘在即可成事,禅悟也是如此。

在颂古中,中郎唱道:这么好,刹竿放出广长舌。广长舌是佛三十二相之一,舌广长而覆面,说话真实。那么也好,布袋能捞澄潭月。这是比喻与夸张,形象地描述禅悟成道者的不可思议之境,出人意料的妙处。刹竿可说法,布袋可捞月。禅悟者一切皆好,没什么不好。即禅师们讲的,生也可,死也可,苦也可,乐也可,无可无不可。一颗明珠在玉盘里旋转,用尽心机你也不能了知透彻,这仍然是比喻禅者悟道,凡夫不解。悟者只在随缘消旧业,任运着衣裳而已。在平常生活中,有着不平常的精神风貌。拈古和颂古是对引古的扩写、张扬与照应。

三一、第三一则至第四十则解读

第三一则

举:临济示众:"我有时先照后用,有时先用后照,有时照用同时,有时照用不同时。若是过量人,向未举已前,撩起便行,犹较些子。"

一人传虚,百人传实。虽然如此,你还识他临济么?

三月桃花洞口鲜,个中消息许谁传?渔郎不识桃源路,空入湘江五十年。(《影印》第65页,《校释》第153页)

解读

[释词]

1. 过量人:指心量广大的凡夫。

2. 照：观照、彻照，心地灵明。即通常讲的"体"，与用对应。

引古出自《五灯会元》卷一一。

临济禅师对众说：我有时先照后用，有时先用后照，有时照用同时，有时照用不同时。若是过量人，向未举以前，撩起便行，犹较些子。这里讲的是"照"与"用"本是一体，参悟者只在时间上磨来荡去。如是大心量者，则见本来面目，勇猛悟道，还计较什么吗？

拈古说：一人传虚，百人传实。既然如此，你还识他临济吗？

颂词说：三月桃花洞口鲜，个中消息许谁传？渔郎不识桃源路，空入湘江五十年。

中郎以桃花源美景喻禅者开悟，以渔郎不识路喻禅者修行不识法门，即使是五十年也是枉费时日。

第三二则

举：仰山入门，沩山以两手相交示之，仰作女人拜。沩曰："如是，如是。"

国清才子贵，家富小儿娇。

学画宫眉细细长，芙蓉出水斗新妆。只知一笑能倾国，不信相看有断肠。（《影印》第 65 页，《校释》第 153 页）

解读

引古出《五灯会元》卷九。

仰山禅师入山门去会沩山禅师。沩山以双手合掌表示迎接。仰山作女性礼节拜见，沩山说道：是这样，是这样。

拈古说：国清才子贵，家富小儿娇。

颂词说：学画宫眉细细长，芙蓉出水斗新妆。只知一笑能倾国，不信相看有断肠。

其意为：仰山行为乖张，本应按和尚礼节，却作女人礼节。而沩山认为：如是，如是。在禅师的悟境里，在家、出家、男性、女性，倾国的欢欣、离别的断肠，没有分别执着。入世出世不二，男女不二，欢欣与悲凉不二。悟到不二一如境界，就是禅。禅是禅，禅非禅。悟是悟，悟非悟。

第三三则

举：雪峰在德山作饭头。一日饭迟，山擎钵下法堂。峰晒饭巾次，见德山，乃曰："钟未鸣鼓未响，托钵向甚处去？"德山便归方丈。峰举似岩头，头曰："大小德山未会末后句在。"山闻，问头曰："汝不肯老僧那。"头密启其意，山乃休。明日升堂，果与寻常不同。头至僧堂前，拊掌大笑曰："且喜堂头老汉会末后句，天下人总不奈伊何？虽然，只得三年活。"山果三年示灭。（《校释》横排版将"灭"误为"减"，据影印版订正——笔者）

高高处观之不足，低低处平之有余。若向不高不低处道得一句，许你亲见岩头来。

踢转空王印，撩开向上关。霜飘红树冷，风度碧溪寒。昨夜月明园里过，携花邀竹上阑干。（《影印》第65—66页，《校释》第153页）

解读

引古出自《五灯会元》卷七。

引古讲了一个趣味故事：雪峰禅师当年在德山禅师所在的禅院里当烧饭者。一天，饭未按时熟，德山便拿着饭钵走出了法堂。雪峰去晒做饭用的布巾，见到了德山，说："钟未鸣，鼓未响，托钵到哪里去？"德山便归方丈室。雪峰将此事报告岩头禅师，岩头说："大小德山未理会的末后句在哪里？"德山听见了，去问岩头，说："你不晓得老僧之末后句就在老僧这心里。"岩头便用暗语揣测其意，德山便休歇了。第二天升堂，德山果然与平常不同。岩头到僧堂前，对众拊掌大笑说："可喜堂头德山会得末后句,天下人对你如之奈何? 虽然如此,只得活三年。"三年后,德山禅师果然示现寂灭。

拈古中,中郎对德山的悟境有所批评。他认为德山禅师对"末后句"执著,高高处则有余,低低处则不足,只有不高不低处,才可能领悟岩头禅师所言的真谛,达到精神解脱与超越的禅悟之境。

颂古中,中郎对禅悟妙境进行了形象描绘:"踢转空王印,撩开向上关。"在冬天,"霜飘红树冷,风度碧溪寒";在春天,"昨夜明月园里过,携花邀竹上阑干"。冬天与春天,景象都是壮观的。一切平等,一切圆融,有无双遣,水月相忘。这个颂古是对引古的张扬与超越。文学家那里,文学、哲学、佛学三者融会贯通。

第三四则

举:洞山为云岩设斋。僧问曰:"和尚还肯先师也无?"山曰:"半肯半不肯。"曰:"为甚不全肯?"曰:"恐孤(当为'辜'——笔者)负先师。"

洞山欲报云岩恩,尚未在。何故? 为伊半肯半不肯。

冤有头,债有主,达摩何曾到唐土。堪笑洞山老古锥,杀人那(哪)得藏刀斧。(《影印》第66页,《校释》第153页)

解读

此公案出自《五灯会元》卷一三。

故事是:洞山禅师在南泉那里参禅悟道,刚巧遇到他的剃度接引师云岩的忌日,于是设斋供奉,以示感恩。一个学僧问道:"你在云岩师那里,得到了什么开示?"

洞山说:"我在云岩禅师座下,不曾得到垂蒙开示。"学僧反问:"既没有得到开示,又为何设斋怀念?"洞山答:"我怎敢违背先师?"学僧说:"这我就不明白,你在南泉禅师这里参禅悟道,却为已故云岩禅师设斋。"洞山说:"我不遵循云岩佛法,只看重他不为我说破,让我自悟。"学僧又问:"你对云岩禅师的禅风怎么看?"洞山答:"半肯定半不肯定。"学僧问:"为什么不全部肯定?"洞山答:"唯恐愧负先师。"

引古作了简化处理。须知洞山是在云岩圆寂后,于水中见自己影像悟道的。悟道偈曰:"切忌随他觅,迢迢与我疏。我今独自往,处处得逢渠。渠今正是我,我今不是渠。应须恁么会,方得契如如。"其禅意为:不可全赖老师,在师资相助中,自证自悟。

中郎在拈古中指出了洞山报云岩恩的原因:一半肯定一半不肯定。

颂词所唱:"达摩何曾到东土。"意为不可执着,类似佛在《金刚经》说:他没说法一个字,如以为他说了什么,是谤佛。颂词又说:"堪笑洞山老古锥,杀人哪得藏刀斧。"既肯定了洞山的禅法,又警示人们不拘泥洞山禅法,"杀人"一词很重,意在死于祖师语下,既杀己又杀人,既度不了自己也度不了人。

这一则有很深的含义,入世与出世,受用意义无穷。

第三五则

举:夹山因僧问:"如何是夹山境?"答:"猿抱子归青嶂里,鸟衔花落碧岩前。"

法眼云:"我二十年只作境话会。"江浦云:"饭袋子! 你怎么会? 又争得情知,你向驴胎马腹里作活计。"

满目青山画不成,寒岩千古碧云横。世人那(哪)得知幽径,争向峰前礼磬声。(《影印》第 66 页,《校释》第 153 页)

解读

引古出自《五灯会元》卷一三。

先须了解何为"夹山境"。夹山境,即夹山顶,即顶门眼(俗称第三只眼),即光明,即智慧,即禅门发挥所言"夹山文化"的统称。即:"域中日月崭新,方外乾坤独露。"即:"一处透脱,千处百处皆通;一机洞明,千机万机圆转。"有人还描绘此境为:"一了一切了,一成一切成,一见一切见,一得一切得。"可见"夹山境"是禅悟的高尚境界。

禅师答:"猿抱子归青嶂里,鸟衔花落碧岩前。"这是一种形象化的情境描述。

中郎在引古中,对这位禅师对夹山境的回答"二十年只作境话会"很不满意,认为其"夺境不夺人",他(江浦,中郎另一法号)有点埋怨,有点直言不讳:"饭袋子! 你怎么会,又争得情知,你向驴胎马腹里作活计。"意为:法眼禅师,按你的禅悟境界,今后只会堕落为畜生道,不过轮回在驴胎马腹里而已。这个批评是非常严厉的。

颂古中,中郎进一步提醒:面对满目青山,你因缺了禅者之悟,还是"画不成"。即使"寒岩千古",不过"碧云横"而已,有生机吗? 有活力吗? 世人你不知道"幽径","争向峰前礼磬声",是一个盲目的修为。这是因你没有达到心境合一、人境互融的境界。从这里可见,中郎对禅悟认识超越古今,他读公案,从来不迷信,时时处处,独抒己见。

第三六则

举:兴化因云居在三峰。化曰:"权借一问,以为影草时何如?"居无对。师云:"想和尚答这话不得,不如礼拜了退。"二十年后居云:"如今思量,当时不消这个'何必'?"后遣化主到师处,师问和尚:"三峰话答得也未?"主举前话,师云:"云居二十年,只道个何必。兴即不然,争如道个不必。"

兴化怎么道,且道是肯云居不肯云居? 若道是肯,这个却成剩语;若道是不肯,争奈刁刁相似,鱼鲁参差,因成一颂。

听之不闻,觑之无景,摊(《校释》此字误为"攧"——笔者)向人前,珍珠古锦。龟毛拂笑破明月台,兔角杖担起摩天岭。(《影印》第66—67页,《校释》第154页)

解读

引古汇载了三位禅者的对话,时间跨度超过二十年。

当年兴化禅师了解到云居和尚在三峰师那里学禅,便问云居:"我暂且借三峰话提你一问:影草是什么样子?"云居无言以对。兴化说:"想来和尚你答不出这个问题,不如行礼后退出来。"这个问题一直萦绕在云居心间,二十年以后,云居和尚说:"如今思量,当初不当回答个'何必'?"后来云居派了掌管化缘的化主到兴化禅师那里。禅师问化主僧人:"三峰问影草回答出来了吗?"化主说了云居"不消道个'何必'的话",兴化禅师说:"云居二十年,也只道个何必;兴化则不然,怎如道个'不必'?"

三人对话,简直是个哑谜。这正是禅宗参话头的意在言外的特点。他们的对话围绕"影草"展开。一个说何必了解,一个说不必了解。

中郎在拈古中对评论进行再评论:兴化肯定云居何必,则不必二字多余;兴化不肯定云居,则如"刁刁相似,鱼鲁参差",诸位暂且听我颂词。其意为"何必""不必"也是不必,肯与不肯也是多余。禅悟只在不言中。

"听之不闻,观之无景,摊向人间,珍珠古锦。"意为没听见什么,也没看见什么,到人间,到处珍珠古锦。你的视觉与听觉关闭时,到处都是宝贝。用龟毛拂一下,可笑破明月台;用兔角撑一下,可担起摩天岭。龟毛与兔角是无,明月台与摩天岭是有,更何况笑破与撑起? 中郎曾说:"言无者,如水月镜花,不同龟毛兔角。"(《西方合论》卷五)可见"龟毛兔角"与"影草"都是"无",但有不同。尽管是有差别的,但具有共同的幻相性。颂词禅意是:有无一如,空有互含。禅者只有参悟到此思维水平,才能明白其中奥秘。

中郎批评了三位禅者,花二十余年讨论"影草",没有必要。

第三七则

举：云居因僧问："僧家毕竟如何？"师曰："居山好。"

江浦呵呵大笑。

木石居，鹿豕游，山鬼作揖叫狻猴。早晨老王来担柴，午后张三去牵牛。咄，将谓有多少奇特。（《影印》第67页，《校释》第154页）

解读

此引古出自《黄龙慧南禅师语录续补》。

云居和尚也是一位明心见性的高僧。一天，一位参拜僧人向他请教："修行人的终极目标是什么？"云居回答："山居好。"意思不要刻意追求什么终极不终极，过着平常的生活，以平常态度随遇而安就是。一般修行者最大的错误是将修行与做事分开，求一种奇特。其实不然。如黄檗禅师开田种菜，沩山禅师合酱采茶，石霜禅师磨麦筛米，临济禅师栽松锄地，雪峰禅师砍柴担水，仰山禅师牧牛，洞山禅师果园劳作等，乃至现代河南海贤和尚开荒种地等，都是在修行，都可以开悟，禅就在生活中，在平常心里。

中郎对云居和尚的这个答案并不满意，故江浦（中郎法号之一）呵呵大笑，这笑里有深意。意为修行人既在平常心、平常生活中，又不在平常心、平常生活中，因为修行人毕竟是修行人，毕竟有着佛法的熏陶与制约，毕竟要遵循六度菩萨行，毕竟要发菩提心，修清净、平等正觉。

在颂古中，中郎唱道：木石居，鹿豕游。《孟子·告子下》曰："天将降大任于斯人也，必先苦其心志，劳其筋骨，饿其体肤，空乏其身，行拂乱其所为，所以动心忍性，曾益其所不能。"中郎又接唱："山鬼作揖叫狻猴。早晨老王来担柴，午后张三去牵牛。咄，将谓有多少奇特。"

中郎一"咄"，意在说明内心与外境合一，物质与精神一如，奇特的禅悟只在不奇特的生活中。因修行人中易犯毛病是作"奇特想"，故中郎施药：佛法本平常，莫作奇特想。他强调什么呢，自证自悟。即："你证我证,心证意证。是没有证,方可云证。不可云证,谓立足境。无立足境,方为干净。"

第三八则

举:曹山因清锐问:"弟子孤贫,乞师拯济。"师曰:"近前来。"锐近前,山曰:"泉州白家酒三盏,犹道未沾唇。"

曹山(《校释》误为"前"——笔者)只解一手抬,不解一手搦。

白家酒,未沾唇,万物无过出处新。无端贩入(《校释》横排版误为"人"——笔者)苏州去,醉倒东西南北人。(《影印》第 67 页,《校释》第 154 页)

解读

引古出自《景德传灯录》卷一七。

曹山与洞山两位禅师都是唐代得道高僧,他们法缘殊胜,开创了禅门五宗之一的曹洞宗。

引古大意是:清锐和尚向曹山大师请法:"弟子既孤且贫,请师父拯济我。"这里孤,指他参禅孤僻;贫,指他尚未得道。故启请禅师拯救性开示。曹山说:"你上前来。"于是清锐走近,曹山说:"泉州白家酒三盏,犹道未沾唇。"大意为:有个人在泉州白家喝了三盏酒,还说没有沾唇。为什么呢? 一、名酒味醇,喝三盏而不知足,喻贪而不厌。二、空有其名,假酒伪货,喝三盏犹如没喝。无论哪一种,都是为破执着。喝酒本犯戒,喝三盏当作没喝,是不放心上的表现。因酒肉穿肠过,佛祖留心中。表达禅意为:从外部求取满足,获得智慧是不可能的。

中郎对曹山这种隐喻性开示不满意,故在拈古中直接批评:曹山对清锐的开示片面:"曹山只解一手抬,不解一手搦。"抬是抬向外;搦是握向内。只有内外结合,才可完美融合。

故中郎颂古唱道:"白家酒,未沾唇,万物无过出处新。"禅意为:参禅要参父母未生前本来面目(出处原始)。"无端贩入苏州去,醉倒东西南北人。"苏州被称为人间天堂,东西南北客人喝起原始出处之酒,就都醉了。美酒还得酒客品,不是酒品客不出。这是物人和合的观念。禅意为:会禅者自然会禅,会禅就会摆脱"孤贫",颂词是对引古的张写。

第三九则

举:曹山因僧问:"朗月当空时如何?"师曰:"犹是阶下汉。""请师接上阶。"师曰:"月落后相见。"

我早候白,伊更候黑。

清光特地净无尘,纤御从(《校释》横排版误为"后"——笔者)教不展轮。兔缺桂残秋又老,芦花枫叶倍亲人。(《影印》第67页,《校释》第154页)

解读

引古出自《抚山曹山本寂禅师语录》。

大意为:学僧向禅师请教,问:"朗月当空时怎么样?"禅师说:"犹是阶下汉。"学僧说:"请禅师接引上阶。"禅师说:"待到月落时相见。"

这段对话中,关键词是"阶下汉",指没有开悟且没有明心见性的人。学僧启请曹山禅师开示接引上阶,即成为开悟者,曹山回答说:"待到月落时相见。"禅意是月明月落,花开花谢之时,时机成熟,因缘和合,你自上台阶,你从中自己获得禅悟,不是仅靠某人一两句话而得到的。关节点还是禅者的个人参究与时节因缘。

中郎对这个公案以拈古评判:我早等候在白天,你却更加重视黑夜的时间。

颂词中唱道:"清光特地净无尘,纤御从教不展轮。兔缺桂残秋又老,芦花枫叶倍亲人。"这个七言绝句描绘了大自然朝气蓬勃、活力无限的生机。清辉照耀,大地无尘。当月轮圆满后,就要变成弯月,月亮暗淡了,桂花残了,深秋来了,枫叶红了,芦花白了,使人感觉加倍亲切。禅意为:月轮转,时光移,风物变,人有生机,时时禅境,处处可悟,为什么一定要等待月落呢? 委婉指出了那位禅师开示悟入、接引学僧之不足。

第四十则

举:曹山问强上座:"真身应物现形,如水中月,作么生说?"曰:"如驴觑井。"师曰:"只道得八成。"曰:"和尚如何?"师曰:"如井觑驴。"

咄! 饶你道井觑驴也,只道得八成。毕竟作么生道得十成去?

驴觑井,井觑驴,从来少实胜多虚。不见洞山曾照影,解道我今不是渠。(《影印》第 67 页,《校释》第 154—155 页)

解读

引古出自《五灯会元》卷一三。

引古叙述了两位禅师的对话。曹山问:"真身应物现形,如水中月,说的是什么?"强上座说:"如驴觑井。"回应说:"只说了八成。"问:"您的意思呢?"山说:"如井觑驴。"可见曹山对强上座回答不满意,故作了补充。

中郎的态度呢? 他对曹山关于"真身应物现形"的补充也同样不满意。故在拈古中评论性写道:你曹山说"井觑驴"也只说了八成。毕竟怎么样才算说了十成?

颂古中,中郎唱道:"驴觑井,井觑驴,从来少实胜多虚。不见洞山曾照影,解道我今不是渠。"意为井驴互觑,只是外物映照,尽管只是一个幻相比喻,但不能道出真相。只有返观本源自性,如同洞山照影,才能体验真道。真道是什么呢? 我自证自悟知真我,就不会是"渠"了,即不是你或者他了。

三二、第四一则至第五十则解读

第四一则

举:疏山到大沩,问:"和尚到有句无句是不?"曰:"是。""忽然树倒藤枯,句归何处?"沩哈哈大笑,归方丈,山不省。后到明招处,举大沩言句。招曰:"可谓头正尾正,只是不遇知音。"师亦不省,便问:"树倒藤枯,句归何处?"招曰:"却使沩山笑更新。"师于言下大悟。

沩山用处较危,明招收来太速。当时若肯给本分草料,免赚(《校释》误为"瞧"——笔者)他后代儿(《校释》误为"见"——笔者)孙。

住!住!碣石潇湘千里路。行!行!绿户朱门无限情。寒山拾得相逢笑,笑他同唱不同声。(《影印》第 67 页,《校释》第 155 页)

解读

引古出自《虚堂和尚语录》卷四。

疏山禅师是一个悟道者,起先他修行一段时间,觉无所获,发出沉入义理数他人宝之感慨:"寻行数墨,语不如默。名己求人,假不如真。"引古中是写他寻行开悟中虚心讨教的一则故事。先介绍"树倒藤枯"。宋代释文礼禅师《颂古诗》说:"有句无句,如藤倚树。回避无门,毒蛇当路。树倒藤枯,句归何处。明眼衲僧,一场罔措。"

引古大意是:疏山和尚到大沩禅师那里讨教,问:"您到开悟时是有句还是无句?"答:"是!"又问:"忽然树倒藤枯,句归何处?"沩山哈哈大笑,归方丈。疏山不明其意。不久便到明招禅师那里,将与沩山的对话说了一遍。明招表态:"可谓头正尾正,只是不遇知音。"疏山还是不明白,问:"树倒藤枯,句归何处?"明招说:"却使沩山笑更新。"疏山听了,言下开悟。

禅意为:死而生,旧而新,生命不死,精神不老。

中郎在拈古中评道：“沩山用处较危，明招收来太速。”又说：疏山提问时，沩山当机给予指点，不是哈哈大笑而走，哪里会使疏山还去问明招呢？

颂古说：“住！住！碣石潇湘千里路。行！行！绿户朱门无限情。寒山拾得相逢笑，笑他同唱不同声。”寒山与拾得是两位著名禅师，被誉为和合二仙。有一个出名的对话，寒山说：“世间有谤我、欺我、笑我、轻我、贱我、恶我、骗我，如何处治乎？”拾得云：“只是忍他、让他、由他、避他、耐他、敬他、尽不理他，再待几年，你且看他。”禅意为：跳出红火坑，做个清凉汉。悟得真常理，日月为邻伴。中郎这个颂词是对引古中两个“笑”字的张扬。其中，沩山哈哈大笑，明招释其“笑更新”，中郎说“相逢笑，笑他”。禅意之后有禅意。

第四二则

举：疏山造塔，主事将与钱。师曰：“为将三文，为将两文，为将一文，道得，与吾亲造塔来。”僧无语。(《校释》妄加“后有僧”三字——笔者)后举似大岭。岭曰：“汝归与疏山道，若将三文与匠人，和尚此生决定不得塔；若将两文与匠人，和尚与匠人共出一只手；若将一文与匠人，累他匠人须眉堕落。”僧回如教而说。山作礼(《校释》添加“拜”字——笔者)曰：“大岭有佛，放光射到此间，虽然如此，也是腊月莲花。”大岭后闻此语曰：“我怎么道，早是龟毛长三尺。”

江浦云：大岭古佛，只知尽法，不管无民。若是居士即不然，若将三文钱与匠人，和尚与匠人把手行毗卢顶上；若将两文钱与匠人，匠人即得，和尚不得；若将一文钱与匠人，和尚尽情贬铁围山，匠人永堕无间地狱。复喝一喝曰：“当时若怎么道，不惟使疏山免进后语，亦使天下后世知恩有地，只今莫有知恩者么，试道看。”

从(《校释》误为“后”——笔者)来鼓瑟悲湘灵，半在君山半洞庭。

今日曲终人不见,秋江赢得几峰青。(《影印》第 67—68 页,《校释》第155 页)

解读

引古出自《禅宗颂古联珠语录》卷三十,略有变化。

大意为:疏山要造宝塔,主事准备给钱。师说:"你给三文,你给二文,你给一文,你说出理由,我与你亲造。"僧无言以对。后来,他将这情形报告大岭禅师。大岭说:"你去给疏山讲:若将三文给匠人,你塔将造不成;若将二文给匠人,你与匠人共出一只手;若给匠人一文,将累得匠人须眉堕落。"僧人依大岭所教说与疏山听,疏山双手合掌作礼感叹说:"大岭有佛光,照射到这里,但不过是腊月莲花而已。"大岭得知此语,说:"我那么讲,也不过龟毛长三尺罢了。"

三文可看成钱多;一文可视为钱少;二文可视为不多不少。腊月莲花可看成没有或者有点影子;龟毛长三尺可视为根本没有。

中郎发表评论:"大岭古佛,只知尽法,不管无民。"这是对大岭的批评,说他管法不管人。若是我江浦居士,与之不同,则这样说:"将三文钱与匠人,和尚与匠人共建此塔而成(毗卢遮那佛);将二文钱与匠人,匠人有所得,和尚无所得;将一文钱与匠人,和尚被贬铁围山受罪,匠人则永堕无间(最厉害)地狱。"还喝一喝,说:"若是当时这么说,不唯只是避免了疏山听后话,也可以使天下后世知恩有地,今天没有知恩么,不信你试着看看。"

颂词描绘了一个禅境:"从来鼓琴悲湘灵,半在君山半洞庭。今日曲终人不见,秋江赢得几峰青。"以娥皇、女英哭竹追舜帝而亡的历史典故,穿插琴瑟妙音与曲终的短暂,描叙秋令江水与青色峰峦。暗示禅景可侧写,禅意难直言。表达了对大岭古佛关于"三二一"钱数的结果的不同观念。大岭虚妄,中郎务实。

第四三则

举：疏山手握木蛇，僧问："是甚么？"山提起曰："曹家女。"

夜梦不祥，书门大吉。

镇日凝（《校释》误为"疑"——笔者）妆坐翠楼，丁香高结小银钩。无端一笑珠帘里，个个相思白满头。（《影印》第 68 页，《校释》第 155—156 页）

解读

引古出自《万松老人评唱天童觉和尚颂古从容庵录》卷六。

疏山禅师手里握着一条匠人用木头制作的蛇，和尚问："是什么？"疏山提起木蛇来，说："曹家一女人。"关于曹家女有两种解释：一、曹溪是六祖慧能担任主持的宝林寺所在，曹家女代指禅宗禅理。古有诗句说："因人说着曹家女，引得相思病转身。"亦是喻指追求禅理。二、曹家女指蛇形之土地神。

中郎拈古中说：夜梦不祥，书门大吉。

颂词说："镇日凝妆坐翠楼，丁香高结小银钩。无端一笑珠帘里，个个相思白满头。"承接引古，对"曹家女"进行了描述：在丁香高结几乎与银月如钩的清凉美境中，嫣然一笑，惹得人人相思得白了头发。追求禅理的修行人，你只是爱恋曹家女（禅宗）之名与色，你不知道如理如法去追求，多少人白了头，还是追不上，不过一场"夜梦不祥"，殊不知，你从禅宗公案（书门）里去参究，那才是一种吉祥如意的事。

第四四则

举：乾峰因僧问："十方薄伽梵，一路涅槃门。路在甚处？"师以（《校释》误加"拄"字——笔者）杖画云："在这里。"僧请益云门，门（《校释》横排本漏了"僧请益云门，门"等六字，现补上，多了一个"师"字，现删去——笔者)拈起扇子曰:"扇子踔(非'勃'——笔者)跳上三十三天,筑着帝释鼻孔,东海鲤鱼打一棒,雨似倾盆,会么?"

一得一失。

云门扇,乾峰杖,十字街头无背向。一声塞雁向南来,翻身已过秋江上。(《影印》第68页,《校释》第156页)

解读

引古中"十方薄伽梵,一路涅槃门",出自《楞严经》。意为十方三界的佛理,所讲不过是同一条妙修走向,此二句曾被苏轼写给苏辙之诗所引用。"薄伽梵"乃佛与佛理之意,具足自在、炽盛、端严、名称、吉祥、尊贵等义。涅槃即寂静常乐之意。

学僧向乾峰禅师请教:"十方薄伽梵,一路涅槃门"中,路在什么地方? 禅师以拄杖画地,说:"在这里。"意为在脚下。但学僧不明白,于是去请教云门禅师。云门拿起扇子说:"扇子蹦跳上了三十三天(忉利天),筑着帝释天王鼻孔。东海鲤鱼打一棒,倾盆大雨。"这是极其夸张的说法,暗示处处事事都是路。

中郎在拈古中评论:乾峰有得,云门有失。

为什么呢? 颂词中说:"云门扇,乾峰杖,十字街头无背向。一声塞雁向南来,翻身已过秋江上。"塞雁,指塞北地飞来的雁。禅意为:修行的路也好,门也好,只是如同"塞雁"南飞一样,自然而然。

第四五则

举:洛浦到夹山,不礼拜,乃当面叉手而立。山曰:"鸡栖凤巢,非其同类,出去!"师曰:"自远趋风,请师一接。"山曰:"目前无阇黎,此间无老僧。"师便喝。山曰:"住! 莫草草忽忽(匆匆),截断天下人舌头即不无,阇黎争教无舌人解语。"师伫思,山便打,因兹服膺。

矢到弦上,不得不发。然虽如此,仔细检点来,未免一坑埋却。

杀人刀一毫不伤,白日寒生六月霜。活人剑一毫不度,青海夜沉千里雾。不是翩翩侠少年,知君难学邯郸步。复云:"识法者惧。"(《影印》第 68 页,《校释》第 156 页)

解读

引古出自《大慧普觉禅师普说》卷一五。

洛浦禅师去夹山禅师那里讨教禅悟之法。不作礼拜却叉手而立,现傲慢之态。夹山生气说:"鸡栖凤巢,出去。"浦说:"远道而来,风闻禅师高名,乞请您接引一下。"山说:"眼前无阇黎(亲教师),此间没老僧。"大声吆喝后,山说:"住!莫草草匆匆,截断天下人舌头即不无,阇黎争教无舌人解语。"甫伫立而思,夹山便打,甫因此而从内心折服。

拈古中说:"矢在弦上,不得不发。"虽如此,仔细检点,未免一坑埋却。意为还是不能了生死。这是对引古中的悟禅的怀疑。

颂古说:杀人刀一毫不伤,白日寒生六月霜。活人剑一毫不度,青海夜沉千里雾。不是翩翩侠少年,知君难学邯郸步。复云:"识法者惧。"所写均反常,反常中有正常。刀与剑可伤人可度人,看你怎么用。霜与雾,是天象自然。禅悟者失却对本体本真的追求,则如同楚国少年,邯郸学步步未成,失却本有步技,只好爬着回家。禅意为:识法者常怀畏惧心。那些禅法,你用对了,可开悟,用错了,则入歧途。

第四六则

举:芭蕉上堂,你有拄杖子,我与你拄杖子;你无拄杖子,我夺却你拄杖子。

劈腹剜心。

与么,与么,量多成少;不与么,不与么,拈梨作枣;与么,不与么,古佛堂前狗尿天;不与么,与么,鸦头女子白头早。咦!会么,采得疏山腊月莲,栽成洞岭初秋草。(《影印》第 69 页,《校释》第 156 页)

解读

引古说：芭蕉禅师上堂，宣示说：你有拄杖子，我与你拄杖子；你没有拄杖子，我夺你拄杖子。这个有无一如观念似乎反常，正是禅悟真谛所在。读过《圣经》的人，知道有个马太效应。大意是：你越是有金钱、名誉、地位，越是给你；越是贫困、卑贱、低下，越是盘剥你。当生命临终时，一无所有，所有依靠只是一张床，但这张床也要夺走。这正是：你有拄杖子，我给你拄杖子；你没有拄杖子，我夺你拄杖子。这是一种彻底的感悟。

拈古只有四个字：劈腹剜心。表明中郎对芭蕉禅师的悟境的赞扬。

颂词唱道："与么，与么，量多成少；不与么，不与么，拈梨作枣；与么，不与么，古佛堂前狗尿天；不与么，与么，鸦头女子白头早。"当你与时，数量多，成色少，给了等同于没给。当你不与时，将梨当作枣，等于给了。对"与""不与"中的得失与有无不必去计较它。佛堂狗尿，少妇白头似乎反常，但没有得失及有无的界限，反常即是正常。中郎恐人不会，于是发出感叹一声，咦！再吟唱道：疏山可采腊月莲花，洞岭栽成初秋绿草。既没有季节差别，又没有地方的局限，这是什么境界？圆满融通境界，不二法门境界。

第四七则

举：瑞岩每唤主人，公自应诺，乃曰："惺惺着，他后莫受人谩。"

不是僧摇手，徒说会丹青。

白石滩头钓艇横，闲歌欸乃到天明。许多客梦离愁里，道是阳关第一声。（《影印》第 69 页，《校释》第 156 页）

解读

引古出自《五灯会元》卷七。

瑞岩禅师每次叫唤主人，自己应诺，说："惺惺着，他后莫受人谩。"

意为我常常警觉自己,保持一颗觉悟的心,以免日后受人指责。

拈古说:不是僧摇手,徒说会丹青。

颂词说:"白石滩头钓艇横,闲歌欸乃到天明。许多客梦离愁里,道是阳关第一声。"最后一句出自唐人张祜听歌二首后写下诗句"不堪昨夜先垂泪,西出阳关第一声"。颂词中,有钓艇,有闲歌钓者,有离愁客,有幻想边塞第一声,这是一幅寂寂藏悠声图景,禅意在于:心随万境转,转处实能幽,随流认得性,无喜亦无忧。

第四八则

举:玄沙垂语曰:"诸方老宿,尽道接物利生,只如(《校释》误为'忽遇'——笔者)三种病人,汝作么生接。患盲者拈椎(《校释》误为'槌'——笔者)竖拂,他又不见;患聋者语言三昧,他又不闻;患哑者教伊说,又说不得。若接不得,佛法无灵验。"

请和尚归方丈吃茶。

空王一粒丹,诸方三种病。甘露亦伤人,砒霜能活命。自从海上竞传方,无孔铁锤生异症。是什么症痰火?(《影印》第 69 页,《校释》第156—157 页)

解读

引古出自《云门匡真禅师广录》卷中。

玄沙禅师在法堂上说:"四面八方的僧宿,说尽了接物利生之道理。忽然有三种病人来求法,第一种是瞎眼的,你给他拈椎竖拂,他看不见;第二种是耳聋的,你给他灌输语言三昧,他听不见;第三种患哑口病,你要他说体会,他又说不出。若对此三种人接引不上,则佛法不灵验。"

中郎拈古说:和尚吃茶去。

颂古说:空王一粒丹,诸方三种病。甘露亦伤人,砒霜能活命。自从海上竞传方,无孔铁锤生异症。是什么症痰火?

其禅意为:佛法灵验,必须契合佛理,还要契合受法者根基。佛法如不灵验,那是传法者迷惘。

第四九则

举:玄沙见僧来,曰:"礼拜着,因我得礼你。"

买帽相头,食鱼去骨。

你礼我,我礼你,三世诸佛没口嘴。风动荷香扑鼻闻,元来只在藕池里。(《影印》第 69 页,《校释》第 157 页)

解读

玄沙禅师见学僧来求教,说:"你礼拜着,因我也同样礼拜你。"这是僧人间的日常礼节。所谓要得佛教兴,除非僧赞僧。民国时期的弘一法师深知其奥,当僧人拜见他施礼时,他必以同样还礼。有人不解,说:"小和尚,为什么还礼?"他说:"不可欠债。"

拈古说:买帽相头,食鱼去骨。意为合情合理。

颂词说:你礼我,我礼你,三世诸佛没口嘴。风动荷香扑鼻闻,元来只在藕池里。

禅意为:十里荷香,出自藕池。此中有喻佛法的根本意。

第五十则

举:玄沙因僧侍立,以挂杖指地上一点白,问曰:"见吗?"如是三问,皆云:"见。"师曰:"你也见,我也见,为甚么道不会?"

有麝自然香,何用当(《校释》误为"党"——笔者)风立。

你也见,我也见,十地菩萨隔罗幔。饶君举得十分亲,总是空中堆麦面。嘎!雪峰到底。(《影印》第 69—70 页,《校释》第 157 页)

解读

玄沙是唐末及五代高僧，他有语录传世。他认为我们的真心如同大地承载万物，包容一切，无所不包；如太阳照遍虚空，应物周遍，迥脱五蕴。大地与太阳，没有自我感，没有自我意识。真心（自我灵性）也是一样。而一切六道众生普遍存在自我意识心。

引古说：玄沙见学僧侍立求教，以禅杖指地上一点白，问道："见到了吗？"连问三次，僧答："见到了。"玄沙说："你也见，我也见，为什么还说自己不会来向我请法？"

禅意为：真心，你也有，我也有。菩提只在心内，不必向外求玄。

拈古说：有麝自然香，何用当风立。

颂词说：你也见，我也见，十地菩萨隔罗幔。饶君举得十分亲，总是空中堆麦面。嗄！雪峰到底。意为麦面堆起来，白得似乎如雪峰，然风一吹，到底四散。禅意照应引古中"一点白"。即禅杖点处皆白处，禅杖不点处处暗。禅杖是法器，有殊胜的喻义。

三三、第五一则至第六十则解读

第五一则

举：保福举（《校释》掉了"举"字——笔者）雪峰话，问鹅湖云："僧堂上相见即且置，望州亭乌石岭作么相见？"湖骤步归方丈，师亦低头入僧堂。

江浦笑云：怎么举动，伶俐即不无？若要与雪峰相见，尚涉程涂（途）在。

一对龙钟（《校释》误为"种"——笔者）老叟，两个潦倒先生。算尽人间八字，不识五星子平。（《影印》第 70 页，《校释》第 157 页）

解读

[释词]

五星、子平:运用星相与人的生辰八字推算命运。如《西游记》第四十二回:"先生子平精熟,要与我推算五星。"子平即徐子平,宋代相命家,后以子平指代星命之学与相命之术。

引古出自《景德传灯录》卷一九。禅师保福用雪峰禅师话问鹅湖禅师:"僧堂相见可以闲置无语,在江边的望舟亭上、乌石岭上又如何相见?"鹅湖一听,快步入了方丈。保福也只好低头入僧堂。

拈古中,江浦笑说:这么举动,也算伶俐? 如果要与雪峰相见,必须跋山涉水。"雪峰"一语双关。

颂古带揶揄口吻:"一对龙钟老叟,两个潦倒先生。算尽人间八字,不识五星子平。"这是类比,指出这两个禅师在解证与行证上有问题,故不能悟道。

第五二则

举:镜清因僧问:"新年还有佛法也无?"曰:"有。""如何是新年佛法?"师曰:"元正启祚,万物咸新。"曰:"谢师答话。"曰:"镜清今日失利。"又僧问明教,教曰:"无,日日是好日,为甚却无?"曰:"张公吃酒,李公醉。"曰:"老老大大龙(《校释》掉了'龙'字——笔者)头蛇尾。"曰:"明教今日失利。"

徐六担板,各见一边。若是居士,即不然。新年还有佛法也无? 劈春(《校释》横排版误为"春"——笔者)便打。

新年佛法镜清有,汉水不流须弥走。新年佛法明教无,比丘尼不是师姑。道有道无二俱错,虚空荡荡真寥廓。不是绝力李将军,教人难射飞天鹗。(《影印》第70页,《校释》第157页)

解读

[释词]

张公吃酒,李公醉:因误会而替人承担,喻指事物与人总存在关联,不可截然分开。

引古出自《黄龙慧南禅师语录》。

大意是:有僧人问:"新年还有没有佛法?"镜清师回答:"有。"又问:"如何是新年佛法?"答:"元正启祚,万物咸新。"学僧曰:"谢师答话。"禅师听了,说:"镜清今日失利。"学僧又去问明教同样问题,明教答:"无,日日是好日,为甚却无?"僧答:"张公吃酒,李公醉。"明说:"老老大大龙头蛇尾。"禅师听了,说:"明教今日失利。"

关键词语在"失利"二字。答有"失利",答无也"失利"。佛法不执着有也不执着无。《坛经》说:"无念念即正,有念念成邪,有无俱不计,长御白牛车。"

拈古说:徐六担板,各见一边。禅宗以担板而行者见前而不见左右,喻指偏执一端的不明白人。中郎说是如果由他来回答新年是否有佛法的问题,他"劈春便打",意即岂能这么提,这么提证明提问者既有内部烦恼障,又有对外的所知障。"打"指什么? 指除掉,除掉此二障,就明白了。

颂古说:"新年佛法镜清有,汉水不流须弥走。新年佛法明教无,比丘尼不是师姑。道有道无二俱错,虚空荡荡真寥廓。不是绝力李将军,教人难射飞天鹗。"该诗进一步形象地表明不执着佛法的有与无,脱离了有无,就会旷若虚空。汉代飞将军李广为什么能射飞天鹗? 只因力绝顶大。喻修禅者功夫大,才能达禅悟之境。

第五三则

举:孚上座因鼓山赴大王请雪峰,曰:"一支圣箭九重城里去也。"孚曰："待某甲勘过。"遂至中路，便问师兄："甚处去？"山云："九重城里去。"孚曰："三军围绕时如何？"山曰："他家自有通霄路。"孚曰："怎么，离宫失殿去也。"山曰："何处不称尊？"师拂衣便行，谓雪峰曰："圣箭折了也。"峰曰："渠奴语在。"孚曰："这老冻脓犹有乡情在？"

　　曾有僧以此问居士，居士以手作鹁鸪嘴曰："古谷呱！"

　　朝起早，夜眠迟，只为春色大芳菲。昨日百花蔟里过，归来一叶不沾衣。（《影印》第 70 页，《校释》第 158 页）

解读

[释词]

　　圣箭：指禅理通达、能力超常者。

　　引古出自《大慧普觉禅师住云门庵语录》卷九。

　　据记载，鼓山赴大王山僧人之招，其师雪峰送至山门。回到法堂，感叹说："一支圣箭射向九重城郭。"雪峰另一弟子孚上座颇不以为然。赶至半路勘验，问："师兄何往？"鼓山说："九重城里去。"孚又问："忽遇三军围绕如何？"意为围困层层，鼓山遇险难入，即他认为鼓山并没大悟，破不了三军，进不了城。鼓山说："他乡自有通霄路。"即我胸有成竹，可化凶为吉。孚又问："离宫失殿怎么办？"鼓山回答："何处不能称尊？"孚闻此语，感到鼓山心境如如，只好拂袖而走。回去后，见雪峰说："圣箭折了。"师说："我说的话还在。"抑或指你与他的话都在。孚叹道："这个龙钟老头还有乡情。"此公案意在说明雪峰对徒弟鼓山评论之准与坚信不疑。

　　曾有个僧人以上话问居士（作者自称），居士以手指作鹁鸪嘴形状，说："古谷呱！"表明了对此公案意向的肯定。

　　颂古唱道：朝起早，夜眠迟，只为春色大芳菲。昨日百花蔟里过，归来一叶不沾衣。其禅境禅意均为春暖花开，生机蓬勃。

第五四则

举云门："乾坤之内，宇宙之间，(士云：可惜口门窄。)中有一宝秘在形山，(士云：草里汉！)将灯笼向佛殿里，(士云：两手扶犁水过膝。)将三门来灯笼上。(士云：将谓有多少奇特?)作么生? (士云：作贼人心虚。)自代曰：逐物意移。(士云：丧身失命。)又曰：云起雷典。(士弹指三下。)"

休! 休! 美人妆点曲江楼，逗客只缘歌屡变，泥人娇在不抬头。羞么? 羞!(《影印》第71页,《校释》第158页)

解读

引古出自《宏智禅师广录》卷二。

大意为：云门禅师说：乾坤之内，宇宙之间，有一宝秘在有形之山。你打起灯笼向佛殿寻宝，又将灯笼高高挂在山门，你向什么道而生? 说逐物意移而生? 又说："云起于雷神主持。"其意为人人皆有佛宝，处处都是道场。不知自身佛宝，四处艰难追寻，或做草里汉，或扶犁过膝，或心虚做贼，或逐物意移，最终丧身失命。殊不知你自家宝，如同天界之雷神主宰云起云涌一样，自自然然。

拈古与颂古合一，是这一则的特别之处。拈古之"休! 休!"与颂古之"羞! 羞!"照应，前表休歇一切无益修持，如不这样，所得之后果就会让你羞耻。借用曲江楼上美人、逗客、歌声的寻欢作乐场景及"泥人娇在不抬头"的叙写，暗示禅意禅境禅悟在歌厅在舞场在一切生活中。

第五五则

举：云门因僧问："如何是祖师西来意?"曰："日里看山，垛生招箭。"

看山好，莫被白云瞒了(《校释》漏掉"了"字——笔者)。平芜尽处晓烟攒，天涯一点青山小。(《影印》第71页,《校释》第158页)

解读

引古出自《云门匡正禅师语录》卷四。

关于"祖师西来意"的禅观,是一个普遍的话题,禅宗公案里反复探讨过。普遍的理解是:"西来本无意,有意不西来。"这么说似乎没有回答。在庞蕴(唐代居士)的故事中,有一句名言:"学佛易,学佛易,百草头上祖师意。"在《坛经》里,六祖慧能有几个偈子都是表"西来意"的,其中有:"兀兀不修善,腾腾不作恶,寂寂断见闻,荡荡心不著。"还有"慧能无伎俩,不断百思想,对境念数起,菩提作么长"等等。也有用"百千三昧,无量妙义"来概括的,实质上说的是佛法禅味的精髓。引古中对"祖师西来意"的回答是比喻性的:"日里看山,垛生招箭。"意为不特意追求,很自然,很顺畅。

拈古与颂古再一次合二而一,以景观与观景结合,照应"祖师西来意",唱道:"看山好,莫被白云瞒了。平芜尽处晓烟攒,天涯一点青山小。"

第五六则

举:僧问云门:"如何是法身?"答:"六不收。"圜悟别曰:"一不立。"何不与本分草料。

六不收,一不立(《校释》横排版将前两字误排为"立不"——笔者),金谷贫儿倚门泣。和尚叉手拜丈人,无缝毬子两头踢。(《影印》第71页,《校释》第158页)

解读

[释词]

法身:指佛所说正法,无漏法,自性真如,清净体。还有法性身、如如佛、第一身等称呼。具有清净无为、不生不灭等特性。可见,法身是宇宙与万物的本源。

引古出自《云门匡真禅师广录》。

引古大意是圜悟禅师向云门禅师求教："法身是什么?"云门答："六不收。"圜悟不满意,应道:"一不立。"所说"六"指六根、六尘、六境等名相,"收"指的是收摄、包含等义。"六不收"指法身是鲜活的,欲直下承当生死迷悟的本源,须穷尽六不收之端,各种"六"之名相不能含摄,法身遍虚空法界,须自己开拓不可思议之境。"一不立"指"一法不立",无一法可得,不一法可入,即禅门所言非法,非非法。这是"无法"的主张。修禅者不能执着法相,所有法相,都是虚妄的。

对于这两位禅师对"法身"至简回答,袁中郎并不满意,故拈古中比喻道:给予本分草料。如同喂牛喂羊,它们吃什么,吃多少,让它们自己去吃,不必主人代替,主观干涉。意在说明:禅悟必须是禅悟者的领悟,法身是法身者的自证,你讲"六",他讲"一",只是在现量、比量、非量上逗圈圈。最佳的途径是直接悟入,不受名相限制,这个见解比两位禅师要高明。

中郎在颂词中说:"六不收,一不立,金谷贫儿倚门泣。和尚叉手拜丈人,无缝毽子两头踢。"这是三个迷惑颠倒之现象:如果执意于六不收,一不立,就会出现拥有金谷者不知自富却倚门哭穷,没有老婆的和尚去拜岳丈,无缝的毽子(以毛塞皮制成的古代皮球,不可能无缝)被踢来踢去。进一步说明"法身"不必去商议,不必去拟议,应该是直接面对,直下承担,当下呈现。我们再次看到:文学大师笔下的"法身",多么生动活泼与开朗,智慧多么充盈。没有丝毫的呆板、滞涩的气息。

第五七则

举:云门因僧问:"树凋叶落时如何?"答:"体露金风。"

云门恁么道也,只曲为今时。殊不知向上更有事在。

黄叶落,大好秋,金色稜稜满树头。公子趁风珠勒马,美人吹月小

凉州,宋玉高唐休未休。(《影印》第 71 页,《校释》第 158 页)

解读

引古出自《云门匡真禅师广录》上卷。

一位僧人问云门禅师树凋叶落是什么情景,云门回答:如同金秋之风,吹拂大地,什么都显露了。

这个回答有点禅味。但中郎不满意,他在拈古中指出:"云门恁么道也,只曲为今时。殊不知向上更有事在。"所言"向上事"指禅悟的彻底妙境。

中郎在颂古中唱道:"黄叶落,大好秋,金色稜稜(威严)满树头。"这是多么美好的金秋,秋风,秋叶,秋果。在此美景中,翩翩少年,英俊潇洒,骑着珠勒马顺风行走,美人吹奏《小凉州》曲调,优美动听。公子与美人在此美景里,内心都翻腾起楚风才子宋玉式的高唐梦幻。这幅画面中的情景,人与境合一,非常和谐惬意,令人神往。这是心境如一的美妙,是禅悟的形象化。这比云门禅师的描绘要高明得多。

第五八则

举:禾山因僧问:"万法齐兴时如何?"师曰:"解打鼓。"(禾山有四打鼓,合此为五。)

南山起云,北山下雨。

禾山鼓,禾山鼓,海神按节天女舞。等闲一击众人前,大地茫茫无寸土。复喝一喝曰:"王令稍严,不许拦行夺市。"(《影印》第 71 页,《校释》第 159 页)

解读

[释词]

1. 禾山鼓:禅宗公案名。禾山禅师(884—960),唐末五代人。有学僧提出"如何是真过、如何是真谛、如何是即心即佛与非心非佛、如何接引向上人"等四个问题,禾山对每个问题回答一样:"解打鼓。"故称禾山四打鼓。其意为禅意不在语言中,在语言之外。好比你听到打鼓之声后,你才能知道这鼓声里传达了什么信息。古代有军鼓,有状鼓,有民间乐器演奏鼓。鼓有大中小之别,还有平、扁、腰之分,还有长、短之异,不同的鼓声有不同的内蕴。故"解打鼓"是对悟禅的一种形象比喻。

2. 万法齐兴:指一切法的共同准则。典,准则,标准。

引古中讲:有僧人向禾山请教:"万法齐兴时如何?"禾山答:"解打鼓。"连同流传的四打鼓,变成了禾山五打鼓。

拈古说:南山起云,北山下雨。喻示禅语虽在这里说,禅意却在那里现。

颂词之意是:"禾山鼓,禾山鼓,海神按节天女舞。等闲一击众人前,大地茫茫无寸土。复喝一喝曰:'王令稍严,不许拦行夺市。'"颂词描述了两幅图景:第一幅,有打鼓,有跳舞,有出手一击,这是喧腾与热闹的景象。第二幅,寂静,规范,庄重。照应"万法齐兴"。万法有准则没有?"禾山鼓",这是一个比喻。

第五九则

举:风穴因僧问:"如何是清净法身?"曰:"金沙滩头马郎妇。"
有枝攀条,无枝攀例。
日日高楼理翠眉,人前赢得少年时。秋千背面抛红豆,入骨相思知不知。(《影印》第71—72页,《校释》第159页)

解读

[释词]

马郎妇:观世音为了度化众生,化作美女,好几个帅哥想娶她。美女说:谁能背《普门品》《金刚经》《法华经》等,就嫁给谁。马氏青年能背,果与其成婚。然一夜之欢后,美女死,马郎永绝淫欲。

金沙滩头马郎妇:出自宋代黄庭坚《观世音赞·一》:

> 海岸孤绝普陀岩,有一众生圆正觉。
> 八万四千清净眼,见尘劳中华藏海。
> 八万四千母陀臂,接引有情到彼岸。
> 涅槃生死不二见,是则名为施无畏。
> 八风吹播老病死,无一众生得安稳。
> 心华照了十方空,即见观世音慈眼。
> 设欲真见观世音,金沙滩头马郎妇。

引古中说:学僧向风穴禅师请教:"如何是清净法身?"师答:"金沙滩头马郎妇。"言外之意是:法身、报身、应身三者是一体的。

有枝攀条,无枝攀例。"条""例"指规则。

颂古说:"日日高楼理翠眉,人前赢得少年时。秋千背面抛红豆,入骨相思知不知。"所描绘的是一美女理翠眉、荡秋千、抛红豆,男子入骨相思情景。其寓意为:禅师接引禅者,要如同观世音菩萨度化马郎那样。这是对风穴禅师的肯定。

第六十则

举:荐福因僧问:"如何是佛?"曰:"莫!莫!"又问:"如何是西来意?"曰:"莫!莫!"

龙头蛇尾。

莫!莫!后人踢到前人脚。莫!莫!撩天鼻孔亦穿却。

白日擎拳入市门,翻身击破普化铎。(《影印》第 72 页,《校释》第159 页)

解读

［释词］

1. 荐福：宋代高僧，悟道后认为：百千妙义，只在一毫端。悟得一句，一切总通。

2. 普化铎：普化是唐代行为诡异的僧人，常行走城市、冢茔间，振铎吟唱，名声很大。他有一偈："明头来，明头打；暗头来，暗头打；四面八方来，旋风打；虚空来，连枷打。"在普化影响下，禅门将"尺八"笛作为音韵法器，在日本盛行。中郎在写给张幼于尺牍中，把普化禅师作为禅门颠狂无碍的典型。

　　引古出自《建中靖国续灯录》卷一九。

　　引古大意为：学僧向荐福禅师请教，问："什么是佛？"答："莫！莫！"又问："什么是西来意？"答："莫！莫！"

　　这两个问题很普通，一语说透不容易，只是语词上说明不一定能解决，故荐福以一个"莫"字重复作答。让学僧去悟。

　　中郎在拈古中表明：学僧以"龙头"提问，而禅师却以"蛇尾"作答，对荐福委婉批评。

　　颂古分两段，第一段是："莫！莫！后人踢到前人脚。莫！莫！撩天鼻孔亦穿却。"这是进一步批评，意为这个"莫"字，将造成后人走路"踢前人脚"，本来鼻孔可撩天，"穿却"了鼻孔还撩什么，这是不自在表现。学僧能悟吗？ 第二段："白日擎拳入市门，翻身击破普化铎。"意为本来这样愿望：白日"入市门"，却是那样结果："击破普化铎"。形象化说明：禅师之答，可能引发学人事与愿违，不可悟得。以此可见：中郎对学僧有所肯定，而对禅师有所否定。他认为：禅师避开根本，学僧提了根本。我们温习一下中郎的佛禅根本观：

　　"乃佛乃祖，在教在禅，皆修净业，同归一源。"（《西方合论》卷二）

三四、第六一则至第七二则解读

第六十一则

举:首山因僧问:"如何是佛?"答:"新妇骑驴阿家牵。"
葵花向日,柳絮随风。
牵! 牵! 入市冲街买少年。羲和暂借黄金勒,列缺亲遗白玉鞭。
离四句,绝三玄,一段风流满大千。(《影印》第 72 页,《校释》第 159 页)

解读

[释词]

1. 新妇骑驴:出自宋代僧人正觉的一首七言绝句:

> 新妇骑驴阿家牵,体段风流得自然。
> 堪笑学颦邻舍女,向人添丑不成妍。

2. 阿家:指公婆。

诗意在修禅取法自然,不要盲目模仿。不然就会适得其反,如同东施效颦,丑态百出。

此公案出自《杨岐方会和尚语录》。

当有和尚请教首山省念禅师(临济宗五世祖,北宋高僧,诵《法华经》而悟道)"如何是佛"时,首山不正面答话,只是引了正觉禅师的七绝诗的第一句作为答案。一句诗代表整首诗。

中郎在拈古中,唱:"葵花向日,柳絮随风。"意为自自然然,是对首山答案的肯定。

在颂古中,中郎进行了扩展。他唱道:"牵! 牵! 入市冲街买少年。

羲和暂借黄金勒,列缺亲遗白玉鞭。"这是一幅美丽的图景,新妇骑驴,阿婆牵驴,入市进街,迎来青春少年郎,太阳神那里借来了华贵的"黄金勒"装饰驴头,列缺娘娘(闪电菩萨)亲送了价值连城的"白玉鞭"。以此景状比喻禅悟者不可思议之收获,无法想象,出乎意外。

最后唱道:"离四句,绝三玄,一段风流满大千。"这就是佛法。"四句"指"有"一句,"无"一句,"亦有亦无"一句,"非有非无"一句。这四句包含了宇宙人生、万事万物的森罗万象,看破放下了,离开了,就能一尘不染,一法不立,进入涅槃寂灭的法性境界。四句非佛性,离了就是佛性。"四句"还有另一种说法,指"夺人不夺境、夺境不夺人、人境俱不夺、人境俱夺"的修行方法。"三玄",是临济宗禅师宣扬的教旨,即一句有三玄,后人将其化为"体中玄,句中玄,玄中玄或用中玄",把这些都避开了,禅悟即在当下,就在现前,一段风流充满大千世界,这是何等妙法!从颂词中,可见中郎对禅宗史上有名的公案抱有一种独特的体验与描绘,他的思维方式是奔放的、辐射的、超越古高僧大德的。

第六二则

举:法眼因僧来参,以手指帘,寻有二僧同去卷帘,师曰:"一得一失。"

易分雪里粉,难辨墨中煤。

道得也,是,三月桃花香扑鼻;道失也,是,红粉佳人入佛寺。道得也,总未得,金刚宝剑当头截;道失也,总未失,脱却布衫赤骨律。噎吁歔!噎吁歔!满地黄金识者稀。青山只解磨今古,流水何曾洗是非。(《影印》第72页,《校释》第159页)

解读

此公案引自《景德传灯录》卷二四。

有两僧人去参拜法眼禅师,想请他说法,法眼不语,以手指门帘,两个和尚便会意把门帘卷起来。禅师便开口了："一得一失。"这个四字开示,似乎有一点丈二和尚,叫人摸不着头脑的味道。这要与法眼的一以贯之的思想联系起来观照。法眼有一个偈子说:

理极忘情谓,如何有喻齐。(理到极点便悟道,任何比喻都蹩脚。)

到头霜夜月,任运落前溪。(清冷的霜夜,月光一照,天地皆空,百尺竿头,落于平地。)

果熟兼猿重,山长似路迷。

举头残照在,元是住居西。(夜晚之景如同修证之境,原来还是那个西方的住房与住客。)

其意为:心地法门,本来清净。自己真故乡,本家在这里。追求似乎得到什么,失去什么,一得一失,复归本原,所获为"零"。禅悟境界即空无。

中郎在拈古中,对这个"一得一失"境界有所玄解:易分雪里粉,难辨墨中煤。雪白粉白同为白,外形有明显区别,同中有异,故易分。墨中藏煤,同黑且形同,内质肉眼不觉,异中同,故难辨。只有从内质上体察,才可觉知。表现了事物的普遍现象与特殊现象、共性现象与个性现象。中郎思维显示明确的缜密性与精细性,他对法眼的开示进行了补白。小修在《中郎行状》里说中郎"洞见前辈机用"悟道的境界为:"白雪田中,能分鹭鸟。红罗扇外,瞥见仙人。——提唱,略示鞭影,命名金屑。"既然一得一失,归于还原,那么,一易一难,也可以归为还原。还原什么? 清净平等觉,这就是禅悟。

中郎在颂古中唱和,对道得与道失作了对比描述:道得也,是,三月桃花香扑鼻,那么和谐自然。道失也,是,红粉佳人入佛寺,不怎么庄严与协调。道得也,手持金刚宝剑不会自砍头,顺其心愿去烦恼;道失也,脱去布衫露肤骨,自在本色人可见。噫吁欷! 噫吁欷! 遍地皆黄金,明眼人太稀。青山只解磨今古,风吹雨打没改变;流水不洗是与非,逝者如斯不复返。禅悟是什么?禅悟不过如三月桃花香,如手执金刚剑,如遍地皆黄金,如青山磨今古,如流水不洗是非。禅悟只在生活中。各种说法显得多余,禅悟只在本家乡,只在本心房。我们读此颂古,再一次感受到袁中郎对禅宗公案的超越与提升,其意趣不可穷尽。

第六三则

举:智门因僧问:"莲华(花)未出水时如何?"曰:"莲华(花)。""出水后如何?"曰:"荷叶。"

索盐奉马。

莲花香,香似玉,女解瑶装荷叶团,团似仙人承露盘。花花叶叶自葳蕤,含娇含态少年时。芳心最怯西风早,怕有凋零君不知。(《影印》第 72 页,《校释》第 160 页)

解读

[释词]

索盐奉马:来自宋代僧人释可湘古诗:"药山索盐,云岩奉马。父子一家,风流儒雅。"

引古出自《宏智禅师广录》卷四。

有个学僧向智门禅师提问:"莲花没出水时如何?"答:"莲花。""出水时如何?"回应:"荷叶。"

有个偈子说:莲花荷叶报君知,出水何如未出时。江北江南问王老,一狐疑了一狐疑。这个公案的禅意为:莲花、荷叶、荷茎、荷根(藕)是莲藕系列的一个整体,它们的繁衍生息靠莲花结果,俗称莲子。尽管表现形式十分复杂,有污泥扎根,有清水中成长,有水面上开花,且具备红、黄、白、黑、绿多种色彩,有弯、直、粗、细、宽、大、小多种形态,它的表法意义非常丰富。西方极乐以莲花对应往生者情状,以故观音如来莲花座,毗卢遮那帽为莲花形,等等。尽管形式是说不尽的,但本质性是不变的,精神象征是不变的。人们讨论莲花开放前与开放后如何,荷叶荷花如何是多余的,绕来绕去不过是一种狐疑代替另一种狐疑。

故中郎拈古中说:索盐奉马。意为你索盐,我给你马骑,虽无盐,但方便你所索。

颂词中说:"莲花香,香似玉,女解瑶装荷叶团,团似仙人承露盘。花花叶叶自葳蕤,含娇含态少年时。芳心最怯西风早,怕有凋零君不知。"这是一幅美丽香艳的画卷,荷叶团团,香露盘盘,美人伴出水芙蓉,少年俊态有活力。最后一转:"芳心最怯西风早,怕有凋零君不知。"最终必有"荷残已无擎雨盖"之时。从内质看,莲花是一个永恒而广远的象征;从外相看,荷叶、荷花有盛有衰有凋零。其禅意是:认识不能执着,也不应执着。

第六四则

举:法灯问僧:"如何是西来意?"答:"不东不西。"师不肯,僧却问:"如何是西来意?"师曰:"不东不西。"僧领厥旨。

应病设药即不无,西来意未会在。

也不东,也不西,江南江北信马蹄。三月黄鹂枝上语,行人疑是鹧鸪啼。(《影印》第72页,《校释》第160页)

解读

引古出自《景德传灯录》卷二五。

有法灯禅师问学僧:"如何是西来意?"答:"不东不西。"禅师不认可其回答,学僧回问禅师:"如何是西来意?"禅师答:"不东不西。"学僧领会到了其回答中奥义。这是因为"西来意"只是一个说法,一个代指,一个假设,指的是达摩西来,唯传禅灯之髓,有无穷之旨,也可说空无一意。既以"西来意"代指,也可以"东去意"代指,故说"不东不西",还可说"亦东亦西""且东且西"。

中郎在拈古中说:"应病设药即不无,西来意(在)不会中"。即"西来意"没有意,这是对"西来意"的扩展与延伸。即"达摩为救执相之者,说罪福之皆虚(灵峰大师评:正大光明之论);永明为破狂慧之徒,言万善之总是"(《西方合论·引言》)。应病施药,无病何药? 禅门口头禅有"你会吗?"现中郎说"西来意(在)不会中"。会与不会,一体两面,特意求"会",不如"不会","不会"是不用思虑与语言,用什么呢? 参悟。所以学僧领旨,但不明写。

颂古说:"也不东,也不西,江南江北信马蹄。三月黄鹂枝上语,行人疑是鹧鸪啼。"此词描绘了禅境春意盎然,生动活泼。禅意美妙难言,只在参悟中。

第六五则

举:慈明到神鼎堙,堙未发问,明高声曰:"屋倒矣。"堙反(《校释》误为"友"——笔者)顾,明便走。曰:"见面不如闻名。"堙叹曰:"汾阳乃有此儿。"

这个话,丛林中商量者甚多,错会者不少。何故? 为他尽作得失论量。不知鼎堙是个真狮子。

儿若不是石霜,定乾坤的眼,泪合蹉过这汉。

汾阳儿,汾阳儿,踞地金毛狮子威。鼎堙岂无拔山力? 要且施他陷虎机。(《影印》第 72—73 页,《校释》第 160 页)

解读

[释词]

慈明:石霜楚圆禅师,号慈明,汾阳嫡嗣,二十二岁出家。传记上说他得道后以白金赠母,母掷金于地,说:"你想陷我于地狱。"她希望儿子成究竟觉悟者。

引古中写的是慈明拜谒神鼎堙禅师的故事。

鼎堙是首山的高徒,名声很大。不是精炼和尚不敢登门。慈明发长不剪,衣敝楚声。他拜谒鼎堙时,自称法侄,众人讥笑。鼎遣童子问:"长老出师谁门下?"答:"从汾阳那里来。"鼎拄杖而出,见其高大,问:汾州有西河狮子,是不是? 慈明指其后,说:屋倒矣。童子返走。鼎回首张望,慈明坐于地上,脱了一只鞋,鼎年老,忘了刚才所问,又看不见慈明(因其坐于地下)。慈明慢慢站起来,整了整衣服,边走边说:"见面不如闻名。"匆匆走了。鼎安排人去追,没有追上。叹曰:"汾阳竟然有此儿!"从此,慈明名声大振,大机大用,达"事事不碍行心,凡圣不能测"之境。有人问道,他说:"本来无质碍,随处任方圆。"

中郎的引古,对其故事作了至简处理。

中郎在拈古里发表了对鼎堙的评论:似乎能理解他的人很少,说他是真狮子,既用语言又用行为去传法。

颂词里,肯定了石霜(慈明),说他的那些非常的举止与莫名其妙的言论,是定乾坤的眼,即见识比凡僧要高,勘破了生死。同时又赞扬鼎堙,说他是有举拔石霜的法力的,不过让他在与虎相搏中,显现狮子的威力。虎,狮,都是比喻。称说法威力大为法中虎,佛祖传法超常为说法狮子吼。

第六六则

举:慈明问杨岐:"马祖见让师,便悟去。且道迷在甚处?"曰:"悟即易,迷即难。"

面赤非干酒,桃花色自红。

悟即易,迷即难,倚天长剑逼人寒。今古不能提得去,山河大地黑漫漫。参!(《影印》第73页,《校释》第160页)

解读

引古出自《禅宗颂古联珠通集》卷二十。

马祖向怀让禅师请教:"道非色非相,如何才能见道?"怀让答:"心地法眼,能见于道。道本来是无相三昧,也是从心地法门自见其道的。"马祖又问:"道有成有坏吗?"答:"道无成无坏,无始无终,不聚不散,不动不静,不急不缓,由此理会得透,即契于道,名之曰道。"

引古作了故事调整。慈明向杨岐禅师请教:"马祖见怀让禅师,便悟了。他迷在什么地方?"杨岐答:"悟即易,迷即难。"

中郎拈古表赞同:"面赤非干酒,桃花色自红。"禅意为:"丝毫透不尽,咫尺在千山,说食终不饱,着衣当免寒。"

颂古中唱道:"悟即易,迷即难,倚天长剑逼人寒。今古不能提得去,山河大地黑漫漫。参!"强调了一个"参"字。何为参? 悟! 何为参与悟? 参而不参,不悟而悟。此中玄妙,一言难尽。

悟了一切通脱易解,迷了则一切迷惑难解。凡圣只在迷与悟。

第六七则

举:琅邪和尚问举和尚:"近离甚处?"举曰:"两浙。""船来? 陆来?"曰:"船来。""船在甚处?"曰:"步下。""不涉程途一句,作么生道?"举以坐具搣一搣,曰:"杜撰长老,如麻似粟。"便拂袖而出。琅邪问侍者:"此是甚么人?"曰:"举上座。"琅邪遂亲下,且过堂,问:"莫是举上座么? 莫怪适来相触忤。"举便喝。复问:"长老何时到汾阳?"曰:"某时到。"举曰:"我在浙江早闻你名,缘来见解只如此。何得名播寰宇?"琅邪遂作礼曰:"慧觉罪过。"

琅邪,举公,二俱不是作家,何故? 为他只知把住,不知放行。若遇本分宗师,教他措躬无地。还会吗? 将军自有家声在,不得封侯也是闲。

白玉栏杆白玉人,东风吹起白罗巾。朱颜的的人难近,只有相思到

翠巘。(《影印》第 73 页,《校释》第 160—161 页)

解读

[释词]

杜撰长老,如麻似粟:形容一些修行人只会杜撰祖师语句,却不开悟,这种人很多、很多。

引古出自《五灯会元》。

一天,全举禅师到琅邪觉和尚处,和尚问:"禅师近离什么处?"答:"两浙。"又问:"船来? 陆地来?"答:"船来。"又问:"船在哪里?"答:"脚步下。"和尚说:"没有一句涉及程途,你将生哪一道?"全举禅师以坐具搣了几下(作拂灰状),说:"杜撰长老,如麻似粟。"拂袖而走。琅邪问侍者:"这是何人?"侍者答:"全举上座。"琅邪惊讶说:"是举师叔? 先师叫我寻他请教。"于是下堂,对举上座说:"您是举师叔吗? 请原谅我刚才触忤不恭的冒犯言辞。"举便呵斥,问:"长老何时到汾阳?"答:"某时。"举上座说:"我在浙江早闻你名,原来你见解不过如此,何以声名远播寰宇?"琅邪作礼说:"罪过,罪过。"不久,举上座去杭州西庵,庵主热情接待他。他颂道:"绝顶西峰上,峻机谁敢当。超然凡圣外,瞥起两重光。"庵主回应:"月从东出,日向西没。"有僧人问:"牛头和尚未见四祖时,为什么百鸟衔花献?"举上座答:"果熟猿兼重。"又问:"见后百鸟为什么不衔花?"答:"林疏鸟不过。"又问:"七星光彩天将晓,不犯皇风试道看。"答:"将军马蹄红。"回应:"错!"举上座便打。僧人礼拜,展开坐具而收。举上座说:"一展一收,法法皆周。拟欲更问,著其来由。"于是问僧人:"会吗?"僧人答:"不会。"师便打。

中郎对此公案作了简化处理。他评价这两位名僧,均不是作家(修炼家),理由是:"只知把住,不知放行。"意为禅识能收能放;禅悟能入、能出、能用、能了。

颂词说:"白玉栏杆白玉人,东风吹起白罗巾。朱颜的的人难近,只有相思到翠翚。"此词前二句写美景:白玉栏杆白玉人及白罗巾,后二句写美人:朱颜、翠翚。以"相思"暗喻禅悟。

第六八则

举:黄龙三(《校释》误为"二"——笔者)关:"我手何似佛手,我脚何似驴脚? 人人尽有生缘。"

道得也三十棒,道不得也三十棒。

第一关,十指铮铮带铁环。当堂提得金刚杵,三十三天毛孔寒。咄! 爬着我痒处。

第二关,草鞋移处玉珊珊。端能百尺竿头步,方显灵砂一粒丹。咄! 踏杀天下人。

第三关,生缘却在白云端。昨夜虚空忽落地,和风搭上玉栏杆。咄! 请续末后句。(《影印》第 73 页,《校释》第 161 页)

解读

引古出自《黄龙慧南禅师语录续补》。黄龙与杨岐都出自石霜慈明门下。

宋代诗人、书法家黄庭坚(1045—1105)写有《黄龙南禅师真赞》:"我手何似佛手,日中见斗。我脚何似驴脚,锁却狗口。生缘在甚么处? 黄茆里走。乃有北溟之鲲,揭海生尘。以长嘴鸟啄其心肝肺,乃退藏于密。待其化而为鹏,与之羽翼,九万里则风斯在下矣。自为炉而熔凡圣之铜。乃将图南也,道不虚行,是谓无功之功。遍得其道者,一子一孙而已矣。得其一者,皆为万物之宗。工以丹墨,得皮得骨。我以无舌,赞水中月。"

黄庭坚这篇短文讲禅悟修炼的无功之功。以鲲以鹏以炉以丹墨以无舌反复相喻:手似佛手,白日见斗(北斗七星);脚似驴脚,锁却狗(天狗)口。作什么生,黄茆里走。

　　中郎在拈古中说:道得与道不得,都给予三十棒。因道得出,是增语;道不出,是剩语。以三十棒喝,促其警醒。棒与喝,是禅门中开创的传教传禅的新法门。是对语禅的改变。

　　中郎的颂词将黄龙三关扩展:第一关,以手指带铁环爬痒,夸张。第二关,穿草鞋,走百尺竿头,服灵丹,踏杀天下,比喻。第三关,生缘白云端,虚空忽落地,和风吹玉栏,请续末后句,警示。照应我手似佛手,我脚似驴脚。告诉修禅者出世(佛手)与入世(驴脚)结合,欲离六道(驴),必有大善知识之提携(佛手)且自我勇猛精进。"三关"含有禅悟的初关、重关、了关的三境界之意。可与禅门的"涵概乾坤、截断众流、随波逐流"的悟境结合理解。

第六九则

　　举:五祖演示众人之性命事,第一须是○,欲得成此○,先须防于○,若是真○人,○○。

　　山门头合,佛殿里烧香。

　　第一第二三,鹧鸪声声哀江南。第四第五六,赤凤翩翩□□北。满目青山与白云,不知谁是侬家屋。(《影印》第 74 页,《校释》第 161 页)

解读

　　五祖法演禅师(1024—1104)是宋代高僧,曾向白云禅师请禅法。他有两首众人传唱之偈子,一为:"山前一片闲天地,叉手叮咛问祖翁。几度卖来还自买,为怜松竹引清风。"意为卖去买来,不过是享受清风松竹之美景,这是禅境暗示:清风明月,万古长空,一无挂碍,洒脱自在。又说:"悟了同未悟,归家寻旧路。一字是一字,一句是一句。自小不脱空,两岁学移步。湛水生莲花,一年生一度。"意为禅悟者不离俗又不染俗,比世人更超脱更自在,但也还是世人。以示平易处着眼,并无虚套。

　　引古出自《法演禅师语录》卷二。

此中一关键为"○"，此符号含义无量，是一个圆，如日如月如星如寰宇如苍穹。表原始与圆满，旷如虚空法界，至广至大，至精至微。一滴水一个细胞也是一个圆。也可看成阿拉伯数字"0"（零），如果是零，恩格斯在《自然辩证法》中说："零是一个相对确定的量的否定。"回归于零，即归璞返真，是道家的主张。

现从禅师对"○"的意会，作些猜想。"○"表示觉自觉他觉圆满，没有任何欠缺。佛家常用圆觉、自性清净圆明体、自我本灵等词语概括。法演禅师认为：修持佛学，了悟性命之旨，第一须是"○"，这指目的，指正道，指大方向。第二防止于"○"，这个"○"指修行人莫要浅尝辄止，把途径、方法、法门误当成目的，这是历代修行者最易犯的通病，学僧请教禅师：月在哪里？禅师以手指月。学僧便误以为手是月。浩如烟海的经论，多如牛毛的公案，不过用来引导人们开悟，如执着于名词、术语、故事，而不了知背后的道理，则如同过了河还把船背负于肩。所谓过河弃筏，筏者法也，法尚须舍，何况非法。"若是真○人"，这一句指你如果明心见性了，心花自开了，得清净平等正觉了，大开圆解了，你就是真正的法身大士。那种菩萨境界怎么办？中郎在《西方合论》中说：菩萨不离念佛。这便是"○○"之旨。这便是袁宗道在《西方合论》原叙中所说："与阿弥作子。"

拈古说："山门头合掌，佛殿里烧香。"这是平常的修持，进得寺门里，叩头与合掌，烧得香五种（戒香、定香、慧香、解脱香、解脱知见香），实际是一香。一香在何处？本真心即是。

颂词说："第一第二三，鹧鸪声声哀江南。第四第五六，赤凤翩翩（寒塞）北。满目青山与白云，不知谁是侬家屋。"描绘了一幅江南、塞北好风光图画，鹧鸪声声，赤凤翩翩，满目青山，白云漫漫。修行人，你的屋（本居、本具）在哪里？意为你的"圆明体"、你的"○"在哪里？这是对引古的照应与扩张。

第七十则

举：圜悟因问僧："西天蜡人为验，此土以何为验？"曰："生铁铸就昆仑儿。"

因风吹火，用力不多。

昆仑儿，昆仑儿，戟髯胡须阔面皮。几回走入白云里，骇杀南山足一夔。（《影印》第74页，《校释》第161页）

解读

[释词]

1. 昆仑儿：胡子长、面黑的人。唐代诗人张籍写有《昆仑儿》："昆仑家住海中州，蛮客将来汉地游。言语解教秦吉了，波涛初过郁林洲。金环欲落曾穿耳，螺髻长卷不裹头。自爱肌肤黑如漆，行时半脱木棉裘。"可见"昆仑儿"代指出家修行人。另据《汉语大词典》：崑崙兒：同"崑崙奴"。崑崙奴：古代豪门富家以南海国人为奴，称"崑崙奴"。

2. 足一夔：夔乃舜帝时的乐官，有评乐判音的本事，舜夸奖他，只须他一人就足以对付乐事了。后人误传为一个脚的怪物。

引古说：学僧问圆悟法师："西方以蜡人的生成、溶化的从无到有、从渐到顿过程比喻来验证佛法，此东土以什么验证？"答："以生铁铸成昆仑儿。"

拈古说："因风吹火，用力不多。"意为圆悟接引学僧顺理成章。

颂词说："昆仑儿，昆仑儿，戟髯胡须阔面皮。几回走入白云里，骇杀南山足一夔。"其禅意为：修行人，修行人，你开悟了，天上人间，自由自在。即使被舜表彰的乐官（凡夫中优秀者）也会惊悚万分。

第七一则

举：大慧竹篦子。

有者道这话，只要人心行处绝，言语道断，向这里识取。咄！若恁么道，不惟瞎却人眼，达摩一宗扫土，而尽听取一偈。

一举一回别，老鼠嚼生铁。猫儿在旁边，涎唾流不辍。（《影印》第74页，《校释》第162页）

解读

引古出自《禅宗颂古联珠通集》卷四十。

故事说：大慧宗杲居古云门庵时，他在法堂举竹篦子向参禅者说："唤作竹篦子则触，不唤作竹篦子则背。"参禅者领会，不得下语，不得无语。这事名"触背关"以过此关而开悟者多达十余人。

中郎在拈古中说："有者道这话，只要人心行处绝，言语道断，向这里识取。咄！若恁么道，不唯瞎却人眼，达摩一宗扫土，而尽听取一偈。"中郎对所谓过触背关开悟持否定与批评态度。你要悟禅者向心行处绝，言语道断里取，那是什么状态呢？不只是使人眼瞎不见真，连达摩一门宗风也会威严扫地。故他说：听此一偈。

中郎唱道："一举一回别，老鼠嚼生铁。"那是什么味道？老鼠自嚼有体验，连吃老鼠的猫见了那情景也垂涎欲滴。以此比喻禅悟者应自证自验自悟，方可体会此中三昧。

第七二则

举：松源示众："明眼衲僧，因甚打失鼻孔，有贼无赃？"
山外青山楼外楼。

也堪笑，也堪忧，眉毛元来近额头。只消一条拄杖子，透出云门六不收。（《影印》第74页，《校释》第162页）

解读

引古出自《禅宗颂古联珠通集》卷四十。

松源禅师对僧众开示说："明眼衲僧,因甚打失鼻孔,有贼无赃?"既是明眼,又为何打失鼻孔? 你们能从中悟到什么? 这是因为禅者向师请教,师有一言,而禅者不悟,师父只好以揪鼻扭耳训示,让其自审。自审什么呢? 你有贼没有? "贼"是比喻,喻指"六根"称内六贼,还指六尘,称六外贼。因为这些"贼"作怪,故你须驱贼,驱贼即驱魔障,魔没有了,你便清净了,你就解脱了,开悟了。

中郎对松源禅师的开示持怀疑与调侃意味。他引了一首宋代名诗:"山外青山楼外楼,西湖歌舞几时休。暖风熏得游人醉,直把杭州作汴州。"诗意为南宋亡国游客在南宋京都杭州潇洒游玩,简直就把杭州当成了北宋国都汴梁。诗中所寓禅意是:你错把内六贼与外六贼包围的假我肉我当成了真我与灵我。

颂古作进一步说明:也堪笑,也堪忧,原来眉毛离额头近,但不是额头。这依然是比喻,假我离真我很近。"只消一条拄杖子,透出云门六不收。"喻意为,你只要有禅悟"拄杖子",就可透出云门六不收(前文已有解释),这里照应对"六内贼、六外贼"的排除,你就可以到达妙悟。这是对松源开示的再开示。彰显了中郎禅学的独辟蹊径,精光独耀,并不是对古代禅家亦步亦趋。

三五、《金屑编》要解补白

余读《金屑编》七十二则,感到中郎读禅宗公案丰富,记忆强旺,综合概括,选录简洁。通常说,禅宗一千七百公案,实际不止,一个公案里往往含几个公案,一个公案外往往含无数公案,说八万四千公案,也不夸张。公案是什么? 就是智慧的故事,不过禅悟的特殊故事而已,禅悟的故事中,理与事伴随,意趣不可穷尽,公案智慧也就不可穷尽。我们所见记录在册的公案不过是禅悟公案的一些痕迹,比如《景德传灯录》《五灯会元》等。中郎对这些公案都认真读过,予以选录,还改写古诗,发挥己之心向。可见他在二十三四岁下了很深的功夫,因善根深、因缘足、福德厚,故能在公案的海洋里如鱼得水,透知公案,又不被公案拘缚,故而有自己独到的见解。他从公案里得到了禅悟的智慧、自信与力量。

历代禅家舍身求法,当他们年轻力健时,克服各种欲望,在深山古刹持戒苦行,锻炼金刚不坏之身心,留下了修炼的心灵痕迹,谓之公案,其精髓无以估价。他们学为人师,行为世范,公案是三宝合一,三三昧具,内里凝聚着历代高僧的团队精神与艰苦卓绝的探索,是人类宝贵的文化遗产。其精神既适合出世群体参鉴,也适合入世民众借鉴,我们作为后来者的学人,应高度关注那些天经地义、永不消逝的课题。

中郎选取的七十二则金屑篇目,亦可称之为袁中郎新公案。则则有意趣,则则藏智慧。以第一则为例,余诵第一遍,不知所云;读第二遍,似懂非懂;读第三遍,始知有味;读第四遍,有所明白;读第五遍,其义无量,其趣无边。读懂了某一则,搞明白,弄透彻了,真开悟了,则则可通。这就是先一则通,后通七十二则。如果先要求通七十二则,到最后,一则都不通。

《金屑编》难懂,如有上述之妙法,并不难懂。诸君不妨选七十二则中任意一则一试,读出法味来,读出智慧来,此中真享乐,无以言状。

第三章　禅诗要解

三六、试谈袁中郎禅诗的特色

吟诵袁中郎诗歌，其乐也融融；解析袁中郎诗歌，其乐也陶陶。

这是因为袁中郎诗歌，独树一帜，别具特色。他的胞弟袁小修于他居身柳浪前之诗有评语说："如《锦帆》《解脱》，意在破人之缚执，故时有游戏语，盖其才高胆大，无心于世之毁誉。"而其后渐渐谨严。还说："广长舌纵横无碍，偶然执笔，如水东注。"（《解脱集序》）可用中郎喻小修之诗移比中郎诗："造物天然，色色皆新。春风吹而百草生，阳和至而万卉芳。"（袁宏道《叙小修诗》）达令人夺魄之效。

对身居柳浪后之诗文，小修这样评价："潜心道妙，闲适之余，时有挥洒。皆从慧叶流出，新绮绝伦。"又说他游及匡庐、太和、桃源后，"穷极幽遐"，"发于诗文，烟岚溢毫楮间"。且"字字鲜活，语语生动，新而老，奇而正，又进一格矣"。还说中郎典试秦中，游历诸胜后，其诗与游记"浑厚蕴藉，极一唱三叹之致，较前诸作，又一格也"（袁中道《中郎行状》）。中道的概括是：剔肤见骨，精光独耀。袁小修的精准品评是我们研讨中郎诗歌特色的依据之一。

在谈到中郎诗特点时，清代嘉庆年间的翰林院编修袁铣认为中郎之诗文突出特色是真："公之真文真诗，实本其真性真情真才真识而出

之。"(《重刻梨园馆本叙》,《笺校》第 1725 页)

　　明代文学家、书评家陈继儒在袁中郎《题石头募册》中"石头依旧石头侧"句后,有"幻笔玄解"(《笺校》第 1577 页)评语,意在如梦如幻之笔墨中,谈玄说妙。这个品评不能局限于哪一句诗与某一文题。

　　《袁宏道评传》著者周群先生认为,中郎前期诗的特点是:纵送宕逸、破人执缚。其风格为清新流利,典雅厚重。其写作时,本色特造,用常出奇。而后期诗歌则是入世忧时,含蓄蕴藉。在语言风格上,注意平允冲和,雅洁精缜。并认为其根因在于注重禅静双修、稳妥实在。而且周先生认为,中郎文学思想的变化是以佛学为先导的。这个意见正确,只是没来得及阐释。

　　中国社会科学院文学研究所尹恭弘先生在《公安派的文化精神》一著中,谈到袁中郎诗歌特点时,认为袁宏道的独抒性灵的文学主张在诗歌创作中的表现是:信口信腕,尚新尚奇,尚韵尚趣,尚淡尚质,达"各极其变各穷其趣"之境。中郎提倡"不以隽伤其气,不以法挠其才",还主张"直写性情","不为浮词滥语",生动准确、不拘一格地表达发自胸臆的真情实感。反对雷同、模拟、重复、因袭的倾向,反对僵化、凝固、陈旧的知识形态与教条框框的诗文写作。

　　尹先生将论述公安派主帅袁宏道的思想风貌与特点提纲定为:佛学思想(计 90 页)、儒家思想(计 30 页)、道家思想(计 23 页)。可见很重视其佛学观点的研讨。但在谈到其佛学思想对文学思想影响时,他说"几乎等于零",还说:"其一些变化了的佛学思想,根本未直接影响其文学思想。"(《公安派的文化精神》第 388、418 页)。这个意见值得讨论。

　　毫无疑问,一个作家的创作思想与创作实践是基本一致的。中郎的"独抒性灵、不拘格套"的理念必定在诗文创作中直接或间接充分体现出来。因此,探讨袁中郎诗歌创作的特色供今人借鉴是非常必要的。

　　我以为,从古至今的研究者们绝大多数人都落入了袁中郎生前之预言:世人以我之文学掩盖我之禅学。我想从袁中郎的诗歌里来寻求他的学术取向与人生背景,这是中郎诗歌研究中一个不应该被忽视却被忽略了的问题,这并非我们的强加,而是他诗歌写作中的真实面目。

袁中郎的诗歌,现保存下来为一千六百七十四首。内容含写给亲友的诗(如伯修、小修、姐夫、舅父等),写给老师的诗(如万莹、王以明、李贽、无念、度门等),写给道友的诗(如陶望龄、江盈科、黄平倩、丘坦等),写给僧人朋友的诗(如冷云、死心、寒灰、习之、明教等),写给寺庙的诗(如二圣寺、菩提寺、法华寺等),写历史人物的诗(如漂母、淮阴侯、张良、张居正等),写山水、树木、梅竹兰菊、牡丹、姊妹花的诗,写自然现象的诗(如雨、云、雾、雪等),写书籍的诗(如《水浒》《百喻经》《庄子》等),写社会现象与风土人情的诗(如《猛虎行》《紫骝马》等),写美女的才艺的诗(如王姬奏琴等),内容包罗万象,形式多样。古体、乐府、五律五绝、七律七绝、民歌体等。他是一个精进的勤奋的作家。即使在病中,也不停止笔耕(如《病中短歌》《病起独坐》《病起偶题》《病起》等)。他在浙地与好友陶望龄兄弟游览山水时,曾对胞兄宗道写信直白:"近来诗学大进,诗集大饶,诗肠大宽,诗眼大阔。"又说:"弟无日不诗"、"弟间一禅"。在谈及诗与禅时,还写道在陈正甫处得"圆觉解",评论道友吴观我"不急自家眼,而急娘生眼"、"反欲借金篦于他手"(《伯修》,《笺校》第 492 页),可见他谈诗与谈禅论佛是密不可分的。不了解他的佛学背景,也就不了解他的谈诗理念与创作。(参看拙作《袁中郎小品思想探究》中《伯修》)

以佛学维度解析袁中郎诗歌创作的特点,我以为有六:

一、以佛经、佛境、佛悟善巧地糅合于诗作,自然浑成,不露痕迹。在古代文学史上堪称首屈一指。历史上用佛理禅学写诗比较出名的诗人有陶渊明、谢灵运、白居易、苏轼、黄庭坚等(僧人诗家例外)。唐代诗人中也有好几位以禅境与禅悟入诗的诗人(如常建的《题破山寺后禅院》),但都没有上述五位著名。五位诗人中,以苏轼的佛理诗为最。余在《袁中郎小品思想探究》一著中,已讨论过。但他所写的数量不及袁中郎多,时间跨度没有贯穿始终,内容也没有袁中郎那么全面与深刻。

据笔者统计,袁中郎写给僧人、寺庙、道友们的直接与间接关涉佛理的诗,达五百余首。这是历代诗人中一个特殊的事例,一个罕见的值得研讨的现象。比如:十八岁写的诗句"我亦冥心求圣果,十年梦落虎溪东";二十岁写的"色界身终苦,无生学未成";二十八岁写的"玄旨谈三日,清言畅四肢"及"一番铜铁语,万仞箭锋机";二十九岁于摄山纪游写的"入室寻僧梦,翻经悟客尘";四十二岁写的"梳发梦除尽,尝茶味久甘,以儒为佛事,借孔续瞿坛"等,能够鲜明地体现中郎对佛经之熟、运用之广、修持之精。

　　二、顺机随势,恒顺众生。中郎以佛理佛悟入诗,不是刻意追求,而是顺随机缘,自然方便而写。如《别无念》《怀龙湖》,以及与伯修、小修、方子公、陶氏兄弟、江盈科、黄平倩、梅国祯、顾升伯等同僚及僧友、随从的应酬之作等。同他写小品文的序、跋、题、引、疏类似,人有所请,他必相应。仅以《瓶花斋》之三、四(时间为 1599—1600 年)为例,以"和"某韵之诗,就有十七首。其中和黄平倩六首,和江进之五首。在《江进之杂咏》(《笺校》第 654 页)中,除描述山亭石榻、盆池清浅、藤叶常悬、天清云白的氛围外,叙述"西厢托疾东厢假,南寺听经北寺茶"的僧俗生活,发表了"幽窗一枕腾腾去,炼佛求虚事总虚"的感叹。再以写给黄平倩的诗为例:"诗有余师禅有友,前希李白后东坡。"(《赠黄平倩编修》)"临邛酒垆卓氏盘,携向禅堂醉里看。"(《和黄平倩,平倩有文君盘,出以行酒》)这些诗在记载他们聚首饮酒、畅快闲谈的氛围时,总离不了禅寺、禅友、禅语。黄平倩与中郎及其胞兄袁宗道关系亲密,他们都爱参究性命玄旨。中郎写作《西方合论》的外部机缘是两个人启请,一是愚庵和尚,一是黄平倩居士。中郎与他们一起讨论净土佛理,常有振聋发聩之语,使听众茅塞顿开,于是启请中郎写成文集,供初心发愿者学习。这种恳切启请,才催生了《净土十要》"志殿"之作(灵峰大师语)的诞生。

　　三、相击发灵光,全从胸臆流淌。古人云:"切磋成良玉,相击发灵光。"中郎的很多诗是在与友人谈话、启发后,应友人所请而写。比如:

《偕崔晦之过二圣禅林,时诸衲子出纸索书,戏得猪字》(《笺校》第 983 页)诗题上将写作缘起与用韵写清楚了。与友人访二圣禅林,诸僧人索书,求其诗文与墨宝。诗里有"长眉辟支手自舒","辟支"指四圣法界的"缘觉"果位,处于这个果位要破见思惑(八十八品),可脱离六道轮回。还有"天竺胡儿解我书"诗句,意为印度的修佛者可以理解他所写的诗文。他在《赠大宗长老》(《笺校》第 670 页)一诗中写道:"髭发苗霜根,精神出骨上。能令见者心,自发幽岩想。西山万螺青,得意即孤往。履险若平陂,宽衣不持杖。道逢破衲人,长跪必合掌。除却身口外,一铢无余镪。经行达曙鸡,念珠长五丈。净月含宝瓶,彻底皆澄朗。"这首诗记载了大宗长老的修行之至诚与境界及其影响力量。所谓"低头与合掌,恒河沙功德",那么大宗长老的"长跪必合掌"呢? 他除却身行、口念与念珠外,什么也没有。修行者遵守"积财丧道"原则,"余镪"指没有余下的成串的铜钱。他诵经修持,每日到鸡鸣时分。可见大宗长老之勤、之善、之诚。"净月"后两句,是一个比喻,说他心地明净如月,如宝瓶,对万事万物看得透彻而澄朗。设想一下,如果中郎对修行人不彻知遍晓,不自在观照,没有一个超乎一般修行者的境界,他能在顷刻间写出如此深刻广远、含蓄无限的诗吗? 显然不会。而这类作品,可以说俯拾即是。这是因为诗人本身就是一位至勤至善至诚者。古人言:天道酬勤,地道酬善,人道酬诚。只有履行天、地、人道者,才能了知其奥妙,并以诗歌形式表达此种奥妙。

　　四、一以文字为佛事,弘法利生。中郎于 1597 年游杭州时,写了二十九首诗(《笺校》第 400—412 页),现选录诗句如下:"三入净寺门,寺僧笑狂骏。欲得不相识,除非观自在。"(《别石篑·三》)"学道不学禅,谈星不谈义。爱曲不爱音,读书不读字。人天收不得,贤智亦为祟。不知何因缘,偏得同臭味。每笑儒生禅,颠倒若狂醉。除却袁中郎,天下尽儿戏。"(上·五)"无曰升天,天卑于渊,无曰瞰渊,渊高于天。即佛即圣,非儒非禅。"(上·九)"剃却颠毛剩却身,衲衣袍帽不沾尘。告君古佛无多子,着了边旁亦是人。"(《遍虚》)"一个庄严佛,千年骨董人。"

(《释长耳和尚肉身》)"山僧谈往事,一倍惜尘情。"(《憩法相》)"一灯禅榻下,睡着小沙弥。"(《留别黄道元》)

中郎于 1597 年在《惠山后记》(《笺校》第 420 页)一文中,在谈到茶与酒的嗜好时,对惠山泉茶情有独钟,说:"凡朋友议论不彻处,古人诗文未畅处,禅家公案未释然处,一以此味销之,不独除烦雪滞已也。"还写一道友突然问:"公今解官,亦有何愿?"他说,以惠山为汤沐(泉),益以顾渚、天池、虎丘等(当时名茶)"披缁衣老焉,胜于酒泉醉乡诸公子远矣"。所言"披缁衣"即出家,虽露心迹,却有调侃。从这种对比叙述中可看出中郎的人生取向。这种取向在尔后的旅游、为官、为诗、为文的生涯中,不时地表露出来。

"一以文字为佛事"是小修对中郎诗文写作特点的揭示。这种揭示与中郎本人的"以儒为佛事,借孔续瞿坛"(《笺校》第 1404 页)完全吻合。小修说:"解官吴会,于时尘境乍离,心情甚适,山川之奇已相发挥,朋友之缘亦既凑合,游览多暇,一以文字为佛事。"(《解脱集序》)中郎在诗作中将儒道释的一些观念以佛理统筹,谐语与庄语相串结合,时而正话反说,时而反语正说,时而隐语禅言,"嘻语谑词,口能如心,笔又如口"。细心的读者定能读出他的诗歌里微言玄旨与深密奥义。

五、以智慧制约情感。诗情、诗境不可分割。情感是诗作的动力之一。如无对山水田园的炽爱,就无山水诗与田园诗。如果僧人没有对禅学与佛理的积极热情,就不可能成为诗僧。对中郎言,他的诗作有激情奔涌的一面,同时有智慧伴随的一面。友情、亲情及对祖国大好河山与民众的热爱之情,使他的诗作源源不断。而佛理禅悟的渗透,又使他的诗作底蕴深厚、境界奇崛。例如《游庐山初入东林雨中》(《笺校》第859 页)中写道:"达哉远师鉴,礼法怜裸裎。……千二百岁后,白藕无根荣。莲宗启末社,唐子惭道盲。"写慧远创办东林寺念佛堂影响深远,既有兴趣的支撑,又有智慧的观照。叙事之后有道理,道理之中有事实,达理事圆融、情智如一之境。再如《明空住柳浪五月,附余舟南下,别于归宗道上,因作柳浪三叠以送之》(《笺校》第 865 页),诗中一咏三叹："记取柳浪湖上柳,夜禅听尽碧丝风。""记取柳浪湖上水,縠纹风起鹭鸶飞。""记取柳浪湖上月,隔花呼起放生船。"境有柳浪馆之柳、水、月与飞鹭,事有听禅与放生。"夜禅听尽"是对佛理的解证,放生起船是对佛理的行证。学佛者只有解行相应,才能积功累德。佛门中有"诵经一丈不如行经一寸"之说,意为修佛人非常重视行为。放生属无畏布施,布施是菩萨六度行之首。佛门认为:"能说不能行,不是真智慧。"中郎以此诗赠共同生活了五个月的道友明空(又名宝方)去庐山归宗寺,表明了他们具有共同的情与智。设想此诗如没有法雨慧风之浸润,其含金量岂不大大降低?

六、不颠不狂,其名不彰。中郎主张"狂狷"的行事风格,狂者谓之进取,狷者谓之节制。在其诗作中,时有狂放之句。较为人们熟知的是:"除却袁中郎,天下尽儿戏。"这种狂放诗句与他的诗文主张相一致。他说:"世人喜唐,仆则曰唐无诗。"(《张幼于》尺牍)这句话很易被人误解为中郎否定已成历史定论的唐诗。从中郎的诗文整体观言,他是主张"不依傍古人,方能顶天立地",他还举了老子欲死圣人、荀子非孟、庄子刺孔而此三人著作得以流传的事例。中郎说唐代"无诗"一是矫枉过正之语,世人不必拘泥其言;二是隐含对唐诗的指疵。从中郎诗的对比中可知。古汉语的运用只有用来表述宇宙万物人生之大道时,才能登峰造极。唐诗虽有很多脍炙人口的佳作,但就其表达出世之理言,与其"诗言志"数量不相适应。中郎洞察了这一点,故在其诗作中有所示现。如果从佛理禅意言,中郎的诗作是超历史而登了新高峰的。

中郎的学佛的人生背景与以佛统摄儒道的学术取向,决定了他的诗文在内容上的上述特点,且这些特点在诗歌里得到了淋漓尽致的表现。正因如此,同他的佛学专著与小品文一样,他的性灵的、具有独创特色的诗歌也是永垂文学史与文化史的瑰宝。

三七、"我亦冥心求圣果，十年梦落虎溪东"

——读《初夏同惟学、惟长舅尊游二圣禅林检藏有述》

其一

一尊高阁许从容，眺尽南湖与北峰。

青叶黄衣余碣在，玉函珠匣总尘封。

空江隐隐流清梵，别墅沉沉起暮钟。

昏黑谈经人不去，知君学佛意初浓。

其二

丈六空传草一茎，莲台肃肃古先生。

夜深虚阁听龙语，世远枯松赞佛名。

蒲榻参来知行浅，稻畦栽就觉身轻。

等闲法法都如梦，眼底何劳觅化城。

其三

禅关避客昼常扃，竹树阴森可一庭。

野雀半衔天女粉，梁尘渐污佛头青。

六时僧礼莲花漏，三教人翻贝叶经。

衣下有珠君识否？寤来如欲睹明星。

其四

苍枝矫矫欲盘空，高阁泠泠受远风。

怪石枯藤随意古，砌花畦草自然工。

六朝遗事残钟外，千佛生涯晓籁中。

我亦冥心求圣果，十年梦落虎溪东。

解读

此诗于万历十三年(1585)夏作于公安。缘起在于他同惟学、惟长两舅父游二圣寺并观瞻其藏经楼后,有感而述。(载《笺校》第 4 页)

欲读懂此诗,须增看三篇文章,一为袁宗道《二圣寺游记》(现二圣寺保存有后人石刻碑文)、《嘉祥县志序》(《白苏斋类集》第 198 页、134 页);二为袁中道《龚春所公传》(《珂雪斋集》第 697 页)。从中可看出二圣寺之来龙去脉、历史渊源。

诗中涉及的佛学名词、术语有:(一) 二圣,指二圣寺尊奉的两位圣者,青叶髻如来与娄至德如来。(二) 检藏,系二圣寺的正法楼与过堂,楼藏经典,堂待行脚。(三) 莲花漏,为慧远大师所创发的计时器具,外形如莲花。(四)"稻畦裁就",指僧人服饰,亦名水田衣、逍遥服、无尘衣。(五) 虎溪,指庐山东林寺,当年慧远创建东林念佛堂后,有一百二十三人追随,个个依念佛法门而成就圣果。有一溪流绕山寺周匝,据传大师送客过溪时,有虎长啸,故名。诗中指代东林寺及念佛法门。读者可参看拙著《袁中郎小品思想探究》中的《入东林寺游记》解说。

第一首,先写"检藏"所在的地理环境与经藏庄严。地理环境有南湖、北峰,空江隐隐,别墅沉沉等。经藏庄严有"青叶黄衣余碣"与"玉函珠匣"等。再写人事:"昏黑谈经人不去,知君学佛意初浓。"在中郎眼里,江水流淌的声音,也是清彻的梵音。中郎对江与田,有诗曰:"江亦学之字,田犹画卦文。"(《笺校》第 359 页)佛理"相随心转,境随识变"在中郎诗中随处可见。

第二首,所记事有:丈六(丈六金身之简称,代佛)空传、莲台肃肃、虚阁听语、枯松赞佛、塘榻参究、身穿法衣等。所论之理有"等闲法法都如梦,眼底何劳觅化城"。法法"如梦幻泡影"是《金刚经》的重要理念,中郎在这里发抒了一种感叹,以眼觅化境是"空劳"而已。

第三首与第四首,除记录二圣寺的禅关常局、竹树阴森、野雀半衔、梁尘污像、苍枝矫矫、高阁泠泠等外,主要讲所见僧人修行、礼敬六时、翻检经典、千佛晓籁等,所发之感慨有"衣下有珠君识否",意为人人有明珠一颗,惜乎自我不识。最关键的诗句为:"我亦冥心求圣果,十年梦落虎溪东。"此句意味着十八岁的袁中郎已和净土结缘并深扎根。十余年后,他的《净土十要》的"志殿"之著之成就便是顺理成章、因果天律之事了。

此诗表明袁中郎善根、福德与因缘齐备,他的禅佛基础很好。尔后七年,在中进士后,在兄长伯修开启下,精研华梵诸典,"见出盖缠"乃至"妙合古人微言","洞出前辈机用"绝非偶然了。

我读此诗,觉得不像一个十八岁的青年所写,按孔子教言,其志其愿至少可看作"三十而立"。

三八、"一番铜铁语,万仞箭锋机"
——读《陶石篑兄弟远来见访,诗以别之》

五步一花开,十步一花飞。不知谁家子,郁郁吐清姿。
恬淡僧标格,潇洒士威仪。手提白玉麈,身披浅色衣。
徒步入阊门,挥羽上阶墀。僮仆尽魁伟,一一皙而肥。
或言是山人,或言星相师。或云乡里子,闻声始觉非。
通刺无姓名,短纸折不齐。一揖迳登床,草草寒暄而。
执手不问病,捧腹但言饥。设黍呼儿子,蒸鱼命小妻。
广长舌有象,突兀语难羁。欲穷人外理,先剖世间疑。
五行何因起?天地何高卑?鹄乌何白黑?日月何盈亏?
生胡然而至?死胡然而归?天胡然而喜?鬼胡然而悲?
事无微不究,语无响不奇。独不及臧否,一切细碎词。
玄旨穷三日,清言畅四肢。爱君深入理,恐我倦伤脾。
未作经年别,先为五日辞。入宫寻西子,涉水吊鸱夷。
七十二螺髻,三万六玻璃。山水既奇敌,相得永因依。

有如重瞳郎，配合皇英妃。又如曹阿瞒，生逢大耳儿。

石公貌高古，林屋洞倾敧。玉绕消夏湾，水啮千人矶。

浪头悬闾里，屋底腥蛟螭。山鬼攀萝出，鲛人傍槛唏。

卑者如鼋鼍，立者如象犀。幽者穿海底，高者蹑云梯。

绿橘黄柑树，青牛白马祠。土人进新果，乡女贡山鸡。

胜事纷难记，名山到始知。三朝尽缥缈，一雨负莫厘。

归来为我言，山水见须眉。长公八九纪，叔子二十诗。

字字传实迹，语语发光辉。不独作者难，读者亦应稀。

谭罢理前问，愁来申后期。还将赤金子，试我白绵锤。

拈花怜佛笑，摘叶止儿啼。蹶杀紫胡犬，踢倒西河狮。

击石原无竹，悟桃空有枝。一番铜铁语，万仞箭锋机。

病得发而减，客以乐忘疲。流连十许日，情短六个时。

丈夫一滴泪，错落贵珠玑。今日若为别，相顾浩涟洏。

去去复去去，吴江落日低。

解读

此诗于万历二十四年（1596）九月作于吴县，载《笺校》第 131 页。

关于陶石篑兄弟，余已在《袁中郎小品思想探究》中作了简要介绍。陶氏兄弟此次专程去吴县访问袁中郎，正值中郎患病新愈，他们交谈了三日，又用了七天游了洞庭两山，流连十余日。离别时，中郎写了此诗。

诗中涉及的景点有：石公山、林屋洞、消夏湾、千人矶、缥缈峰、莫厘峰等，均在洞庭两山中。

诗中涉及的典故有：重瞳（指舜）、娥皇女英（舜帝两妃子）、曹阿瞒（曹操）、大耳儿（刘备）、青牛（老子出关骑青牛，指代道观）、白马（汉明帝时，启请高僧东来，以白马驮佛经于洛阳，指代寺庙）、拈花（佛祖拈花，迦叶一笑，被看作禅宗以心传心之悟道）、摘叶（佛经中一个比喻，小孩啼号，大人摘树上一叶，说是金叶，止了孩子哭。还有"举空拳以止啼"说，有糖果之喻，代指方便说法，不可执著）、"击石原无竹"与"悟桃空有枝"(参看《袁中郎小品思想探究》第五篇袁宗道《伯修》中,"灵云见桃"与"香严击竹"的解释)。

此诗真实地记录了陶石篑兄弟来访与自己的谈话内容以及他的感想。

从事言,他们在游历观景中,有所见闻,所谓"绿橘黄柑树,青牛白马祠。土人进新果,乡女贡山鸡"。所谈有历史典故、佛法公案、神话传说,涉及舜帝及两妃、范蠡、西施、曹操、刘备等历史名人,内容十分丰富。就理言,"语语发光辉",表述了他们亲密无间的朋友情怀。所谓"病得发而减,客以乐忘疲"。

与陶氏兄弟交往十余日,可用中郎本人诗句概括:"玄旨穷三日,清言畅四肢。"即以语言诱导而使身心畅适。所谓"清言"指的是清净心所发出的声音,即佛道精髓。对于谈话后的真实感受,中郎说:"一番铜铁语,万仞箭锋机。"铜铁比喻他们谈话实在,有分量,俗称"落地有声"。而"箭锋机"加"万仞",比喻他们讨论的话题属于"第一义",即宇宙、万物、人我的本体本源。从诗意看,有天地高卑、生至死归、天喜鬼悲等,达"事无微不究,语无响不奇"之境界。这就是常言话有投机时。他们所谈共同感兴趣,能同时相互激发、诱导,因而感应道交。

关于"箭锋机"还须重复一下:先须明确"机锋",这是禅宗参究话头的常用词,指一瞬间通过某一语词或场景激发出来的思维飞跃,又称灵机活动,机警犀利,锋芒毕露。前面所言"见桃悟道"及"香严击竹"即是案例。中郎写此诗句,将字序调整了一下,意思未变,前面加"箭",除了速度快,另有思维机锋如万仞高峰、层层叠叠的含义。说明灵感到来时无以言状。

"箭"还有"一时"之意。一时不能单指某一时间,它是在一个特殊的环境中,谈话者心境如一,没有过去现在未来(时间),也没有三界十方(空间),谈话者看破万法皆空,放下妄想、分别与执着,进入一真了道法界,与自灵(真佛)念念相应,心心相应,于是开了大悟。

袁中郎用上诗形象地记录了这个奇妙境界。"去去复去去,吴江落日低。"我们如果与"大漠孤烟直,长河落日圆"的唐诗名句共同赏析,就会觉得太有味道了。中郎的诗句法味与法义非唐人可比。

三九、"色界身终苦,无生学未成"

——《病起偶题》摘要

其四

不断青云梦,难堪白发情。

跳梁山鬼妒,落莫酒人轻。

色界身终苦,无生学未成。

浮沤能几许,枉自觅枯荣。

解读

此诗于万历十四年(1586)在公安病愈后作。载《笺校》第 11 页。

中郎一生害过三次大病,第一次大病在十九岁,病得不轻,他在《病中短歌》中写道:"病寒三月苦沉吟,面貌如烟戟露肘。"可见病状。正是这一次生死考验,使他对个体生命有较为透彻的认知,使他更加积极珍爱生命。

一、好学不倦,勤写不息。他在《病起独坐》中写道:"荒草绿如烟,何秋不可怜。""闭门读《庄子》,《秋水》《马蹄》篇。"又在《病起偶题》中吟道:"负暄疏败发,发筐理残篇。"可见他稍一病愈,便抓紧时间读书与写作,不让光阴虚度。

二、学习史书,学习儒学与道学,记忆犹新。在这次大病初愈后写的六首诗中,涉及儒道经典的诗句有:"虫臂鼠肝彼何人,嗟来子桑真吾友。"诗中子桑即《庄子·大宗师》中的子桑伯子,是一个隐士,他逝世后,孔子派子贡去吊唁,只见他的好友孟子反在编挽歌,子琴张在操琴,面对子桑的尸身唱歌:子桑呵,你回到了本真,而我们还寄迹人间。又吟道:"世路他如梦,浮云我失弓。"这里以弓喻浮云,喻富贵。《家语·好生》载,楚恭王出游,丢失了乌嗥之弓,随从请寻找。楚王说:"楚王弓失楚地,楚人得之,何必求。"中郎借此典故表明自己对生命的超脱观念。

三、对佛经学习,有善缘根基。所说"缘"指坚信,信是种子。他吟道:"浮生喻泡影,何以乐青年。""乾坤偏恶道,世路几狂生。""一丘何不可,身外即浮萍。""色界身终苦,无生学未成。""浮沤能几许,枉自觅枯荣。"诗中所使用的"泡影""恶道""色界""无生""浮沤"等,都属佛学名词。不懂其佛学意义,则不能读懂其诗。"泡影"是一个比喻,来自《金刚经》:"一切有为法,如梦幻泡影。""恶道"指六道轮回中三种恶,即地狱、畜生、饿鬼三恶道。"色界"指欲界、色界、无色界,色界是三界之一。欲界有身体,须饮食男女。色界在欲界之上、无色界之下,有精美物质而无男女贪欲。无色界无形体、无物质,只存识心,禅悦为食。"无生"指修佛所达寂灭境界,《大宝积经》说:"无生者,非先有生,后说无生,本自不生,故名无生。"亦《心经》所言:"不生不灭,不垢不净,不增不减。""浮沤"在佛经里比喻"相",海水比喻"性",相变化万千,不离性。

初懂了上述名相,我们可看到中郎因佛经的阅读熏习,勘破三界,感叹"无生"未成之遗憾。这与十八岁写"我亦冥心求圣果,十年梦落虎溪东"是一脉相承的。

这里,我们比较明代才子唐伯虎的一首诗,便更能领会中郎病后诗里的思想境界。唐伯虎《绝命诗》曰:"生在阳间有散场,死归地府又何妨? 阳间地府俱相似,就当飘流在异乡。"唐伯虎也勘破生死,但与中郎追求"无生"境界比较起来,中郎的层次要高。唐伯虎比常人高但未跳出生死圈,而中郎超越了生死圈。

袁中郎的早期诗歌风格在这病愈后的几首诗里有鲜明体现:语言清新,内容厚重。

四十、"劝君恁学无生忍,犹有金刚不坏身"

——读《万二酉老师有垂老之疾,感而赋此》(选一)

> 白首为儒未厌贫,布袍落落散风尘。
> 百年偃蹇穷途事,一榻艰难老病人。
> 楚客由来衰凤鸟,汉郊何日狩麒麟。
> 劝君恁学无生忍,犹有金刚不坏身。

解读

此诗于万历十五年(1587)在公安作,载《笺校》第 14 页。

诗题中附有说明:"万,里中老儒,余家父子兄弟祖孙皆从之游,其人可知,时丁亥九月也。"这段说明告诉我们:中郎在中举前一年的九月去故里探望老师,见他老而病,几个儿子情况很差,"如陶令",陶曾在诗中说其子,有痴呆的,有残疾的,有不治之病的。虽有一女,何曾有蔡姬,即没有文化。于是感慨万端,吟道:"楚士从来多寂寞,为君挥袖泪成丝。"中郎为这位老师的晚景凄凉,洒下了"如丝"的热泪。这与当年他母亲离世哭得几乎昏厥,是同一德性,即孝亲尊师。

先大略了解一下万莹为人。据袁中道《万莹传》(《珂雪斋集》第699 页)记载,万老师少年即有学问,一试不中,归隐里中,教书为生。他特别好学,历代史自首至尾,皆能背诵。授书时,《五经》中有缺三四页的,凭记忆添补,核对原本,不误一字。他学问渊博,阴阳、地理、农圃、医术、命禄等,无不知晓。卜筮尤精,通数学。作诗有佳句。为人敦厚,生平无一妄语。亦不知世间何者可好。一日,中道叔辈们会饮,把万老师接去了。有人谈到娈童事,老师大惊曰:"世间岂有这等怪事?"面红而走。家无产业,朝不保夕。他住屋倾斜,其半见天,下雨则竟夜迁徙。无垣壁,白日睡卧,有人从高处走来,了了可见。老年更贫,死后百方营谋才得一棺。过了一月,其子乞讨过日。

中道的记录形象地反映了万老师"士志于道"而不耻"恶衣恶食"的好学安贫品格。他专注读书,不事农桑,如同东汉之高凤笃学,高专注读书,晒谷被雨冲走,遭妻责骂亦不在意,终成学业。史上以"高凤癖"戏称。

下面讨论一下中郎诗意:"白首为儒未厌贫,布袍落落敝风尘。百年偃蹇穷途事,一榻艰难老病人。"这是写人写事,几十年贫困潦倒,艰辛困顿的一个儒生,不改乐学初衷。"楚客由来衰凤鸟,汉郊何日狩麒麟。"这是用典。李白有诗曰:"我本楚狂人,凤歌笑孔丘。"孔子曾感叹"凤不至兮"而觉自己生命将结束。又见人获取麒麟而辍春秋之笔,而以之忧天下而觉自己也不久于人世。

中郎看到老师的身体状况后,有一次劝语交谈,此诗之诗眼就在最后两句:

"劝君恁学无生忍,犹有金刚不坏身。"

先须了解"无生忍"为何意。按《智度论》解释,无生忍即无生无灭,无碍不退,信受通达。指修持佛法的不可思议的解脱之境。世间俗人处有生有灭的烦恼束缚中,名缰利锁,层层包裹,妄想、分别、执着,不能证得诸法实相。净空老法师在讲"无生忍"时说:你的自性本有智慧出来了,无相无功,心里保持平等觉,不生烦恼,可教化众生,一生生活在法喜中。要放下,干干净净,与世无争,与人无求,得大自在。可见"无生忍"境界是佛圣境界,不是凡夫俗子境界。中郎当时二十岁,早已信受并行持了"无生忍"观念的教育,故劝告老师修习"无生忍",证"金刚不坏身"才是唯一出路。"金刚不坏身"是一个比喻,世人身相有生老病死,谁也逃脱不了。那么"金刚不坏身"有没有?有。按佛祖教言:"无相之相是真相,无体之体是实体。"这就是"金刚不坏身"。了生死,出轮回,证得法性身,就是"金刚不坏身"。可见中郎是一个早觉的智者,不然,不可能跟老师倾心吐胆,写不出这种至高境界的尊师诗句。"无生忍"是修心,是修性,是修因;"金刚不坏身"是修身,是修命,是得果。这是相随心转、性命双修、因果同时的统一观念。是修佛的不二法门。

可见,不懂此二句,就不知中郎的良苦用心。即便是早期诗歌,中郎也在"以儒为佛事,借孔续瞿坛"的了。

中郎的尊师重教是发自内心的诚恳真挚。在上诗写后两年,即万历十七年(1589)又有一诗,名《过二酉师旧斋》(载《笺校》第17页)。诗中写道:"士老不曾官,女老不曾媒。无媒知真性,不官见隐才。""笔绝知获麟,人亡为国哀。科斗余文字,残书化草莱。""空斋遗杖履,长叹续《归来》。"

这是他从万莹老师旧斋走过时所见所感。反映了他对老师往事的怀念。以孔子、陶渊明类比,赞扬了老师的资质纯朴、人品高尚、学问渊博、心地旷逸等美德。

四一、"宇曰不如归,鸪曰行不得"
——中郎诗《雀劳利歌》中的悲悯恻隐之心

> 雀劳利,雨雪至。
>
> 大雀悲,小雀悸。
>
> 黄鹄举千里,大鹏搏九万。
>
> 鹧鸪与杜宇,声声来相劝。
>
> 宇曰不如归,鸪曰行不得。
>
> 小大各有分,何用嘈嘈在我侧。
>
> 鹦鹉虽有舌,藏巧不如默。

解读

此诗作于万历十七年(1589),载《笺校》第18页。

"雀劳利"为梁代《古角横吹曲》乐府曲谱名,此诗是中郎根据词谱要求填的词。

钱伯城注为中郎在北京应试所作,其时令已是冬天降雪之际。"大雀悲,小雀悸。"反映中郎对禽鸟在冰天雪地难觅食的恻隐之心。"宇曰不如归,鸹曰行不得。""宇"指杜鹃鸟,"鸹"指鹧鸪鸟。"不如归""行不得"为宇、鸹劝鸹、鹏语,用《庄子·逍遥游》典。这是将两种鸟人格化,碰到严酷环境,想回归于原始而又不知回归何所的矛盾心情。黄鹄千里远飞,大鹏九万里展翅了。只有小鸟嘈嘈叽叽"在我侧",还有鹦鹉"不如默"。

诗中写有五种鸟,实际是写一切鸟。鸟语鸟音是动物现象,知鸟语鸟音是人事现象。两种现象是融通的。佛理认为:悟了,无一法不是佛法。迷了,哪一法是佛法? 在中郎眼里笔下,大雀小雀都是有见闻觉知的,都是活生生的。它的叫声及不叫,都是在表法。佛经上说,迦陵鸟是阿弥陀佛化身,它的鸣叫是在说法。说的什么法? 开悟者心知肚明。同理,世间凡鸟的鸣与不鸣也是在表法与说法,只有知鸟语者才能听懂。懂是什么? 是感应道交。举凡动物、植物乃至万物都是有灵的,这个灵与人类的灵是一个灵,虽然在外形外相上千差万别,但内灵只有一个,此一灵通天地宇宙,是自然之大道。

中郎有《忆蟹》诗,再现了同样的认知。不妨摘句如下:

"鄂州为客处,紫蟹最堪怜。

朱邸争相买,青楼不计钱。"(《笺校》第 38 页)

中郎所叙述的那种人们争相食蟹、不计成本的口贪现象至今愈演愈烈。当时有所限制,有钱人(朱邸)与烟花女(青楼)食蟹如癖。而如今,一般餐厅都陈列黄橙螃蟹,更不用说豪华餐厅。世人以吃螃蟹为等次。使人想起《红楼梦》里的《螃蟹咏》诗。诗中有"眼前道路无经纬,皮里春秋空黑黄"名句。这正好可用来说明贪食螃蟹者的生存形态。如果有一丁点儿中郎的"堪怜"情绪,人们还会疯狂地以食蟹为荣吗?

四二、"曹丘一滴水，了然智慧津"
——中郎所写与李贽相关的诗摘要

说明：中郎写与李贽相关的诗有：《得李宏甫先生书》、《感兴》（四首）、《送焦弱侯老师使梁，因之楚访李宏甫先生》、《怀龙湖》、《龙潭》、《别龙湖师》（八首）、《余凡两度阻雨冲霄观，俱为访龙湖师，戏题壁上》及《纪事十绝》（有人认为非中郎所作）等。现摘录其中诗句：

> 似此瑶华色，何殊空谷音。
> 悲哉击筑泪，已矣唾壶心。
> 迹岂《焚书》白，病因老苦侵。
> 有文焉用隐，无水若为沉。（《得李宏甫先生书》，《笺校》第
> 25 页）

> 夙心探玄理，幽与白云期。……
> 富贵非所欲，浮丘以为师。

> 鲁国有微言，儒者窃其肤。
> 家家飨五城，谁辨鱼目珠。

> 俗尘近不得，远之亦为尘。
> 扰扰色界里，具足清净人。
> 何方超梦幻，无法过贪嗔。
> 曹丘一滴水，了然智慧津。（《感兴》，《笺校》第 26 页）

> 莲开白社来陶令，瓜熟青门谒故侯。
> 自笑两家为弟子，空于湖海望仙舟。（《送焦弱侯老师使梁，因

之楚访李宏甫先生》,《笺校》第 58 页)

　　孤舟千里访瞿昙,踪迹深潜古石潭。

　　天下岂容知己二,百年真上洞山三。

　　云埋龟岭平如障,水落龙宫湛似蓝。

　　爱得芝佛好眉宇,六时僧众礼和南。(《龙潭》,《笺校》第 72 页)

　　君意不在书,著书为谁子?

　　安得东南风,吹君渡湘水。(《别龙湖师》,《笺校》第 75 页)

　　我从观里拜青牛,忽忆龙湖老比丘。

　　李贽便为今李耳,西陵还似古西周。(《余凡两度阻雨冲霄观,俱为访龙湖师,戏题壁上》,《笺校》第 78 页)

解读

　　李贽(1527—1602),本名载贽,字宏甫,号卓吾,别号温陵居士、百泉居士等,福建泉州人,嘉靖年间举人,曾任过知府,后辞官至黄安,讲学著述。后转为麻城龙湖,讲学著书,世称龙湖先生。

　　袁中道在《柞林纪谭》中,较为详细地记载了他们三兄弟与李贽的一次访谈情形。从李贽对三兄弟提问的回答中,可知他是一个儒道释学问涵养深厚、思维机敏、悟道超常的智者与圣者。也可以佐证中道品评实而不虚。我们可知李贽是明末的一位奇人、高僧、至人,也是一位狂人,是著名的思想家、文学家、佛学家。他被称为异端思想家的代表,当代作家曾纪鑫先生认为他是反封建的斗士,中国历史上第一位伟大的启蒙思想家,一代狂狷之士。

　　袁中郎与李贽交往非常密切,他的"性灵说"思想、佛禅理念及文风也受到李贽思想基因的深刻影响,但中郎对李贽的为人处世的张狂诡异之道是有所警觉的。从文字交流言,李贽细读过中郎《金屑编》,有"早得从君言,不得有《老苦》"的赞许之语,兴之所至,还为此写了一篇热情洋溢的序言。序中有"《华法》之龙女,《华严》之善财"等赞语。

下面重点看所摘中郎写的关于李贽诗中所表达的思想:

一、对李贽的认识。老子曰:知人者智,自知者明。袁中郎在诗里高度赞赏了李贽为人,说"李贽便为今李耳",又说"老子本将龙作性,楚人元以凤为歌"。李白有诗曰:"我本楚狂人,凤歌笑孔丘。"《醉叟传》中有"龙德而隐者"一句,龙德即大雄之德,佛经里常以龙象喻佛。中郎在《龙潭》诗中说:"孤舟千里访瞿昙,踪迹深潜古石潭。"瞿昙,即佛祖,可见评价非同一般。

二、对李贽著作的认识。中郎有诗说:"似此瑶华色,何殊空谷音。……迹岂《焚书》白,病因老苦侵。"又在《感兴》诗中说:"俗尘近不得,远之亦为尘。扰扰色界里,具足清净人。何方超梦幻,无法过贪嗔。曹丘一滴水,了然智慧津。"有专家认为:我们面临三个世界,现实世界、天堂世界与理想世界。而佛理认为,世人作恶多端,贪嗔痴慢疑妒六毒积累,则是通向地狱之途,则其未来世界必是地狱世界。行善断恶,修行小果,则至少可达天堂世界。转凡成圣,转识成智,达清净平等正觉,修持证大果,则可达极乐之理想世界。中郎所言"扰扰色界里"是认为李贽已超尘俗之欲界,在"扰扰"色界里(更高层次,则为无色界),修清净心。这个描述是超尘出俗的,给予李贽之悟道以天人的评价,并赞扬李贽在参禅悟道、探究乘理(即大乘佛教主张的行成果满、契理成真)后,所发表的见解如同六祖慧能的说法,一字一句(所谓曹丘一滴水)所含之义,都是了了分明,灵明透彻。"一切般若智,皆在自性中。""般若无形相,智慧心即是。"(六祖语)在谈到李贽著作与谈话威力时说:"鲁国有微言,儒者窃其肤。家家飨五城,谁辨鱼目珠。""五城"指传说中仙境,"飨"为聚宴,诗中为供奉。这是将李贽与遵从孔圣人儒者言论比较,认为李贽是剔肤见骨、慧眼识鱼目与珍珠之别者。故称其著当募刻流布,此"救世之良药,利生之首事"(《李龙湖》,载《笺校》第792页)。

三、对李贽修佛水准的推崇与肯定。先须介绍无念和尚（1544—1627），别号西影，麻城人，曾住持龙湖芝佛院，万历九年（1581）在李贽的启发下开悟。袁中郎的禅学曾受到无念和尚的指导。中郎是从无念那里得知其师李贽的不同凡响的人品与学识的。中郎《别无念》其三曰：“辛苦李上人，白发寻知己。为尔住龙湖，尔胡滞于此。”在《同无念过二圣寺》（《笺校》第79页）诗中，其二曰：“长者即维摩，和尚似鹜子。中有妙音人，可比散花女。”这首诗里的佛学人物与意境无比丰富。维摩居士与佛祖，一个在家，一个出家。鹜子代指舍利弗，是佛祖座下智慧无比、辩才无碍的得道大弟子。散花女具天人神通，妙音代指观音。

中郎对李贽的佛学理念极为推崇。暂举二例。一在吴县任上写给瞿汝稷的书信中，将李贽类比为使张无尽居士开悟的从悦禅师，教他不要把李贽视为一般“文章僧”。张无尽，即张商英，北宋元祐六年任江西转运使，谒见庐山东林照觉禅师，照觉让他去见自己的得法弟子，张因从悦的指点而悟道。意为瞿汝稷应接受李贽的指点。关于张无尽，中郎在《西方合论》卷十中说：“初诋佛书，欲著无佛论，后观《净名经》，大有省发，卒为宗门龙象。”龙象喻高僧大德，有大成就者。二是在《李龙湖》尺牍中有这么一段话：“今丛林中，如临济、云门诸宗，皆已芜没，独牛山道场，自唐以来不坏，由此观之果孰偏而孰圆耶？《净土诀》爱看者多，然白业之本戒为津梁，望翁以语言三昧，发明持戒因缘。”意为李贽之著《净土诀》（维摩居士的《维摩经·香积品》有生净土八法之论）应该重在阐明持戒因缘，这才是修佛之根本。所谓“三昧”指修佛正定正受，智慧开悟之境。偏与圆是佛学判教的词语，中郎主张不落两边，中亦不落。圆融究竟而不执著。可见中郎在推崇李贽佛著时，并不盲从，有他自己的独立思考。他希冀李贽对所著《净土诀》作进一步诠释，以利众生，并言此是良药、首事。

值得一提的是：中郎写了《别龙湖诗》（八首）之后，他将李贽的《龙湖答诗》作为附录予以保存，可见他看好这个酬答。李的答诗中（二）写道：“无会不成别，若来还有期。我有解脱法，洒泪读君诗。”可见李贽接到中郎诗后激动得流泪去诵读，他为忘年交、道心友感怀备至。诗中"我有解脱法"易被忽略。佛祖教言："我有解脱法，解脱靠自己。"佛门主张三德：法身德、解脱德，智慧德。《六祖坛经》在说到"五香"时，有戒、定、慧、解脱、解脱知见五种，可见解脱二字至关重要。中郎把他在1597年的四部著作定名为《解脱集》是有深刻内涵的。世俗人的共同点是被财色名食睡、贪嗔痴慢疑、怨恨恼怒烦所束缚，层层包裹，坚固如铜墙铁壁，障碍了本己灵性。谈其解缠去缚，何等艰难。但一旦解脱，就会灵明洞彻。李贽无拘无束，自由解脱。解脱束缚，即可明心见性。他说的"解脱法"指什么呢？从他的著作中得知，他通过诵读佛经，并运用于日常生活，起心动念，言语造作，写诗写文，弘扬佛智，续佛慧命。于是看破我身我心，始终保持一颗真心与童心，做真人，说真话，做真事。故言：佛法修持的唯一途径，便是解脱。

在《感兴》第四首中，有"何方超梦幻，无法过贪嗔"两句诗。其中的意味易被误解。笔者试解如下："梦幻"指《金刚经》中一个偈子："一切有为法，如梦幻泡影，如露亦如电，应作如是观。"可见"梦幻"代现实世界人们因贪嗔痴驱使处于迷惑颠倒中，逃不脱"有为"桎梏。中郎所言"无法过贪嗔"中的"无法"二字，不是现代语意，而是"以无为法"，即用无为之法修持，才可超越贪嗔，"贪嗔"代"六毒"，即贪嗔痴慢疑嫉六种魔障。

从中郎关于与李贽交往的诗文中，我们看到他们是忘年交与气味相合之交(气交、骨交、神交)，有师生之谊，有道友之情。给予我们的有益启示是：(一) 有真诚向善知识者、大悟者请教的人，才能使自己成为大善知识，大开悟者。袁小修曾在《中郎行状》中形象地描绘了袁中郎访龙湖后所得到的启迪与大益。(二) 经书与老师的教诲只是帮助求道者的津梁，不是求道悟道目的。真正得道明道靠自身的修持与领悟。(三) 对老师也不可迷信，对他的思想不能执著，即"择其善者而从之，其不善者而改之"。

四三、"小儒无大计,束手叹非常"
——《岘山道中闻颂汪使君德政》诗中对王阳明"良知"论的嘲讽

闲坐说循良,青槐古影凉。
横身遮数郡,一笑释权珰。
通国嫌称户,生男必字阳。
小儒无大计,束手叹非常。(《笺校》第 922 页)

解读

请看逆评先生的解读:

此诗旨在批判解构王阳明"良知德政"理论。袁中郎将明末阳明"良知"理论巨大影响比作彼时专权太监"权珰"。清代周亮工《书影》曾言道:"权珰炽焰,人宜无敢近者。"首联出句"闲坐说循良",韵脚"良"字暗示"良知"理论,进而通过"良""凉"韵脚谐音,隐喻"凉爽"。"凉爽"古隐遮阴对治太监"权珰炽焰"。举国嫌厌太监称呼,故此"生男必字阳"。阳性男儿之阳,一语双关谐音,暗示王阳明名"阳光明媚",阳明"阳光明媚"却与良知"循良""古槐影凉"自相矛盾,绝妙尾联一针见血:"小儒无大计,束手叹非常。"初生良知小儒一无所能,只因阳性男儿故此博得重男轻女者赞叹"非常"。尾联首尾相顾诗题讽刺王阳明"良知德政"古今无出其右。(逆评《袁中郎小品思想探究·弁言》)

逆评博士这样解读,是利用了音义善巧的方法,别开生面,令人耳目一新。

中郎此诗的写作缘起是:万历三十年(1602)他走襄阳岘山(又名岘首山),听友人赞颂襄阳知县汪冀夔(字一寰,南陵人,万历二十三年进士),曾对一冤狱进行明察暗访,对十七个被判为斩刑的犯人予以无罪释放,此举被百姓与文士所称道。于是中郎有感其德政,写上诗以纪之。

首联"闲坐说循良,青槐古影凉",交代写作缘起,他们在青槐阴凉中,悠闲坐着,谈起循吏、良吏之事,循吏指尽职尽责、照章办事的官员,对冤错之案、冤狱之事,敢于明判正断。一个"凉"字,含义深广,是"清凉国土"之意。袁中郎曾有"跳入清凉国土,快活不可言"的感叹(《聂化南》,见《笺校》第311页)。颔联"横身遮数郡,一笑释权珰",明代东厂太监横行,无恶不作,假皇上之命,顺我者昌,逆我者亡。他们到处制造冤案,国人皆曰可杀。"笑"含有看你横行到几时之意,即炽盛权珰,终有倒霉之时,善有善报,恶有恶报,不是不报,时候未到。时候一到,一定全报。颈联为"通国嫌称户,生男必字阳",举国上下,嫌弃太监恶名,生了儿子名阳,意为不让其割阴当太监,做个正大光明具有血性阳刚之气的男儿。这反映了当时民众的驱邪扶正的心态。尾联"小儒无大计,束手叹非常",意为国事大宗,我等小儒亦无大计大力挽狂澜于既倒,虽束手无策,但赞叹国人生子名阳,让太监断子绝孙还是可为的。言外之意是:汪使君虽在襄阳之地有此德政,然太监甚嚣尘上,一地之循吏之德政,如杯水车薪,并不能扭转奸党所造势的黑暗。即便是王阳明倡导"良知德政"也显得软弱无力。只有举国"非常"之功,才能扭转乾坤。

中郎诗里考虑问题是全局性,大心量。他对所谓"良知德政"并非持否定态度,而是分析其执行较难。余之解读,可视为对逆评先生观点的一点小小的补充。

四四、"清风发虚窍,其中有性灵"
——《秦中杂咏·和曹远生》里的性灵观

荒草披秦殿,秋花缀汉城。

我行南山道,如阅古图经。

遗迹依稀是,长老失其名。

一步一伫思,断垒谁缔营。

又如披蠹简,冥搜损心神。

虽以意推求,边傍非故形。

《西都赋》所载,一一尽钦倾。

飞燕旧舞处,田夫扶耒耕。

沉香旧亭子,湖石尚娉婷。

清风发虚窍,其中有性灵。(《笺校》第 1408 页)

解读

逆评解读如下:

袁中郎独具匠心,诗文"清风发虚窍,其中有性灵"隐喻佛家八识流变转识成智,了悟法相缘起性空之"性灵"。

"荒草披秦殿,秋花缀汉城。"隐喻六识虚妄分别,"秦殿"与"汉城"实则前后均为古都长安风景,了无二致。一如《珊瑚林》言:"万法为识者法属意家之尘故,意识(六识)起分别,则种种法起。""又如披蠹简,冥搜损心神。虽以意推求,边傍非故形。"两联隐喻"七识",参照"八识",仅执其旧忆经验而不觉其新生体验,故此坠于惯性思维执取"八识"幻为"内自神我"。《珊瑚林》分析如是:"七识谓之传送者,以七识无体,外依前五(根尘),内依第八,其实只执(八识)我一念耳。""飞燕旧舞处,田夫扶耒耕。沉香旧亭子,湖石尚娉婷。清风发虚窍,其中有性灵。"三联隐喻性灵"八识"新旧条件缘起,缘聚缘散,吐故纳新,迁流变化恒转瀑流。故因新缘种现熏生辗转无穷,八识流变缘起色空。"八识"含纳一切旧忆新念取舍随缘幻化万象。(逆评《袁中郎小品思想探究·弁言》)

对于逆评先生的解读,我的感觉是:佛理性与相一如,理与事不二,永恒正确。最幽深最玄远的思想,可用最具体最形象的事物来表达。形象思维与逻辑思维具有不可辩驳性。

下面,笔者先说明写作缘起:

　　万历三十七年(1609)中郎奉命主试秦中,作诗作记甚丰,其中便有《秦中杂咏》两首(《袁中郎年谱》,马学良编著,天津古籍出版社 1991 年版,第 112 页)。据中郎写与曹远生尺牍《与曹进士平子》笺注,曹进士,即征庸,字远生,一字平子,平湖人,万历二十六年进士授延安推官,入为大理评事,迁刑部主事,出为汾州知府,有《冰雪轩集》问世。古人评其"诗品高逸,诵之如哀梨脆枣,大是爽人"。其自宜川典史升任延安府推官时,有诗与中郎,中郎便和其韵,作诗二首。逆评所议为第一首。

　　现录其二如下:

　　　　吊古意不禁,披榛倚断枝。
　　　　道逢雪岭叟,笑我真情痴。
　　　　尔从京师来,习见汉官仪。
　　　　未央即宫阙,金马即铜墀。
　　　　团营即细柳,绮陌即庄逵。
　　　　西山千万髻,终南同崔巍。
　　　　下有高梁河,即古曲江池。
　　　　瑶台与金屋,所贮即妖姬。
　　　　残棺断火垄,即今金紫儿。
　　　　辟彼膏烛光,前者已灰飞。
　　　　旧火续新火,焰焰同一辉。
　　　　若以天眼观,青草生蛾眉。
　　　　飘风遇青云,无事哭荒碑。(《笺校》第 1409 页)

[释词]

1. 绮陌:指风景美丽的郊外道路,也指繁华的街道。
2. 庄逵:四通八达之高平之路。
3. 铜墀:《汉语大词典》:铜墀:用铜套覆的台阶。借指宫庭。
4. 细柳:指汉代周亚夫所统辖之细柳军营,以军纪严明著称。

5. 金紫儿：七仙女的别称。

中郎此诗将今境、古境、今事、古事、今情、古情、今人、古人合并而写，有现实世界与理想世界之衬托，有满目之山云，有丰富之联想，真实地写出了他游秦中的所见所感所思，意趣浓厚，读来令人油然而生美感，有回肠荡气之效。由"西山千万髻"写到"终南同崔巍"，以美人写山水是他的惯用技巧。比如："东南山川，秀媚不可言，如少女时花，婉约可爱。"（《笺校》第 505 页）而将西山与终南山同写，实属会心之作。

"旧火续新火，焰焰同一辉"，从相上看有新有旧，从性上言，光辉同一。这是佛学的性相如一观在诗句里的形象化。

"若以天眼观，青草生蛾眉"，这一句不可滑过。天眼代指五眼（肉眼、天眼、慧眼、法眼、佛眼），以通达透彻、见真清净、觉了法性之目光来看待青草，彻照透彻，圆明智慧，青草可生出惊世之美女。反过来，美女也可化为灰烬长出青草来。这是相随心转、境随识变、万法唯心的觉观理念。相有万千，理即一贯。法相虽多，不离八识。八识繁复，根在白净。

"飘风遇青云，无事哭荒碑"，前句写自然天象，青云遇风，变幻无穷。人到无事，感叹荒碑，以致流泪。世事难料，人生无常。《红楼梦》中有"世人都晓神仙好，唯有功名忘不了。古今将相在何方，荒塚一堆草没了"，其感叹是一致的。好友平子迁升，中郎头脑冷静。写下上诗，既是告诫，又是警示。佛学与文学，历史与现实融为一体，显示中郎的敏锐的目光与慈悲的情愫。

四五、"石头和尚头如石，石头路上人不识"
——《题石头募册》里的"幻笔玄解"

石头和尚头如石，石头路上人不识。
铁叶裹腹烟烧颠，往返魔宫如门阃。

东弗于逮始欠伸,北郁单越会朝食。

虚空量尽神足茧,石头依旧石头侧。

天男龙女尽骄痴,冢间林下饥火逼。

为语石头国里人,无米可供沙亦得。

充筐盈箱贮赤仄,鸣金鼓众驱悭贼。

左执黄钺右苍帜,悭神清野坚军壁。

忉宫震怒麾霹雳,磔却悭王走悭伯。

石头饱卧北窗席。

解读

此题辞于万历三十七年(1609)年作。载《笺校》第 1576 页。

石头和尚,名袁蕴璞,江夏人,年少书生,后来出家,法号如愚,居衡山石头庵,后到金陵,居石头城南碧峰寺,遂号石头和尚。是一位诗僧,自负才气,使性重气,往来于宰官与绅士间。有人评其诗五律奇险,多慷慨悲愤之句。后识中郎,变其故习,不再兢兢苟守古法,而是任其意欲言而言之,世人有毁者一半,誉者一半,而本人不放心上,属于公安派诗僧。可见他与中郎同声相应,同气相投。这是中郎为其题写募册的根因。

关于山之石头,中郎情有独钟,一次游石公山,见一石突兀而出,于是他有石公之雅号,他在长江五彩洲游览时,写有"闲来袖得佳石子,赋予山中好事僧"。他在《张幼于》尺牍中,称米颠拜石,呼为丈人作为文士颠狂之例。陆游有诗句曰:"爱此一拳石,玲珑出自然。"后来,清代初期曹雪芹《题芹溪居士》:"爱此一拳石,玲珑出自然。溯源应太古,堕世又何年。有志归完璞,无才去补天。不求邀众赏,潇洒做顽仙。"古人于石有题辞曰:"花能解语还多事,石不能言最可人。"可见文人雅士有着共同的爱石、玩石、咏石、藏石情结。这种心理特点之一是将石头人格化、自拟化与自他不二化。例如中郎的《绿端砚铭》(《笺校》第 1587 页)中说:"仙人之瞳绿且方,化而为石秋水光。"在《破宋砚铭》中写道:"赖

尔不完,吾得与尔周旋。"(《笺校》第 1588 页)

先看中郎题辞中几个生僻词语:1."东弗于逮"与"北郁单越",属佛学名词,指海中四洲的两个地名。2. 赤仄,本指汉武帝时赤铜铸造的铜钱,外圆内方。3. 磔:本是祭祀时肢解牲畜,后来代指酷刑。4. 忉宫,指忉利天之宫,佛教所称欲界天(另有色界天、无色界天之说)第三十三天,在须弥山顶。

下面解说题辞名:《题石头募册》,这是石头和尚为庄严诸佛而募捐的名册,启请中郎题写。中郎有意舍和尚二字,"石头"二字一语三义,指石头和尚,也指石头,也指慷慨布施之举之坚固。引申为六度菩萨行是修持佛法的永恒的入门。分段说其大意:

"石头和尚头如石,石头路上人不识。铁叶裹腹烟烧颠,往返魔宫如门阈。"

古人出家,须剃却颠毛,剃度时,并用戒香在头上烧出六个点,六点表示六度菩萨行,即布施、忍辱、持戒、禅定、精进、般若。既是一种肉体煎熬,又是心灵的忍耐,还是一种终生的警示,又是一种对天地人对佛的信誓旦旦。意谓烧去烦恼,重新做人。这是一种残酷而堪忍的"洗礼"。这四句叙述的重点是头如石,石即顽固与坚定,出家人做了和尚,永不退转,不忘初心。以石头之头,走在石头路上,俗人并不理解,"人不识"。按倪平博士,"人不识"有谐音另义,即"人布施"。"布施,"也有二义,一指施主之善举,二指行布和尚之法施。僧人们过午不食,苦行度日,却勤谨而快乐地往来天上人间,如履门庭之进出。

第二段从"东弗于逮始欠伸"到"石头依旧石头侧",写了石头和尚一会儿在"东弗于逮"国起床,打呵欠,伸懒腰;一会儿又去"北郁单越"国参加吃早餐。用神通把法界虚空界走了个遍,脚底似乎起茧子了,而石头和尚身子还在石头旁侧卧。神足一词,这里不单指足健如飞,另有"神足通"的深刻含义。"神足通",按《无量寿经》经文,为"五眼六通"中第五通,即天眼通、天耳通、他心通、宿命通、神足通、漏尽通。"神足通"又作身通,身如意通,神境通,即具有自由无碍、随心所欲变化之能力。

从"天男龙女尽骄痴"到"悭神清野坚军壁",描绘了忉利天(欲界)天男龙女的生活情况与心理动态。这些天人骄痴极度,在冢间林下奔波,不能满足,饥渴如火,身处一毛不生之石头国,无米可供供沙亦可以。他们的筐箧里,金钱充斥,却鸣钟敲鼓驱赶悭吝之贼,悭神在那里左执金斧(黄钺),右握青龙(苍帜),坚壁清野。所写为一个喧腾的闹剧世界与矛盾的国土。一方面叫喊捉拿悭贼,一方面贮财积金。这个天人生活是以人间生活为依据的。

最后三句,"忉宫震怒麾霹雳",将悭王处以肢解酷刑,却使"悭伯"(余孽)逃之夭夭,"石头饱卧北窗席"。在忉利天杀伐悭贼闹剧中,石头和尚在北窗下睡得很深沉。陆游有《北窗》诗,后两句为:"午睡觉来桐影转,无人可共北窗凉。"

从题辞全文意境言,以幻笔重点写了六毒六贼中的悭贼(贪贼)的顽固难化,即使天人在忉利天行霹雳之威猛,坚壁清野,杜绝悭源,斩杀悭神,还是逃了悭伯。这是活灵活现写僧人们修行之最大障碍为"贪嗔痴",以嘲讽与戏谑之艺术告诫僧人脱离了本己之灵外向索取,离本己越远。本觉本有,不觉本无。为何不觉,悭贼所在。这是中郎的一以贯之的修行理念。他在《家报》尺牍(《笺校》第 776 页)中提出"克却悭贪"之法是利人济物,主张施舍,合于佛门财积丧道之理。这是委婉地批评僧人,包括石头和尚。他有"山僧喜迎客,颠倒着袈裟"的诗句,虽外表着了和尚服,而内心还是迷惑颠倒,你没懂佛之知见,又没入佛之知见,等于还在佛门外徘徊,即使升天做了天人或阿修罗,仍在六道轮回中。为什么呢? 三种烦恼(执着、妄想,分别)没除。其中最重要的是贪悭。这是能否脱离六道的根本。

值得注意的是诗句中对石头和尚的叙写,一句与一句不同。"石头和尚头如石"写信念坚固,这是先扬之法。"石头依旧石头侧",这是后抑之法,他迈神足,始觉"东弗",继则朝食,不过梦中而已。忉利天怒斩"悭神",逃了"悭伯",而"石头饱卧北窗席",还是在梦中。多次写石头和尚梦中,是一种抑法,一种善巧的否定。

　　我们重温佛祖圆寂前的临终遗言，更能深入理会中郎此题辞中的深义。佛祖说：以苦为师，以戒为师。戒具有广义，指佛的告诫。又说行道不离"四念处"，即观身不净、观受是苦、观心无常、观法无我。其中最重要的是断除贪悭。正是这种正法观（正指方向对，法指方法好）作指导，中郎才对诗僧好友石头和尚作了募册题辞，也是对所有僧人开导："显而非显，见千月于指端；言显无言，总万流于智海"（袁中郎《八识略说序》）。

　　明代书评家陈继儒在"石头依旧石头侧"旁，写了"幻笔玄解"，"幻笔"指艺术手法，"玄解"指思想内容，在玄谈中说妙法，高明极了。他用了先扬后抑、边扬边抑之技巧，配之以拟人、调侃及正话反说，说彼指此，借题辞宣扬佛法中主张克服贪嗔痴的微言大义，其深胜意味无穷无尽，字字有来历，句句藏法语，佛光普照，惠风和煦。很能体现中郎诗歌中的大气度与深气韵的特点。

　　中郎还有一首诗，与石头和尚相关。名《摄山纪游，游者为无念、潘髯、丘大、袁大蕴璞、袁三、潘四及两吴歌》（《笺校》第 521 页），其中袁大蕴璞就是石头和尚。录其中诗句：

　　　　苔毛青佛面，石色老天衣。
　　　　僧静厨蔬少，山寒野雀稀。
　　　　自然消万虑，不是学忘机。（其一）

　　　　入室寻僧梦，翻经悟客尘。
　　　　禅兄兼酒弟，傲杀世间人。（其二）

　　佛理认为：世人的饮食能量一大半消耗在胡思乱想、执着分别中。修行人自在清净，"厨蔬"自然减少。至今僧人仍保持过午不食的习惯，并没有影响健康。此诗于万历二十五年（1597）作于上元摄山（摄山为南京栖霞山上元县，是南京自唐朝起下辖的一个县），此山高一百三十二丈,周围四十里,多药草。中郎诗中表明了环境与生态的和谐观,更重要的是表现修行人的心内清凉环境的重要。"入室寻僧梦,翻经悟客尘。"只有如同僧人追求圣境圣果,才可能在翻读经书中得到开悟。禅者不求外在求内定,这是世俗人无法理解的。这首诗的写作比《题石头募册》早十二年,思想脉络是一致的。

四六、"可比维摩方丈地,不妨扬子一床书"
——中郎登第后回公安的诗作《归来》

> 归来兄弟对门居,石浦河边小结庐。
> 可比维摩方丈地,不妨扬子一床书。
> 蔬园有处皆添甲,花雨无多亦溜渠。
> 野服科头常聚首,阮家礼法向来疏。

解读

此诗于万历二十年(1592)在公安作,载《笺校》第 60 页。

这一年三月,袁中郎进士及第,这是中郎生平中的一件大事。

先看周群先生在《袁宏道评传》(第 41 页)中的解读:

其后居家候选期间,宗道也请假归省,昆仲三人和外祖父龚大器、舅父惟学、惟长一起,居住在县城的石浦河两岸,终日以谈禅赋诗为乐,六人在当地的二圣寺中结成"南平社",实乃"诗社兼法社",以龚大器为社长,伯仲三人与长辈们一起谈诗论学,虽然伦序不一,但实质又是诗禅同道,宏道快意非常,无所拘碍,或脱冠箕踞,呼酒为乐,或极目烟霞,潇洒凭栏。宏道、中道在长辈们的呵护下,疏狂恣肆,宏道这时的诗文中屡屡有"狂歌"的字样,表现了独往独来、自舒其逸的性情特征。《狂歌》一诗描述了当时的情景,对儒、道都提出了质疑,云:"六籍信刍狗,三皇争纸上。犹龙以后人，渐渐陈伎俩。嘘气若云烟，红紫殊万状。醯鸡未发覆，瓮里天浩荡。宿昔假孔势，自云铁步障。一闻至人言，垂头色沮丧。"(《笺校》第 61 页)

　　周群先生这个解读对袁氏三兄弟石浦河居、结社二圣的谈禅赋诗的共同性情与心境有所揭示，但对"可比维摩方丈地，不妨扬子一床书"有所避开。此前中郎亦有送焦竑访宏甫的"莲开白社来陶令"的诗句。维摩与白社，指的是一桩大事，真心学佛与至心做佛。维摩是佛祖传法时的在家居士，与佛齐名，与佛等身。佛祖示现出家，维摩示现在家。佛祖之徒去听维摩升座讲经，执礼与佛相同。《维摩诘经》(又名《不可思议解脱经》及《净名经》)，是维摩的讲经记录，维摩丈室是讲经道场。袁中郎在《西方合论》卷五第四章中说：

　　　　是故当知念佛三昧不可思议，如普贤毛孔不可思议，如摩耶夫
　　人腹不可思议，如净名丈室不可思议。

　　这个"净名丈室"指的是维摩的丈室道场，从相状看，一丈见方，供四五人听法。从性能看，可容遍法界虚空界，可容无数无量的众生听法，故名"不可思议"。

　　懂了这一佛教典故含义，"可比维摩方丈地，不妨扬子(指西汉扬雄)一床书"就一目了然了。这个"一床书"是个类比，指的是儒道佛经书。中郎在这首诗中追求的是什么，就不言而喻了。

　　同唐代孟郊的《登科后》诗不同，孟郊是"昔日龌龊不足夸，今朝放荡思无涯。春风得意马蹄疾，一日看尽长安花"。中郎则是"野服科头常聚首，阮家(指竹林七贤之一的阮籍，以狂放无拘出名)礼法向来疏"。那种放逸狂放、无拘无碍的思维表现得淋漓尽致，何以有此心境？佛乳法雨的教化使他解脱，因而精神自由，自灵自在。

四七、"六经非至文,马迁失组练"
——《听朱生说〈水浒传〉》里的言外意

少年工谐谑,颇溺《滑稽传》。
后来读《水浒》,文字益奇变。
《六经》非至文,马迁失组练。
一雨快西风,听君酣舌战。

解读

此诗于万历二十五年(1597)在无锡作。载《笺校》第 418 页。
作者在《游惠山记》中说:

邻有朱叟者,善说书,与俗说绝异,听之令人健脾。每看书之
暇,则令朱叟登堂,娓娓万言不绝,然久听亦易厌。

《惠山后记》中说:

凡朋友议论不彻处,古人诗文未畅处,禅家公案未释然处,一
以此味销之,不独除烦雪滞已也。

此味指的是惠山泉水冲泡名茶,饮时醇清。
现看诗句大意:

少年工谐谑,颇溺《滑稽传》。
后来读《水浒》,文字益奇变。

　　说他年轻时,喜爱阅读语言诙谐幽默的文章,酷爱司马迁所著《滑稽传》。后来读了《水浒传》,才觉得其语言奇警,变化万端,富于趣味。

　　　《六经》非至文,马迁失组练。
　　　一雨快西风,听君酣舌战。

　　作者在读《水浒传》后,产生了一种奇妙的感觉,儒家之《六经》(指《诗》《书》《礼》《乐》《易》《春秋》)并非最上乘之著,即便司马迁之著也似乎缺了结构与章法的完美。这种奇怪之感是在听朱生说书之后产生的。朱生边说边演,有声有色,淋漓酣畅,如同西风吹雨。这里并不是否定《六经》与否定司马迁著作,是一种先抑后扬笔法。
　　中郎著作中多次提到古典名著《水浒传》,明确指出的至少有三次:一是在《觞政》所录书目里;一次在《游惠山记》中;一次本篇诗歌。他对水浒不仅读得开心,而且还特请说书艺人来演说,可见不是一般热爱。其原因同中郎对市井文化与士林文化的融通重视有关,同时与《水浒传》的特色相关。在历代文人对各种小说著作的排列中,有"十才子书"、明代"四大奇书"、古典四部名著等,总少不了《水浒传》。传说其为罗贯中、施耐庵著,也有的版本只标明施耐庵著,称其为第五才子书,因其描写农民起义故事,内容很独特。《三国演义》写"忠"与谋,反映非常时代,英雄辈出。天下大势,合久必分,分久必合。《西游记》写佛与魔斗,求经之真,终究事如人愿,表彰至诚之效。《红楼梦》写情,通过纯情与痴情、真情、假情与乱情的故事,揭示盛久必衰、抬高跌重、荣极必辱、盛筵必散的历史与家族走向。《水浒传》写打与义到打与忠的转化。写宋江投降,一百单八将悲惨命运,告诉人们,投降主义只会死路一条。
　　《水浒传》之奇之变是多方面的,中郎的诗,中心在"奇变"二字。在奇中变,在变中奇。一为人名奇变,一百零八条好汉,各有一个诨号,比如林冲名豹子头、鲁智深名花和尚、宋江名及时雨、刘唐名赤发鬼、吴用名智多星等,每个好汉所使用兵器不同,黑旋风李逵使用两把板斧,鲁智深使用的是六十二斤水磨镔铁禅杖与一口戒刀,林冲使用的是丈八蛇矛,武松(武行者)使用的兵器是雪花镔铁戒刀等。二奇变在性格,都讲义,但义与义有别。同是莽撞,鲁智深与李逵不同;同是勇猛,武松与矮脚虎不同;同是被"逼",林冲与卢俊义不同;同是头目,宋江与晁盖(托塔天王)不同;同是女杰,顾大嫂(猛大虫)与扈三娘(一丈青)不同。三奇变在情节,林教头风雪山神庙,鲁提辖拳打镇关西,武松醉打蒋门神与血染鸳鸯楼,都是惊心动魄、脍炙人口的故事。四奇变在环境渲染。作者常在平常用词中有微小的变化而有丰富的内涵。比如,林教头风雪山神庙,写"雪正下得紧"及"到晚越下得紧"到离开山神庙时,又写一次雪下得紧。第一次"紧",写自然环境;第二次"紧",衬托将有一场你死我活打斗的人事环境;第三次"紧",写林冲杀了三个恶贼、雪夜无可奈何逼上梁山的心理环境。咀嚼起来,非常有味道。五奇变在写"淫妇"。潘金莲之淫,使人怜悯;阎婆惜之淫,使人审思;潘巧云之淫,使人恻隐。三个淫妇都死于刀下,潘金莲死于武松刀下,是仇杀;阎婆惜死于宋江匕首,是误杀;潘巧云死于杨雄肢解,是怒杀。细细品味,合情合理。

再以鲁智深三拳打死郑屠户的情节为例。明代思想家、佛学家李贽读到这里,在其书页旁,心情激荡地题了一行字,称赞鲁是:仁人、智人、圣人、勇人、神人、罗汉、菩萨、佛。

须知,中郎与李贽的思想取向是相通的。李贽这个评价将儒、道、佛三家做人的理想境界融为一体,以鲁为例,过不过分呢? 我认为不过分。通观鲁一生的"打抱不平"做派,没有他自己的丝毫名利取向,他的生活的境界是"行布不碍圆融,圆融不碍行布"。在他力所能及范围内为下层平民出口恶气。

从事与相言,《水浒传》写的是一个个官逼民反的故事;从理与性言,写的是光明与黑暗、正义与邪恶、善良与凶残、恩与仇、爱与恨、人性与野蛮等的角争与拼搏。这种角争与拼搏在不同时代将以不同的方式演化。这是该著的教化意义所在。起先他们的旗帜是聚义与替天行道,后来演化为忠义与接受招安。毛泽东主席认为宋江只反贪官、不反皇帝,走的是投降主义路线,他的一贯思路是古为今用、洋为中用,这个警告绝对不是单纯谈小说,是对现实与未来中国走向的高瞻远瞩,具有战略性的敏锐眼光,值得人们讨论研究。

　　袁中郎这首诗,直接写朱生,间接写水浒传,名义上写说书人,实质上写所说之书。借写说书艺人朱生之技艺,对《水浒传》用了"奇变"二字的精准概括,充分而具象地展示了他的"性灵说"的文学观念的力度与永恒。

四八、"手提无孔锤,击破珊瑚网"

——《述怀》里的宏图大愿

少小读诗书,得意常孤往。
手提无孔锤,击破珊瑚网。
香象绝众流,俊鹘起秋莽。
淫僻畏仁义,行止羞罔两。
灭火事长涂,何处税归鞅。

解读

此诗于明万历二十年(1592)作于公安,载《笺校》第 37 页。

〔释词〕

1. 孤往:摆脱烦恼,独往独来。陶渊明《归去来兮辞》有"怀良辰以孤往,或植杖而耘籽"诗句。

2. 无孔锤:无孔铁锤,指混沌不开窍,这里有比喻义与调侃味。

3. 击破珊瑚网:本意指海人以铁网沉海底拔除珊瑚根,系网船上,绞而出之,取珊瑚。这里有引申意义,即打破常规,不为世俗所制。

4."香象"句义：来自佛经，香象渡河，比喻证道深邃。《优婆塞戒经·三种菩提品第五》："如恒河水，三兽俱渡，兔、马、香象，兔不至底，浮水而过；马或至底或不至底；象则尽底。恒河水者，则是十二因缘河也。声闻渡时，犹如彼兔；缘觉渡时，犹如彼马；如来渡时，犹如香象，是故如来得名为佛。"须知，声闻即四圣法界的阿罗汉，缘觉即辟支佛，比阿罗汉高了一等，也代指菩萨。罗汉破了见思烦恼（执着），菩萨破了尘沙烦恼（分别），但没破除无明（妄想），只有法身大士进入一真法界，连无明也破了，只是还有无明习气，与佛有同样的相好、德能、智慧。一真法界分四十二位次，最高位为等觉，终极位为妙觉，即如来。兔、马、象是一个大略的比喻。中郎诗句"香象绝众流"表明他对如来的功德的颂扬与羡慕，也表明他心中追求的目标。

5."俊鹘"：比喻吟诗作文捕捉灵感及时与敏捷。鹘，鹰的一种，飞速极迅，能在草丛中猎取野兔等为食。俗称隼。

6."淫僻"句：指淫乱放荡，句意为修行者以仁义为本，加以警惕并敬畏，在身、语、意三方面防止淫乱与荒唐，不要违背圣教。

7."灭火"：比喻仕途不自由，疲于奔命，以求避罚就赏。据《韩非子·内储说》故事，越王问文种，伐吴可以吗？文种进言，可以，必须赏罚分明。君可以焚烧宫室，看众人表现。果然焚宫殿，众人无动于衷。王乃下令说：救火者死了的，其功可比杀敌之勇；救火没死的，其功可比胜敌；不救火的，其罪等同于投降敌人。众人皆涂其体，以湿衣冲进宫室，左右各三千人，奋不顾身。以此，越王对伐吴便有了把握。

8."税归鞅"句："税"与"脱"通假，"脱归鞅"即什么时候、什么地方解下马颈上皮带，回归故里。

袁中郎这一年二十五岁，已中了进士，写就的《述怀》一诗表明了他的追求目标，不是当官而享荣华富贵。他牢记孔圣人的"富贵于我如浮云"，在万历十八年（1590）所写的《感兴》诗中，有"富贵非所欲，浮丘以为师"句子。"浮丘"是古代传说中仙人，周灵王时期，与太子共同吹笙，骑鹤往来,修道深山。不追求富贵,那么他追求什么呢? 我们必须与他的另两首《述怀》结合起来考量。一首于万历二十四年(1596)在吴县写(载《笺校》第 124 页),诗中有"寐来趋夜壑,老去皱恒河。悟法东西祖,藏身大小何"的句子。"皱恒河"出自佛经的典故:波斯匿王向佛祖感叹自己年老,面皮皱纹甚多。佛祖适时进行教育,随机传法,说:你面孔虽皱,可你见恒河之见并没有皱。其意为,人虽变了,可是灵性不老。恒河是色,眼是见色的工具,眼性并没有老。年轻见恒河与年老见恒河,眼性没变化,即面皮皱,眼性没有皱,"见"根没有皱。"二何"指晋代的信佛坚定的何充与何准两兄弟,中郎以此表白自己的宏图大愿。再看另一首《述怀》(载《笺校》第 152 页),诗中有"丘壑驰驱甚,玄虚色相多。市朝无拘管,何处不渔蓑"。同年在《与方子公对弈》诗中,有"谁能黑白里,悟得远公禅"。把三首《述怀》诗结合起来,我们可以看到中郎的胸怀是什么,他追求的是精神的大自由与大自在,不被名缰利锁、五欲六尘所束缚。一点儿追名逐利的影子都没有。其途径是什么呢? 就是:"手执无孔锤,击破珊瑚网。"显然这种调侃的诗句里,蕴蓄深厚的修持佛法的深切大愿。表明了他任运随缘、无为超脱、除去烦恼妄见,做入佛知见的大彻大悟者的胸襟。

我们不妨按时序录其一脉相承之思想:

年十八岁时,写道:"我亦冥心求圣果,十年梦落虎溪东。"诗中"虎溪"代庐山东林寺净宗道场。

年二十岁时,写道:"劝君恁学无生忍,犹有金刚不坏身。"诗中"无生忍"指修持佛法的智慧境界。

年二十三岁时,写道:"乘无底舟,入针孔海。"指通透禅理的"一多相即与小大相容"境界。

年二十四岁时,写道:"石浦河边小结庐,可比维摩方丈地。"诗中类比,言所居为清净不可思议的"维摩丈室"道场。维摩是与佛祖同时齐位的在家居士。

年二十五岁时,写道:"手提无孔锤,击破珊瑚网。香象绝众流,俊鹢起秋莽。"说明中郎下决心摆脱三种烦恼破我执与法执,进入彻底解脱、了生死、出轮回的境界。

年三十岁时,写道:"谁能黑白里,悟得远公禅。"远公指晋代慧远大师,被尊为净宗初祖。即便在弈棋这样的博艺中,他仍然念念不忘禅净相融。

年三十二岁时,在《西方合论》中写道:"奉劝悟达士,趁时歇狂解。一心念弥陀,莲花念念生。"表明他对净土宗的信奉。

年三十七岁时,在《珊瑚林》里写道:"《西方合论》一书乃借净土以发明宗乘,因谈宗者不屑净土,修净者不务禅宗,故合而论之。"

年四十二岁时,写道:"清风发虚窍,此中有性灵。"

年四十二岁时,对自己一生写作概括为:"以儒为佛事,借孔续瞿昙。"诗中"瞿昙"指释迦牟尼佛。"释迦"指能忍,即慈悲,修己;"牟尼"表智慧,指能救助,能帮助人、关心人、教导人,通过智慧,度人出苦海。

从上述简录中,我们可以看出来,中郎习禅修佛、以弘法续佛慧命,是他的坚定不移的信念,是由来已久的大愿。正是这种信、愿、行,才促使他走了一条解行相应、成就圆满智慧的学佛做佛的光明的康庄大道。

四九、"中有妙音人,可比散花女"
——中郎前期诗歌中的僧人形象与思想之一

先录《同无念过二圣寺》诗之二(《笺校》第 80 页):

长者即维摩,和尚似鹙子。
中有妙音人,可比散花女。

再录《送峨嵋僧清源,时源请有檀香佛,刻镂甚精》(《笺校》第44 页):

> 师行遍天下,无乃是神足。
> 竦身入梵宫,镂此旃檀佛。

接录《宿僧房》(《笺校》第 95 页):

> 莲台三品叶,佛果一时花。
> 觉路昏罗縠,禅灯黑绛纱。
> 早知婴世网,悔不事袈裟。

接录《异僧》(《笺校》第 96 页):

> 买印支公僻,输瓶首座能。
> 咒言听似鸟,梵字写如藤。
> 托钵施仙饭,支床面佛灯。
> 一身犹不用,何处有三乘。

摘录《仲春十八日宿上天竺》(《笺校》第 350 页):

> 三步一号呼,十步一礼拜。
> 万人齐仰瞻,菩萨今何在?
> 欲寻真大士,当入众生界。
> 试观海潮音,不离浙江外。(其一)
>
> 若以色见我,是人行邪道。
> 饶他紫金身,只是泥与草。

朝来自照面,三十二种好。

终日忙波波,忘却自家宝。(其二)

摘录《云上人》(《笺校》第 382 页):

一喝三日聋,江西立宗派。

师聩多少时,证得观自在。

不受喧寂尘,跳出声闻界。

笑杀观世音,圆通却成碍。

再录《憩法相》(《笺校》第 408 页):

山僧谈往事,一倍惜尘情。

解读

袁中郎的诗歌中,以僧人与寺庙为题材的占了不小的比例,直接以僧人为题的有一百多首,诗中针对僧人修行主旨,发表议论;或指出僧人的迷惑,或提醒僧人重内修、重戒律;或以经典为据旁敲侧击,或写些历史掌故,启发僧人类比思维;或概叙生活故事,开导僧人纠正修行偏差;或直接引用佛经,阐明修行第一要义。笔者以《西方合论》(时段为1599 年)诞生为界,分前、后期两部分予以摘录,每一部分或录全诗,或选录其诗句,然后选每部分的中心诗句,分前二后一计三篇探讨其佛法玄旨。

先看《同无念过二圣禅寺》的写作缘起。

明万历二十四年(1596),中郎二十七岁,是中进士后在石浦河边家待朝廷选命吴县县令之前,日子相对安宁,他有精力与时间一面探讨性命之学,一面接受僧人朋友访谈。不时与道友访寺庙,检经藏。一日无念和尚(系麻城芝佛院住持,服膺李贽之学,对李贽执弟子礼)来访,于是同他一道再次造访今斗湖堤镇东北方位、长江边上之二圣寺。无念和尚曾住京都，与中郎过从甚密，中郎尊无念为师，他们更多的交往是道友之交。中郎写无念的诗不下十余首。此前一年，写有《别无念》（八首）（《笺校》第45页），中有"不痛别离肠，但伤知音心"句，可见关系非同一般。

诗中先说"自从智者去，宝珠曾游此。今日无念来，添一故事矣。"智者、宝珠都是高僧，无念与他们相提并论，亦属高僧。最有涵泳的是其二："长者即维摩"，前文已简介维摩。长者含二义，一为年长的居士，是统称；二为实名的李长者。中郎在其著作中，多次提及长者，这里如果是概称，是对修行居士的希望，含有赞叹与夸张之义。笔者认为：袁中郎思维是辐射性的，瞬间一念三千，一念万年。故笔者认为：诗中应是指唐代李玄通大师，又称李长者，其著作为《合论》，是注释《华严经》的巅峰之作，与唐代清凉国师的《华严经疏钞》齐名。据介绍，李长者宽衣大袖，红枣果腹，柏叶充饥，间或流连盂地山水，倾心讲经说法，教化盂人。关于李长者注释华严经，有个美丽的传说：长者途经一山野之村，遇一猛虎拦路，安卧于地。长者说：我想注释《华严经》，你能给我找个地方吗？虎即背负长者的经书袋子，把长者引到神福山，即今盂县与寿阳交界之方山，在一山龛中安顿下来，龛之四周原无泉涧，长者到来，一日风雷暴作，拔去一松，化为一潭，后人称长者泉。长者在此居住五年，朝夕苦著，据传有仙鹤二只化仙女二人服侍。著书成就后，化鹤而去。中郎在所著《西方合论》引言中说："礼诵之暇，取龙树、天台、长者、永明等论，细心披读，忽尔疑豁。"可见长者著作对中郎影响与龙树、天台、永明是并列的。在《西方合论》卷四中，引长者论说："一念不生，即名为佛。不从地位渐次而说，故立为顿教。"和尚即"鹙子"，是对无念的赞叹，也是对二圣禅寺和尚的赞叹与期盼。舍利弗母亲怀他时，其辩才超过了原先不如的长兄，后生舍利弗，其母眼光如鹙（即东土称为鹙鹭的水鸟），其子目光如母，十岁左右，能争善辩，辩才列第一。后来鹙子就作为辩才无碍、智慧无碍的代表，是佛祖十大弟子之一。

　　"中有妙音人,可比散花女。"佛祖在《无量寿经》第四十八品中讲道,今后修行人往生西方世界,其共同法名为"妙音如来"。散花女出自《维摩诘所说经观众生品》:时维摩室有一女,见诸天人闻所说法,便现其身,即以天华散诸菩萨大弟子上,华至诸菩萨,即皆堕落;至大弟子,便著不堕。佛说这是积习除尽与不除尽缘故。积习尽,花不著身;积习未尽,花著身,后以此典故说明讲经说法之妙。后来,唐李商隐有诗用此典,曰:"维摩一室虽多病,亦要天花作道场。"宋代诗人张孝祥有诗曰:"应见维摩诘,天花结习空。"宋代诗人苏轼有诗句曰:"不须天女来相试,总把空花眼里看。"

　　这首短诗,涉及佛教人物有智者、宝珠、无念、舍利弗、长者、维摩诘、妙音、散花女等,波及《华严经》、《天台三大部》、《维摩诘经》、长者《合论》等著名经典,所叙写的是与无念过二圣禅寺所见所思,将过去佛与现在佛合于一时之笔端,目的是启发读者对未来佛的向往。宏博的理念与坚定的信心和态度完美结合起来,令人惊叹。

　　在送清源诗中,记叙了峨嵋清源僧"师行遍天下,无乃是神足"的德能,"竦身入梵宫,镂此旃檀佛。"旃檀本来贵重,一棵旃檀树所放出的清香可驱散四十里见方的腐朽臭气,以此镂成的佛祖形象之庄严,便不言而喻。

　　在《宿僧房》诗中,叙写夜雨与霜林,想到了"莲台三品叶,佛果一时花"的慨叹。暗示修行是因,成佛是果。要想"觉路"不糊涂,禅灯永发光,就得勇猛破除俗世人情世故,即解脱各种烦恼,去掉妄想与执著。佛祖说:众生皆有佛性,因妄想执著而不能证。发出了"早知婴世网,悔不事袈裟"的感叹。中郎在著作中,对自己常怀惭愧之心与悔悟之心,是从自己没有抛弃红尘、出家为僧而言的。

　　除写一般僧人,中郎还写了行为诡异的僧人,有小品记叙,也有诗歌记录。在《异僧》里,写这位和尚有异行:买印成癖,咒语如鸟,写字如藤,托钵如仙,支床面佛等,概叙此僧不把自身放在心上,哪里有什么三乘(声闻、缘觉、菩萨)呢? 意为其做派已超越四圣法界。

在《仲春十八日宿上天竺》诗中，也表明了"欲寻真大士，当入众生界"的思想。杭州有上、中、下三天竺之景，是寺庙集中的建筑群，其中下天竺因灵隐寺而出名。此诗《其二》，思想殊胜。"若以色见我，是人行邪道。"出自《金刚经》，其偈意为：如来如来，无所从来，无所从去。见相离相，即是如来。见相著相，即是凡夫。须知如来，不以色相见，不以音声求，否则是人们行邪道，不得见如来。根据这一观念，"饶他紫金身，只是泥与草。""终日忙波波，忘却自家宝。"中郎并不否定庄严佛像的功德，只是批判只顾在形式上执著而忽视内在的修行。人人都有自家宝，这个宝就是真心、真灵、真神。中郎在一则小品中，写过：低头与合掌，恒河沙功德。一弹指庄严，万劫黄金色。全面看，是主张修行者在内心庄严佛的形象，以佛知佛见指导身、语、意。

在《云上人》诗中，中郎采用了先扬后抑手法，先肯定云上人（一位高僧）的修持功德，赞叹他忍辱负重，"师聩多少时，证得观自在。不受喧寂尘，跳出声闻界。"这位修行者经年累月，破除了见思烦恼与尘沙烦恼，超越了声闻果位。这也是非常不易的。但中郎站在法身大士的立场上，用智慧的眼光彻照这位高僧，看清了他的修行问题，故直言不讳说："笑杀观世音，圆通却成碍。"修到观世音境界，没有起心动念，没有是非人我，没有妄想执著，这便是法身大士的境界，不仅没有我执，而且没有法执，无我相人相众生相寿者相，无我见人见众生见寿者见。如果执著我见之所谓"圆通"，反而不能"圆通"，因为这种所谓"圆通"就障碍了"圆通"。六祖在《坛经》（第 40—41 页）中说："著心著净，即障道也。"又说："性自清净，起心著净。"这种解释，殊胜微妙，咀嚼起来，奥妙无穷。

在《憩法相》诗中，中郎对法相寺的僧人毫不留情地进行了批评，说："山僧谈往事，一倍惜尘情。"他希望僧人们摆脱红尘困扰，投入解脱者的境界。这是因为"欲寻真大士，当入众生界"。真大士不在天上，不在想象中，就在众生界。诗作者本人即是一位真大士。

五十、"削发嫌根在,妄言恨舌多"
——中郎前期诗歌中的僧人形象与思想之二

遍虚

剃却颠毛剩却身,衲衣袍帽不沾尘。
告君古佛无多子,着了边旁亦是人。(《笺校》第 406 页)

赠心湛一小师

布衲裁烟雾,蒲团藉草莎。
雷峰定里火,湖水观中波。
削发嫌根在,妄言恨舌多。
少年色力健,魔佛奈他何。(《笺校》第 407 页)

拜长耳和尚肉身

轮相居然足,漆光与鉴新。
神魂知也未,爪齿幻邪真。
一个庄严佛,千年骨董人。
饶他铜与铁,到此亦成尘。(同上)

观音庵为一心隐斋上人题(节录)

难将真药苦投人,衲衣偷裹菩萨泪。
宴息六度万行场,敷演水月空花戏。
观音妙法最难思,山僧功德不可议。(《笺校》第 526 页)

般若台为无怀上人作

般若禅人晓禅味,辟如屋底看山翠。

又如人持京师书,虽不是香有香气。

荒台老骨一片青,风吹日炙石文腥。

携将三百溪藤纸,摩取《四十二章经》。(《笺校》第 527 页)

赠大宗长老

道逢破衲人,长跪必合掌。

除却身口外,一铢无余镪。

经行达曙鸡,念珠长五丈。

净月含宝瓶,彻底皆澄朗。(《笺校》第 670 页)

解读

《赠心湛一小师》,万历二十五年(1597)作于杭州。

在首联"布衲裁烟雾,蒲团借草莎"里,谈的是心湛小僧的生活。穿着布衲,在世间度过迷惘。烟雾本是自然现象,这里喻比红尘扰扰。"裁"字用得很妙,含有取舍、安排、判断、控制等含义。即做了和尚,就要在纷纭俗世中用佛理判断是非,寻找真理,控制言行。蒲团指打坐与跪拜的器物,"莎"指的是香附子,多年生草木。意思为用香附子做成的蒲团,坚固耐用,经久不坏,象征僧人信念坚定。颔联"雷峰定里火,湖水观中波"是对塔与湖的叙述,雷峰塔不易倒,喻比大定可生三昧火,西湖的水波在观察中可见。有水才有波,波波不离水。佛经常用水与波关系比喻性与相关系。相万变不离性。性是能变,相是所变。性相一如,水波不二。颈联"削发嫌根在,妄言恨舌多"指的是修行人在身、语、意三方面同时关注。在《遍虚》诗中:"剃却颠毛剩却身,衲衣袍帽不沾尘。告君古佛无多子,着了边旁亦是人。"这是佛法在世间的思想。关于头发之写,中郎诗中多处涉及。上诗中"削发嫌根在,妄言恨舌多"是告诫僧人,虽然剃发了根还在,还要长,长出来再剃。剃发喻剔除烦恼,一身轻松好修行。为什么会妄语呢? 舌多之故。为什么舌多? 意控制不够。上诗尾联"少年色力健,魔佛奈他何"是对少年僧人的寄托。"魔佛"指的是打着佛旗号的魔,不是指魔与佛。

《拜长耳和尚肉身》一诗,万历二十五年(1597)写于杭州,正是中郎离开吴县县令任上不久,用他自己的话说是"败却铁网,打破铜架,走出刀山剑树,跳入清凉国土,快活不可言,不可言"(《聂化南》),如同笼鸟归山、盆鱼入海。于是登山涉水,观寺访僧,不仅访问现世修行人,还礼拜过世高僧。拜长耳和尚肉身,即是一例。长耳和尚,是五代时期吴越和尚,号法真,耳长九寸,上过于顶,下可结颐。七岁不能言,后出家金陵瓦棺寺,参拜雪峰,得其心印。自此猛兽驯服,灵异益著。一日,吴越王供斋大庭,众僧人皆礼让,首座缺席。长耳后到,自己坐了。众皆不服。斋罢,王问永明,今天有圣僧吗? 答曰:"首座长耳和尚,乃定光古佛身也。"王派人礼敬古佛,长耳说:"弥陀饶舌。"说完示寂。后来宋皇赐号宗慧大师。中郎拜谒长耳大师后写下感言:"一个庄严佛,千年骨董人。"意为长耳大师虽是古佛,他的肉身保存下来,漆光如新,仍是轮回面相,爪齿幻化,神魂未必知,佛离开了人的世界? 即便以铜铁来庄严佛龛,也不过化为尘土。没有永恒的物质表相,只有永远的精神存在。意为保存长耳的肉身不过是为了证明阿弥陀的灵性的永久。

在《观音庵为一心隐斋上人题》(作于1597年)诗中,对僧人们的六度万行场与水月空花的法事,作了调侃带讥讽的议论,用了"宴息"(宴乐安居)与"敷演"(发挥、表演)两个词语,说"真药苦投人",修行不得法,菩萨也落泪。发抒的慨叹是:观音妙法最难思,山僧功德不可议。意为不按佛法正法修行,不按观音妙法作法,山僧还有什么功德可议呢? 这段话含义很深,佛教史上有位高僧读《华严经》后,写了一个偈子,广为流传。这个偈子是:"修行空华万行,安住水月道场。降服镜像天魔，求证梦中佛果。"中郎诗的意境与这个偈子的意味是吻合的。

《般若台为无怀上人作》，写作时间和心理环境与上诗同。这一时间，先后写了近十首诗，选录的为无怀上人作的诗，提到"摩取《四十二章经》"，这里作些简介。《四十二章经》即《佛说四十二章经》，"佛"，指觉者，含觉自、觉他、究竟觉三层含义。从功能分，有本觉（本来是佛）、始觉（心向往之，且有信愿行）与究竟觉（成佛）。"说"，一般翻成佛祖弘法的音声传导方式，这只是浅层的，这里面有"悦"的含义，即佛祖传法是在欢喜中进行的，为什么呢？契理又契机。佛祖欢喜，听法者也欢喜。"四十二章经"指按四十二章段予以宣说。隐含法身大士四十二个级次，即十住、十行、十回向、十地，加等觉、妙觉（佛）。"经"有多义：一曰生出，让人行正不走邪。二曰涌泉，如同泉水，滔滔不绝。三曰显示，呈现真理，让人解脱。四曰绳墨，有规有矩，可成方圆。五曰结集，如同花团锦簇，成串成团。六曰如镜，镜可照己，又可照人，可明辨真假、是非、善恶、优劣、利害。佛来佛现，魔来魔现。七曰门径，从正确之路迈进真理之门。

中郎诗要么礼敬诸佛，要么弘扬佛经，证明经律论在他的心胸里，滚瓜烂熟，故随便吟诗，免不了赞叹佛经。

五一、"石栏狮子向东啼，夜深唤却虚空醒"
——中郎后期诗歌中的僧人形象与思想

如果说中郎前期诗歌中，主要表现了对僧人的礼敬、对他们修行的仰慕与对诸佛菩萨传灯之髓的探求，那么后期诗歌中，则主要表现了对僧人如来德性的赞叹以及对三世诸佛菩萨三昧的宣示。前者具有探索性与不确定性，后者具有确定性与老练成熟性。

我们看他写的《赵州观水壁忆真际和尚》：

幻士幻入水三昧，搏取天河作手戏。

跳珠迴沫五尺余，一城草木掀涛势。

古佛堂前柏树子，半裂空心半髡死。

荒檐龙钟几病僧，日暮空垣拾菌耳。

堂头老像如冰冷，寒碑月写风枝影。

石栏狮子向东啼，夜深唤却虚空醒。（《笺校》第 675 页）

　　此诗于万历二十八年（1600）赴河南途中作。据袁小修《南归日记》载："憩于赵州院，看吴道子画水一壁，觉汹汹有奔屋之势。看壁已久颓，恐临笔耳。"随后，又记"今日沙雾，不见太行。晚宿内丘"。中郎醒后云："昨夜梦与人说禅云：说现前即是的也非，说现前皆非的也非。"又梦与无念僧说禅云："你道酱是盐耶？"（《珂雪斋集》第 1186 页）

　　这个记载非常真实而珍贵，对于我们解读中郎此诗很有参考意义。

　　吴道子赵州画水，非常出名，有诗赞曰：

赵州画水天下闻，波涛汹汹如崩云。

起伏有势壁欲动，世人摹本徒纷纷。

反覆邪正看欲活，胸中万顷倾溟渤。

朦幢挂席不敢前，蛟龙夜半争出没。

想当苍茫落笔时，星精晹（日光）晱（闪烁）来相窥。

奋臂一扫风雨疾，至今元气犹淋漓。

殿宇屡易壁不易，屹然怒浪如山立。

微损谁能补画工，常完呵护知神力。

柏林古寺振宗风，金碧巍峨矗半空。

　　吴道子年幼贫穷，爱画画。一日深夜游走到古庙前，见门缝灯光闪烁，悄悄推门走进，见老和尚正在作画，屏声静气站其后暗观。和尚累了，一伸腰见一稚童站其后，天生慧质，十分高兴。知他爱画，决定收他为徒。尔后,老和尚便带他走江河湖海,指导他观看水珠、水波,并指导他从一珠一波打基础,并向他展示自己的一木箱草图,全是画的滴水。若干年后,和尚老了,希望徒弟能将自己没完成的江海奔腾图画出来。果然,吴道子便在寺院墙壁上泼墨作画,完成师傅心愿。老和尚得知此事后,顿时病体康复,带领众和尚去参观,到画前时,竟有人喊道,洪水来了,快跑呀。老和尚额首赞许,并言:徒弟之画臻入化境,吾可死而瞑目矣。从此吴道子名声大噪,其画以假乱真,被后人尊为画圣。

也有人赞赏其壁画:

> 画旨通禅方入圣,照耀千古无终穷。
> 僧繇(由)之龙久飞去,虎头金粟今何处。
> 风尘鞅掌得奇观,如过瞿塘惊滟灏。

中郎观赏此画,不拘泥与执著此画,而是放开了他的想象力,由水壁之画回忆真际和尚的功德。

赵州真际禅师(778—897),法号从谂,俗姓郝,山东菏泽(古曹州郝乡)人,幼年出家,得法南泉普愿禅师。为六祖慧能之后的第四代传人。南泉认为他善根深、福德厚,是不可多得的法器,收为入室弟子。离开南泉后,遍游深山大刹,与南北高僧交流机锋,达明心见性境界。曾自言:"七岁孩儿胜我者,我即问伊;百岁老翁不及我者,我即教伊。"唐大中十一年(857),年已八十高龄的从谂禅师行脚至赵州古城,受信众邀请,住观音院(今赵州柏林寺),弘法扬禅达四十年,道化大行,僧俗共仰,为丛林楷模。

赵州真际禅师有许多著名公案,被修行者所参。现举几例:

一为"吃茶去"。有人闻其名请教禅师,问:曾到此否? 曰:曾到。答曰:吃茶去。又有一人求教,问:曾到此地否? 曰:不曾到。答:吃茶去。身边监院问:到与不到怎么都吃茶? 答:你也吃茶去。此人开悟。于是"赵州茶"传世。

二为"庭前柏树子"。有人问禅师,何为祖师西来意?答:庭前柏树子。此人大悟。

三为"喝粥去"。有人问禅师,如何参禅得法?答:喝粥去。喝粥完又问,答:洗碗去。

这些公案,意在说明:一切物象,比如黄花绿竹柏树子,一切事象,比如吃茶喝粥洗碗,均在禅意中。即处处时时事事人人都在禅道中。禅平常,佛平常,禅者一念不平常。

赵州禅师圆寂于唐乾宁四年(897)十一月初二,享世寿一百二十岁。

大家明白了吴道子之画与禅师之法,再来解读袁诗就不难了。

中郎上诗可分为三段。

第一段为前四句,从"幻士幻入水三昧"到"一城草木掀涛势",是写吴道子壁画江海奔腾传神,一水珠,一波浪,跳起五尺余,此水乃天河水,只有神人仙手才能掀起如此波涛,只有"幻士"才能进入"水三昧",掌控水真谛。对于吴画赞之以极。

第二段从"古佛堂前柏树子"到"日暮空垣拾菌耳",写当时所见寺院景象。堂前柏树,半裂半髡,荒檐病僧,日暮拾菌。其中"柏树子"另有禅意。前面介绍过,问:"何为祖师西来意?"答:"庭前柏树子。"

第三段着重在"忆",从"堂头老像如冰冷"到"夜深唤却虚空醒",写所见真际和尚的画像如冰冷,碑寒月影,于是发抒了感慨,"石栏狮子向东啼","啼"即吼,"狮吼"常用来说明诸佛菩萨传道弘法的无比威力,"夜深唤却虚空醒"。

全诗赞扬了真际禅师的在世行仪与离世影响。读来令人惊叹不已。

下选录《别无念》诗:

念我志参学,黄杨木子禅。

百遍听师语,终不破盖缠。

辟彼生盲人,生不识紫朱。

告以朱何似,转告转模糊。

别师既不忍,留师复苦难。

十月江风多,留毛盖脑寒。(《笺校》第 527—528 页)

先介绍无念禅师:

俗姓熊,名深有,湖北麻城人,明末著名高僧。从小是孤儿,出家做了和尚,周游名山古刹,参禅悟法,中年开悟。十分惊奇的是,他原本目不识丁,悟禅以后,竟能争善辩,且口占如流,与社会名流(如李贽、梅国祯、周思久等)交往密切,在芝佛院任住持多年,与李贽朝夕相对,唱和经年。无念在京城时,袁中郎曾向他请教禅法,后来二人交往密切。无念晚年,在河南境内的黄柏山建法眼寺,对佛教文化的传播作出了重要贡献。

袁中郎写给无念的诗有:《别无念》(八首)、《无念同余迎先伯修,赋此为别》(分别载《笺校》第 45、874 页),分别写于 1597、1601 年,这里选的《别无念》写于南京(1597 年),暂且将写的有关无念的诗合在一起议一议,时间跨度为十余年,具有前期后期联系在一起的特点。总体看,有很深的修行意义。

先看《别无念》八首之第二、六:

不痛别离肠,但伤知音心。

谓尔真吾师,谓吾真尔友。

不知欧冶炉,肯铸顽铁否?

可见其友谊之深。诗中"欧冶"指的是春秋时著名铸剑冶工,先后为越王楚王铸剑,越王剑是出名的宝剑。鲁迅的《故事新编》中有《铸剑》一篇,创造性地写了一个相关故事。袁中郎在这里是一个比喻,把无念喻为欧冶子,自己喻顽铁,带调侃味。

再看 1597 年于南京写的《别无念》:

> 百遍听师语,终不破盖缠。
> 辟彼生盲人,生不识紫朱。
> 告以朱何似,转告转模糊。

意为修行人最难破的是妄想分别执着等烦恼(盖缠),你听法师讲解,越听越糊涂,为什么呢? 好比一生来就是盲人,你跟他讲红色、紫色,越听越模糊。这里强调的是修行人的善根、福德与因缘。

在 1601 年写的《无念同余迎先伯修,赋此为别》诗中,记述了他们共同迎伯修灵柩返乡途中的情景。"瘦石如何比老颜,才留筋骨在人间。一舟破衲慈明哭,几叶寒帆学士还。"这是走水路,写同舟人对伯修早逝的悲情。后四句写无念和尚,黄柏岭,即黄柏山,无念创建法眼寺之处。"江西湖北频来往,学得心闲似水闲。"这个"闲"字富于深意。印光法师心法四句话中,有"闲邪存诚"这句名言,这个"闲"就是看破、放下之意。"似水闲",以水喻闲,水平如镜,映照蓝天白云,不留痕迹。讲的是修心的境界。一切修行人最终所修,是放其心,平其心,如如不动,不起心,不动念,就会与如来德性相应。

录《岳阳舟中同诸上人语》:

> 每闻净者语,似饮热时冰。(《笺校》第 855 页)

此诗写于万历二十八年(1600),前有"官程亦伴僧"诗句。净者指修行到"清净平等觉"境界的僧人,净者之语,似醍醐灌顶,又似酷热饮冰,只有有缘者才有此感觉,所谓知音说与知音听,不是知音听不明。本人是净者,才知晓净者之语。迷惑颠倒者会觉索然无味。《无量寿经》

说："善人行善，从乐入乐，从明入明；恶人行恶，从苦入苦，从冥入冥。"

录《山中逢老僧》：

> 一抹青烟沉远峦，禅心汰得似冰寒。
> 闲山闲水都休却，付与瞻风衲子看。（《笺校》第 862 页）

此诗一共七首，于万历二十八年（1600）在庐山作。诗中写庐山风景，"一抹青烟沉远峦"，青烟渺渺，沉峦叠翠。只有具备禅心禅悟者，才不被境所转，淘汰一切，心如古井，如冰寒冷，如如不动。美丽山水都不放于心上，付与谁呢？"瞻风"的僧人去观看，去欣赏。此诗赞扬如来德性老僧的修行境界，不起心，不动念。

录《明空住柳浪五月，附余舟南下，别于归宗道上，因作柳浪三叠以送之》其三：

> 石垆话尽晚窗烟，闲剔春芽自煮泉。
> 记取柳浪湖上月，隔花呼起放生船。（《笺校》第 865 页）

此诗写作年代和地址与上诗同。诗题归宗，指寺名，为明空和尚道场。所录前二句叙事，即剔芽（毛尖）煮泉，晚窗话多。后两句回忆明空当年访柳浪湖，与中郎一道去乘放生船放生。因柳浪馆边，建有放生池。放生是菩萨六度行中的布施的无畏布施（另有财布施与法布施），一种布施如果"三轮体空"（指布施者、接受布施者、布施对象全不放心上，是性德布施）则具备所有布施之功德。且性德布施哪怕只是少分，也有无量的功德。

放生还有另一个好处，可阻止人们杀生作恶，行十善。唐代诗人白居易写《鸟》："谁道群生性命微，一般骨肉一般皮。劝君莫打枝头鸟，子在巢中望母归。"经常放生者，就不会杀生了。须知：不杀生即护生与放生。

录《冬尽》：

> 好句逢僧得，新怀语客难。
> 云山与烟水，梦着也成欢。（《笺校》第 881 页）

此诗万历二十九年（1601）在公安作。为什么"好句逢僧得"？只因为知音。云山与烟水，是自然景观，山有云的缠绕，显得变幻莫测，水的苍茫如烟，捕捉不定。与梦差不多，虚实不可究，执著亦糊涂。如梦幻泡影，应作如是观。一切有为法，只要不执着，就会欢欢喜喜。

录《人日同度门发足上玉泉》：

> 瓢笠共山僧，缁衣附行李。
> 是壑即吾居，是云即吾市。
> 逸思触东风，吐若争春蕊。（其一）

> 梦中见青溪，石泉带雪洗。
> 叠身智者洞，扣我先乡里。
> 乡人说乡事，真切弥可喜。（其二）（《笺校》第 884 页）

其诗于万历三十年（1602）作于公安。诗题中"人日"指正月初七。诗中的"是壑即吾居"表明他对生死已经勘破，把死所置之度外，古人云：志士不忘在丘壑，勇士不忘丧其元。"叠身智者洞，扣我先乡里。"中郎曾写道，智者洞的一个修行者就是他自己。玉泉寺为高僧智者（公安茅穗里人）所建，中郎与玉泉有不解之缘。度门和尚（又称无际禅师）曾居玉泉寺，当年度门在京城弘法时，中郎曾去聆听，且中郎八识之论的建立受到度门的接引，两人亦友亦师，关系亲密，多有诗中唱和。

选录《中秋偕诸衲泛舟洞庭》：

> 玻璃天子月,香水海王城。
>
> 怒蛤排帆立,神鱼掣练行。
>
> 山僧精观忍,一倍发光明。(《笺校》第 999 页)

此诗万历三十二年(1604)于德山途中作。据《游德山记》(《笺校》第 1149 页)介绍:"十五夕,看月马湖。湖与洞庭接,水光千里,生平看月,此为雄快。"年年有中秋节,为什么本年的中秋节看月最为"雄快"呢?"雄"指天上明月与地上水波千里融为一体,浩荡宏大;而"快"指观月者心旷神怡,喜从内生。泛舟同观者,有中郎道友寒灰、冷云、雪照、明教及小僧习之与弟小修等。同观月者乃知己知音,没有人事与天象障碍,故对奇观感觉明快。

选录前四句,是对自然奇景的描写:"玻璃天子月,香水海王城。怒蛤排帆立,神鱼掣练行。"天上、海水、舟帆、蛤与鱼,一幅万类霜天争自由景象。下面两句写舟中之人,"山僧观精忍",观指的是观自在,彻照万物,精与忍代表精进、忍辱,是六度行中的两个方面,这两个字表示六度行。"一倍放光明",不能看一倍,"一"表全部,无数。当夕,天地本光明已极,修行人的心觉禅悟,所获得之光明超越天上人间。这里的光明是比喻智慧通达。

录《甲辰中秋后二日,礼德山鉴大师塔,偶成四偈,示同行诸衲》其二:

> 流水高山只自听,白云终不碍峰青。
>
> 贪他一口龙潭沫,枉却《金刚般若经》。(《笺校》第 1000 页)

此诗在上诗写作后之第三日,据《游德山记》载:"十七日晨,抵德山潭下……塔院踞涧后,负高峰而面层壁,葱青多古树。"诗中前二句写景,高山流水,峰青白云。下两句欲看懂,须细读《游德山记》,以下作些摘录:"固德山一绝境也,然山中胜处,山僧多不到,到亦不解。余与诸衲遍觅诸奇,如三桂林之幽敞可室,青莲舍左崖可亭,法堂西之小静室多方竹处可榭可阁,无论幽邃静胜,其间百围之樟,尺围之篁,亦非他处所有也。山后面阳山,有地空阔,河流涨其前,直见雉堞田庐,烟岚叠波而出,茸(葺)而庐之,可置丛林。使德山法道再兴,但不能舍此为僧邮也。"丛林指僧人修持并弘扬佛法之道场。

　　"贪他一口龙潭沫,枉却《金刚般若经》。"这两句中的关键词是"贪",贪即贪著、贪爱、贪执,是修持《金刚经》的最大障碍,因贪,不能破我执(无我相、人相、众生相、寿者相),也不能破法执(无我见、人见、众生见、寿者见)。中郎在这里揭示:即使是"一口龙潭沫",你如贪执,《金刚经》的法义就会违反与抛置。《金刚经》有"不住于相,如如不动"教言。《金刚经·非说所说分》有最难懂的一句话,佛祖说他:"我当有所说法,莫作是念。何以故? 若人言如来有所说法,即为谤佛,不能解我所说故。须菩提,说法者,无法可说,是名说法。"这句话的难点在于:明明佛祖说法四十九年,讲经三百余场,现在又说"若人言如来有所说法,即为谤佛",这是为什么呢? 因这个观念涉及一切大经大论根本理念,不懂这一观念,就不懂《金刚经》,故我在这里啰唆几句。首先,所有佛经都是戏论,都是为助人修行的手段,不是目的,因此不能执着名词术语相与自我心缘相,如一执着,就堕入泥淖。其次,佛祖说法,说而不说,不说而说。身与口动,真心如如不动。再者,佛祖说法应众生之根机,如同钟鼓,大叩大鸣,小叩小鸣,不叩不鸣。又如同大海或明镜,蓝天白云、乌云红霞,映彻其中,不留痕迹。佛祖真心真性,不垢不净、不生不灭、不增不减。佛祖境界是不可思议第一义之境,故佛祖之说法是以手指月,如认为手即是月,当然荒唐,当然就违背了佛祖之本来法性,故言:"佛祖有所说法,即为谤佛。"法者无法可说,是名说法。这是一个最高的般若境界。这个境界没有一丝一毫的妄想、分别与执着,才能证得。如果有贪有嗔有痴,哪怕是一丁点儿,也会违背《金刚经》玄旨。

　　以下选录《秋夜宿德山玩明(前此看月江上顶有善卷坛)》:

深谷高岩在，苍颜白发何。

古来师善卷，未必解尘罗。(《笺校》第 1000 页)

此诗与上诗写作年代与地点同，均系游德山所作。

善卷是古代隐士，是上古尧时武陵人，尧师。尧崩，舜以天下让卷，不受而去。

中郎以疑问发出感叹：从古至今，多少人以善卷不爱名与权为师，但是他们是否解除了名缰利锁的烦恼缠缚呢？

综合选录的诗句主旨言，中郎所关注的是佛法要义、般若法性、如来德性。这是中郎后期写僧写寺诗歌最主要的特点。

五二、"静里三三昧，多年得效方"
——《偶作》里表露的智慧

静里三三昧，多年得效方。

不知缘底事，动辄叹龚王。

此诗万历三十一年(1603)写于公安柳浪馆山居期间，载《笺校》第 937 页。

诗尾"龚"指中郎舅父龚仲敏，"王"指友人王承光。其时此二人都已仙逝。

"静里三三昧，多年得效方。"诗一开头就将自己体悟简单明确写出。"三昧"是佛家常用名词，还有三摩地、三摩提等说法。一般释为正受、正定，住心于一境而不散乱，指心神平静，杂念止息，是一种重要的修行方法，也指事物的诀要、真谛、深得其中奥秘。

中郎在"三三昧"有究竟圆满之意。指三种修行法门与原理。经上有不同解释,有一种解释为:指"空三昧"(观我所见,我见皆空);"无相三昧"(涅槃时离色声香味触五尘、男女二相及生、异、灭等十相,故名无相);"无愿三昧"(于空中无所愿求,无所造作)。中郎因多年修持此方,故开了智慧,成效卓著。龚与王都是修佛之人,他们已不在世上了,作者不时想到他们,不得不感叹因缘力量之强大。所谓"诸法因缘生,诸法因缘灭,我佛大沙门,常作如是说"。诗中"不知",是知而不知,含有不知底里,难以说清。一是对友人早逝难以说清,一是对己"动辄"忆起他们难以说清。

诗题中一个"偶"字指偶然性,这个偶然中又有必然性。写时偶然,蕴蓄必然。偶然必然聚在一个"静"字。古人言:"知止而后有定,定而后能静,静而后能安,安而后能虑,虑而后能得。"(《大学》)其意为知道自己应达境界,才能使志向坚定;志向坚定才能镇静不躁;镇静不躁才能心安理得;心安理得才能思虑周详;思虑周详才能有所收获。老子教人"重为轻根,静为躁君"(《道德经》第二十六章),其意为:如妄心主宰,人就会轻举妄动,违反规律。静心观照,本体自然明觉,宁静不躁,合于天道。佛经上言:只要除妄,不另求真。中郎诗中一个"静"综合了儒道两家观念,以佛学"静虑"统领升华为"禅那"境界,指的是彻观自在、定中生慧的大悟,是在静定中的灵性自显,因"多年"修持才能"得此方"。这个经验与他的关于"定"的思想一致。他说:"小定却疾,中定却老,若大定则即疾是定,即老亦定,艳舞娇歌无处非定。"(《笺校》第500页)他这个定是正定,正定是守规矩的定,正定必得正慧。

他所指的静与定,是禅定、静虑之意。他是怎么达到此种智慧境界的呢?依他自己的总结,有三点宝贵的经验:一、"打倒自家身子",把财色名利放下,把儿女田地放下,把身外之物看得很淡很轻。二、诵读佛经,在诵读中培养清净心。三、得高人指点。

中郎获得的智慧非一般所言聪明,是"般若无知,无所不知"。而凡夫有知,有所不知。依佛法解释,"般若无知"是根本智,"无所不知"是后得智(又名差别智)。我们凡夫的智慧与佛智是一样的性与体,问题在佛没有障碍，而凡夫智慧却被障碍了。通常言，障碍智慧的有：烦恼障与所知障（另有无明障）。清净心可破烦恼障，平等心可破所知障。而吟诵经典是破二障的最好方法。所谓"持戒念佛诵经教"，三者一体。念熟念清楚，必定开悟。据《六祖坛经》载，惠能六祖有徒名法达，吟诵《法华经》三千遍（约十年），没有消息，惠能让其诵读，大约读了三分之一，惠能便讲其精髓所在，开示了一下，法达开悟。可见悟要有根基与机缘，三千遍就是根基，而高僧开示就是机缘。读诵经典是戒定慧三学所在，读经时，没有妄想，读中"诸恶莫作，众善逢行，自净其意，谓之佛教"。读经时，随佛之音声义指引，不起一个杂念，心就定了，心定了就是修禅定了。念得清楚明白，就恢复到了根本智。只要坚持，根利的三年五载可开悟，根不利的十年二十年可开悟。佛经中所有名号都有教化意义，如普贤、文殊、观音、地藏王、菩萨、如来等，菩萨名号表修德，如来名号表性德，没有修德就没有性德。每个名号都照亮虚空法界，每个名号都是道场，念诵过程即与大（体）方（相）广（用）相应。袁中郎诵读佛经千部，加之他本"天纵异才"，记忆力与领悟力极高极好，故能大彻大悟，早就获得根本智与后得智，这在他完成《金屑编》后的所有诗文中得以充分显露。汉语言文字在他笔下，如"舞女走竿，市儿弄丸"，如风过水痕，又如鹤鸣九天，达登峰造极、随心所欲、信口信腕之境。

袁中郎所走的开悟之路是三世诸佛、高僧大德的共同之路，是无始以来多少劫的修行人所积累之经验。这个经验在上诗的一个"静"字里，有所强调。深究其因，有科学依据，行善与入静不可分割。不行善不能入静，世人所有恶行与心躁相连接。古人言："静则神藏，躁则消亡。"（《黄帝内经》）行善心善时的入静，经检测，唾液中的免疫球蛋白增加，脑电波返于儿童状态，使生理衰老现象逆转。这是佛道佛三家共同主张，修身首要在修心，修心重在心静的根因所在。不过佛门的修心比儒道更高、更深入，主张心清净得没有任何挂碍，因而效果更好。中郎的"静里三三昧，多年得效方"是他的切身体悟。

这是我们读他的《偶作》一诗所探寻的真实意义所在。

五三、"所以过量人，希心无上道。不贪绝粒方，唯贵虚无宝"

——《大游仙诗·有序》中的无为修持观

向余既为仲鱼作《游仙诗》，子公曰："余欲用庄生朝菌蟪蛄意，恨不能措辞。"余信笔得数十字，子公以为善，因书遗仲鱼，目之曰《大游仙诗》。

朝菌羡蟪蛄，既为物所诮。

众庶慕长生，道宁不窃笑。

仙视人则长，道校仙则夭。

长短理归尽，计量抑何小。

千秋万岁后，人事殊可晓。

无非霜露代，及以日月杲。

天如覆口铛，民若浮根草。

礼法厮牵缠，干戈叠搅扰。

百年犹恨多，矧歌不衰老。

所以过量人，希心无上道。

不贪绝粒方，唯贵虚无宝。

外身而身存，此是长寿考。

解读

此诗万历二十五年（1597）作于仪征，载《笺校》第553页。

胡仲鱼与方文僎都是中郎好友。他在小序中说明了写作缘起。游仙诗是汉诗的一个体裁，由晋代文学家郭璞所创的五言古诗而闻名。诗意歌颂清静无为、超然物外的人生态度。郭诗一般分为歌赞隐士与追求仙风道骨两方面,对后世玄言诗风起到了开先河作用,很有影响。

中郎给仲鱼写了两首《游仙诗》,这里保存的是第二首,名《大游仙诗》。从内容看,他已超越对隐士道风的歌颂,运用佛法提升了隐士道风的精神境界。

余对本诗分三小段、每段八句讨论:诗首以"朝菌不知晦朔,蟪蛄不知春秋"开篇。晦指每月的最后一天,朔指每月初一。庄子在《逍遥游》中,指生命短暂。前四句,讲朝菌本就短暂得只知昼夜,因而羡慕寿命超过一天的蟪蛄。众生(大于一年)羡慕长生,只有大道安宁,不讥诮也不羡慕。后四句写神仙看人,自己生命是长久的。以大道的眼光看,神仙不过早夭而已。长短之理,归于尽头,人们的计量太狭小了。

第二小段,千秋万年之后,人与事都难以知晓。只得以霜以露来喻指,永远的只是日明月亮。天不过如反过来覆盖口子的铁锅,民众好似浮根之草,礼法似牵似缠,动起干戈打起来,搅乱世界。

第三小段,百年犹恨多,何况去歌颂不衰不老。所依据的是心量大,追求的是至高无上之大道。如此人才不贪求不食人间烟火的养生术,所追索的法宝是虚空法界的虚无境界,老子有名言:外其身则身存,即将自身置之度外,反而可以保全自身,这个原则可以给真正求无量寿者的人们作参考。

显然,中郎表露的是对宇宙、人我、生死的大观念,赞赏了心量无比广大的修行人。虽超脱根尘而又不离根尘。重视道家生死观,又提升了道家生死观。这要和他同年写的《与仙人论性书》(《笺校》第488页)的观点结合起来解读。他说追求的长寿境界是:"一灵真性,亘古亘今。"他写道:"毛孔骨节,无处非佛,是谓形妙;贪嗔慈忍,无念非佛,是谓神妙。"如何达此境界?"希心无上道"的无为修持。

为了深入说明这种修持,我们看一下他在同一时间与地点写的《石公解嘲诗》(《笺校》第552页)。诗序中说:"石公不知何许人也,尝吏吴,登石公山而乐之,因自命曰石公山人。"交代了石公山人的由来。诗中唱道:"信美此土兮,乐而忘死。彼国之人兮,爱贤好士。彼国之王所与游者何人兮，华胥之君臣，西方之父子。彼国无劫数等量兮，不知者以为自酉而开，至卯而止。于是醉君闻石公名，乃召以为客卿。"诗中华胥指中国上古时期华胥国的女首领，是伏羲与女娲的母亲，炎帝与黄帝的直系远祖，是中华文明的本源与母体。此诗谈自己虽不能善饮多饮酒，但善知酒道酒徒酒国酒臣者，为醉君之臣，足有其因。理由是："譬如解琴人，非是用弦者。又知古董家，不必善陶冶。"于是醉君召石公为客卿。此诗"解"的什么"嘲"，在一个"醉"字。醉是一种生活与修为状态，在心醉是为真醉，不醉而醉，醉而不醉，如梦如幻。

再看同时写的《梦诗》（载《笺校》第 551 页）：

> 梦国不离枕，枕上觅不得。
> 当其在梦时，有枕亦不识。
> 醒里梦元空，梦中醒亦灭。
> 安知醒天地，无枕在其侧。
> 梦醒若循环，谁幻复谁实。

梦国与醉国是一个国。如梦幻泡影是佛祖对一切有为有形世界的比喻，虚幻不实是其特点。梦里世界不过一念中而已，醒来觅不可得。所谓"梦里明明有六趣，觉后空空无大千"。所言"六趣"指六道、六所、六凡，即众生由业因之差别而趣向处所之差别。恶因导致恶道，善因导致善道。梦醒循环，幻实相复。醉亦是梦，梦亦是醉。中郎写醉国写梦境，都是为了曲折地表现他对人们处在天地间的一种生活状态的认知。所谓"失路干人左，贪生学道非。无才甘自弃，不是怨知希"（《感怀作》，载《笺校》第 551 页）。诗中"干人"与"学道"对文，为"干求豪贵之人"。中郎主张：做人与修道，不要走错了方向，不要贪图自我，不要自暴自弃，不要怨恨恼怒烦。

五四、"千二百岁后，白藕无根荣"
——《游庐山初入东林雨中》的净宗取向

> 穷天刻冷翠，浓雨洗幽青。
> 湿云坼西岭，坐见武昌晴。
> 远公昔庵此，莲花漏初成。
> 岩窦列宗雷，石梵彻天清。
> 想像醉五柳，颠颏望釜铛。
> 旷心闻法语，啼儿畏锦绷。
> 达哉远师鉴，礼法怜裸裎。
> 客儿虽百醒，不以易一酲。
> 千二百岁后，白藕无根荣。
> 莲宗启末社，唐子惭道盲。
> 掬流浣尘貌，寒潭吹古腥。
> 山僧如石瘦，莲堂空几楹。

解读

此诗为万历二十八年（1600）初入庐山之作（载《笺校》第 859 页）。懂此诗要与《入东林寺记》（《笺校》第 1137 页）结合起来阅读。

此诗分六小节解读，每四句划为一节。

第一节从"穷天刻冷翠"到"坐见武昌晴"，一个景字可概括。天上的有苍穹、浓雨、湿云，地上的有冷翠、幽青、西岭（近景）、武昌（远景）。

第二节从"远公昔庵此"到"石梵彻天清"，一个事字可概括。写到晋代慧远大师建东林寺、造莲花漏计时器，在山岩洞（岩窦）中，有宗与雷画像，连石头也发出清彻的梵音。宗指南北朝时期的著名书画名家宗炳，善抚琴，主"畅神"之说。雷指东晋雷次宗，拜慧远为师，精于学问，为太子师。这两位都是史上文化名人。中郎在《入东林寺记》游记中提到的文化名人还有两位——陶渊明与谢灵运。

第三节从"想像醉五柳"到"啼儿畏锦绷"，一个想字可概其意。写的是陶渊明，他自称五柳先生，嗜酒如癖，说平生无一次喝足，喝完后还朝煮酒的釜锅里张望。一方面以旷达之心闻法语，一方面不管啼儿在襁褓中啼哭（"锦绷"指锦制的襁褓）。

第四节从"达哉远师鉴"到"不以易一醒"，掌故二字可概括。讲的是慧远大师如同明镜，在礼法的观照下，袒胸露臂者、赤身裸体者（比喻蔑视礼法、行为不端者）会自惭自愧。谢灵运（小名客儿）虽百次酒醉小醒，也不能换取在庐山美景下的赏心悦目的大陶醉。谢曾入东林寺修道，慧远大师觉其文人习气太浓，谢只好遗憾悻悻离开。

第五节从"千二百岁后"到"唐子惭道盲"，这是写所感。"一千二百年"是指年代久远，东林寺道场的影响深远。"白藕"代白莲，指莲社繁荣兴旺。这句话所含主旨是，谢灵运当年凿池种莲到中郎入东林寺游览，大约一千二百年。释迦牟尼佛法分三个时期：正法一千年，以苦行成就；像法一千年，以禅定成就；末法一万年，以净土成就。佛法到唐代，是修禅鼎盛时期，惠能大师的出现及《六祖坛经法宝》的出现是禅宗兴旺的标示。唐代修禅的人多，得禅悟道的人不多，故以不能悟而"惭道盲"。这是相对而言的，到末法时期，连"惭道盲"的人也少了。就现代言，"惭道盲"的人微乎其微。

第六节从"掬流浣尘貌"到"莲堂空几楹"，将事、景、僧、感叹连在一起写。掬起寒塘清水，洗尽面目尘，是事；寒潭之上，清风吹去古今腥味，是景；山僧如石瘦，是人；"莲堂空几楹"是作者发出的感叹。一般寺庙莲堂建造，除有庄严佛像外，都有警示性法意楹联悬挂，供僧人、居士、游客学习。这里的"空"不能肤浅理解为"白白"，应该是佛法中"色不异空，空不异色，色即是空，空即是色"之意。含有"诸法空相"的"空"之深意。这里录现时东林寺净土苑楹联如下：

（一）上善若水厚德载物纳大川小溪同归沧海
　　　严净毗尼弘苑三界导上智下愚共登莲邦

（二）浪子颠倒摇父逃逸备众苦
　　　佛心悲悯如母忆子盼早归

（三）以根本慧一行三昧登净域
　　　用方便智十方分身度群萌

这里另录武汉归元禅寺楹联三副供读者参悟：

（一）教有万法，体性无殊，不可取法、舍法、非法、非非法
　　　佛本一乘，根原自别，故说下乘、中乘、上乘、上上乘

（二）见了就做，做了就放下，了了有何不了
　　　慧生于觉，觉生于自在，生生还是无生

（三）天下事，了犹未了，何妨以不了了之
　　　世外人，法无定法，然后知非法非也

　　中郎写《游庐山雨中入东林寺》的同时，还写了游记《入东林寺记》，这两篇都提到莲花之荣盛，意义很深很广。佛祖用莲藕这个特殊植物比喻法界。根在污泥中，比喻六道染污；茎在水中，比喻四圣法界（声闻、缘觉、菩萨、相似佛）；花开与结莲子于空中，洁白神圣，比喻一真法界。佛理认为：根、茎、花果是一个整体，比喻法界虚空也是一个整体，修行人出淤泥而不染，一层层提升到不可思议解脱境界，进入一真法界，才成正果。佛法主张万法归一。"一"不是表数字，是表究竟圆满，是归于零、无极、朴的原始境界，言语道断，心行处灭。"一"是宇宙人生真相，是清净不染，是佛所住之境，这就是莲花的法义。中郎对佛祖的这个观念熟透了，故在诗与记中，反复写莲花，读者可参考拙著《袁中郎小品思想探究·入东林寺记》。

五五、"我欲作书鱼，死即藏经埋"
——《庵中阅经示诸开士，用前韵》里的解行相应思想

乘急参淫女，戒急却闻钗。

香象截河流，一非划众皆。

闷观《百喻经》，奇胜千《齐谐》。

八十翁怜儿，庄语间诙俳。

我愿作书鱼，死即藏经埋。

胜彼火坑子，以身殉粉娃。

解读

此诗于万历二十八年（1600）在公安作。载《笺校》第 839 页。

中郎于这一年年初，由国子监助教转授礼部仪制清吏司主事。任冷职于京都，多有闲暇，心情也怡然自适，"暇则读书，胸中浩浩，如涨水忽决，云卷雷奔"（《笺校·答李元善》第 763 页）。

关于中郎在山居柳浪馆六年前后时间思想状况，周群先生写道："这是宏道学术、文学思想的一个重要变化。更重要的是对李贽的狂禅已颇有微词，认为悟、修如车之两毂，不可或缺。云：向者所见，偏重悟理，而尽费修持，遗弃伦物，倨背绳墨，纵放习气，亦是膏肓之病。（袁小修《中郎行状》）这一变化是以佛学思想为先导的。披读佛典、修持净土是宏道学术思想的一个重要特征。"又说："早年的激越情怀已荡然无存，诗文中的禅光佛影也更加浓郁。"（《袁宏道评传》第 58、59 页）周先生这个意见，不仅指出了其思想深化的先导是佛学（袁于 1599 年年底作了《西方合论》），还指出了其特点是心境与意趣在于诗文的"禅光佛影"，这可以指导我们解读他的《潇碧堂集》诗文。

欲解读上诗，须对乘、戒有个初步认知：乘，指包含大小乘在内的所

有智慧（如小乘佛法的观智、四谛、十二因缘，大乘的般若智慧等）；戒，指用以利益众生、饶益有情的行为准则。急，指严格，缓，指怠慢。有四种情形。中郎在《西方合论》（《净土十要》第 524 页）中写道："乘，谓悟第一义；戒，谓止一切黑业。祖师于此，分四料简：一、戒急乘缓。以戒急故，生人天中，如箭射空，力尽还坠；以乘缓故，虽闻大法，如聋若哑。二、乘急戒缓。以戒缓故，生恶趣中；以乘急故，常闻大法。如华严会上，八部鬼神是也。三、乘戒俱急。则生人天中，而常闻大法。四、乘戒俱缓。则堕三恶道，而永不闻法。是故乘戒二法，如车二轮，废一不可得故。"

分三小节解读。前四句从"乘急参淫女"到"一非划众皆"，意为：乘急戒缓与戒急乘缓，都不能悟道，淫女、闻钗二词代指淫心纠结，淫心不除，菩提不生。"香象截河流"喻指悟道精深，评论透彻。佛经以兔、马、象三兽渡河比喻闻法证道之深浅，兔渡浮于表，马渡及河半，只有香象可截流。"一非划众皆"中，"一非"指一经变易，即打破俗世的迷惑颠倒，就可划除众人自以为是的错误倾向。众人津津乐道的"财色名食睡"享受，不过地狱五条根而已。

第二节从"闷观《百喻经》"到"庄语间诙俳"共四句。《百喻经》是印度佛教经书，里面有许多诙谐幽默故事，告知人们道理。许多故事，已在汉地家喻户晓。如愚人食盐、富人造楼、渴不饮水、祖孙抬驴、藏乳中腹、梨打破头、诈妇称死等。现选两则介绍：

第一则《渴不饮水》：

过去有个人愚痴，渴了须饮水，见炎热时野地腾升水雾，便追逐而去，到了恒河边，却呆呆看着不饮。有人说："你辛辛苦苦奔逐水汽，如今到了水汽源地的河边，为何不饮呢？"他说："倘若可饮尽，我早饮了。如今大水浩渺，我不能饮尽，故不饮了。"众人听了，笑其缺乏智慧。

这故事是说：有些渴求欲学佛经者，见佛经浩瀚，就干脆不学了。殊不知，一句一节一章佛经可解其渴。有些外道者执着事理某一端，认为自己不能完全受持戒律，于是一戒也不持，毫无得道之缘，流转生死苦海,不得出离。

第二则《诈妇称死》:

过去有个男愚人,妻子美丽非凡,他很爱她。女人却无贞节忠信之情,舍离丈夫,与前男友私奔,临行前,对邻居老太婆密语道:"瞅丈夫不在家时机,将一死尸放于家中。"邻居照办了,她丈夫回家,说:"你妻死了。"那男人信以为真,悲痛不已,他将尸体火化,拾取骨灰,装于囊中,抱于怀内。后来妻子对私奔男人起了厌倦,便回家了。对丈夫说:"我是你妻。"丈夫说:"你不乱说,我妻已死多时。"其妻再三讲明,可他丈夫还是不信,只是死抱假妻骨灰。

这故事是说:学佛者听闻邪说,执着顽固,以为是真理。后来听闻正法,也不肯信而受持。

可见,《百喻经》意在教化人们修佛证道,其表述具有诙谐、幽默、讽刺等特色。

《齐谐》是中国古代的一部记载怪异之书,有《齐谐》与《新齐谐》两种。中郎所指是前一种。选一则故事介绍:

商汤问棘:"上下四方有极限吗?"棘说:"无极之外又是无极,在草木不生的极远的北方,有个大海,里面有条鱼,身子几千里宽,不知其长。变化为鸟,起飞时,翅膀拍打水面,激浪三千里,乘龙卷风,飞九万里高空,六个月不觅食。"

《齐谐》的夸张写法,旨在告诉人们:不能通过事物的表象分析高下、远近、大小,思维与行为不同是观察事物角度不同产生的。

中郎诗说:"闷观《百喻经》,奇胜千《齐谐》。"意思很明确了。《齐谐》(代指同类之书)讲俗世哲学之理;而《百喻经》讲出世修佛证果之道。后者比前者超胜千倍。

"八十翁怜儿,庄语间诙俳。"其中"诙俳"指古代隐喻、调笑、讥讽的文辞与文章。诗意为:八十老翁为了教育子孙,庄重、严肃的道理配合以幽默风趣的故事。

第三节从"我愿作书鱼"到"以身殉粉娃",意为自己愿作一条鱼,在经海中畅游。清初大学者王夫之有堂联曰："六经催我开生面，七尺从天乞活埋。"主旨在于以读经为乐，求人生之解脱的决心与愿望。中郎认为这种在读经解脱中结束生命，比在人间火坑以身殉美色（粉娃）要强很多。

可见，全诗表现了袁中郎重古代文学作品更重佛学思想的思维取向。其专注程度与人生背景和历代诗人相比是独一无二的。

五六、"旷哉龙屈伸，颓焉方外内"

——《人日自笑》里自由自在遗世独立的生活追求

> 是官不垂绅，是农不秉耒。
> 是儒不吾伊，是隐不蒿莱。
> 是贵着荷芰，是贱宛冠佩。
> 是静非杜门，是讲非教诲。
> 是释长鬓须，是仙拥眉黛。
> 倏而枯寂林，倏而喧嚣阓。
> 逢花即命歌，遇酒则呼簋。
> 一身等轻云，飘然付大块。
> 试问空飞禽，澄潭影何在？
> 旷哉龙屈伸，颓焉方外内。
> 下惠本介和，夷逸乃清废。

解读

此诗于万历三十三年（1605）在公安作，载《笺校》第 1058 页。

对这首五古，诗题为"人日自笑"，指正月初七（人日）这一天，写了一首"自笑"的诗，"笑"里含戏谑、调侃、讥讽等意味。我分三节解读。

第一节从"是官不垂绅"到"是仙拥眉黛",谈了十种身份的反常表现。为官者,(不垂绅)应穿却不穿缙绅之服;为农者,本当勤耕,却不秉耒("耒"为耕田工具);为儒者,本应读书,却不"吾伊"(读书之声);是隐者,本应居室简陋,却不"蒿莱"(杂草丛生,代人迹罕至);富贵者,本应着装华丽,却穿了"荷芰";低贱者,本应短褐,却宛然"冠佩";静修者,本应独慎,却不"杜门";讲禅者,本应开示,却无"教诲";为僧者,本应削发,却长"鬓须";求仙者,本应寡欲,却坐拥"眉黛"。这是社会乱象、违反常规的揭露。

第二节从"倏而枯寂林"到"澄潭影何在?",是侧重对修行人走了偏差再作揭示。说他们忽而林下枯坐,静修禅理,忽而招摇过市,甚嚣尘上。遇美女则求歌舞欢乐,遇美酒则呼唤下酒菜(籑,捕鱼工具,代鱼)。将身子等同轻云,飘忽不定,付了以"大块"(大自然)。请问空中的飞禽,澄潭影何在?

中郎之意为:修行人本当修禅定,外不着相(谓禅),内不动心(谓定)。而他所见的修行者,常常心为境转。佛说:"相由心生,境由心转。"又说:"境随心转则悦,心随境转则烦。"境随心转,是"善人行善,从乐入乐,从明入明";心随境转,是"恶人行恶,从苦入苦,从冥入冥"。人生之形迹难留于世,修行人不走正道,何以得道?

第三节从"旷哉龙屈伸"到"夷逸乃清废",这是诗人针对上述现象所发的感慨与开示。人生应具龙之德相,胸怀大志,腹有良谋,有包藏宇宙之机,吞吐天地之志,能屈能伸,能显能隐。龙之德性(还有象,统称龙象)常用来比喻修佛成正果者。中郎的意思是修行者勇猛精进,成为大雄,屈伸于虚空,大慈大慧,无所羁绊,无论方内方外(指入世与出世),自由自在。一切境状无可无不可。世人之毁誉与褒贬,均不在话下。这是中郎按佛理所教:"随缘消旧业,任运着衣裳。"诗尾"下惠本介和,夷逸乃清废"涉及几个历史人物。下惠即春秋时期柳下惠,夷即伯夷与叔齐(此二人耻食周粟,饿死首阳)的代称,他们是古代廉洁清高、坚守气节的典型。"介和"指性格耿直,生活随和而安。这些历史人物曾被孔夫子赞扬。孔子说伯夷叔齐"不降其志，不辱其身"，说柳下惠"降志辱身"，又说夷逸隐居放言，"身中清，废中权"。即行为廉洁，被废不为人所用，是他们权衡变通之术。中郎诗尾赞扬这些历史上的清逸人物，是为了告诫当时修行人，古人尚且不为名利所染，面对外境变化，其心持节守道，作为今天修行者为何往往心生动摇、被境所转呢？其诗脉是贯穿始终的。

诗中还隐含空与有、心不动与身口可以动的道理。好比圆心与圆周，圆心是空的，圆周是运转的，心是空的、静的，身与口可以处于有，可以动。为什么心能转境，而不被境所转？因为心空、心静。心空与静，就不生烦恼，而生智慧。心如不空，处于有境中，就必生烦恼，而生愚昧。能做到一念不生这一点，就是大而化之的功夫，就能以尽虚空、遍法界为心量，得明心见性，就能心量无边，不会作茧自缚，就可达"旷哉龙屈伸，颓（倾倒之意）焉方外内"的性灵境界。一切大经大论都是讲这个大道理。

诗中的掌故甚多（参看陶伯韬著《袁宏道集》第90—91页的注释），可见中郎读书写诗，古今相兼，儒佛融通，用典活泼，再一次体现中郎诗歌中的学术性与人生价值取向。

五七、"看来亦是夭乔种，和月和霜种始成"

——《密县天仙庙白松》里的诗歌取向

手抚松围数匝行，润于肤色白于珩。
看来亦是夭乔种，和月和霜种始成。（其一）

传言天女化时生，毕竟移根种不成。
阅尽大官诸《本草》，上头未有白松名。（其四）

解读

此诗为七绝,万历三十七年(1609)中郎自陕返京途中过密云所作。载《笺校》第 1466 页。

古代的庙分祖庙、孔庙(文)、城隍庙等。祖庙用以祭祖进行孝亲伦理、家族传统教育;孔庙用以进行祭孔,进行尊师重教与文化传承教育;城隍庙用以祭祀天地,祈祷五谷丰登、六畜兴旺,进行扬善抑恶的道德教育。汉唐以后,寺专供僧人居住,后来到了明清时期,规制比较大的庙也有和尚住持,神仙、天魔也享受香火,祈祷仙灵保佑吉祥,魔鬼不生祸端。于是将寺庙合成一个词语。

中郎诗作以树为题材的有松、槐、桃、柳等。比如写华州公署古槐、北京古树、写公安的柳等。这一篇的取材的特点:一是白松之奇,二是长在庙宇内。

先看第一首,写白松其表层,说自己手抚白松环绕数圈,感觉它圆润如肤,如白珩(古代佩玉上的白玉,白如雪花)这样细腻的玉,应是如同茁壮(夭)长茂盛成其高大之白松,原来在吸取日月精华中,在天地之灵气中,才生成了其种性。

第二首,写诗人的想象,天女长寿是化合而生(不是胎生、卵生、湿生,胎生稍长,如人类,卵生较短,如鸡,湿生更短,如蚊子等虫),动物有生老病死,植物有生住异灭,旷物有成住坏空。没有根哪来的种?《六祖坛经》有比喻说:"有情来下种,因地果还生。无情既无种,无性亦无生。"白松如此奇崛,是因其有种有根。但查遍《本草》,却无白松这一名。可见诗人观察细致,叙述真实,分析透彻。蕴含对树本性的认识。

这里我选录他在北京写的《古树》(载《笺校》第 596 页):

　　　　树老亦如人,骨劲皮皱裂。

　　　　百卉争繁华,一枝冷坳铁。

　　　　强阳发空心,红芽吐枯节。

　　　　有若老翁醉,赪颐照头雪。

姿态虽寡妍，根株免摧折。

百遍阅春风，冰凌傲石碣。

不似夭桃花，容易与春别。

此诗表面看来是写古树之苍劲与坚韧，实质是写顽强抵抗外境的人格魅力。以与桃花与鲜艳色彩的对比手法，再次强调了古树长存的根本原因。松树是人格化了的树种，历代诗人多有吟诵。唐人韩溉有《松》诗，说："莫向东园竞桃李，春光还是不容君。"李商隐有"高松出众木，伴我向天涯"的诗句。宋代吴芾有《咏松》诗："今日若能增种植，会看百世长青阴。"现代陈毅有"大雪压青松，青松挺且直。要知松高洁，待到雪化时"名句。

中郎为什么在诗中反复赞叹种与根呢？这里有深层的表法含义。在佛经里，常用树来表法。以树种、根比喻修佛者之信心与慈悲；以树身喻根本智；以树干喻六度菩萨行；以树叶喻禅定；以花喻德能；以果喻一切智（后得智）；以树荫喻庇荫三界苦难众生。根本智，是无知；后得智，无所不知。这是一种艺术化说法。中郎在《西方合论》与《德山麈谭》中也反复运用这种比喻艺术，只要对他的诗文融会贯通理解，他将白松人格化的深层叙写就不会认为是牵强附会的了。

中郎"树老亦如人""红芽吐枯节"的观念是一个传统文学的观念。较为出名的是南北朝时期的文学家庾信的《枯树赋》，赋中有"白鹿贞松，青牛文梓。根底盘魄，山崖表里。桂何事而销亡，桐何为而半死？昔之三河徙植，九畹移根，开花建始之根，落实睢阳之园"。用现代语可意译为：白鹿寨坚贞的古松，雍州南山神奇的梓树，根深叶茂，气势磅礴，与山崖内外一体。但桂树枯死，梧桐凋败，这是为何？源于当初从远方的"三河"，从广阔的田野移根而来，在魏王建始殿前开花，在睢阳梁王的东园结果。接着历史地、现实地、错杂地铺陈描写枯树的繁荣与衰老，发出诗人心中的自我表白："昔年种柳，依依汉南，今看摇落，悽怆江潭。树犹如此，人何以堪？"

五八、"几时谏鼓似钟悬，尽拔苍生出沟渎"
——《万寿寺观文皇旧钟》里的忧国忧民思想

先皇举手移天毂，无冠少师鬓发秃。
已将周孔一齐州，更假释梵庇冥族。
锤沙画蜡十许年，冶出洪钟二千斛。
光如寒涧腻如肌，贝叶灵文满胸腹。
字画生动笔简古，矫若游龙与翔鹄。
外书佛母万真言，内写《杂花》八十轴。
《金刚》般若七千字，几叶钟唇填不足。
南山伐尽觅悬椎，诸葛庙前刈古木。
震开善法忉利宫，撼穷铁网莲花狱。
鼎湖龙去几春秋，二百二回宫树绿。
蒸云炙日卧九朝，监寺优官谁敢触。
大材无用且沉声，吠蚓啼虫满山谷。
今皇好古录断沟，琬琰天球充黄屋。
十龙不惜出禁林，万牛回首移山麓。
沧海老霆行旧令，洛阳遗耇开新目。
西山但觉神奸潜，易水不闻金人哭。
道旁观者肩相摩，车骑数月犹驰逐。
翠色苍寒欲映人，当时良匠岂天竺。
万事粗疏谁不然，今人不堪为隶仆。
兴悲运慈又一朝，万鬼如闻离械梏。
几时谏鼓似钟悬，尽拔苍生出沟渎。

解读

此诗作于万历三十五年（1607），此时中郎任礼部清吏司主事。载《笺校》第 1337 页。

现了解一下诗句中的本有意义：

先看前六句，写文皇旧钟之来历。明成祖朱棣以武力与谋略从侄儿建文帝手中夺得皇权后，移辇（天毂）北上。僧人姚广孝在其发起"靖难兵"，从北京打到南京的过程中，起到了辅佐作用，立下大功。迁都北京后，以宰相名峨冠博带上朝，但退朝后，去冠带剃光头（鬓发秃）穿和尚服（缁衣）住寺庙。"少师"是其教导太子的官名。他以儒学为根（周、孔），道学参融，统一思想（齐州）。更加重视以佛学（释梵）的法义，庇佑天下冥顽愚昧的百姓。在他的组织安排下，能工巧匠以当时最高的冶铸技艺（锤沙法、画蜡法），花了十余年时间，才铸就了体形巨大的洪钟（可装"二千斛"谷物的内空）。

接着看后续八句：写万寿山洪钟之外表经文。光色如阴冷的山涧，表面润泽细腻如同肌肤，其内外之表铸满了佛教经文（贝叶），书法简古，笔力挺拔，潇洒雄健，如同游龙飞鹄，婀娜多姿。钟外表层是佛法真言千万句，钟内表层是《华严经》（又称《杂花》）八十卷。《金刚经》七千字犹未填满大钟的八叶莲花形钟唇。

再看从"南山伐尽觅悬椎"到"吠蚓啼虫满山谷"共十句，写大钟未能大用。以南山寻觅并伐尽巨木来支撑大钟，敲击发声（悬椎），连像诸葛庙前那样巨型的古木也砍了。当初钟成，敲击巨响，法音雷震，响彻天庭地府，上开示善法忉利宫，下撼尽铁网莲花狱，教化众生觉悟。制此大钟的皇帝（以"鼎湖"相喻）已死去多少年了，屈指一算，宫内树叶黄枯了又转绿，转绿了又黄枯，也有二百零二次（年）了。大钟在风吹日晒中已经历九朝帝工，没有皇命，官员们（"监寺优官"）谁敢轻举妄动。大钟铸好后，弃置不用，振聋发聩的美妙钟声沉寂，人们听不到，只是那些虫蚓之音，弥满山谷，乱于耳边。

接着看从"今皇好古录断沟"到"今人不堪为隶仆"共十四句，用对比法写当时政治现状,皇帝不问政事,官僚横征暴敛,百姓怨声载道。"今皇"指万历皇帝(1563—1620),将如此教化无量的洪钟看作剩余弃置的物品,而将各种美玉(琬琰与天球之类)聚敛无数充实所居宫室。十龙(古钟)不惜出皇家禁地,何况大钟闲置。而当年运输与支撑永乐大钟的巨木,重如山丘,连万头牛也难以拉动前行。假如沧海遗珠般的大钟得天命雷神的推动,必定发出轰隆巨响,连京都的高寿有德者("遗耇")也会感觉耳目一新。即使西山的牛鬼蛇神、树精藤妖也会潜藏起来,不敢为非作歹。易水河边听不到金铜仙人的哭泣。明成祖从侄子手中夺取江山,朱姓王朝没改姓,这是不同于曹魏从汉室夺权,引起金铜仙人的悲戚发出哭叫的原因。当年移动永乐大钟,观者如麻如堵,车骑驰逐,历经数月。翠色苍寒,映照人影,能工巧匠,不只是来自天竺。永乐大钟铸造,巧夺天工,不堪驱使、行事粗疏的今人是不能胜任当初铸造者的奴仆任务的。

最后四句的意思是:佛门兴悲运慈又是一代了,在永乐大钟的教化的法声里,万鬼得以解脱,逃离铜架铁锁("械梏"),何日谏鼓如钟悬挂而响,尽快拔除黎民百姓出水深火热之中。

这首诗的特殊之处有四点:(一)所写为永乐大钟奇特,堪称世界之最。有资料表明:钟高 675 厘米,口沿直径 330 厘米,钟唇厚 18.5 厘米,总重约 42000 千克(42 吨),即八万四千斤。这个数字含佛经常言八万四千法门之法义。大钟内外,共铸阳文楷书佛经与咒语各八种,另有梵咒一百余种,总数为 320184 个字。另有明成祖御制佛经、《弥陀经》等铸于外,书写者为侍讲学士沈度(1357—1434)。(二)建造于明成祖(1360—1424)永乐年间,皇帝从侄儿那里夺权,史上很特别,而监造者是出家人入世济世、参政辅政的大和尚姚广孝(1335—1418)。(三)是此钟铸文佛教经咒之精之广,以其发声宏远、传播佛法之构思,为历朝历代乃至世界所无。(四)中郎游览观照此钟后,灵性大启,写作此诗篇幅之长、发抒感慨之真,于他就职京都后所写为最。

关于明成祖建造此大钟之根因,历来有不同说法,有忏悔说、佛教化民说、宣扬佛法说、炫耀功德说等。依笔者言,四说兼而有之,但为主的还是弘扬佛法,教化民众。要读懂诗中的事与理,须和中郎所作《猛虎行》等(1598 年赴京途中)(《笺校》第 581 页)结合起来思考。

试说余读此诗的感觉:(一)袁中郎对苍生有真诚的爱心,字里行间,溢于言表。(二)永乐大钟建造体现了明成祖与姚广孝的思维取向,君臣二人均有大功于历史。明代初期国势旺盛与他们的治理有关。中郎此诗对此二人取肯定态度。中郎对姚广孝以出家人身份参政议政,持赞赏心态。我们可从他所写的《崇国寺游记》(《笺校》第 685 页)及《与友人》(《笺校》第 1260 页)信中知道一个概况。(三)从钟身内外及钟唇、钟叶所铸佛教经文与咒语看,规制之高、字数之多、工艺之精为史上之最,证明明代永乐年间的统治者高度重视佛教对世道人心的教化作用。(四)佛理认为"一切法从心想生",这个道理具有永恒性。科学家已证明,物质分到底,不过忽闪忽闪,类似弦的波动。佛经上早就揭示:物质现象、精神现象、自然现象产生的根因在于念力,即中郎在《西方合论》中的结论:念力乃是一切法中之王。这不怎么好理解,但确实是事实真相。试想,朱棣与姚广孝没有建造永乐大钟的宏图大愿之精神,永乐大钟能以物质的形态存在于世间吗? 当然不可能。(五)中郎写此诗不是单一的睹物咏志,发思古之幽情,他是将钟之事体与历史、现实结合起来,表明他的忧国忧民的情怀,还以巨钟弃而不用,比喻一国之政,须重用大材,才能救民于水火,挽狂澜于倒悬。中郎所处时代,五浊恶世,贪墨横行,民不聊生,危机四伏,外有辽东边患,内有甘陕民变。欲改变社会病态,袁中郎开出了药方,以大用之才守边,以廉洁之臣安民,以教化之力抚众。万历皇帝是否听从呢? 他本就我行我素,不理朝政,太监之邪当道,国家衰亡乃至溃亡之败局定矣。

中郎此诗给人们提供广阔的视野,给后人的启示也是多方面的。其思想之精警与语艺之精湛,非数语能尽其奥。

五九、"休心为曲蘖,省事作资粮"
——《潞河舟中和小修别诗,次韵》里信愿行修炼
"三资粮"思想

少谢人间事,歌坛与舞筵。

有山皆种竹,无水不栽莲。

见死知生苦,因鳏识道缘。

一杯从惠远,白社问诸贤。(其五)

禅味争如醉,无何即是乡。

休心为曲蘖,省事作资粮。

慢世稍同朔,绝交亦似康。

东皋犹滞酒,余乃醒而狂。(其十)

解读

此诗为万历三十五年(1607),中郎在潞河舟中与小修分别和其诗而作,载《笺校》第1352页。小修亦有《别中郎南归,时偶值嫂及庶嫂之变,槽车双发,不胜酸楚,离别之情可知,因赋诗十首》(《珂雪斋文集》第210页)之作。小修写了十首,中郎也就和了十首。

先选录小修诗:

少别与长别,应无不散筵。

生来熏白业,家世种青莲。

了却鸳鸯梦,闲寻鸥鹭缘。

也知怜稚子,不娶效先贤。(其五)

中郎诗第五与小修诗第五，首联两句都写了对人事应酬的态度，小修之意人间无不散之筵，长别与短别都很正常。中郎之诗意为尽量避开歌坛与舞筵的参与。颔联诗意相合，白业指笃信佛法，莲花象征清净，亦是信佛象征。颈联中，小修以鸳鸯与鸥鹭之喻，暗指嫂与庶嫂离世，即"夫妻本是同林鸟，大限到时各自飞"之意，缘来则聚，缘去则散。中郎的诗句要深一层，"见死知生苦"是对生命本源的认识，生老病死加求不得、爱别离、怨憎会、五阴炽盛（色受想行识），谓之八苦，八苦与生俱来。人老了，失妻叫鳏，这种机缘促使鳏夫去认识学无生之道的重要。尾联小修之意是中郎为了稚子不受后娘之欺，以不再续弦效先贤。说是这么说，连小修本人也没做到。中郎尾联要深远得多，他主张一杯清茶，追随慧远大师，以念佛法门求生西方，了生死，脱轮回。他问：在莲社道场中，诸位贤人是否这样呢？

小修诗第六首中，有"休心凭宦拙，省事任家贫"句，中郎诗第十首中，以"禅味争如醉，无何即是乡"开篇，意为禅者常在参中悟与悟中参，其味如醉如痴。修禅人随遇而安，无可无不可，哪里都是家乡。这个观点在《华中翰》尺牍中表现得很充分。中郎的"休心"与"省事"比小修要深刻。"休"指顿歇，即一念不生，如同酿酒的"曲蘖"可以生发很多智慧；"省事"，指俗事少，烦恼减，就可作为修佛之"资粮"，即信、愿、行三要素。佛理认为：信心为基，宏愿为条件，是进了一步，但关键是行。中郎"资粮"所指的是净土"三资粮"，按明末灵峰大师与当代黄念祖大居士的阐释为：真信极乐世界与阿弥陀佛的存在，真愿往生，真诚念佛求生净土。三者对于修净土者不可或缺。接着，诗里涉及三位历史文化名人。慢，是一种轻傲处世态度，带玩世不恭，汉武帝时代的东方朔是一个典型。"绝交"指晋代竹林七贤之一的嵇康，以放逸清高谈玄处世，常以"白眼"藐视所不齿之徒，与其意气不合，则断绝往来。意为"省事"之例。是否完全与他们同呢？不是。只是"稍"与"似"。又像他们行事做人，又不同于他们。"省事"指入世，不同则指出世。将入世与出世结合起来，随心所欲，自在洒脱，游刃有余。诗尾说："东皋犹滞酒，余乃醒而狂。"东皋(王绩)是唐代诗人,即好饮之徒,他沉浸酒中,酩酊大醉,少有醒醒之时。而作者本人,喜酒爱谈酒(自言饮"一蕉叶",即一小杯),从不醉酒,故清醒多狂放之言。

　　同因亡者之故,小修之诗对嫂有悲戚之气,中郎之诗对妻有冷峻之词。这在同年于此诗间隔不多日写的《中秋泊潞河看月,同子公、云影赋(时余方悼亡)》其四(《笺校》第 1350 页)诗中可见端倪。他写道:"道侣前宽解,君深天竺书。我心自检点,试比毗邪庐。法喜妻辞世,散花天异居。"对于妻子李安人之亡故,悲戚是悲戚,但不哀伤。原因在于以佛法原理冷静看待亲人病故,"法喜妻辞世"这句诗很重要。在相关的悼文(《祭李安人文》《告李安人文》《李安人小祥文》,《笺校》第 1356、1567、1568 页)中,我们看到中郎之妻受中郎影响,念佛往生,故说妻亡是"法喜",这比庄子妻死鼓盆而歌又深了一层。这是因为佛学的生命观及净土理念在中郎头脑里根深蒂固。

六十、"胸中贮活春,不糟自然醉"

　　——《白香山三十四岁作感时诗,余今正其时矣,
　　　　仍次其韵》一诗里的人生态度

　　　　少年沐新发,郁若青莎地。
　　　　一朝盆水中,霜缕忽三四。
　　　　辟如百里涂,行行半将至。
　　　　视老犹壮容,比少已憔悴。
　　　　是身如肉邮,皮毛聊客寄。
　　　　微官复寄身,寄与寄为二。
　　　　浮云畸太空,种种非作意。
　　　　鳞鬣及鬈鬓,散时等一气。

为乐供朱颜，及时勿回避。

青山好景光，花木饶情致。

我有战老策，胜之以无累。

胸中贮活春，不糟自然醉。

虚舟荡远波，从天作升坠。

解读

此诗于万历三十年(1602)作，载《笺校》第 899 页。

诗题中标明写作缘起：白居易三十四岁时作《感时》诗，中郎本年也正好三十四岁，于是用其诗韵，写下了这首五言古诗。先看白居易诗：

朝见日上天，暮见日入地。

不觉明镜中，忽年三十四。

勿言身未老，冉冉行将至。

白发虽未生，朱颜已先悴。

人生讵几何，在世犹如寄。

虽有七十期，十人无一二。

今我犹未悟，往往不适意。

胡为方寸间，不贮浩然气。

贫贱非不恶，道在何足避。

富贵非不爱，时来当自致。

所以达人心，外物不能累。

唯当饮美酒，终日陶陶醉。

斯言胜金玉，佩服无失坠。

白居易(号香山居士)是唐代著名诗人，有诗魔与诗王之誉。一是诗作丰富且平白通俗；二是喜禅好佛。他自谓："栖心释梵，浪迹老、庄，因疾观身，果有所得。"又谓："乐天佛弟子，备闻圣教，深信因果，惧结来业,悟知前非。"除写诗外,还撰写了《八渐偈》《三教论衡》《华严经社石记》等佛著。这两个特点使中郎与其意气相投。中郎在诗文中对白居易赞赏有加。他步其韵写感时诗,不仅在体裁上相同,而且诗作意境上也有相似的成分。先看一下白诗说了些什么。

白居易此感时诗发抒了天地悠悠、人生匆匆的感叹,表达了对富贵贫贱并不在意的处世态度,声明自己胸贮浩气、行道主宰的人生哲学。中郎用其韵所写的诗写了些什么呢?

分三小段看其意趣:

第一小段从"少年沐新发"到"寄与寄为二",讲的是少年时从盆水里沐头,所见头发如乌黑的青草,如今洗发,从盆水中映现了间杂如霜的白发。人生好比行百里,走来走去,快走了一半路程。观察那些老者,犹有壮年容貌;比起少年朝气,已显憔悴之色。这个身子是什么呢?不过肉体如邮程,皮毛一体客人般住旅店寄托而已。做了一点小官,也不过在官场寄寓身子,逆旅与官场,这两种寄寓,实是一种寄寓,必定累了身子。这一小段写人生如寄,催人衰老。

第二段从"浮云畸太空"到"花木饶情致",写的是空中浮云聚合时变幻无穷,如鱼如狮如奔马,又如秀美的发髻,待到飘散时,则不过一种水气,无影无踪。人生何尝不是如此? 行乐之人,红光满面,如有机会,岂可回避? 青山秀水,景致美好,有鲜花有绿树,使人感到心旷神怡。

第三段从"我有战老策"到"从天作升坠",写的是自己有战胜衰老的策略,胜过没有牵挂的办法,这个办法是什么呢? 胸中养活我一团春意,即使不饮酒,也会自然沉醉其中。以虚为舟,流淌于清远的海波中,顺从天地可升可降。这一段抒发了中郎的胸怀旷达、解缠去缚、不为世俗所累而得大自在的人生心境。

与白居易诗句"所以达人心,外物不能累"对比,就其修心养性言,有共鸣处。与白诗中"唯当饮美酒,终日陶陶醉"比,中郎是"胸中贮活春,不糟自然醉",即不饮也会沉醉于"春意"中。白诗尾句说"斯言胜金玉,佩服无失坠",诗人停留于醉在美酒中,飘飘欲仙、没有失坠的意境里。而中郎诗尾句是"虚舟荡远波,从天作升坠",强调的是在"养活一团春意思,撑起两根穷骨头"(曾国藩语)中,自由自在。从人生感悟言,从天地人我考量,中郎此诗的意境超越了白居易很多。这是因为中郎诗站在了白居易诗的肩膀上。

　　附说一下,中郎在同年还写了一首诗,名《放言效白》(《笺校》第899页),意为白居易写了五首《放言》(列入千古绝句的"试玉要烧三日满,辨材须待七年期"就是其中句子)。中郎《放言效白》也写了五首,诗中说:"有身只作他人看,无事休将造物争。"又有"高人窃欲比无功,渐把心情托巨鸿",还有"青凤下来传古字,白云飞去护仙缄"等句,这些诗句,有助于我们对于中郎步韵白诗的意境解读。

　　周群先生认为:袁中郎注重禅净双修,学风稳重,影响其诗风由轻灵俊逸变为沉着含蓄(《袁宏道评传》第197页)。他的步韵与"效白"诸诗可以证明。

本章小结

　　袁中郎诗歌底蕴深厚,信口信腕,灵性飞扬。文辞优美,意境旷远。用典丰富,激情荡漾。读他的诗,既是精美文辞的浸润,又是佛乳慧风的沐浴。余所选解,不过管窥一斑而已。

附录 《〈坛经〉节录》

《〈坛经〉节录》(袁小修的《中郎行状》中称《坛经删》)是一部重要的智慧宝典,足以体现袁中郎的胆识与聪明,是其佛学走向圆融与成熟的标志。我了知中郎这一杰作后,曾在图书馆与寺庙藏经室多次寻找,均无结果。还想从现流传的《六祖坛经法宝》读本中,找到中郎删节的蛛丝马(藏于灶里的昆虫)迹,并未如愿。现从《校释》文本中,见到影印版《〈坛经〉节录》十分欢喜,真所谓"踏遍铁鞋无觅处,得来全不费功夫"。

影印版中有中郎本人写的序与署名"乞士"写的序。中郎《坛经节录引》,余已在《袁中郎佛学与〈西方合论〉初探》中《〈坛经删〉钩沉》(第246页),作过一些解读,现对所谓"乞士"的序予以照录并进行译解。然后以影印版为据,照录原文进行横排标点,并在文尾略作说明,目的在于方便读者阅读。使我们共享这一部不可思议的精神瑰宝。

一、袁中郎《〈坛经〉节录》序

今天下有二快人,曰李卓吾也,曰袁中郎也。卓吾手所品定,凡一点一抹、一字一句,无弗狂走海内者;独中郎世第惊艳其《瓶花》《潇碧》诸集,而不及见其检点古人披剥成案之书,余每叹恨出中郎手眼,即卓吾、老子当不免逡巡失席,而删述未闻,遽尔灭迹,亦宇宙一大缺陷事,已从吴中得读中郎所摄宗镜（指《宗镜摄录》——笔者），则甚快已。又从寒灰老和尚得读中郎所节《坛经》，则又大快。盖老和尚之于中郎，如元禅师之于坡老，皆以心宗相游戏。每见余赞叹中郎，必曰："子见其书，未见其人。其人摩天俊鹘也。其所搏击，直断物命根，区区印板上物，何足竟中郎哉？一日手一编，摩娑竹窗间，则中郎《〈坛经〉节录》也。"余戏曰："师亦爱印板上中郎耶？"师大笑，因曰："此余曩所抄著囊中者，偶法侣冯去佞见而悦之，遂至流布。然中郎往矣，子盍亦见中郎于印板？"余曰："诺！"余且因中郎而见岭南，遂拜手而为之序。

禹航敝庐乞士岩调御。（《校释》第184—185页）

解读

序文短小精悍，所言评中郎为人及评价《〈坛经〉节录》。

评中郎是和两位文化名人相比较的。说："天下有两位思维敏捷的人，一是李卓吾，二是袁中郎。"他认为袁中郎超越李卓吾，甚至连老子也不免"逡巡失席"，这是至高至上的评价了。还说："老和尚之于中郎，如元禅师之于坡老。"老和尚指高僧寒灰，他曾出资刊印中郎著作。将中郎比文化巨匠苏东坡。说："其人摩天俊鹘也。其所搏击，直断物命根，区区印板上物，何足竟中郎哉？"意为刻印传抄之中郎著作，并不能了知中郎的究竟面貌。可见序者对中郎著作有独到卓绝之识，如同孔子听一乐曲而了知这一乐曲作者周文王的伟大。

评《〈坛经〉节录》用了"一日手一编，摩娑竹窗间，则中郎《〈坛经〉节录》也"予以赞叹。"摩娑"是梵语，即胜妙之意。作者认为，他读《〈坛经〉节录》，得以认识到慧能（岭南）的宗风禅髓，佩服极了，于是以礼敬之，才为此著之流布写下了以上序文。

为了帮助理解序文，余在这里摘引两小则明代万历年间的两位评论家的意见：

一是书评家陆云龙，他说："且踬艰深之习，辄作獝獠；学庄严之派，便为翁仲。生旦丑净，日受世转，不解有我，良可痛矣。不知文章亦自抒性灵而已。揉直作曲,斫圆成方,一种灵气乃受屈折剥削,止水断山,有何生韵?"(《叙袁中郎先生小品》,《笺校》第 1721 页)这段摘引意为中郎的各种文体的所有著作都是自抒性灵,生趣盎然。理所当然,《〈坛经〉节录》亦不例外。

二为明代戏曲家潘之恒,他说:"夫言可以大喻,才可以小见。英妙奇伟之士,其志量固未易测也。"(《二袁别集序》,《笺校》第 1721 页)这和"乞士"序文中以"摩天俊鹘"喻中郎之不可测意思相同。

二、六祖《〈坛经〉节录》正文

笔者小语:佛经及历代高僧的著作,从思路与结构言,大都不外乎两种:一为"十门开启";二为"五重玄义"。中郎之《西方合论》,用的是"十门开启",而他的《〈坛经〉节录》却用的是"五重玄义"。《〈坛经〉节录》的章目为:1. 机缘第一;2. 示众第二;3. 参叩第三;4. 付嘱第四;5. 碑碣第五。佛门流行的版本章目为:1. 行由品;2. 般若品;3. 疑问品;4. 定慧品;5. 坐禅品;6. 忏悔品;7. 机缘品;8. 顿渐品;9. 护法品;10. 付嘱品。两相比较,各具特色。而中郎的节录简洁明确,言简义丰。比流行本文字少了一半,但精义全存。

机缘第一

大师名慧能,南海人,少贫乏,以市薪为业。偶闻一客诵经云:"应无所住,而生其心。"心即开悟。遂问:"客诵何经?"客曰:"《金刚经》。"复问:"从何所来持此经典?"客云:"我从蕲州黄梅东禅寺来,五祖忍大师在彼主化,大师常劝僧俗但持此经,即自见性,直了成佛。"师便至黄梅参礼五祖。一见问曰:"汝何方人? 欲求何物?"师对曰:"弟子是岭南人,惟求作佛,不求余物。"祖言:"汝是獦獠,若为堪作佛?"师曰:"人虽有南北,佛性有何差别?"祖乃令随众作务。师曰:"慧能启和尚,弟子不离自性,即是福田。未审和尚教作何务?"祖云:"这獦獠根性大利,着槽厂去。"祖一日谓诸门人:"世人生死事大,汝等终日只求福田,不求出离生死苦海,自性若迷,福何可救?汝等各作一偈,将呈吾看,若悟大意,付汝衣法,不得迟滞,思量即不中用,见性之人,言下须见。若如此者,轮刀上阵,亦得见之。"众得处分,退而递相谓曰:"我等众人不须作偈将呈和尚,神秀上座现为教授师,必是他得。"诸人闻语,总皆息心。神秀思惟,诸人不呈偈者,为我与他为教授师。我须作偈。若不呈偈,和尚如何知我心中见解深浅?我呈偈意求法即善,觅祖即恶。祖堂前有步廊三间,拟请卢供奉画《楞伽经》变相及五祖血脉图。神秀作偈成已,拟呈不得,遂乘夜执灯,书偈于南廊壁上。偈曰:"身是菩提树,心如明镜台,时时勤拂拭,勿使惹尘埃。"天明,祖唤卢供奉来,向南廊壁间绘画图相,忽见其偈,报言:"供奉,却不用画,劳尔远来。经云:凡所有相,皆是虚妄。但留此偈,与人持诵。依此偈修,免堕恶道。依此偈修,有大利益。"令门人炷香礼敬,尽诵此偈,即得见性。门人诵偈,皆叹善哉。祖三更唤秀入堂,问曰:"偈是汝作否?"秀言:"实是秀作,不敢妄求祖位。"祖曰:"汝作此偈,未见本性,只到门外,未入门内。如此见解,觅无上菩提,了不可得。无上菩提,须得言下,识自本心。见自本性,不生不灭,于一切时中,念念自见,万法无滞,一真一切真,万境自如如。如如之心,即是真实。若如是见,即是无上菩提之自性也。"秀作礼而出。

复两日,有童子于碓房过,唱诵其偈,师一闻,便知此偈未见本性。遂问童子曰:"诵者何偈?"童子曰:"大师言世人生死事大,欲得传付衣法,命门人作偈来看,若悟大意,即付衣法。神秀上座于南廊壁上,书无相偈,大师令人皆诵此偈,依此偈修,免堕恶道。"师曰:"我亦要诵此,结来生缘,同生佛地上人。我此踏碓八个余月,未曾行到堂前,望上人引至偈前礼拜。"童子引至偈前作礼,师曰:

"能不识字,请上人为读。"时有江州司驾张日用便高声读,师闻已,因自言亦有一偈,望别驾为书。别驾言:"獦獠汝亦作偈,其事稀有,汝但诵偈,吾为汝书。汝若得法,先须度吾。"偈曰:"菩提本无树,明镜亦非台,本来无一物,何处惹尘埃。"书偈已,徒众总惊,各相谓言:"奇哉!不得以貌取人,何得多时使他肉身菩萨。"祖见众人惊怪,遂将鞋擦了偈,云:"亦未见性。"众人疑息。

　　次日,祖潜至碓坊,见师腰石舂米,语曰:"求道之人为法忘躯,当如是乎?"即问曰:"米熟也未?"师曰:"米熟久矣,犹欠筛在!"祖以杖击碓三下而去。师即会祖意,三鼓入室,祖为说《金刚经》,至"应无所住,而生其心",师言下大悟,遂启祖言:"何期自性,本自清净;何期自性,本不生灭;何期自性,本自具足;何期自性,本无动摇;何期自性,能生万法。"祖知师悟本性,便传衣钵,云:"汝为第六代祖,善自护念,广度有情,流布将来,无令断绝。"听吾偈曰:"有情来下种,因地果还生。无情既无种,无性亦无生。"祖复曰:"昔达磨大师初来此土,人未之信,故传此衣,以为信体,代代相承法则,以心传心,皆令自悟自解。自古佛佛惟传本体,师师密付本心,衣为争端,止汝勿传,汝须速去。"师曰:"向什处去?"祖云:"逢怀则止,遇会则藏。"祖即送师至九江驿边。师辞祖已,两月中间,至大庾岭,僧慧明趁及,掷下衣钵于石上,云:"此衣表信,可力争耶?"慧明至提掇不动,乃云:"行者行者,我为法来,非为衣来,望行者为我说法。"师云:"汝既为法而来,可屏息诸缘,勿生一念,吾为汝说。"良久,谓明曰:"不思善,不思恶,正与么时,那个是明上座本来面目?"慧明言下大悟,复问云:"上来密语密意外,还更有密意否?"师云:"与汝说者,即非密也。汝若返照,密在汝边。"明曰:"慧明虽在黄梅,实未省自己面目,今蒙指示,如人饮水,冷暖自知,今行者即慧明师也。"师曰:"汝若如是,吾与汝同师黄梅,善自护持。"师后至四会县,避难猎人队中,凡经十五载,时与猎人随宜说法,猎人常令守网,每见生命尽放之。一日,思惟时当弘法,不可终遁,遂至广州法性寺,值印宗法师讲《涅槃经》,时有风吹幡动,一僧云:"风动!"一僧云:"幡动!"议论不已,师进曰:"不是风动,不是幡动,仁者心动。"一众骇然。印宗延至上席,征诘奥义,见师言简理当,不由文字,宗云:"行者定非常人,久闻黄梅衣法南来,莫是行者否?"师曰:"不敢。"宗于是执弟子礼,告请传来衣钵,出示大众。宗复问曰:"黄梅付嘱,如何指授?"师曰:"指授即无,唯论见性,不论禅定解脱。"宗曰:"何不论禅定解脱?"谓曰:"为是二法,不是佛法,佛法是不二之法。"宗又问:"如何是佛法不二之法?"师曰:"法师讲《涅槃经》,明见佛性,是佛法不二之法。如《涅槃经》高贵德王菩萨白佛言:犯四重禁作五逆罪及一阐提等,当断善根佛性否?佛言:善根有二,一者常,二者无常。佛性非常非无常,是故不断,名为不二。一者善,二者不善,佛性非善非不善,是名不二。蕴之与界,凡夫见二。智者了达,其性无二。无二之性,即是佛性。"印宗闻说,欢喜合掌。言:"某甲讲经,犹如瓦砾;仁者论义,犹如真金。"于是为师剃发,愿事为师,遂于菩提树下,开东山法门。(《校释》第185—189页)

笔者提示:机缘品写了十奇:一奇在能大师以砍柴谋生的一个文盲,且不具备僧人之资格,竟然得以成为五祖衣钵传人,这是千载难逢之稀有。二奇在于他到黄梅求法,五祖问:"你不远千里而来,求什么?"他答:"唯求做佛。"可能在五祖门下千众弟子中如此答问者为唯一。三奇在碓坊做义工八个多月,未去法堂听一次讲经,未参与一次经忏佛事,竟然听人诵读神秀的渐修偈子后,判别其没有见性,与五祖不谋而合。四奇在于他针对神秀上座写的渐修偈写的顿悟偈,确实深明佛法大旨。"菩提本无树,明镜亦非台,本来无一物,何处惹尘埃。"殊胜妙极。五奇在于听五祖讲《金刚经》讲到"应无所住,而生其心"时,顿舍顿悟,向五祖报告"何期自性,本自清净"等五句话,是一个大彻大悟的境界。这五句话,一展开,就是释迦佛祖四十九年说法的全部意义;反过来说,佛祖四十九年说法一浓缩就是那五句话。释迦以一贵族青年在西方示现成佛,而慧能以一底层平民与文盲在东方示现成佛,一东一西,一高一低,等量齐观。向世人展示佛法不拘地域贵贱、有文化与没有文化,都可以慈航普度。六奇在于他得其衣钵后,在猎人队里避难十五载,见圈栏内幼弱动物,尽放生,只吃肉边菜,一有机会,随宜说法。七奇去广州法性寺,见僧人争论是风动还是幡动不止,进一言"仁者心动",使众人惊服。八奇在于印宗长老向其提问"何为佛法不二",他竟答得那么透彻、圆满、究竟,使长老心悦诚服。九奇在于五祖与印宗都是慧眼与佛眼,五祖不拘一格传与衣钵,印宗大心量,拜没有僧人身份的慧能为师,为其剃度出家,使其开东山法门,续佛慧命。十奇在于六祖坛经法本诞生后六百余年,袁中郎对此法本节录。这是一代祖师与一代文豪的精神的灵光结合,是中国佛教史上辉煌的壮举。十奇只有两个字:机缘。机缘含善根厚、因缘足、福德广三项内涵,本品揭示此经之精髓,回答什么是佛法的奥义是全经之总纲。

示众第二

师示众云:善知识,世人终日口念般若,不识自性般若,犹如说食不饱;口但说空,万劫不得见性,终无有益。善知识,摩诃般若波罗蜜是梵语,此言大智慧到彼岸。此须心行,不但口念。口念心不行,如幻如化如露如电。口念心行,则心口相应,本性是佛,离性无别佛。何名摩诃?摩诃是大心量。广大犹如虚空,无有边畔,亦无方圆大小,亦非青黄赤白,亦无上下短长,亦无嗔无喜,无是无非,无善无恶,无有头尾。诸佛刹土,尽同虚空,世人妙性本空,无有一法可得。自性真空,亦复如是。善知识,莫闻吾说空,便即着空。第一莫着空,若空心静坐,即着无记空。善知识,世界虚空,能含万物色象,日月星宿,山河大地,泉源溪涧,草木丛林,善人恶人,恶法善法,天堂地狱,一切大海,须弥诸山,总在空中。世人性灵,亦复如是。善知识，自性能含万法，是大万法，在诸人性中。若见一切人善之与恶，尽皆不取不舍，亦不染着，心如虚空，名之为大，故曰摩诃。善知识，迷人口说，智者心行。又有迷人，空心静坐，百无所思，自称为大，此一辈人不可与语，为邪见故。善知识，心量广大，遍周法界，用即了了分明，应用便知一切。一切即一，一即一切。去来自由，心体无滞，即是般若。善知识，一切般若智，皆从自性而生，不从外入，莫错用意，名为真性自用，一真一切真。心量大事，不行小道。口莫终日说空，心中不修此行，恰似凡人自称国王，终不可得，非吾弟子。善知识，何名般若？此言知慧也。一切处所，一切时中，念念不愚，常行智慧，即是般若行。一念愚般若绝，一念智即般若生。世人愚迷，不见般若。口说般若，心中常愚。常自言我修般若，念念说空，不识真空。般若无形相，智慧心即是。若作如是解，即名般若智。何名波罗蜜，此言到彼岸。解义离生灭，着境生灭起。如水有波浪，即名为此岸。离境无生灭，如水常流通，即名为彼岸，故号波罗蜜。善知识，迷人口念，当念之时，有妄有非。念念若行，是名真性。悟此法者，是般若法；修此行者，是般若行，不修即凡。一念修行，自身等佛。善知识，凡夫即佛，烦恼即菩提。前念迷即凡夫，后念悟即佛。前念着境即烦恼，后念离境即菩提。善知识，摩诃般若波罗蜜，最尊最上最第一。无住无往亦无来，三世诸佛从中出。当用大智慧，打破五蕴烦恼尘劳，如此修行，定成佛道。变三毒为戒定慧。善知识，我此法门，从一般若生八万四千智慧，何以故？为世人有八万四千尘劳，若无尘劳，智慧常现，不离自性。悟此法者，即是无念无忆无着，不起诳妄，用自真如性，以智慧观照，于一切法不取不舍，即是见性成佛道。善知识，若欲入甚深法界及般若三昧者，须修般若行，持诵《金刚般若经》，即得见性，当知此功德无量无边。经中分明赞叹，莫能具说。此法门是最上乘，为大智人说，为上根人说。小根小智人闻，心生不信。何以故？譬如大龙下雨于阎浮提，城邑聚落，悉皆漂流，如漂枣叶。

若雨大海，不增不减。若大乘人，若最上乘人，闻说《金刚经》，心开悟解。故知本性自有般若之智，自用智慧常观照故。不假文字，譬如雨水，不从天有，元是龙能兴致。令一切众生，一切草木，有情无情，悉皆蒙润。百川众流，却入大海，合为一体。众生本性般若之智，亦复如是。善知识，小根之人，闻此顿教，犹如草木，根性小者，若被大雨，悉皆自倒，不能增长，小根之人，亦复如是。元有般若之智与大智人更无差别。因何闻法不自开悟？缘邪见障重，烦恼根深。犹如大云，覆盖于日，不得风吹，日光不现。般若之智，亦无大小，为一切众生自心，迷悟不同。迷心外见，修行觅佛，未悟自性，即是小根。若开悟顿教，不执外修，但于自心常起正见，烦恼尘劳，常不能染，即是见性。善知识，内外不住，去来自由，能除执心，通达无碍，能修此行，与《般若经》本无差别。善知识，一切修多罗及诸文字，大小二乘，十二部经，皆因人置，因智慧性，方能建立。若无世人，一切万法，本自不有，故知万法，本自人兴。一切经书，因人说有。缘其人中，有愚有智。愚为小人，智为大人。愚者问于智人，智者与愚人说法。愚人忽然悟解心开，即与智人无别。善知识，不悟即佛是众生，一念悟时，众生是佛。故知万法，尽在自心，何不从自心中顿见真如本性。《菩萨戒经》云："我本元自性清净，若识自心见性，皆成佛道。"《净名经》云："即时豁然，还得本心。"善知识，我于忍和尚处，一闻言下便悟，顿见真如本性，是以将此教法流行，令学道者顿悟菩提，各自观心，自见本性。若自不悟，须觅大善知识，解最上乘法者，直示正路，是善知识有大因缘，所谓化导令得见性，一切善法，因善知识能发起故。三世诸佛，十二部经，在人性中本自具有，不能自悟，须求善知识指示方见。若自悟者，不假外求，若一向执谓须要他善知识，望得解脱者，无有是处。何以故？自心内有知识自悟。若起邪迷，妄念颠倒，外善知识虽有教授，救不可得。若起正真般若观照，一刹那间，妄念俱灭，若识自性，一悟即至佛地。善知识，智慧观照，内外明彻，识自本性，若识本心，即本解脱,若得解脱,即是般若三昧,即是无念。何名无念? 若见一切法,心不染着,是谓无念。用即遍一切处,亦不著一切处。但净本心,使六识,出六门,于六尘中,无染无杂,来去自由,通用无滞,即是般若三昧。自在解脱,名无念行。若百物不思,常令念绝,即是法缚,即名边见。善知识,悟无念法者,万法尽通;悟无念法者,见诸佛境界;悟无念法者,至佛地位。善知识,后代得吾法者,将此顿教法门,于同见同行,发愿受持,如事佛故,终身而不退者,定入圣位。然须传授,从上以来,默传分付,不得匿其正法。若不同见同行,在别法中,不得传付,损彼前人,究竟无益。恐愚人不解,谤此法门,百劫千生,断佛种性,善知识,吾有一《无相颂》,各须颂取。在家出家,但依此修。若不自修,惟记吾言,亦无有益。听吾颂曰:

说通及心通,如日处虚空。唯传见性法,出世破邪宗。
法即无顿渐,迷悟有迟疾。只此见性门,愚人不可悉。
说即虽万般,合理还归一。烦恼暗宅中,常须生慧日。
邪来烦恼至,正来烦恼除。邪正俱不用,清净至无余。
菩提本自性,起心即是妄。净心在妄中,但正无三障。
世人若修道,一切尽不妨。常自见己过,与道即相当。
色类自有道,各不相妨恼。离道别觅道,终身不见道。
波波度一生,到头还自懊。欲得见真道,行正即是道。
自若无道心,暗行不见道。若真修道人,不见世间过。
若见他人非,自非却是左。他非我不非,我非自有过。
但自却非心,打除烦恼破。憎爱不关心,长伸两脚卧。
欲拟化他人,自须有方便。勿令彼有疑,即是自性现。
佛法在世间,不离世间觉。离世觅菩提,恰如求兔角。
正见名出世,邪见是世间。邪正尽打却,菩提性宛然。
此颂是顿教,亦名大法船。迷闻经累劫,悟则刹那间。

师示众云:善知识,我此法门,以定慧为本。大众勿迷。言定慧别,定慧一体,不是二。定是慧体,慧是定用。即慧之时,定在慧。即定之时,慧在定。若识此义,即是定慧等学。诸学道人,莫言先定发慧,先慧发定。各别作此见者,法有二相,口说善语,心中不善。空有定慧,定慧不等。若心口俱善,内外一种,定慧即等。自悟修行,不在于诤,若诤先后,即同迷人。不断胜负,却增我法,不离四相。善知识,一行三昧者,于一切处,行住坐卧,常行一直心是也。如《净名经》云:"直心是道场,直心是净土。"莫心行谄曲,口但说直,口说一行三昧,不行直心。但行直心,于一切法勿有染着。迷人着法相,执一行三昧,直言坐不动,妄不起心,即是一行三昧,作此解者,即同无情,却是障道因缘。善知识,道须流通,何以却滞?心不住法,道即通流。心若住法,名为自缚。若言坐不动,是只如舍利弗,宴坐林中,却被维摩诘诃。善知识,又有人教坐,看心观静,不动不起,从此置功,迷人不会,便执成颠,如此者众,如是相教,故知大错。善知识,定慧犹如何等?犹如灯光。有灯即光,无灯即暗。灯是光之体,光是灯之用。名虽有二,体本同一。此定慧法亦复如是。善知识,本来正教,无有顿渐。人性自有利钝,迷人渐契,悟人顿修,自识本心,自见本性,即无差别。所以立顿渐之假名。善知识,我此法门,从上以来,先立无念为宗,无相为体,无住为本。无相者于相而离相;无念者于念而无念;无住者,人之本性于世间善恶好丑,乃至冤之与亲,言语触刺欺争之时,并将为空,不思仇害,念念之中,不思前境。若前念、今念、后念,念念相续不断,名为系缚。于诸法上念念不住,即无缚也,此是以无住为本。善知识,外离一切相,名为无相。能离于相,即法体清净,此是以无相为体。善知识,于诸境上心不染曰无念。于自念上常离诸境,不于境上生心。若只百物不思,念尽除却,一念绝即死,别处受生,是谓大错。学道者思之,若不识法意,自错犹可,更劝他人,自迷不见,又谤佛经,所以立无念为宗。善知识,云何立无念为宗?只缘口说见性,迷人于境上有念,念上便起邪见,一切尘劳妄想,从此而生,自性本无一法可得。若有所得,妄说祸福,即是尘劳邪见,故此法门立无念为宗。善知识,无者无何事,念者念何物,无者无二相,无诸尘劳之心。念者念真如本性,真如即是念之体,念即是真如之用。真如自性起念,非眼耳鼻舌能念。真如有性,所以起念。真如若无,眼耳声色当时即坏。善知识,真如自性起念,六根虽有见闻觉知,不染万境,而真性常自在。故云:能善分别诸法相,于第一义而不动。

师示众云:善知识,何名坐禅? 此法门中,无障无碍,外于一切善恶境界,心念不起,名为坐。内见自性不动,名为禅。善知识,何名禅定? 外离相为禅,内不乱为定。外若着相,内心即乱。外若离相,心即不乱。本性自净自定,只为见境思境即乱。若见诸境心不乱者,是真定也。善知识,外离相即禅,内不乱即定。外禅内定,是为禅定。《净名经》云:"即时豁然,还得本心。"《菩萨戒经》云:"我本元自性清净。"善知识,于念念中自见本性清净,自修自行,自成佛道。然此门坐禅,元不着心,亦不着净,亦不是不动。若言着心,心元是妄知,心如幻故,无所着也。若言着净,人性本净,由妄念故,盖覆真如。但无妄想,心自清净,起心着净,却生净妄,妄无处所,着者是妄。净无形相,却立净相。言是工夫,作此见者,障自本性,却被净缚。善知识,若修不动者,但见一切人时,不见人之是非善恶过患,即是自性不动。善知识,迷人身虽不动,开口便说他人是非长短好恶,与道违背,若着心着净,却障道也。(《校释》第189—195 页)

笔者提示:本品名曰"示众",即开示众人,众指四众弟子,含在家信佛男众、女众,出家和尚众与尼姑众。说本品字字珠玑,弥足珍贵,并不为过。本品之精神在于以大智慧说大智慧,只有大智慧者才能圆满获得。以大心量说大心量,只有大心量者才能了知真如本性。一真一切真,万境皆如如。即经上言:圆人说法,无法不圆。本品将"无上甚深微妙法,百千万劫难遭遇"(武则天语)之大道理,以形象生动的事例予以比喻。例如：以天降大雨，域邑漂流，草木倒伏，而大海不增不减，用来说明大根大智与小根小智之差别。用灯与光关系说明定与慧、体与用关系。反复开示此法门要具大心量才可受持，自心本具，自性清净。强调不染不着，强调一念智般若生，一念愚则般若绝。般若无形相，智慧心即是。悟无念法者，万法尽通，至佛境界，与佛齐位。无念为宗、无相为体、无住为本。如若着相着净，一无是处。开示中，批判了修道中的邪知邪见，读者须仔细阅读，口说心行，方可得益。须强调一下，诸位不能执着"节录"，中郎言其"节录"，旨在谦卑。并非节选而录，它含有会集、中和、增删、补缀、张写，去膺存真、披沙拣金等多义。中郎是历史上首屈一指的禅家，是文经哲纬的文学家与佛学家，是横扫千军的儒学精英，故他对《坛经》的节录，是一次综合性的、创造性的编纂性的辛勤劳作。他尊重六祖及其门徒的地位与开创，将汉传佛教最灿烂的花果、东方智慧最殊胜的结晶，予以刨光润色，使其文采飞扬，句读更畅，法义更朗，其功其德无量。

参叩第三

法海比丘，初参大师，问曰："即心即佛，愿垂指喻。"师曰："前念不生即心，后念不灭即佛。成一切相即心，离一切相即佛。吾若具说，穷劫不尽。"听吾偈曰："即心名慧，即佛乃定。定慧等等，意中清净。悟此法门，由汝习性。用本无生，双修是正。"

法达比丘，七岁出家，常诵《法华经》，来礼大师。头不至地。师呵曰："礼不投地，何如不礼。汝心中必有一物蕴习，何事耶？"曰："念《法华经》已及三千。"师曰："汝若念至万部，得其经意，不以为胜，则与吾偕行。汝今负此事业，都不知过。"法达悔谢曰："而今而后，当谦恭一切。和尚智慧广大，愿略说经中义理。"师曰："经本无疑，汝心自疑。汝念此经，以何为宗？"法达曰："学人根性暗钝，从来但依文诵念，岂知宗趣？"师曰："吾不识文字，汝试取经诵一遍。吾当为汝解说。"法达即高声念经，至《方便品》，师曰："止！此经元来以因缘出世为宗，纵说多种譬喻，亦无越于此，何者？《因缘经》云：诸佛世尊惟以一大事因缘故，出现于世。一大事者，佛之知见也。世人外迷着相，内迷着空，若能于相离相，于空离空，即是内外不迷。若悟此法，一念心开，是为开佛知见。佛犹觉也，分为四门：开觉知见，示觉知见，悟觉知见，入觉知见。若闻开示，便能悟入，即觉知见，本来真性而得出现，汝慎勿错解经意。见他道开示悟入，自是佛之知见，我辈无分。若作此解，乃是谤经毁佛也。彼既是佛，已具知见，何用更开？汝今当信佛知见者，只汝自心，更无别佛，盖为一切众生自蔽光明，贪爱尘境，外缘内扰，甘受驱驰，便劳他世尊，从三昧起，种种苦口，劝令寝息，莫向外求。与佛无二，故云开佛知见。世人心邪愚迷造罪，口善心恶，贪嗔嫉妒，谄佞我慢，侵人害物，自开众生知见。若能正心，常生智慧，观照自心，止恶行善，是自开佛之知见。汝须念念开佛知见，勿开众生知见。开佛知见，即是出世。开众生知见，即是世间。汝若但劳劳执念以为功课者，何异牦牛爱尾？"法达曰："若然者，但得解义，不劳诵经耶？"师曰："经有何过？岂障汝念，只为迷悟在人，损益由己，口诵心行，即是转经；口诵心不行，即是被经转。"听吾偈曰：

"心迷法华转，心悟转法华。诵经久不明，与义作仇家。

无念念即正，有念念成邪。有无俱不用，长御白牛车。"

达闻偈，不觉悲泣，言下大悟，而告师曰："法达从昔以来，实未曾转法华，乃被法华转。"再启曰："经云：诸大声闻乃至菩萨，皆尽思共度量，不能测佛智，今令凡夫但悟自心，便名佛之知见，自非上根，未免疑谤。又经说三车，羊鹿之车与白牛之车，如何区别？愿和尚再垂开示。"师云："经意分明，汝自迷背。诸三乘人不能测佛智者，患在度量也。饶伊尽思共推，转加悬远。佛本为凡夫说，不为佛说。此理若不肯信者，从他退席，殊不知坐却白牛车，更于门外觅三车,况经文明向汝道:惟一佛乘,无有余乘,若二若三,乃至无数方便,种种因缘,譬喻言词是法皆为一佛乘故。汝何不省? 三车是假,为昔时故;一车是实,为今时故。只教去假归实,归实之后,实亦无名。应知所有珍财,尽属于汝,由汝受用。更不作父想,亦不作子想,亦无用想,是名持《法华经》。从劫至劫,手不释卷,从昼至夜,无不念时也。"法达蒙启发,踊跃欢喜,以偈赞曰:

"经诵三千部,曹溪一句亡。未明出世旨,宁歇累生狂。

羊鹿牛权说,初中后善扬。谁知火宅内,元是法中王。"

师曰:"汝今后方可名念经僧也。"法达从此领玄旨,亦不辍诵经。

智通比丘,初看《楞伽经》,约千余遍,而不会三身四智,礼师求解其义。师曰:"三身者,清净法身,汝之性也;圆满报身,汝之智也;千百亿化身,汝之行也。若离本性,别说三身,即名有身无智。若悟三身,无有自性,即名四智菩萨。"听吾偈曰:

"自性具三身,发明成四智。不离见闻缘,超然登佛地。

吾今为汝说,谛信永无迷。莫学驰求者,终日说菩提。"

智通再启曰:"四智之义,可得闻乎?"师曰:"既会三身,便明四智。何更问耶? 若离三身,别谈四智。"此名有智无身也。即此有智,还成无智,复说偈曰:

"大圆镜智性清净,平等性智心无病。妙观察智见非功,成所作智同圆镜。

五八六七果因转,但用名言无实性。若于转处不留情,繁兴永处那伽定。"

智常比丘,髫年出家,志求见性。一日参礼,师问曰:"汝从何来? 欲求何事?"曰:"学人近往洪州白峰山,礼大通和尚,蒙示见性成佛之义。未决狐疑,远来投礼,伏望和尚慈悲指示。"师曰:"彼有何言句,汝试举看。"曰:"智常到彼,凡经三月,未蒙示诲,为法切故。一夕,独入丈室,请问如何是智常本心本性? 大通乃曰:汝见虚空否? 对曰:见! 曰:彼见虚空有相貌否? 对曰:虚空无形,有何相貌? 彼曰:汝之本性,犹如虚空,返观自性,了无一物可见,是名正见。了无无一物可知,是名真知。无有青黄长短,但见本源清净,觉体圆明,即名见性成佛。亦名极乐世界,亦名如来知见。学人虽闻此说,犹未决了,乞和尚开示。"师曰:"彼师所说,犹存见知,故令汝末了。吾今示汝一偈:

'不见一法存无见,大似浮云遮日面。不知一法守空知,还如太虚生闪电。

此之知见瞥然兴,错认何曾解方便。汝当一念自知非,自己灵光常显现。'"

智常闻偈,心意豁然,乃述偈曰:

"无端起知见,着相求菩提。情存一念悟,宁越昔时迷。

自性觉源体,随照枉迁流。不入祖师室,茫然趣两头。"

智常一日问师曰:"佛说三乘法,又言最上乘,弟子未解,愿为教授。"师曰:"汝观自本心,莫着外法相。法无四乘,人心自有等差。见闻转诵是小乘,悟法解义是中乘,依法修行是大乘。万法尽通,万法俱备。一切不染,离诸法相。一无所得,名最上乘。乘是行义,不在口争。汝须自修,莫问吾也。一切时中,自性自如。"智常礼谢,执侍终师之世。

志道比丘,请益曰:"学人自出家,览《涅槃经》,十载有余。未明大意,愿和尚垂诲。"师曰:"汝何处未明?"曰:"诸行无常,是生灭法,生灭灭已,寂灭为乐,于此疑惑。"师曰:"汝作么生疑?"曰:"一切众生,皆有二身,谓色身法身也。色身无常,有生有灭。法身有常,无知无觉。经云:生灭灭已,寂灭为乐者,不审何身寂灭,何身受乐? 若色身者,色身灭时,四大分散,全然是苦,苦不可言乐。若法身寂灭,即同草木瓦石,谁当受乐?又法性是生灭之体,五蕴是生灭之用,一体五用,生灭是常,生则从体起用,灭则摄用归体。若听更生,即有情之类.不断不灭;若不听更生,则永归寂灭,同于无情之物。如是则一切诸法,被涅槃之所禁伏。尚不得生,何乐之有?"师曰:"汝是释子,何习外道断常邪见而议最上乘法。据汝所说,即色身外别有法身,离生灭求于寂灭。又推涅槃常乐,言有身受用,斯乃执吝生死,耽着世乐,汝今当知,佛为一切迷人认五蕴和合为自体相,分别一切法为外尘相,好生恶死,念念迁流,不知梦幻虚假,枉受轮回,以常乐涅槃,翻为苦相,终日驰求,佛愍此故,乃示涅槃真乐,刹那无有生相,刹那无有灭相,更无生灭可灭,是则寂灭现前,当现前时,亦无现前之量。乃谓常乐。此乐无有受者,亦无不受者,岂有一体五用之名?何况更言涅槃禁伏诸法,令永不生,实乃谤佛毁法。"听吾偈曰:

"无上大涅槃,圆明常寂照。凡愚谓之死,外道执为断。
诸求二乘人,目以为无作。尽属情所计,六十二见本。
妄立虚假名,何为真实义。惟有过量人,通达无取舍。
以知五蕴法,及以蕴中我。外现众色象,一一声音相。
平等如梦幻,不起凡圣见。不作涅槃解,二边三际断。
常应诸根用,而不起用想。分别一切法,不起分别想。
劫火烧海底,风鼓山相击。真常寂灭乐,涅槃相如是。
吾今强言说,令汝舍邪见。汝勿随言解,许汝知少分。"

行思禅师闻曹溪法席盛化,径来参礼,遂问曰:"当何所务,即不落阶级?"师曰:"汝曾作什么来?"曰:"圣谛亦不为。"师曰:"落何阶级?"曰:"圣谛尚不为,何阶级之有?"师深器之,遂令首众。

怀让禅师,初谒嵩山安国师,安发之曹溪参叩。怀让至,礼拜,师曰:"甚处来?"曰:"嵩山。"师曰:"什么物,恁么来?"曰:"说似一物即不中。"师曰:"还可修证否?"曰:"修证即不无,污染即不得。"师曰:"只此不污染,诸佛之所护念,汝既如是,吾亦如是。"

玄觉禅师少习经论,精天台止观法门,因看《维摩经》发明心地,偶师之弟子玄策相访,与其剧谈,出言暗合诸祖。玄策云:"仁者得法师谁?"曰:"我听《方等》经论,各有师承,后于《维摩经》悟佛心宗,未有证明者。"玄策云:"威音王已前即得,威音王已后,无师自悟,尽是天然外道,"曰:"愿仁者为我证据。"玄策云:"我言轻,曹溪有六祖大师,四方云集,并是受法者,若去则与偕行。"玄觉遂同玄策来参,绕师三匝,振锡而立,师曰:"夫沙门者具三千威仪,八万细行,大德从何方来,生大我慢?"玄觉曰:"生死事大,无常迅速。"师曰:"何不体取无生,了无速乎?"曰:"体即无生,了本无速。"师曰:"如是如是。"玄觉方具威仪礼拜,须臾告辞。师曰:"返大速乎?"曰:"本自非动,岂有速耶?"师曰:"谁知非动?"曰:"仁者自生分别。"师曰:"汝甚得无生之意。"曰:"无生岂有意耶?"师曰:"无意谁当分别?"曰:"分别亦非意。"师曰:"善哉!少留一宿。"时谓一宿觉。

智隍比丘,初参五祖,自谓已得正受,庵居长坐,积二十年。玄策游方至河朔,闻智隍之名,造庵问云:"汝在此作什么?"智隍云:"入定。"玄策云:"汝谓入定为有心入耶,无心入耶? 若无心入者,一切无情草木瓦石应合得定;若有心入者,一切有情含识之流亦应得定。"智隍曰:"我正入定时,不见有有无之心。"玄策云:"不见有有无之心,即是常定,何有出入? 若有出入,即非大定。"智隍无对,良久问曰:"师嗣谁耶?"玄策云:"我师曹溪六祖。"智隍云:"六祖以何为禅定?"玄策云:"我师所说,妙湛圆寂,体用如如,五阴本空,六尘非有,不出不入,不定不乱,禅性无住,离住禅寂。禅性无生,离生禅想。心如虚空,亦无虚空之量。"智隍闻如是说,径来谒师。师问："仁者何来?"智隍具述前缘。师云："诚如所言,汝但心如虚空,不着空见,应用无碍,动静无心,凡圣情忘,能所俱灭,性相如如,无不定时也。"智隍于是大悟,二十年所得心,都无影响。其夜河北士庶闻空中有声云:"隍禅师今日得道。"后智隍辞归河北,开化四众。

有僧问师云:"黄梅意旨甚么人得?"师云:"会佛法人得。"僧云:"和尚还得否?"师云:"我不得。"僧云:"和尚为甚么不得。"师云:"我不会佛法。"

有僧举卧轮禅师偈云:"卧轮有伎俩,能断百思想。对境心不起,菩提日日长。"师闻之曰:"此偈未明心地,若依而行之,是加系缚。"因示一偈云:"慧能没伎俩,不断百思想,对境心数起,菩提作么长。"

时师在曹溪宝林,秀大师居荆南玉泉,于时两宗盛化,人皆称南能北秀。故有南北二宗顿渐之分。而学者莫知宗趣,师谓众曰:"法本一宗,人有南北;法即一种,见有迟疾。何名顿渐?法无顿渐,人有利钝,故名顿渐。"然秀之徒众,往往讥南宗祖师:"不识一字,有何所长?"秀曰:"他得无师之智,深悟上乘,吾不如也。且吾师五祖亲传衣法,岂徒然哉?吾恨不能远去亲近,虚受国恩。汝等诸人无滞于此,可往曹溪参决。"乃命门人志诚曰:"汝聪明多智,可为吾到曹溪听法,汝若闻法,尽心记取,还为吾说。"志诚禀命至曹溪,随众参请,不言来处。时师告众曰:"今有盗法之人,潜在此会。"志诚即出礼拜,具陈其事。师曰:"汝从玉泉来,应是细作。"对曰:"不是。"师曰:"何得不是?"对曰:"未说即是说了不是。"师曰:"汝师若为示众?"对曰:"常指诲大众住心观静,长坐不卧。"师曰:"作心观静,是病非禅,长坐拘身,于理何益? 听吾偈曰:

生来坐不卧,死去卧不坐。一具臭骨头,何为立功过?"

志诚再拜曰:"弟子在秀大师处学道九年,不得契悟。今闻和尚一说,便契本心,弟子生死事大,和尚大慈,更为教示。"师曰:"吾闻汝师教示学人戒定慧法,未审汝师说戒定慧,行相如何? 与吾说看。"志诚曰:"秀大师说:诸恶莫作名为戒,众善奉行名为慧,自净其意名为定。彼说如此,未审和尚以何法诲人。"师曰:"吾若言有法与人,即为诳汝,但且随方解缚,假名三昧,如汝师所说,戒定慧实不可思议,吾所见戒定慧又别。"志诚曰:"戒定慧只合一种,如何更别?"师曰:"汝师戒定慧,接大乘人,吾戒定慧接最上乘人,悟解不同,见有迟疾。汝听听吾说,与彼同否? 吾所说法,不离自性。离体说法,名为相说,自性常迷。须知一切万法,皆从自性起用,是真戒定慧法,听吾偈曰:

心地无非自性戒,心地无痴自性慧,心地无乱自性定,不增不减自金刚。身去身来本三昧。"

志诚闻偈,悔谢,乃呈一偈:

"五蕴幻身,幻何究竟? 回趣真如,法还不净。"

师然之,复语曰:"汝师戒定慧,劝小根智人;吾戒定慧,劝大根智人。若悟自性,亦不立菩提涅槃,亦不立解脱知见,无一法可得,方能建立万法。若解此意,亦名佛身,亦名菩提涅槃,亦名解脱知见。见性之人,立亦得,不立亦得,去来自由,无滞无碍。应用随作,应语随答。普见化身,不离自性,即得自在神通,游戏三昧,是名见性。"志诚再启师曰:"如何是不立义?"师曰:"自性无非,无痴无乱,念念般若观照,常离法相,自由自在,纵横尽得,有何可立? 自性自悟,顿悟顿修,亦无渐次,所以不立一切法,诸法寂灭,有何次第?"志诚礼拜,愿为执侍,朝夕不懈。

志彻比丘,本姓张,名行昌。少任侠。自南北分化二宗,主虽忘彼我,而徒侣竟起爱憎。时北宗门人自立秀师为第六祖,而忌大师传衣为天下所闻。乃嘱行昌行刺,师预知之,行昌挥刃者三,悉无所损。行昌惊仆,久而方苏,求哀悔过,即愿出家。师曰:"汝可他日易形而来,吾当摄受。"行昌宵遁。后投僧出家,具戒精进。一日,忆师之言,远来礼觐,师曰:"吾久念汝,汝来何晚?"曰:"昨蒙和尚舍罪,今虽出家苦行,终难报德,其惟传法度生乎。弟子常览《涅槃经》,未晓常、无常义,乞和尚慈悲,略为解说。"师曰:"无常者,即佛性也。有常者,即一切善恶诸法分别心也。"曰:"和尚所说大违经文。"师曰:"吾传佛心印,安敢违于佛经?"曰:"经说佛性是常,和尚却言无常。善法诸法乃至菩提心,皆是无常,和尚却言是常,此即相违,令人转加疑惑。"师曰:"《涅槃经》吾昔听尼无尽藏读诵一遍,便为讲说,无一字一义不合经文,乃至为汝,终无二说。"曰:"学人识量浅昧,愿和尚委曲开示。"师曰:"汝知否? 佛性若常,更说什么善恶诸法,乃至穷劫,无有一人发菩提心者,故吾说无常。正是佛说真常之道也。又一切诸法,若无常者,即物物皆有自性,容受生死,而真常性有不遍之处。故吾说常者,正是佛说真无常义。佛比为凡夫外道,执于邪常,诸二乘人,于常计无常,共成八倒,故于涅槃了义教中,破彼偏见,而显说真常真乐真我真净。汝今依言背义,以断灭无常,及确定死常,而错解佛之圆妙最后微言,纵览千遍,有何所益?"行昌忽然大悟,说偈曰:

　　"因守无常心,佛说有常性。不知方便者,犹春池拾砾。

　　我今不施功,佛性而现前。非师相授与,我亦无所得。"

　　师曰:"汝今彻也,宜名志彻。"志彻礼谢而退。

　　内侍薛简驰诏迎请,因问师曰:"京城禅德皆云:欲得会通,必须坐禅习定。若不因禅定而得解脱者,未之有也。未审师所说法如何?"师曰:"道由心悟,岂在坐也。经云:若言如来,若坐若卧,是行邪道,何故? 无所从来,亦无所去,无生无灭,是如来清净禅。诸法空寂,是如来清净坐。究竟无证,岂况坐耶?"简曰:"弟子回京,主上必问,愿师慈悲,指示心要,传奏两宫及京城道学者,譬如一灯然百千灯,冥者皆明,明明无尽。"师云:"道无明暗,明暗是代谢之义。明明无尽,亦是有尽,相待立名,故《净名经》云:法无有比,无相待故。"简曰:"明喻智慧,暗喻烦恼。修道之人倘不以智慧照破烦恼,无始生死凭何出离?"师曰:"烦恼即是菩提,无二无别,若以智慧照破烦恼者,此是二乘见解,羊鹿等机,上智大根,悉不如是。"简曰:"如何是大乘见解?"师曰:"明与无明,凡夫见二,智者了达,其性无二,无二之性,即是实性。实性者处凡愚而不减,在贤圣而不增,住烦恼而不乱,居禅定而不寂。不断不常,不来不去,不在中间,及其内外,不生不灭,性相如如,常住不迁,名之曰道。"简曰:"师说不生不灭,何异外道?"师曰:"外道所说不生不灭者,将灭止生,以生显灭,灭犹不灭,生说不生。我说不生不灭者,本自无生,今亦无灭,所以不同外道。汝若欲知心要,但一切善恶都莫思量,自然得入清净心体,湛然常寂,妙用恒沙。"(《校释》第195—205页)

笔者提示:经中介绍志彻比丘学道时,出现了"八倒"一词,解释如下:指的八种颠倒知见,即常、乐、我、见及非常、非乐、非我、非净等八种邪见。本品介绍了法海、法达、智通、智常、行思、怀让、玄觉、志道、志诚、智隍、志彻及内侍薛简等向六祖请法讨教,六祖应机说法,以智开示的详细情况。内容非常丰富深刻,涉及佛法禅悟的所有根本大旨。

现提示如下:

对法海开示:即心即佛,定慧双修。

对法达开示:心迷法华转,心悟转法华。

对智通开示:大圆镜智性清净,平等性智心无病。

妙观察智见非功,成所作智同圆镜。

五八六七果因转,但用名言无实性。

若于转处不留情,繁兴永处那伽定。

对智常开示:汝当一念自知非,自己灵光常显现。

对智道开示:无上大涅槃,圆明常寂照。常应诸根用,而不起用想。

分别一切法,不起分别想。真常寂灭乐,涅槃相如是。

对行思开示：汝当分化一方，勿令断绝。（行思表白：圣谛不为，不落阶级。）

对怀让开示：即此不染污，诸佛之所护念，汝既如是，吾亦如是（指真心）。

对永嘉开示：永嘉曰：体即无生，了本无速。师曰：如是如是。

对智隍开示：汝当心如虚空，不着空见，应用无碍，动静无心，凡圣情忘，能所俱泯。性相如如，无不定时也。

对志诚开示：心地无非自性戒，心地无痴自性慧，心地无乱自性定，不增不减自金刚，身去身来本三昧。

无一法可得，方能建立万法。

对志彻开示：于涅槃了义教中，破彼偏见，而显说真常真乐，真我真净。

对薛简内侍开示：汝若欲知心要，但一切善恶都莫思量，自然入清净心体，湛然常寂，妙用恒沙。

从六祖开示答问中，明显看到慧能大慈大悲，大智大慧，纵横无碍，自由自在。只有明心见性，才能听懂六祖之论自性。只有大心量，才能从六祖教言中，获得真实之利、真实之慧。六祖门下开悟弟子计四十三人，是汉传佛教史上最辉煌、最成功的弘法范例。《坛经》中举了十多人事例，他对每个修行人的开示有共同点，这便是抓根本自性。有不同点，这便是根据求教者根基说法。这种种示现非常有代表性。即不因执着于经文而死于句下，活泼机用，别开生面，语语所言，均是自性流淌。

付嘱第四

法海上座再拜问曰："和尚入灭之后，衣法当付何人？"师曰："吾于大梵寺说法以至于今，抄录流行，汝等守护，递相传授，度诸群生。但依此说，是名正法。今为汝等说法，不付其衣。盖为汝等信根淳熟，决定无疑，堪任大事，然据先祖达磨大师付授偈意，衣不合传。偈曰：

吾本来兹土，传法救迷情。一花开五叶，结果自然成。

诸善知识，汝等各各净心，听吾说法，汝等诸人，自心是佛，更莫狐疑，外无一物而能建立，皆是本心生万种法故。经云：心生种种法生，心灭种种法灭。若欲成就种智，须达一相三昧，一行三昧，若于一切处而不住相，于彼相中不生憎爱，亦无取舍，不念利益成坏等事，安闲恬静，虚融淡泊，此名一相三昧。若于一切处，行住坐卧，纯一直心不动，道场真成净土，此名一行三昧。若人具二三昧，如地有种，含藏长养成熟其实，一相一行，亦复如是。我今说法，犹如时雨，普润大地，汝等佛性，譬诸种子，遇兹霑洽，悉得发生。承吾旨者，决获菩提。依吾行者，定证妙果。听吾偈曰：

心地含诸种，普雨悉皆萌。顿悟花情已，菩提果自成。"

师说偈已，复曰："其法无二，其心亦然。其道清净，亦无诸相。汝等慎勿观静，及空其心，此心本净，无可取舍，各自努力，随缘好去。"尔时徒众，作礼而退。(《校释》第205—206页)

笔者提示：这是大师临终前对徒众的嘱咐，这和佛祖类似。佛祖灭度前，弟子阿难请教，于是佛祖说了一部《遗教经》。这品经文的重点在于："其法不二，其心亦然。其道清净，亦无诸相。"

碑碣第五

赐谥大鉴禅师碑

柳宗元撰

扶风公廉问岭南三年，以佛氏第六祖未有称号，疏闻于上，诏谥大鉴禅师，塔曰"灵照之塔"。元和十年十月十三日，下尚书祠部符到都府，公命部吏泪州司功掾，告于其祠，幢盖钟鼓，增山盈谷，万人咸会,若闻鬼神。其时学者千有余人,莫不欣踊奋厉,如师复生;则又感悼涕慕,如师始亡。因言曰:"自有生物,则好斗夺相贼杀,丧其本实,悖乖淫流,莫克返于初。"孔子无大位,没以余言持世,更杨、墨、黄、老益杂,其术分裂,而吾浮图说后出,推离还源,合所谓生而静者。梁氏好作有为,师达摩讥之,空术益显,六传至大鉴,大鉴始以能劳苦服役,一听其言,言希以究。师用感动,遂授信具。遁隐南海上,人无闻知。又十六年,度其可行,乃居曹溪。为人师,会学去来尝数千人。其道以无为为有,以空洞为实。以广大不荡为归。其教人,始以性善,终以性善,不假耘锄,本其静矣。中宗闻名,使幸臣再征,不能致。取其言以为心术。其说具在,今布天下。凡言禅,皆本曹溪。大鉴去世,百有六年,凡治广部而以名闻者以十数,莫能揭其号。乃今始告天子,得大谥,丰佐吾道,其可无辞。

公始立朝,以儒重,刺虔州,都护安南,由海中大蛮夷,连身毒之西,浮舶听命,咸被公德,受旗纛节戟,来莅南海,属国如林,不杀不怒,人畏无罪。允克光于有仁。昭列大鉴,莫如公宜。其徒之老,乃易石于宇下。使来谒辞,其辞曰:

达摩乾乾,传佛语心。六承其授,大鉴是临。劳勤专默,终抱于深。抱其信器,行海之阴。

其道爱施,在溪之曹。庞合猥附,不夷其高。传告咸陈,惟道之褒。生而性善,在物而具。

荒流奔轶,乃万其趣。匪思愈乱,匪觉滋误。由师内鉴,咸获于素。不植乎根,不耘乎苗。

中一外融,有粹孔昭。在帝中宗,聘言于朝。阴翊王度,俾人逍遥。越百有六祀,号谥不纪。

由扶风公告今天子,尚书既复,大行乃谥。光于南土,其法再起。厥徒万亿,同悼齐喜。

惟师化所被,洎扶风公所履,咸戴天子。天子休命,嘉公德美。

溢于海夷,浮图是视。

师以仁传,公以仁理。谒辞图鉴,永胤不已。(《校释》第206—207页)

笔者提示:柳宗元在柳州作此碑,年四十三。苏东坡曾云:子厚南迁,始究佛法。作《柳曹溪》《南岳》诸碑,绝妙古今,儒释兼通,道学纯备。自唐至今,颂述祖师者多矣,未有通亮如子厚者。余以为苏东坡这个评价达一石二鸟之效。

大鉴禅师第二碑

刘禹锡撰

元和十年某月日,诏书追褒曹溪第六祖能公,谥曰:大鉴。实广州牧马总以疏闻,縣是可其奏,尚道以尊名,同归善善,不隔异教。一字之褒,华夷孔怀,得其所故也。马公敬其事且谨,始以垂没,遂咨于文雄。今柳州刺史河东柳君为前碑,后三年有僧道琳,率其徒由曹溪来,且曰愿立第二碑,学者志也。维如来灭后,中五百岁,而摩腾、竺法兰以经来华,人始闻其言,犹夫重昏之见忽爽。后五百岁,而达摩以法来华,人始传其心,犹忽昧旦之睹白日,自达摩六传至大鉴,如贯意珠,有先后而无异同。世之言真宗者,所谓顿门。初达摩与佛衣具来,得道传付,以为真印。至大鉴置而不传,岂以是为筌蹄耶?刍狗耶?吾不得而知也。按大鉴生新州,三十出家,四十七年而没,百有六年而谥。始自蕲之东山,从第五师得授记以归,中宗使中贵人再征不奉诏。第以言为贡上,敬行之。

铭曰:

至人之生,无有种类。同人者形,出人者智。

蠢蠢南裔,降生杰异。父乾母坤,独肖元气。

一言顿悟,不践初地。五师相承,授以宝器。

宴坐曹溪,世号南宗。学徒爱来,如水之东。

饮以妙药，差其瘖聋。诏不能致，许为法雄。

去佛日远，群言积亿。着空执有，各走其域。

我立真筌，揭起南国。无修而修，无得而得。

能使学者，还其天识。如黑而迷，仰目斗极。

得之自然，竟不可传。口传手付，则碍于有。

留衣空堂，得者天授。（《校释》第207—208页）

佛衣铭并引

吾既为僧琳撰曹溪第二碑，且思所以辩六祖置衣不传衣之旨，作《佛衣铭》曰：

佛言不行，佛衣乃争。忽近贵远，古今常情。

尼父之生，土无一里。梦奠之后，履存千祀。

惟昔有梁，如象之狂。达摩救世，来为医王。

以言不痊，因物乃迁。如执符节，行乎复关。

民不知官，望车而畏。俗不知佛，得衣为贵。

坏色之衣，道不在兹。由之信道，所以为宝。

六祖未彰，其出也微。既还狼荒，憬俗蚩蚩。

不有信器，众生曷归？是开便门，非止传衣。

初必有终，传岂无已。物必归尽，衣胡久恃？

先终知终，用乃不穷。我道不朽，衣于何有？

其用已陈，孰非刍狗。（《校释》第208—209页）

笔者提示：刘禹锡所撰第二碑及《佛衣铭》非常珍贵。讲明了六祖传法布道之精髓。六祖之法，是大乘圆顿之旨，是"不修而修，无得而得"，意在自悟本心本性，这是六祖心印。也讲明了佛衣从六祖而终的根因，在于"我道不朽，衣于何有"，再次阐明了"菩提只向心觅，何劳向外求玄""若能心中自见真，有真即是成佛因"（六祖语）的道理。从铭文内容观照，可知刘禹锡对六祖佛法心领神会，大有彻悟。

跋　何为禅

一

本著以禅字为红线,将几颗明珠串联起来。这几颗明珠是:《珊瑚林》《金屑编》、中郎禅诗及《〈坛经〉节录》。余对袁中郎的这些宝贵著作予以"要解",有一章综合运用性解读。因文本篇幅所限,只得割爱舍弃。以期读者聚合精力对这位集文学、哲学、佛学三大师于一体的特殊文化名人有所认识。

此前,余写有《袁中郎佛学与〈西方合论〉初探》及《袁中郎小品思想探究》,现在又著《袁中郎禅学要解——〈珊瑚林〉〈金屑编〉与禅诗解读》,三著合起来,八十余万字。然而这些体会性研读就袁中郎著作言,不到三分之一。以诗歌言,不过在一千七百首中选了近百首;就文论言,不足四分之一;就他对韩、柳、欧、苏著作的评点言,几乎是空白;就《西方合论》言,不过浮光掠影似的作了点介绍;就历代与当代研究家言,他们或点评或散论或专论,笔者涉猎少之又少。故笔者说余对袁中郎著作金矿的开掘确实只是冰山一角。

二

既然本著以禅为红线,那么就必须回答什么是禅。

一句简单话,可明确表达:禅是静虑、机锋、彻悟、智慧。

《六祖坛经》说:外不着相,为禅;内不动心,为定。外禅内定,谓之禅定。

《金刚经》说:见相离相,即是如来;见相着相,即是凡夫。

有一首禅韵诗说:"春有百花秋有月,夏有凉风冬有雪。若无闲事挂心头,便是人间好时节。"此为宋代无门慧开禅师所作。他还说:"大道无门,千差有路。透得此关,乾坤独步。"据载,此禅师参"无"字诀及"无门关"而开悟。这与六祖"无念为宗,无相为体,无住为本"思想吻合。

这样看,前面讲"不着相"、"离相"及"无念"等,都是一个"无",可见"禅"与"无"不可分割。然而"无"并非实"无",所谓"含容空有"及"真空妙有",这种非有非无的彻悟境界,就是禅。

三

禅,有很多说法,诸如禅定、禅悟、禅境、禅意、禅韵、禅诗、禅语、禅杖等。不外乎体、相、用三个侧面。体指禅性本体,特点是其大无外,其小无内;相指千变万化的外在表现,特点是无障无碍,方圆无边;用指在任何时空下的妙用,特点是广之又广,方便随机。这样解释,不过说个大概,实际上,禅、体、相、用三者合一,只可意会,不可言传。如同老子讲道,道不可道,能道非道。

禅与佛什么关系呢?禅即佛。有根据吗?有。柳宗元撰《大鉴禅师碑》中说"佛氏之六祖",他没用通常"禅宗六祖"的说法。佛禅一体二名,佛是禅的显说,禅是佛的隐言。如果解释"佛",常用觉自、觉他、觉究竟予以说明,简言是清净平等觉,自由自在。对万事万物的性相、理事、因果通达明了。禅,是汉传佛教史上最伟大的创造与弘扬,也是最彻底的觉悟、最灵明的智慧,具有东土的鲜明特色,是一种回归于本真本性本心的觉悟。佛是大慈大悲大智慧的大英雄,禅是最高度、最圆融、最圆满的智慧境界,是天地万物与我的高度和谐。

四

初懂了什么是禅、禅佛关系是什么,再来看袁中郎的禅理、禅著、禅诗,就不难发现,他活泼潇洒,直抒胸臆,将禅性禅相、禅事禅理、禅因禅果、禅自禅他运用自如,且发挥到了极致,以智慧写智慧,以慈悲说慈悲,以明心见性表明心见性。《珊瑚林》是这样;《金屑编》是这样;禅诗是这样;《〈坛经〉节录》还是这样。

我们研读他的禅学著作,不得不佩服他的胆识与聪明。既可领略他对宇宙万物及人我的真谛之见,又可以享受到他优美的文笔中精湛的技艺。余之要解不过是一个路标性的提示,真正要从此岸到达彼岸,还要看你走的脚下之路或是乘哪一条法船。六祖说:"唯此见性门,亦是大法船。迷闻经累劫,悟则刹那间。"

感谢南京大学周群教授,感谢南京大学出版社荣卫红女士,感谢县文联领导及所有为本著出版提供过帮助的人们。因缘和合,方有所作。也希望有机会读到本著的人们提出宝贵意见。

翁心诚

二〇二〇年八月十八日